COLLECTION

DES

MEILLEURS OUVRAGES

DE LA LANGUE FRANÇAISE

EN PROSE ET EN VERS.

THÉATRE
DE
VOLTAIRE.

PARIS. — DE L'IMPRIMERIE DE RIGNOUX,
rue des Francs-Bourgeois-S.-Michel, n° 8.

THÉATRE
DE
VOLTAIRE,

PRÉCÉDÉ

D'UNE NOTICE HISTORIQUE

PAR M. BERVILLE.

TOME IV.

PARIS.

BAUDOUIN FRÈRES, ÉDITEURS,
RUE DE VAUGIRARD, N° 17.

M DCCC XXVIII.

LE
TEMPLE DE LA GLOIRE,

OPÉRA EN CINQ ACTES,

Mis en musique par Rameau.

FÊTE DONNÉE A VERSAILLES LE 27 NOVEMBRE 1745.

PRÉFACE.

Après une victoire signalée, après la prise de sept villes à la vue d'une armée ennemie, et la paix offerte par le vainqueur, le spectacle le plus convenable qu'on pût donner au souverain et à la nation qui ont fait ces grandes actions était *le Temple de la Gloire*.

Il était temps d'essayer si le vrai courage, la modération, la clémence qui suit la victoire, la félicité des peuples, étaient des sujets aussi susceptibles d'une musique touchante que de simples dialogues d'amour, tant de fois répétés sous des noms différens, et qui semblaient réduire à un seul genre la poésie lyrique.

Le célèbre Metastasio, dans la plupart des fêtes qu'il composa pour la cour de l'empereur Charles VI, osa faire chanter des maximes de morale, et elles plurent; on a mis ici en action ce que ce génie singulier avait eu la hardiesse de présenter sans le secours de la fiction et sans l'appareil du spectacle.

Ce n'est pas une imagination vaine et romanesque que le trône de la Gloire élevé auprès du séjour des Muses, et la caverne de l'Envie placée entre ces deux temples. Que la Gloire doive nommer l'homme le plus digne d'être couronné par elle, ce n'est là que l'image sensible du jugement des honnêtes gens, dont l'approbation est le prix le plus flatteur que puissent se proposer les princes; c'est cette estime des contemporains qui assure celle de la postérité; c'est elle qui a mis les Titus au dessus des Domitien, Louis XII au dessus de Louis XI, et qui a distingué Henri IV de tant de rois.

On introduit ici trois espèces d'hommes qui se présentent à la Gloire, toujours prête à recevoir ceux qui le méritent, et à exclure ceux qui sont indignes d'elle.

Le second acte désigne, sous le nom de *Bélus*, les conquérans injustes et sanguinaires dont le cœur est faux et farouche.

Bélus, enivré de son pouvoir, méprisant ce qu'il a aimé, sacrifiant tout à une ambition cruelle, croit que des actions barbares et heureuses doivent lui ouvrir ce temple: mais il en est chassé par les Muses, qu'il dédaigne, et par les dieux, qu'il brave.

Bacchus, conquérant de l'Inde, abandonné à la mollesse et aux plaisirs, parcourant la terre avec ses bacchantes, est le sujet du troisième acte: dans l'ivresse de ses passions, à peine cherche-t-il la Gloire; il la voit, il en est touché un moment; mais les premiers honneurs de ce temple ne sont pas dus à un homme qui a été injuste dans ses conquêtes et effréné dans ses voluptés.

Cette place est due au héros qui paraît au quatrième acte; on a choisi Trajan parmi les empereurs romains qui ont fait la gloire de Rome et le bonheur du monde. Tous les historiens rendent témoignage que ce prince avait les vertus militaires et sociales, et qu'il les couronnait par la justice. Plus connu encore par ses bienfaits que par ses victoires, il était humain, accessible: son cœur était tendre, et cette tendresse était dans lui une vertu; elle répandait un charme inexprimable sur ces grandes qualités qui prennent souvent un caractère de dureté dans une ame qui n'est que juste.

Il savait éloigner de lui la calomnie; il cherchait le mérite modeste pour l'employer et le récompenser, parce qu'il était modeste lui-même; et il le démêlait, parce qu'il était éclairé: il déposait avec ses amis le faste de l'empire, fier avec ses seuls ennemis; et la clémence prenait la place de cette hauteur après la victoire. Jamais on ne fut plus grand et plus simple; jamais prince ne goûta comme lui, au milieu des soins d'une monarchie immense, les douceurs de la vie privée et les charmes de l'amitié. Son nom est encore cher à toute la terre; sa mémoire même fait encore des heureux : elle inspire une noble et tendre émulation aux cœurs qui sont nés dignes de l'imiter.

Trajan, dans ce poëme, ainsi que dans sa vie, ne court pas après la Gloire; il n'est occupé que de son devoir, et la Gloire vole au devant de lui; elle le couronne, elle le place dans son temple; il en fait le temple du bonheur public. Il ne rapporte rien à soi, il ne songe qu'à être bienfaiteur des hommes; et les éloges de l'empire entier viennent le chercher, parce qu'il ne cherchait que le bien de l'empire.

Voilà le plan de cette fête; il est au dessus de l'exécution et au dessous du sujet; mais quelque faiblement qu'il soit traité, on se flatte d'être venu dans un temps où ces seules idées doivent plaire.

PERSONNAGES CHANTANS
DANS TOUS LES CHOEURS.

Côté du Roi.

Huit Femmes et seize Hommes.

Côté de la Reine.

Huit Femmes et seize Hommes.
Musettes, Hautbois, Bassons.

PERSONNAGES CHANTANS
AU PREMIER ACTE.

L'ENVIE.
APOLLON.
Les neuf Muses.
Démons de la suite de l'Envie.
Demi-Dieux et Héros de la suite d'Apollon.

PERSONNAGES DANSANS
AU PREMIER ACTE.

Huit Démons.
Sept Héros.
Les neuf Muses.

PERSONNAGES CHANTANS
AU SECOND ACTE.

LIDIE.
ARSINE, confidente de Lidie.
Bergers et Bergeres.
Une Bergère.
Un Berger.
Un autre Berger.
BÉLUS.
Rois captifs, et Soldats de la suite de Bélus.
APOLLON.
Les neuf Muses.

PERSONNAGES DANSANS
AU SECOND ACTE.

Bergers et Bergères.

PERSONNAGES CHANTANS
AU TROISIÈME ACTE.

Le Grand-Prêtre de la Gloire.
Une Prêtresse.
Chœur de Prêtres et de Prêtresses de la Gloire.
Un Guerrier, suivant de Bacchus.
Une Bacchante.
BACCHUS.
ÉRIGONE.
Guerriers, Égypans, Bacchantes et Satyres de la suite de Bacchus.

PERSONNAGES DANSANS
AU TROISIÈME ACTE.

Premier Divertissement.

Cinq Prêtresses de la Gloire.
Quatre Héros.

Second Divertissement.

Neuf Bacchantes.
Six Égypans.
Huit Satyres.

PERSONNAGES CHANTANS
AU QUATRIEME ACTE.

PLAUTINE.
JUNIE, } confidentes de Plautine.
FANIE,
Prêtres de Mars et Prêtresses de Vénus.
TRAJAN.
Guerriers de la suite de Trajan.

Six Rois vaincus, à la suite de Trajan.
Romains et Romaines.
LA GLOIRE.
Suivans de la Gloire.

PERSONNAGES DANSANS
AU QUATRIÈME ACTE.

Premier Divertissement.

Quatre Prêtres de Mars.
Cinq Prêtresses de Vénus.

Second Divertissement.

Suivans de la Gloire; cinq hommes et quatre femmes.

PERSONNAGES CHANTANS
AU CINQUIÈME ACTE.

Une Romaine.
Une Bergère.
Bergers et Bergères.
Un Romain.
Jeunes Romains et Romaines.
Tous les personnages du quatrième acte.

PERSONNAGES DANSANS
AU CINQUIÈME ACTE.

Romains et Romaines de différens états.

Première quadrille.

Trois Hommes et deux Femmes.

Seconde quadrille.

Trois Hommes et deux Femmes.

Troisième quadrille.

Trois Femmes et deux Hommes.

Quatrième quadrille.

Trois Femmes et deux Hommes.

LE
TEMPLE DE LA GLOIRE,

OPÉRA.

ACTE PREMIER.

Le théâtre représente la caverne de l'Envie. On voit à travers les ouvertures de la caverne une partie du temple de la Gloire, qui est dans le fond, et les berceaux des Muses, qui sont sur les ailes.

L'ENVIE ET SES SUIVANS, *une torche à la main.*

L'ENVIE.

Profonds abymes du Ténare,
Nuit affreuse, éternelle nuit,
Dieux de l'oubli, dieux du Tartare,
Éclipsez le jour qui me luit;
Démons, apportez-moi votre secours barbare
Contre le dieu qui me poursuit.
Les Muses et la Gloire ont élevé leur temple
Dans ces paisibles lieux :
Qu'avec horreur je les contemple!
Que leur éclat blesse mes yeux!
Profonds abymes du Ténare,
Nuit affreuse, éternelle nuit,
Dieux de l'oubli, dieux du Tartare,
Éclipsez le jour qui me luit;

Démons, apportez-moi votre secours barbare
Contre le dieu qui me poursuit.

SUITE DE L'ENVIE.

Notre gloire est de détruire,
Notre sort est de nuire;
Nous allons renverser ces affreux monumens;
Nos coups redoutables
Sont plus inévitables
Que les traits de la Mort et le pouvoir du Temps :

L'ENVIE.

Hâtez-vous, vengez mon outrage;
Des Muses que je hais embrasez le bocage;
Écrasez sous ces fondemens
Et la Gloire et son temple, et ses heureux enfans,
Que je hais encor davantage.
Démons, ennemis des vivans,
Donnez ce spectacle à ma rage.

(Les suivans de L'ENVIE dansent et forment un ballet figuré ; un Héros vient au milieu de ces Furies étonnées à son approche ; il se voit interrompu par les suivans de L'ENVIE, qui veulent en vain l'effrayer.)

APOLLON *entre, suivi des Muses, de Demi-Dieux et de Héros.*

APOLLON.

Arrêtez, monstres furieux.
Fuis mes traits, crains mes feux, implacable Furie.

L'ENVIE.

Non, ni les mortels ni les dieux
Ne pourront désarmer l'Envie.

ACTE I.

APOLLON.

Oses-tu suivre encor mes pas?
Oses-tu soutenir l'éclat de ma lumière?

L'ENVIE.

Je troublerai plus de climats
Que tu n'en vois dans ta carrière.

APOLLON.

Muses et Demi-Dieux, vengez-moi, vengez-vous.

(Les Héros et les Demi-Dieux saisissent L'ENVIE.)

L'ENVIE.

Non, c'est en vain que l'on m'arrête.

APOLLON.

Étouffez ces serpens qui sifflent sur sa tête.

L'ENVIE.

Ils renaîtront cent fois pour servir mon courroux.

APOLLON.

Le ciel ne permet pas que ce monstre périsse ;
Il est immortel comme nous :
Qu'il souffre un éternel supplice ;
Que du bonheur du monde il soit infortuné ;
Qu'auprès de la Gloire il gémisse,
Qu'à son trône il soit enchaîné.

(L'antre de L'ENVIE s'ouvre et laisse voir le temple de LA GLOIRE; on l'enchaîne au pied du trône de cette déesse.)

CHŒUR DES MUSES ET DEMI-DIEUX.

Ce monstre toujours terrible
Sera toujours abattu :
Les Arts, la Gloire, la Vertu,
Nourriront sa rage inflexible.

APOLLON, *aux Muses.*

Vous, entre sa caverne horrible
Et ce temple où la Gloire appelle les grands cœurs,
Chantez, filles des dieux, sur ce côteau paisible.
La Gloire et les Muses sont sœurs.

(La caverne de l'Envie achève de disparaître. On voit les deux côteaux du Parnasse; des berceaux ornés de guirlandes de fleurs sont à mi-côte, et le fond du théâtre est composé de trois arcades de verdure, à travers lesquelles on voit le temple de la Gloire dans le lointain.)

APOLLON *continue.*

Pénétrez les humains de vos divines flammes :
Charmez, instruisez l'univers;
Régnez, répandez dans les ames
La douceur de vos concerts.
Pénétrez les humains de vos divines flammes ;
Charmez, instruisez l'univers.

(Danse des Muses et des Héros.)

CHŒUR DES MUSES.

Nous calmons les alarmes,
Nous chantons, nous donnons la paix;
Mais tous les cœurs ne sont pas faits
Pour sentir le prix de nos charmes.

UNE MUSE.

Qu'à nos lois à jamais dociles,
Dans nos champs nos tendres pasteurs,
Toujours simples, toujours tranquilles,
Ne cherchent point d'autres honneurs;
Que quelquefois, loin des grandeurs,
Les rois viennent dans nos asiles.

CHŒUR DES MUSES.

Nous calmons les alarmes,
Nous chantons, nous donnons la paix;
Mais tous les cœurs ne sont pas faits
Pour sentir le prix de nos charmes.

FIN DU PREMIER ACTE.

ACTE SECOND [a].

Le théâtre représente le bocage des Muses. Les deux côtés du théâtre sont formés des deux collines du Parnasse : des berceaux entrelacés de lauriers et de fleurs règnent sur le penchant des collines; au dessous sont des grottes percées à jour, ornées comme les berceaux, dans lesquelles sont des bergers et bergères. Le fond est composé de trois grands berceaux en architecture.

LIDIE, ARSINE; BERGERS ET BERGÈRES.

LIDIE.

Oui, parmi ces bergers aux Muses consacrés,
Loin d'un tyran superbe et d'un amant volage,
Je trouverai la paix, je calmerai l'orage
    Qui trouble mes sens déchirés.

ARSINE.

    Dans ces retraites paisibles
    Les Muses doivent calmer
    Les cœurs purs, les cœurs sensibles,
    Que la cour peut opprimer.
Cependant vous pleurez; votre œil en vain contemple
    Ces bois, ces nymphes, ces pasteurs
De leur tranquillité suivez l'heureux exemple.

LIDIE.

La Gloire a vers ces lieux fait élever son temple :
    La honte habite dans nos cœurs.
La Gloire, en ce jour même, au plus grand roi du monde
Doit donner de ses mains un laurier immortel :
Bélus va l'obtenir.

ACTE II.

ARSINE.
Votre douleur profonde
Redouble à ce nom si cruel.

LIDIE.
Bélus va triompher de l'Asie enchaînée ;
Mon cœur et mes états sont au rang des vaincus.
L'ingrat me promettait un brillant hyménée ;
Il me trompait ; du moins il ne me trompe plus,
Il me laisse. Je meurs, et meurs abandonnée.

ARSINE.
Il a trahi vingt rois ; il trahit vos appas :
Il ne connaît qu'une aveugle puissance.

LIDIE.
Mais vers la Gloire il adresse ses pas :
Pourra-t-il sans rougir soutenir ma présence ?

ARSINE.
Les tyrans ne rougissent pas.

LIDIE.
Quoi ! tant de barbarie avec tant de vaillance !
O Muses ! soyez mon appui ;
Secourez-moi contre moi-même ;
Ne permettez pas que j'aime
Un roi qui n'aime que lui.

LES BERGERS ET LES BERGÈRES *consacrés aux Muses sortent des antres du Parnasse, au son des instrumens champêtres.*

LIDIE, *aux Bergers.*
Venez, tendres bergers, vous qui plaignez mes larmes,

Mortels heureux, des Muses inspirés,
Dans mon cœur agité répandez tous les charmes
    De la paix que vous célébrez.

LES BERGERS EN CHŒUR.

Oserons-nous chanter sur nos faibles musettes,
    Lorsque les horribles trompettes
    Ont épouvanté les échos?

UNE BERGÈRE.

    Que veulent donc tous ces héros?
    Pourquoi troublent-ils nos retraites?

LIDIE.

Au temple de la Gloire ils cherchent le bonheur.

LES BERGERS.

    Il est aux lieux où vous êtes;
    Il est au fond de notre cœur.

UN BERGER.

    Vers ce temple où la Mémoire
    Consacre les noms fameux
    Nous ne levons point nos yeux;
    Les bergers sont assez heureux
    Pour voir au moins que la gloire
    N'est point faite pour eux.

(*On entend un bruit de timbales et de trompettes.*)

CHŒUR DE GUERRIERS *qu'on ne voit pas encore.*

    La guerre sanglante,
    La mort, l'épouvante,
    Signalent nos fureurs :
    Livrons-nous un passage,
    A travers le carnage,
    Au faîte des grandeurs.

ACTE II.

PETIT CHŒUR DE BERGERS.

Quels sons affreux, quel bruit sauvage !
O Muses, protégez nos fortunés climats !

UN BERGER.

O Gloire, dont le nom semble avoir tant d'appas,
Serait-ce là votre langage ?

BÉLUS *paraît sous le berceau du milieu, entouré de ses guerriers ; il est sur un trône porté par huit rois enchaînés.*

BÉLUS.

Rois qui portez mon trône, esclaves couronnés,
Que j'ai daigné choisir pour orner ma victoire,
Allez, allez m'ouvrir le temple de la Gloire ;
Préparez les honneurs qui me sont destinés.

(Il descend, et continue.)

Je veux que votre orgueil seconde
Les soins de ma grandeur ;
La Gloire, en m'élevant au premier rang du monde,
Honore assez votre malheur.

(Sa suite sort.)

(On entend une musique douce.)

Mais quels accens pleins de mollesse
Offensent mon oreille et révoltent mon cœur ?

LIDIE.

L'humanité, grands dieux ! est-elle une faiblesse ?
Parjure amant, cruel vainqueur,
Mes cris te poursuivront sans cesse.

BÉLUS.

Vos plaintes et vos cris ne peuvent m'arrêter :

La Gloire loin de vous m'appelle;
Si je pouvais vous écouter,
Je deviendrais indigne d'elle.

LIDIE.

Non, la Gloire n'est point barbare et sans pitié;
Non, tu te fais des dieux à toi-même semblables :
A leurs autels tu n'as sacrifié
Que les pleurs et le sang des mortels misérables.

BÉLUS.

Ne condamnez point mes exploits;
Quand on se veut rendre le maître,
On est malgré soi quelquefois
Plus cruel qu'on ne voudrait être.

LIDIE.

Que je hais tes exploits heureux !
Que le sort t'a changé ! que ta grandeur t'égare !
Peut-être es-tu né généreux :
Ton bonheur t'a rendu barbare.

BÉLUS.

Je suis né pour dompter, pour changer l'univers :
Le faible oiseau, dans un bocage,
Fait entendre ses doux concerts;
L'aigle qui vole au haut des airs
Porte la foudre et le ravage.
Cessez de m'arrêter par vos murmures vains,
Et laissez-moi remplir mes augustes destins.

(Bélus sort pour aller au temple.)

LIDIE.

O Muses, puissantes déesses !

ACTE II.

De cet ambitieux fléchissez la fierté;
Secourez-moi contre sa cruauté,
   Ou du moins contre mes faiblesses.

APOLLON ET LES MUSES *descendent dans un char qui repose par les deux bouts sur les deux collines du Parnasse.*

(Les Muses chantent en chœur.)

Nous adoucissons
Par nos arts aimables
Les cœurs impitoyables,
Ou nous les punissons.

APOLLON.

Bergers qui dans ces bocages
Apprîtes nos chants divins,
Vous calmez les monstres sauvages;
Fléchissez les cruels humains.

(Les bergers dansent.)

APOLLON.

Vole, Amour, dieu des dieux, embellis mon empire,
Désarme la guerre en fureur :
D'un regard, d'un mot, d'un sourire,
Tu calmes le trouble et l'horreur;
Tu peux changer un cœur,
Je ne peux que l'instruire.
Vole, Amour, dieu des dieux, embellis mon empire,
Désarme la guerre en fureur.

BÉLUS *rentre, suivi de ses guerriers.*

Quoi! ce temple pour moi ne s'ouvre point encore!

Quoi ! cette Gloire que j'adore,
Près de ces lieux prépara mes autels ;
Et je ne vois que de faibles mortels,
Et de faibles dieux que j'ignore !

CHOEUR DE BERGERS.

C'est assez vous faire craindre ;
Faites-vous enfin chérir :
Ah ! qu'un grand cœur est à plaindre
Quand rien ne peut l'attendrir !

UNE BERGÈRE.

D'une beauté tendre et soumise
Si tu trahis les appas,
Cruel vainqueur, n'espère pas
Que la Gloire te favorise.

UN BERGER.

Quoi ! vers la Gloire il a porté ses pas,
Et son cœur serait infidèle !
Ah ! parmi nous une honte éternelle
Est le supplice des ingrats.

BÉLUS.

Qu'entends-je ! il est au monde un peuple qui m'offense !
Quelle est la faible voix qui murmure en ces lieux,
Quand la terre tremble en silence ?
Soldats, délivrez-moi de ce peuple odieux.

LE CHOEUR DES MUSES.

Arrêtez, respectez les dieux
Qui protégent l'innocence.

BÉLUS.

Des dieux ! oseraient-ils suspendre ma vengeance ?

ACTE II.

APOLLON ET LES MUSES.

Ciel, couvrez-vous de feux; tonnerres, éclatez :
Tremble, fuis les dieux irrités.

(On entend le tonnerre, et des éclairs partent du char où sont les Muses avec Apollon.)

APOLLON, *seul*.

Loin du temple de la Gloire,
Cours au temple de la Fureur :
On gardera de toi l'éternelle mémoire
Avec une éternelle horreur.

LE CHŒUR D'APOLLON ET DES MUSES.

Cœur implacable,
Apprends à trembler ;
La mort te suit, la mort doit immoler
Ce fortuné coupable.
Cœur implacable,
Apprends à trembler.

BELUS.

Non, je ne tremble point ; je brave le tonnerre ;
Je méprise ce temple, et je hais les humains ;
J'embraserai de mes puissantes mains
Les tristes restes de la terre.

CHŒUR.

Cœur implacable,
Apprends à trembler ;
La mort te suit, la mort doit immoler
Ce fortuné coupable.
Cœur implacable,
Apprends à trembler.

LE TEMPLE DE LA GLOIRE,

APOLLON ET LES MUSES, *à Lidie.*

Toi qui gémis d'un amour déplorable,
Éteins ces feux, brise ces traits ;
Goûte par nos bienfaits
Un calme inaltérable.

(Les bergers et les bergères emmènent Lidie.)

FIN DU SECOND ACTE.

ACTE TROISIÈME.

Le théâtre représente l'avenue et le frontispice du temple de la Gloire. Le trône que la Gloire a préparé pour celui qu'elle doit nommer le plus grand des hommes est vu dans l'arrière-théâtre ; il est supporté par des Vertus, et l'on y monte par plusieurs degrés.

LE GRAND-PRÊTRE DE LA GLOIRE, *couronné de lauriers, une palme à la main, entouré des Prêtres et des Prêtresses de la Gloire.*

UNE PRÊTRESSE.

Gloire enchanteresse,
Superbe maîtresse
Des rois, des vainqueurs ;
L'ardente jeunesse,
La froide vieillesse,
Briguent tes faveurs.

LE CHŒUR.

Gloire enchanteresse, etc.

LA PRÊTRESSE.

Le prétendu sage
Croit avoir brisé
Ton noble esclavage :
Il s'est abusé ;
C'est un amant méprisé :
Son dépit est un hommage.

LE TEMPLE DE LA GLOIRE,

LE GRAND-PRÊTRE.

Déesse des héros, du vrai sage et des rois,
    Source noble et féconde
  Et des vertus et des exploits,
O Gloire! c'est ici que ta puissante voix
    Doit nommer par un juste choix
    Le premier des maîtres du monde.
    Venez, volez, accourez tous,
Arbitres de la paix et foudres de la guerre,
  Vous qui domptez, vous qui calmez la terre,
Nous allons couronner le plus digne de vous.

(Danse de Héros avec les Prêtresses de la Gloire.)

LES SUIVANS DE BACCHUS *arrivent avec des Bacchantes et des Ménades, couronnés de lierre, le thyrse à la main.*

UN GUERRIER, *suivant de Bacchus.*

Bacchus est en tous lieux notre guide invincible;
    Ce héros fier et bienfesant
    Est toujours aimable et terrible:
    Préparez le prix qui l'attend.

UNE BACCHANTE ET LE CHOEUR.

    Le dieu des plaisirs va paraître;
    Nous annonçons notre maître;
      Ses douces fureurs
      Dévorent nos cœurs.

(Pendant ce chœur, les Prêtres de la Gloire rentrent dans le temple, dont les portes se ferment.)

LE GUERRIER.

Les tigres enchaînés conduisent sur la terre

ACTE III.

Érigone et Bacchus ;
Les victorieux, les vaincus,
Tous les dieux des plaisirs, tous les dieux de la guerre,
Marchent ensemble confondus.

(On entend le bruit des trompettes, des hautbois et des flûtes, alternativement.)

LA BACCHANTE.

Je vois la tendre Volupté
Sur le char sanglant de Bellone ;
Je vois l'Amour qui couronne
La Valeur et la Beauté.

(Bacchus et Érigone paraissent sur un char traîné par des tigres, entouré de Guerriers, de Bacchantes, d'Égypans et de Satyres.)

BACCHUS.

Érigone, objet plein de charmes,
Objet de ma brûlante ardeur,
Je n'ai point inventé dans les horreurs des armes
Ce nectar des humains, nécessaire au bonheur,
Pour consoler la terre et pour sécher ses larmes ;
C'était pour enflammer ton cœur.
Bannissons la raison de nos brillantes fêtes :
Non, je ne la connus jamais
Dans mes plaisirs, dans mes conquêtes :
Non, je t'adore, et je la hais.
Bannissons la raison de nos brillantes fêtes.

ÉRIGONE.

Conservez-la plutôt pour augmenter vos feux ;
Bannissez seulement le bruit et le ravage :
Si par vous le monde est heureux,
Je vous aimerai davantage.

BACCHUS.

Les faibles sentimens offensent mon amour ;
   Je veux qu'une éternelle ivresse
De gloire, de grandeur, de plaisirs, de tendresse,
   Règne sur mes sens tour à tour.

ÉRIGONE.

Vous alarmez mon cœur ; il tremble de se rendre ;
De vos emportemens il est épouvanté :
   Il serait plus transporté,
   Si le vôtre était plus tendre.

BACCHUS.

   Partagez mes transports divins ;
Sur mon char de victoire, au sein de la mollesse,
Rendez le ciel jaloux ; enchaînez les humains :
Un dieu plus fort que moi nous entraîne et nous presse.
   Que le thyrse règne toujours
   Dans les plaisirs et dans la guerre ;
    Qu'il tienne lieu du tonnerre
   Et des flèches des Amours.

LE CHŒUR.

   Que le thyrse règne toujours
   Dans les plaisirs et dans la guerre ;
    Qu'il tienne lieu du tonnerre
   Et des flèches des Amours.

ÉRIGONE.

   Quel dieu de mon ame s'empare !
    Quel désordre impétueux !
   Il trouble mon cœur, il l'égare :
   L'amour seul rendrait plus heureux.

ACTE III.

BACCHUS.

Mais quel est dans ces lieux ce temple solitaire?
A quels dieux est-il consacré?
Je suis vainqueur; j'ai su vous plaire:
Si Bacchus est connu, Bacchus est adoré.

UN DES SUIVANS DE BACCHUS.

La Gloire est dans ces lieux le seul dieu qu'on adore;
Elle doit aujourd'hui placer sur ses autels
Le plus auguste des mortels.
Le vainqueur bienfesant des peuples de l'aurore
Aura ces honneurs solennels.

ÉRIGONE.

Un si brillant hommage
Ne se refuse pas.
L'Amour seul me guidait sur cet heureux rivage;
Mais on peut détourner ses pas
Quand la Gloire est sur le passage.

(*Ensemble.*)

La Gloire est une vaine erreur;
Mais avec vous, c'est le bonheur suprême :
C'est vous que j'aime,
C'est vous qui remplissez mon cœur.

BACCHUS.

Le temple s'ouvre,
La Gloire se découvre.
L'objet de mon ardeur y sera couronné;
Suivez-moi.

(*Le temple de la Gloire paraît ouvert.*)

LE GRAND-PRÊTRE DE LA GLOIRE.

Téméraire, arrête;

Ce laurier serait profané
S'il avait couronné ta tête !
Bacchus, qu'on célèbre en tous lieux,
N'a point ici la préférence;
Il est une vaste distance
Entre les noms connus et les noms glorieux.

ÉRIGONE.

Eh quoi! de ses présens la Gloire est-elle avare
Pour ses plus brillans favoris?

BACCHUS.

J'ai versé des bienfaits sur l'univers soumis.
Pour qui sont ces lauriers que votre main prépare?

LE GRAND-PRÊTRE.

Pour des vertus d'un plus haut prix.
Contentez-vous, Bacchus, de régner dans vos fêtes,
D'y noyer tous les maux que vos fureurs ont faits.
Laissez-nous couronner de plus belles conquêtes
Et de plus grands bienfaits.

BACCHUS.

Peuple vain, peuple fier, enfans de la tristesse,
Vous ne méritez pas des dons si précieux.
Bacchus vous abandonne à la froide sagesse;
Il ne saurait vous punir mieux.
Volez, suivez-moi, troupe aimable,
Venez embellir d'autres lieux.
Par la main des Plaisirs, des Amours et des Jeux,
Versez ce nectar délectable,
Vainqueur des mortels et des dieux;
Volez, suivez-moi, troupe aimable,
Venez embellir d'autres lieux.

ACTE III.

BACCHUS ET ÉRIGONE.

Parcourons la terre
Au gré de nos désirs,
Du temple de la Guerre
Au temple des Plaisirs.

(On danse.)

UNE BACCHANTE *avec le chœur.*

Bacchus, fier et doux vainqueur,
Conduis mes pas, règne en mon cœur;
La Gloire promet le bonheur,
Et c'est Bacchus qui nous le donne.

Raison, tu n'es qu'une erreur,
Et le chagrin t'environne.
Plaisir, tu n'es point trompeur,
Mon ame à toi s'abandonne.

Bacchus, fier et doux vainqueur, etc.

FIN DU TROISIÈME ACTE.

ACTE QUATRIÈME.

Le théâtre représente la ville d'Artaxate à demi ruinée, au milieu de laquelle est une place publique ornée d'arcs de triomphe chargés de trophées.

PLAUTINE, JUNIE, FANIE.

PLAUTINE.
Reviens, divin Trajan, vainqueur doux et terrible;
Le monde est mon rival, tous les cœurs sont à toi;
 Mais est-il un cœur plus sensible
 Et qui t'adore plus que moi ?

Les Parthes sont tombés sous ta main foudroyante :
 Tu punis, tu venges les rois.
 Rome est heureuse et triomphante ;
 Tes bienfaits passent tes exploits.

Reviens, divin Trajan, vainqueur doux et terrible;
Le monde est mon rival, tous les cœurs sont à toi;
 Mais est-il un cœur plus sensible
 Et qui t'adore plus que moi ?

FANIE.
Dans ce climat barbare, au sein de l'Arménie,
Osez-vous affronter les horreurs des combats ?
PLAUTINE.
Nous étions protégés par son puissant génie,
 Et l'Amour conduisait mes pas.

ACTE IV.

JUNIE.

L'Europe reverra son vengeur et son maître ;
Sous ces arcs triomphaux on dit qu'il va paraître.

PLAUTINE.

Ils sont élevés par mes mains.
Quel doux plaisir succède à ma douleur profonde !
Nous allons contempler dans le maître du monde
    Le plus aimable des humains.

JUNIE.

Nos soldats triomphans, enrichis, pleins de gloire,
    Font voler son nom jusqu'aux cieux.

FANIE.

Il se dérobe à leurs chants de victoire ;
Seul, sans pompe et sans suite, il vient orner ces lieux.

PLAUTINE.

    Il faut à des héros vulgaires
    La pompe et l'éclat des honneurs ;
    Ces vains appuis sont nécessaires
      Pour les vaines grandeurs.
Trajan seul est suivi de sa gloire immortelle ;
On croit voir près de lui l'univers à genoux ;
Et c'est pour moi qu'il vient ! ce héros m'est fidèle !
Grands dieux, vous habitez dans cette ame si belle,
    Et je la partage avec vous !

TRAJAN, PLAUTINE; SUITE.

PLAUTINE, *courant au devant de Trajan.*

Enfin je vous revois ; le charme de ma vie
    M'est rendu pour jamais.

TRAJAN.

Le ciel me vend cher ses bienfaits,
Ma félicité m'est ravie.
Je reviens un moment pour m'arracher à vous,
Pour m'animer d'une vertu nouvelle,
Pour mériter, quand Mars m'appelle,
D'être empereur de Rome et d'être votre époux.

PLAUTINE.

Que dites-vous? Quel mot funeste!
Un moment! vous, ô ciel! un seul moment me reste,
Quand mes jours dépendaient de vous revoir toujours.

TRAJAN.

Le ciel en tous les temps m'accorda son secours;
Il me rendra bientôt aux charmes que j'adore.
C'est pour vous qu'il a fait mon cœur.
Je vous ai vue, et je serai vainqueur.

PLAUTINE.

Quoi! ne l'êtes-vous pas? Quoi! serait-il encore
Un roi que votre main n'aurait pas désarmé?
Tout n'est-il pas soumis du couchant à l'aurore?
L'univers n'est-il pas calmé?

TRAJAN.

On ose me trahir.

PLAUTINE.

Non, je ne puis vous croire;
On ne peut vous manquer de foi.

TRAJAN.

Des Parthes terrassés l'inexorable roi
S'irrite de sa chute et brave ma victoire.
Cinq rois qu'il a séduits sont armés contre moi;

ACTE IV.

Ils ont joint l'artifice aux excès de la rage ;
Ils sont au pied de ces remparts ;
Mais j'ai pour moi les dieux, les Romains, mon courage,
Et mon amour, et vos regards.

PLAUTINE.

Mes regards vous suivront : je veux que sur ma tête
Le ciel épuise son courroux.
Je ne vous quitte pas ; je braverai leurs coups ;
J'écarterai la mort qu'on vous apprête,
Je mourrai du moins près de vous.

TRAJAN.

Ah ! ne m'accablez point ; mon cœur est trop sensible :
Ah ! laissez-moi vous mériter.
Vous m'aimez, il suffit, rien ne m'est impossible,
Rien ne pourra me résister.

PLAUTINE.

Cruel, pouvez-vous m'arrêter ?
J'entends déja les cris d'un ennemi perfide.

TRAJAN.

J'entends la voix du devoir qui me guide :
Je vole ; demeurez : la victoire me suit.
Je vole ; attendez tout de mon peuple intrépide,
Et de l'amour qui me conduit.

Ensemble. :

Je vais } punir un barbare,
Allez

Terrasser sous { mes / vos } coups
L'ennemi qui nous sépare,
Qui m'arrache un moment à vous.

PLAUTINE.

Il m'abandonne à ma douleur mortelle ;
Cher amant, arrêtez : ah ! détournez les yeux,
Voyez encor les miens.

TRAJAN, *au fond du théâtre.*

O dieux, ô justes dieux,
Veillez sur l'empire et sur elle !

PLAUTINE.

Il est déja loin de ces lieux.
Devoir, es-tu content? Je meurs, et je l'admire.
Ministres du dieu des combats,
Prêtresses de Vénus, qui veillez sur l'empire,
Percez le ciel de cris, accompagnez mes pas ;
Secondez l'amour qui m'inspire.

CHOEUR DES PRÊTRES DE MARS.

Fier dieu des alarmes,
Protége nos armes,
Conduis nos étendards.

CHOEUR DES PRÊTRESSES DE VÉNUS.

Déesse des Grâces,
Vole sur ses traces,
Enchaîne le dieu Mars.

(On danse.)

CHOEUR DES PRÊTRESSES.

Mère de Rome et des amours paisibles,
Viens tout ranger sous ta charmante loi ;
Viens couronner nos Romains invincibles :
Ils sont tous nés pour l'amour et pour toi.

PLAUTINE.

Dieux puissans, protégez votre vivante image !

ACTE IV.

Vous étiez autrefois des mortels comme lui ;
C'est pour avoir régné comme il règne aujourd'hui
   Que le ciel est votre partage.

(On danse.)

(On entend un chœur de Romains qui avancent lentement sur le théâtre.)

   Charmant héros, qui pourra croire
   Des exploits si prompts et si grands?
    Tu te fais en peu de temps
    La plus durable mémoire.

JUNIE.

Entendez-vous ces cris et ces chants de victoire?

FANIE.

Trajan revient vainqueur.

PLAUTINE.
              En pouviez-vous douter?
Je vois ces rois captifs, ornemens de sa gloire;
Il vient de les combattre, il vient de les dompter.

JUNIE.

Avant de les punir par ses lois légitimes,
   Avant de frapper ses victimes,
  A vos genoux il veut les présenter.

TRAJAN *paraît, entouré des aigles romaines et de faisceaux; les rois vaincus sont enchaînés à sa suite.*

TRAJAN.

  Rois qui redoutez ma vengeance,
Qui craignez les affronts aux vaincus destinés,
   Soyez désormais enchaînés

Par la seule reconnaissance.
Plautine est en ces lieux; il faut qu'en sa présence
Il ne soit point d'infortunés.

LES ROIS, *se relevant, chantent avec le chœur :*
O grandeur! ô clémence !
Vainqueur égal aux dieux,
Vous avez leur puissance,
Vous pardonnez comme eux.

PLAUTINE.
Vos vertus ont passé mon espérance même ;
Mon cœur est plus touché que celui de ces rois.

TRAJAN.
Ah ! s'il est des vertus dans ce cœur qui vous aime,
Vous savez à qui je les dois.
J'ai voulu des humains mériter le suffrage,
Dompter les rois, briser leurs fers,
Et vous apporter mon hommage
Avec les vœux de l'univers.
Ciel ! que vois-je en ces lieux ?

LA GLOIRE *descend d'un vol précipité, une couronne de laurier à la main.*

LA GLOIRE.
Tu vois ta récompense,
Le prix de tes exploits, surtout de ta clémence ;
Mon trône est à tes pieds; tu règnes avec moi.
(Le théâtre change, et représente le temple de la Gloire.)
Elle continue.
Plus d'un héros, plus d'un grand roi,

ACTE IV.

Jaloux en vain de sa memoire,
Vola toujours après la Gloire,
Et la Gloire vole après toi.

LES SUIVANS DE LA GLOIRE, *mêles aux Romains et aux Romaines, forment des danses.*

UN ROMAIN.

Régnez en paix après tant d'orages,
Triomphez dans nos cœurs satisfaits.
Le sort préside aux combats, aux ravages;
La Gloire est dans les bienfaits.
Tonnerre, écarte-toi de nos heureux rivages;
Calme heureux, reviens pour jamais.
Régnez en paix, etc.

CHŒUR.

Le ciel nous seconde,
Célébrons son choix :
Exemple des rois,
Délices du monde,
Vivons sous tes lois.

JUNIE.

Tendre Vénus, à qui Rome est soumise,
A nos exploits joins tes tendres appas;
Ordonne à Mars enchanté dans tes bras
Que pour Trajan sa faveur s'éternise.

LE CHŒUR

Le ciel nous seconde,
Célébrons son choix :
Exemple des rois,
Délices du monde,
Vivons sous tes lois

TRAJAN.

Des honneurs si brillans sont trop pour mon partage;
Dieux, dont j'éprouve la faveur,
Dieux de mon peuple, achevez votre ouvrage;
Changez ce temple auguste en celui du bonheur;
Qu'il serve à jamais aux fêtes
Des fortunés humains;
Qu'il dure autant que les conquêtes
Et que la gloire des Romains.

LA GLOIRE.

Les dieux ne refusent rien
Au héros qui leur ressemble :
Volez, Plaisirs, que sa vertu rassemble;
Le temple du Bonheur sera toujours le mien.

FIN DU QUATRIÈME ACTE.

ACTE CINQUIÈME.

Le théâtre change, et représente le temple du Bonheur; il est formé de pavillons d'une architecture légère, de péristyles, de jardins, de fontaines, etc. Ce lieu délicieux est rempli de Romains et de Romaines de tous états.

CHŒUR.

Chantons en ce jour solennel,
Et que la terre nous réponde :
Un mortel, un seul mortel
A fait le bonheur du monde.

(On danse.)

UNE ROMAINE.

Tout rang, tout sexe, tout âge
Doit aspirer au bonheur.

LE CHŒUR.

Tout rang, tout sexe, tout âge
Doit aspirer au bonheur.

LA ROMAINE.

Le printemps volage,
L'été plein d'ardeur,
L'automne plus sage,
Raison, badinage,
Retraite, grandeur,
Tout rang, tout sexe, tout âge
Doit aspirer au bonheur.

LE CHOEUR.

Tort rang, etc.

(Des Bergers et des Bergères entrent en dansant.)

UNE BERGÈRE.

Ici les plus brillantes fleurs
N'effacent point les violettes;
Les étendards et les houlettes
Sont ornés des mêmes couleurs.
Les chants de nos tendres pasteurs
Se mêlent au bruit des trompettes;
L'amour anime en ces retraites
Tous les regards et tous les cœurs.
Ici les plus brillantes fleurs
N'effacent point les violettes;
Les étendards et les houlettes
Sont ornés des mêmes couleurs.

(Les Seigneurs et les Dames romaines se joignent en dansant
aux Bergers et aux Bergères.)

UN ROMAIN.

Dans un jour si beau,
Il n'est point d'alarmes;
Mars est sans armes,
L'Amour sans bandeau.

LE CHOEUR.

Dans un jour si beau, etc.

LE ROMAIN.

La Gloire et les Amours en ces lieux n'ont des ailes
Que pour voler dans nos bras.
La Gloire aux ennemis présentait nos soldats,
Et l'Amour les présente aux belles.

ACTE V.

LE CHOEUR.

Dans un jour si beau,
Il n'est point d'alarmes;
Mars est sans armes,
L'Amour sans bandeau.

(On danse.)

TRAJAN *paraît avec* PLAUTINE, *et tous les Romains se rangent autour de lui.*

CHOEUR.

Toi que la Victoire
Couronne en ce jour,
Ta plus belle gloire
Vient du tendre Amour.

TRAJAN

O peuple de héros qui m'aimez et que j'aime!
Vous faites mes grandeurs;
Je veux régner sur vos cœurs,
(Montrant Plautine.)
Sur tant d'appas, et sur moi-même.
Montez au haut du ciel, encens que je reçois;
Retournez vers les dieux, hommages que j'attire :
Dieux, protégez toujours ce formidable empire,
Inspirez toujours tous ses rois.
Montez au haut du ciel, encens que je reçois;
Retournez vers les dieux, hommages que j'attire.

Toutes les différentes troupes recommencent leurs danses autour de TRAJAN et de PLAUTINE, et terminent la fête par un ballet général.

FIN DU TEMPLE DE LA GLOIRE.

VARIANTE
DU TEMPLE DE LA GLOIRE.

ACTE SECOND[1].

PERSONNAGES.

LIDIE.
ARSINE, confidente de Lidie.
BERGERS ET BERGÈRES.
UN BERGER.
UNE BERGÈRE.
BÉLUS.
ROIS CAPTIFS, ET SOLDATS de la suite de Bélus.

SCÈNE I.

LIDIE, ARSINE.

LIDIE.

Muses, filles du ciel, la paix règne en vos fêtes;
  Vous suspendez les mortelles douleurs;
Dans les cœurs des humains vous calmez les tempêtes;
  Les jours sereins naissent de vos faveurs.
Amour, sors de mon cœur; Amour, brise ma chaine;
  Bélus m'abandonne aujourd'hui;
  Dépit vengeur, trop juste Haine,
  Soyez, s'il se peut, mon appui.
Amour, sors de mon cœur; Amour, brise ma chaine,
  Ne sois pas tyran comme lui.

---

[1] Cet acte, différent de celui qu'on a lu, a été tiré d'une partition du célèbre Rameau. Nous ignorons si c'est ici la première idée du poëte, ou si ces changemens avaient été faits pour la reprise du *Temple de la Gloire*, en 1746. Cependant cet opéra, donné à la cour en 1745, en cinq actes, fut représenté à Paris, en 1746, en trois actes seulement, et celui-ci fut alors supprimé.

ARSINE.

Les Muses quelquefois calment un cœur sensible,
Et pour les implorer vous quittez votre cour;
Mais craignez d'y chercher ce guerrier invincible :
Au temple de la Gloire il vole en ce grand jour;
    Il en sera plus inflexible.

LIDIE.

Non, je veux dans son cœur porter le repentir.
Il cherche ici la Gloire, et ce nom me rassure,
    La Gloire ne pourra choisir
    Un vainqueur injuste et parjure.
    Hélas! je l'ai cru vertueux.
Que le sort l'a changé! que sa grandeur l'égare!
Je l'ai cru bienfesant, sensible, généreux;
    Son bonheur l'a rendu barbare.

ARSINE.

Il insulte à des rois qu'a domptés sa valeur;
    Devant lui marchent la Vengeance,
    L'Orgueil, le Faste, la Terreur;
    Et l'Amour fuit de sa présence.

LIDIE.

Que de crimes, ô ciel! avec tant de vaillance!
Déesses de ces lieux, appuis de l'innocence,
    Consolez mon cœur alarmé,
    Secourez-moi contre moi-même,
    Et ne permettez pas que j'aime
Un héros enivré de sa grandeur suprême,
    Qui n'est plus digne d'être aimé.

SCÈNE II.

LIDIE, ARSINE; BERGERS ET BERGÈRES.

(Les Bergers et Bergères entrent en dansant au son des musettes.)

LIDIE.

Venez, tendres bergers, vous qui plaignez mes larmes,
    Mortels heureux, des Muses inspirés,
Dans mon cœur agité répandez tous les charmes
    De la paix que vous célébrez.

CHOEUR DE BERGERS.

Oserons-nous chanter sur nos faibles musettes,

Lorsque les horribles trompettes
Ont épouvanté les échos?

UNE BERGÈRE.

Nous fuyons devant ces héros
Qui viennent troubler nos retraites.

LIDIE.

Ne fuyez point Bélus ; employez l'art des dieux
A fléchir ce grand cœur autrefois vertueux.

Les Muses, dans ces bocages,
Inspirent vos chants divins ;
Vous calmez les monstres sauvages ;
Enchantez les cruels humains.

CHOEUR.

Enchantons les cruels humains

(Ils recommencent leurs danses.)

UNE BERGÈRE.

Le dieu des beaux arts peut seul nous instruire,
Mais le seul Amour peut changer les cœurs ;
Pour les adoucir, il faut les séduire.
Du seul dieu d'Amour les traits sont vainqueurs.

(On danse.)

UNE BERGÈRE.

Descends, dieu charmant, viens monter ta lyre,
Viens former les sons du dieu des neuf Sœurs ;
Prête à la vertu ta voix, ton sourire,
Tes traits, ton flambeau, tes liens de fleurs.

(On danse.)

UN BERGER.

Vers ce temple où la Mémoire
Consacre les noms fameux,
Nous ne levons point nos yeux :
Les bergers sont assez heureux
Pour voir au moins que la gloire
N'est point faite pour eux.

(On entend un bruit de timbales et de trompettes.)

SCÈNE III.

CHOEUR DE GUERRIERS.
La guerre sanglante,
La mort, l'épouvante,
Signalent nos fureurs.
Livrons-nous un passage,
A travers le carnage,
Au faîte des grandeurs.

CHOEUR DE BERGERS.
Quels sons affreux, quel bruit sauvage !
O Muses, protégez nos fortunés climats !

UN BERGER.
O Gloire, dont le nom semble avoir tant d'appas !
Serait-ce là votre langage ?

CHOEUR DE GUERRIERS.
Les éclairs embrasent les cieux,
La foudre menace la terre ;
Déclarez-vous, grands dieux,
Par la voix du tonnerre,
Que Bélus arrive en ces lieux ?

SCÈNE IV.

BÉLUS ET LES PRÉCÉDENS.

BÉLUS.
Où suis-je ? qu'ai-je vu ?
Non, je ne puis le croire ;
Ce temple qui m'est dû,
Ce séjour de la Gloire
S'est fermé devant moi.
Mes soldats ont pâli d'effroi.
La foudre a dévoré les dépouilles sanglantes
Que j'allais consacrer à Mars ;
Elle a brisé mes étendards
Dans mes mains triomphantes.

Dieux implacables, dieux jaloux,
Qu'ai-je donc fait qui vous outrage ?

VARIANTE

J'ai fait trembler l'univers sous mes coups,
   J'ai mis des rois à mes genoux,
   Et leurs sujets dans l'esclavage;
   Je me suis vengé comme vous,
   Que demandez-vous davantage?

CHOEUR DE BERGERS.

   On n'imite point les dieux
   Par les horreurs de la guerre;
   Il faut, pour être aimé d'eux,
   Se faire aimer sur la terre.

UNE BERGÈRE.

   Un roi que rien n'attendrit
   Est des rois le plus à plaindre;
   Bientôt lui-même il gémit
   Quand il se fait toujours craindre.

CHOEUR DE BERGERS.

   Un roi que rien n'attendrit, etc.

BÉLUS.

Quoi! dans ces lieux on brave ma fureur,
Quand le monde à mes pieds se tait dans l'épouvante!

(On entend le son des musettes.)

Un plaisir inconnu me surprend et m'enchante
   Dans le sein même de l'horreur.

(Les musettes continuent.)

De ces simples bergers la candeur innocente
Dans mon cœur étonné fait passer sa douceur.

(On danse.)

UNE BERGÈRE.

   Un roi, s'il veut être heureux,
   Doit combler nos vœux;
   Le vrai bonheur le couronne
   Quand il le donne.
   Dans les palais, dans les bois,
   On chérit ses douces lois.
   Il goûte, il verse en tous lieux
   Les bienfaits des dieux.
   A sa voix les vertus renaissent;
   Les Ris, les Jeux le caressent,
   La Gloire et l'Amour
   Partagent sa cour:

Dans son rang suprême,
C'est lui seul qu'on aime ;
C'est lui seul plus que ses faveurs
Qui charme les cœurs.
Un roi, s'il veut, etc.

CHOEUR DE BERGERS.

Un roi que rien n'attendrit
Est des rois le plus à plaindre ;
Bientôt lui-même il gémit
Quand il se fait toujours craindre.

LA BERGÈRE.

Écoutez dans nos chants le dieu qui nous inspire,
Rendez tous les cœurs satisfaits,
De vos sévères lois adoucissez l'empire ;
La gloire est dans les bienfaits.

CHOEUR.

Un roi que rien, etc.

BÉLUS.

Plus j'écoute leurs chants, plus je deviens sensible.
Dieux ! m'avez-vous conduit dans ce séjour paisible
Pour m'éclairer d'un nouveau jour ?
Des flatteurs m'aveuglaient, ils égaraient leur maître ;
Et des bergers me font connaître
Ce que j'ignorais dans ma cour.

LIDIE.

Connaissez encor plus ; voyez toute ma flamme.
Je vous ai suivi dans ces lieux ;
Pour vous je demandais aux dieux
D'adoucir, de toucher votre ame.
Vos vertus autrefois avaient su m'enflammer ;
Vous avez tout quitté pour l'horreur de la guerre ;
Ah ! je voudrais vous voir adoré de la terre,
Dussiez-vous ne me point aimer.

BÉLUS.

C'en est trop, je me rends au charme qui m'attire.
Peut-être que des dieux j'aurais bravé l'empire ;
Mais ils empruntent votre voix,
Ils ont guidé vos pas, leur bonté vous inspire ;
Je suis désarmé, je soupire :
J'ose espérer qu'un jour j'obtiendrai sous vos lois
La gloire immortelle où j'aspire.

Ces dieux garans de mes vœux
Apaiseront leur colère ;
Et pour mériter de vous plaire,
Je rendrai les mortels heureux.

####### LIDIE ET BÉLUS.

Descends des cieux, lance tes flammes,
Triomphe, Amour, dieu des grands cœurs ;
Anime les vertus et les nobles ardeurs
Qui doivent régner dans nos ames.

####### CHOEUR.

Entre la Gloire et les Amours,
Dans une paix profonde,
Allez donner tous deux au monde
De justes lois et de beaux jours.

FIN DE LA VARIANTE DU TEMPLE DE LA GLOIRE.

LA PRUDE,

COMÉDIE EN CINQ ACTES,

Représentée en 1747.

AVERTISSEMENT DE L'AUTEUR.

Cette pièce est bien moins une traduction qu'une esquisse légère de la fameuse comédie de Wicherley [1], intitulée *Plain dealer*, l'Homme au franc procédé. Cette pièce a encore en Angleterre la même réputation que *le Misanthrope* en France. L'intrigue est infiniment plus compliquée, plus intéressante, plus chargée d'incidens; la satire y est beaucoup plus forte et plus insultante; les mœurs y sont d'une telle hardiesse, qu'on pourrait placer la scène dans un mauvais lieu attenant un corps-de-garde. Il semble que les Anglais prennent trop de liberté, et que les Français n'en prennent pas assez.

Wicherley ne fit aucune difficulté de dédier son *Plain dealer* à la plus fameuse appareilleuse de Londres. On peut juger, par la protectrice, du caractère des protégés. La licence du temps de Charles II était aussi débordée que le fanatisme avait été sombre et barbare du temps de l'infortuné Charles Ier.

Croira-t-on que chez les nations polies les termes de gueuse, de p....., de bor..., de rufien, de m..., de v..., et tous leurs accompagnemens sont prodigués dans une comédie où toute une cour très spirituelle allait en foule?

Croira-t-on que la connaissance la plus approfondie du cœur humain, les peintures les plus vraies et les plus brillantes, les traits d'esprit les plus fins se trouvent dans le même ouvrage?

Rien n'est cependant plus vrai. Je ne connais point

[1] *Voyez* ce que M. de Voltaire dit de Wicherley et de ses ouvrages dans les *Lettres philosophiques*, lettre XIX.

de comédie chez les anciens ni chez les modernes où il y ait autant d'esprit. Mais c'est une sorte d'esprit qui s'évapore dès qu'il passe chez l'étranger.

Nos bienséances, qui sont quelquefois un peu fades, ne m'ont pas permis d'imiter cette pièce dans toutes ses parties; il a fallu en retrancher des rôles tout entiers.

Je n'ai donc donné ici qu'une très légère idée de la hardiesse anglaise; et cette imitation, quoique partout voilée de gaze, est encore si forte, qu'on n'oserait pas la représenter sur la scène de Paris.

Nous sommes entre deux théâtres bien différens l'un de l'autre : l'espagnol et l'anglais. Dans le premier, on représente Jésus-Christ, des possédés et des diables; dans le second, des cabarets et quelque chose de pis.

PREMIER PROLOGUE*.

Mme DU TOUR, VOLTAIRE.

Mme DU TOUR.

Non, je ne jouerai pas : le bel emploi vraiment,
　　La belle farce qu'on apprête !
　　Le plaisant divertissement
Pour le jour de Louis, pour cette auguste fête,
Pour la fille des rois, pour le sang des héros,
Pour le juge éclairé de nos meilleurs ouvrages,
Vanté des beaux esprits, consulté par les sages,
　　Et pour la baronne de Sceaux !

VOLTAIRE.

Mais pour être baronne est-on si difficile ?
　　Je sais que sa cour est l'asile
Du goût que les Français savaient jadis aimer ;
Mais elle est le séjour de la douce indulgence.
On a vu son suffrage enseigner à la France
　　Ce que l'on devait estimer :
　　On la voit garder le silence,
Et ne décider point alors qu'il faut blâmer.

Mme DU TOUR.

Elle se taira donc, monsieur, à votre farce.

VOLTAIRE.

　　Eh ! pourquoi, s'il vous plaît ?

---

* *La Prude* fut représentée sur le théâtre d'Anet, pour madame la duchesse du Maine. M. de Voltaire y joua, et fit ce prologue pour annoncer la pièce.

M˟ᴱ DU TOUR.

                                Oh! parce
Que l'on hait les mauvais plaisans.

VOLTAIRE.

Mais que voulez-vous donc pour vos amusemens?

M˟ᴱ DU TOUR.

  Toute autre chose.

VOLTAIRE.

                       Et quoi? des tragédies
Qui du théâtre anglais soient d'horribles copies!

M˟ᴱ DU TOUR.

Non, ce n'est pas ce qu'il nous faut;
La pitié, non l'horreur, doit régner sur la scène.
Des sauvages Anglais la triste Melpomène
    Prit pour théâtre un échafaud.

VOLTAIRE.

Aimez-vous mieux la sage et grave comédie
Où l'on instruit toujours, où jamais on ne rit,
Où Sénèque et Montaigne étalent leur esprit,
Où le public enfin bat des mains et s'ennuie?

M˟ᴱ DU TOUR.

    Non, j'aimerais mieux Arlequin
    Qu'un comique de cette espèce :
    Je ne puis souffrir la sagesse,
    Quand elle prêche en brodequin.

VOLTAIRE.

Oh! que voulez-vous donc?

M˟ᴱ DU TOUR.

                      De la simple nature,
Un ridicule fin, des portraits délicats,

De la noblesse sans enflure ;
Point de moralités, une morale pure
Qui naisse du sujet et ne se montre pas.
Je veux qu'on soit plaisant sans vouloir faire rire ;
Qu'on ait un style aisé, gai, vif et gracieux :
    Je veux enfin que vous sachiez écrire
        Comme on parle en ces lieux.

VOLTAIRE.

Je vous baise les mains ; je renonce à vous plaire.
Vous m'en demandez trop : je m'en tirerais mal ;
Allez vous adresser à madame de Staal* :
    Vous trouverez là votre affaire.

Mme DU TOUR.

Oh ! que je voudrais bien qu'elle nous eût donné
    Quelque bonne plaisanterie !

VOLTAIRE.

Je le voudrais aussi ; j'étais déterminé
A ne vous point lâcher ma vieille rapsodie,
Indigne du séjour aux Graces destiné.

Mme DU TOUR.

Eh ! qui l'a donc voulu ?

VOLTAIRE.

        Qui l'a voulu ? Thérèse...
C'est une étrange femme : il faut, ne vous déplaise,
    Quitter tout dès qu'elle a parlé.
    Dût-on être berné, sifflé,
Elle veut à la fois le bal et comédie,

---

* On connaît madame de Staal par ses Mémoires, quoiqu'elle ait eu l'intention *de ne s'y peindre qu'en buste*. Elle a fait aussi quelques comédies où il y a du naturel, de la gaîté et du bon ton.

Jeu, toilette, opéra, promenade, soupé,
Des pompons, des magots, de la géométrie.
Son esprit en tout temps est de tout occupé;
    Et jugeant des autres par elle,
Elle croit que pour plaire on n'a qu'à le vouloir;
Que tous les arts, ornés d'une grace nouvelle,
De briller dans Anet se feront un devoir,
    Dès que Du Maine les appelle.
Passe pour les beaux arts, ils sont faits pour ses yeux;
    Mais non les farces insipides:
Gilles doit disparaître auprès des Euripides.
Je conçois vos raisons, et vous m'ouvrez les yeux.
On ne me jouera point.

Mme DU TOUR.

    Quoi! que voulez-vous dire?
On ne vous jouera point... on vous jouera, morbleu!
Je vous trouve plaisant de vouloir nous prescrire
Vos volontés pour règle... Oh! nous verrons beau jeu.
Nous verrons si pour rien j'aurai pris tant de peine,
Que d'apprendre un plat rôle, et de le répéter...

VOLTAIRE.

Mais...

Mme DU TOUR.

Mais je crois qu'ici vous voulez disputer?

VOLTAIRE.

Vous-même m'avez dit qu'il fallait sur la scène
Plus d'esprit, plus de sens, des mœurs, un meilleur ton...
Un ouvrage en un mot...

Mme DU TOUR.

    Oui, vous avez raison;

Mais je veux qu'on vous siffle, et j'en fais mon envie.
Si vous n'êtes plaisant, vous serez plaisanté :
  Et ce plaisir, en vérité,
  Vaut celui de la comédie.
Allons, et qu'on commence.

VOLTAIRE.

     Oh mais... vous m'avez dit...

Mme DU TOUR.

J'aurai mon dit et mon dédit.

VOLTAIRE.

De berner un pauvre homme ayez plus de scrupule.

Mme DU TOUR.

Vous voilà bien malade : il faut servir les grands.
On amuse souvent plus par son ridicule
  Que l'on ne plaît par ses talens.

VOLTAIRE.

Allons, soumettons-nous : la résistance est vaine.
Il faut bien s'immoler pour les plaisirs d'Anet.
Vous n'êtes dans ces lieux, messieurs, qu'une centaine :
  Vous me garderez le secret.

FIN DU PREMIER PROLOGUE.

SECOND PROLOGUE

RÉCITÉ

PAR M. DE VOLTAIRE SUR LE THÉATRE DE SCEAUX,

DEVANT MADAME LA DUCHESSE DU MAINE,
AVANT LA REPRÉSENTATION DE LA COMÉDIE DE LA PRUDE,
LE 15 DÉCEMBRE 1747.

O vous, en tous les temps par Minerve inspirée!
Des plaisirs de l'esprit protectrice éclairée,
Vous avez vu finir ce siècle glorieux,
Ce siècle des talens accordé par les dieux.
  Vainement on se dissimule
Qu'on fait pour l'égaler des efforts superflus;
Favorisez au moins ce faible crépuscule
  Du beau jour qui ne brille plus.
Ranimez les accens des filles de Mémoire,
De la France à jamais éclairez les esprits;
Et lorsque vos enfans combattent pour sa gloire,
  Soutenez-la dans nos écrits.
Vous n'avez point ici de ces pompeux spectacles
Où les chants et la danse étalent leurs miracles;
Daignez vous abaisser à de moindres sujets:
L'esprit aime à changer de plaisirs et d'objets.
Nous possédons bien peu; c'est ce peu qu'on vous donne;
A peine en nos écrits verrez-vous quelques traits
D'un comique oublié que Paris abandonne.
Puissent tant de beautés, dont les brillans attraits
Valent mieux à mon sens que les vers les mieux faits,

SECOND PROLOGUE.

S'amuser avec vous d'une Prude friponne,
   Qu'elles n'imiteront jamais!
   On peut bien, sans effronterie,
Aux yeux de la raison jouer la pruderie :
Tout défaut dans les mœurs à Sceaux est combattu :
Quand on fait devant vous la satire d'un vice,
C'est un nouvel hommage, un nouveau sacrifice,
   Que l'on présente à la vertu.

FIN DU SECOND PROLOGUE.

PERSONNAGES.

Mme DORFISE, veuve.
Mme BURLET, sa cousine.
COLETTE, suivante de Dorfise.
BLANFORD, capitaine de vaisseau.
DARMIN, son ami.
BARTOLIN, caissier.
Le chevalier MONDOR.
ADINE, nièce de Darmin, déguisée en jeune Turc.

La scène est à Marseille.

LA PRUDE,

COMÉDIE.

ACTE PREMIER.

SCÈNE I.

DARMIN, ADINE.

ADINE, *habillée en Turc**.
Ah, mon cher oncle! ah, quel cruel voyage !
Que de dangers! quel étrange équipage !
Il faut encor cacher sous un turban
Mon nom, mon cœur, mon sexe et mon tourment.
DARMIN.
Nous arrivons : je te plains; mais, ma nièce,
Lorsque ton père est mort consul en Grèce,
Quand nous étions tous deux après sa mort
Privés d'amis, de biens et de support,
Que ta beauté, tes graces, ton jeune âge,
N'étaient pour toi qu'un funeste avantage ;
Pour comble enfin, quand un maudit bacha
Si vivement de toi s'amouracha,

---

* Dans la pièce anglaise, cette jeune personne s'appelle *Fidélia*; elle s'est déguisée en garçon, et a servi de page à Manly, capitaine de vaisseau.

Que faire alors ? Ne fus-tu pas réduite
A te cacher, te masquer, partir vite ?

ADINE.

D'autres dangers sont préparés pour moi.

DARMIN.

Ne rougis point, ma nièce, calme-toi :
Car à la hâte avec nous embarquée,
Vêtue en homme, en jeune Turc masquée,
Tu ne pouvais, ma nièce, honnêtement
Te dépêtrer de cet accoutrement,
Prendre du sexe et l'habit et la mine
Devant les yeux de vingt gardes-marine,
Qui tous étaient plus dangereux pour toi
Qu'un vieux bacha n'ayant ni foi ni loi.
Mais, par bonheur, tout s'arrange à merveille,
Et nous voici débarqués dans Marseille,
Loin des bachas, et près de tes parens,
Chez des Français, tous fort honnêtes gens.

ADINE.

Ah! Blanford est honnête homme, sans doute ;
Mais que de maux tant de vertu me coûte !
Fallait-il donc avec lui revenir?

DARMIN.

Ton défunt père à lui devait t'unir ;
Et cet hymen, dans ta plus tendre enfance,
Fit autrefois sa plus douce espérance.

ADINE.

Qu'il se trompait¹

DARMIN.

Blanford à tes beaux yeux

ACTE I, SCÈNE I.

Rendra justice en te connaissant mieux.
Peut-il long-temps se coiffer d'une prude,
Qui de tromper fait son unique étude?

ADINE.

On la dit belle; il l'aimera toujours;
Il est constant.

DARMIN.

Bon! qui l'est en amours?

ADINE.

Je crains Dorfise.

DARMIN.

Elle est trop intrigante;
Sa pruderie est, dit-on, trop galante;
Son cœur est faux, ses propos médisans.
Ne crains rien d'elle; on ne trompe qu'un temps.

ADINE.

Ce temps est long, ce temps me désespère.
Dorfise trompe! et Dorfise a su plaire!

DARMIN.

Mais, après tout, Blanford t'est-il si cher?

ADINE.

Oui; dès ce jour où deux vaisseaux d'Alger*
Si vivement sur les flots l'attaquèrent,
Ah! que pour lui tous mes sens se troublèrent!
Dans mes frayeurs, un sentiment bien doux
M'intéressait pour lui comme pour vous;
Et courageuse, en devenant si tendre,
Je souhaitais être homme, et le défendre.

* Dans l'anglais, ce n'est pas contre des vaisseaux d'Alger que le capitaine a combattu, mais contre des Hollandais.

Songez-vous bien que lui seul me sauva,
Quand sur les eaux notre vaisseau brûla?
Ciel! que j'aimai ses vertus, son courage,
Qui dans mon cœur ont gravé son image!

DARMIN.

Oui, je conçois qu'un cœur reconnaissant
Pour la vertu peut avoir du penchant.
Trente ans à peine, une taille légère,
Beaux yeux, air noble; oui, sa vertu peut plaire:
Mais son humeur et son austérité
Ont-ils pu plaire à ta simplicité?

ADINE.

Mon caractère est sérieux, et j'aime
Peut-être en lui jusqu'à mes défauts même.

DARMIN.

Il hait le monde.

ADINE.

Il a, dit-on, raison.

DARMIN.

Il est souvent trop confiant, trop bon;
Et son humeur gâte encor sa franchise.

ADINE.

De ses défauts le plus grand, c'est Dorfise.

DARMIN.

Il est trop vrai. Pourquoi donc refuser
D'ouvrir ses yeux, de les désabuser,
Et de briller dans ton vrai caractère?

ADINE.

Peut-on briller lorsqu'on ne saurait plaire?
Hélas! du jour que par un sort heureux

Dessus son bord il nous reçut tous deux,
J'ai bien tremblé qu'il n'aperçût ma feinte :
En arrivant je sens la même crainte.

DARMIN.

Je prétendais te découvrir à lui.

ADINE.

Gardez-vous-en, ménagez mon ennui ;
Sacrifiée à Dorfise adorée,
Dans mon malheur je veux être ignorée ;
Je ne veux pas qu'il connaisse en ce jour
Quelle victime il immole à l'amour.

DARMIN.

Que veux-tu donc?

ADINE.

Je veux, dès ce soir même,
Dans un couvent fuir un ingrat que j'aime.

DARMIN.

Lorsque si vite on se met en couvent,
Tout à loisir, ma nièce, on s'en repent.
Avec le temps tout se fera, te dis-je.
Un soin plus triste à présent nous afflige ;
Car dans l'instant où ce Duguay * nouveau
Si noblement fit sauter son vaisseau,
Je vis sauter ses biens et ma fortune ;
A tous les deux la misère est commune.
Et cependant à Marseille arrivés,
Remplis d'espoir, d'argent comptant privés,
Il faut chercher un secours nécessaire.

*Allusion au célèbre Duguay-Trouin, l'un des plus grands hommes de mer qu'ait eus la France.

L'amour n'est pas toujours la seule affaire.

ADINE.

Quoi! lorsqu'on aime, on pourrait faire mieux?
Je n'en crois rien.

DARMIN.

Le temps ouvre les yeux.
L'amour, ma nièce, est aveugle à ton âge,
Non pas au mien. L'amour sans héritage,
Triste et confus, n'a pas l'art de charmer.
Il n'appartient qu'aux gens heureux d'aimer.

ADINE.

Vous pensez donc que, dans votre détresse,
Pour vous, mon oncle, il n'est plus de maîtresse,
Et que d'abord votre veuve Burlet
En vous voyant vous quittera tout net?

DARMIN.

Mon triste état lui servirait d'excuse.
Souvent, hélas! c'est ainsi qu'on en use.
Mais d'autres soins je suis embarrassé;
L'argent me manque, et c'est le plus pressé.

SCÈNE II.

BLANFORD, DARMIN, ADINE.

BLANFORD.

Bon, de l'argent! dans le siècle où nous sommes,
C'est bien cela que l'on obtient des hommes!
Vive embrassade, et fades complimens,
Propos joyeux, vains baisers, faux sermens,

ACTE I, SCÈNE II.

J'en ai reçu de cette ville entière ;
Mais aussitôt qu'on a su ma misère,
D'auprès de moi la foule a disparu :
Voilà le monde.

DARMIN.

    Il est très corrompu ;
Mais vos amis vous ont cherché peut-être ?

BLANFORD.

Oui, des amis ! en as-tu pu connaître ?
J'en ai cherché ; j'ai vu force fripons
De tous les rangs, de toutes les façons,
D'honnêtes gens, dont la molle indolence
Tranquillement nage dans l'opulence,
Blasés en tout, aussi durs que polis,
Toujours hors d'eux, ou d'eux seuls tout remplis ;
Mais des cœurs droits, des ames élevées,
Que les destins n'ont jamais captivées,
Et qui se font un plaisir généreux
De rechercher un ami malheureux,
J'en connais peu ; partout le vice abonde.
Un coffre-fort est le dieu de ce monde ;
Et je voudrais qu'ainsi que mon vaisseau
Le genre humain fût abymé dans l'eau.

DARMIN.

Exceptez-nous du moins de la sentence.

ADINE.

Le monde est faux, je le crois ; mais je pense
Qu'il est encore un cœur digne de vous,
Fier, mais sensible, et ferme, quoique doux,
De vos destins bravant l'indigne outrage,

Vous en aimant, s'il se peut, davantage :
Tendre en ses vœux, et constant dans sa foi.

BLANFORD.

Le beau présent ! où le trouver ?

ADINE.

Dans moi.

BLANFORD.

Dans vous ! allez, jeune homme que vous êtes,
Suis-je en état d'entendre vos sornettes ?
Pour plaisanter prenez mieux votre temps.
Oui, dans ce monde, et parmi les méchans,
Je sais qu'il est encor des ames pures,
Qui chériront mes tristes aventures.
Je suis heureux, dans mon sort abattu ;
Dorfise au moins sait aimer la vertu.

ADINE.

Ainsi, monsieur, c'est de cette Dorfise
Que pour toujours je vois votre ame éprise ?

BLANFORD.

Assurément.

ADINE.

Et vous avez trouvé
En sa conduite un mérite éprouvé ?

BLANFORD.

Oui.

DARMIN.

Feu mon frère, avant d'aller en Grèce,
S'il m'en souvient, vous destinait ma nièce.

BLANFORD.

Feu votre frère a très mal destiné ;

ACTE I, SCÈNE II.

J'ai mieux choisi ; je suis déterminé
Pour la vertu qui, du monde exilée,
Chez ma Dorfise est ici rappelée.

ADINE.

Un tel mérite est rare, il me surprend ;
Mais son bonheur me semble encor plus grand.

BLANFORD.

Ce jeune enfant a du bon, et je l'aime ;
Il prend parti pour moi contre vous-même.

DARMIN.

Pas tant peut-être. Après tout, dites-moi
Comment Dorfise, avec sa bonne foi,
Avec ce goût, qui pour vous seul l'attire,
Depuis un an cessa de vous écrire.

BLANFORD.

Voudriez-vous qu'on m'écrivît par l'air,
Et que la poste allât en pleine mer ?
Avant ce temps j'ai vingt fois reçu d'elle
De gros paquets, mais écrits d'un modèle...
D'un air si vrai, d'un esprit si sensé...
Rien d'affecté, d'obscur, d'embarrassé ;
Point d'esprit faux ; la nature elle-même,
Le cœur y parle ; et voilà comme on aime.

DARMIN, *à Adine.*

Vous pâlissez.

BLANFORD, *avec empressement, à Adine.*

Qu'avez-vous ?

ADINE.

Moi, monsieur ?
Un mal cruel qui me perce le cœur.

BLANFORD, *à Darmin.*

Le cœur! quel ton! une fille à son âge
Serait plus forte, aurait plus de courage.
Je l'aime fort, mais je suis étonné
Qu'à cet excès il soit efféminé.
Était-il fait pour un pareil voyage?
Il craint la mer, les ennemis, l'orage.
Je l'ai trouvé près d'un miroir assis;
Il était né pour aller à Paris
Nous étaler sur les bancs du théâtre
Son beau minois, dont il est idolâtre;
C'est un Narcisse.

DARMIN.

Il en a la beauté.

BLANFORD.

Oui, mais il faut en fuir la vanité.

ADINE.

Ne craignez rien, ce n'est pas moi que j'aime.
Je suis plus près de me haïr moi-même;
Je n'aime rien qui me ressemble.

BLANFORD.

Enfin
C'est à Dorfise à régler mon destin.
Bien convaincu de sa haute sagesse,
De l'épouser je lui passai promesse;
Je lui laissai mon bien même en partant,
Joyaux, billets, contrats, argent comptant.
J'ai, grace au ciel, par ma juste franchise,
Confié tout à ma chère Dorfise.
J'ai confié Dorfise et son destin

ACTE I, SCÈNE II.

A la vertu de monsieur Bartolin.

DARMIN.

De Bartolin, le caissier?

BLANFORD.

De lui-même,
D'un bon ami, qui me chérit, que j'aime.

DARMIN, *d'un ton ironique.*

Ah! vous avez sans doute bien choisi;
Toujours heureux en maîtresse, en ami,
Point prévenu.

BLANFORD.

Sans doute, et leur absence
Me fait ici sécher d'impatience.

ADINE.

Je n'en puis plus, je sors.

BLANFORD.

Mais qu'avez-vous?

ADINE.

De ses malheurs chacun ressent les coups.
Les miens sont grands; leurs traits s'appesantissent;
Ils cesseront... si les vôtres finissent.

(Elle sort.)

BLANFORD.

Je ne sais... mais son chagrin m'a touché.

DARMIN.

Il est aimable, il vous est attaché.

BLANFORD.

J'ai le cœur bon, et la moindre fortune
Qui me viendra sera pour lui commune.
Dès que Dorfise avec sa bonne foi

M'aura remis l'argent qu'elle a de moi,
J'en ferai part à votre jeune Adine.
Je lui voudrais la voix moins féminine,
Un air plus fait; mais les soins et le temps
Forment le cœur et l'air des jeunes gens :
Il a des mœurs, il est modeste, sage.
J'ai remarqué toujours, dans le voyage,
Qu'il rougissait aux propos indécens
Que sur mon bord tenaient nos jeunes gens.
Je vous promets de lui servir de père.

DARMIN.

Ce n'est pas là pourtant ce qu'il espère.
Mais allons donc chez Dorfise à l'instant,
Et recevez d'elle au moins votre argent.

BLANFORD.

Bon! le démon, qui toujours m'accompagne,
La fait rester encore à la campagne.

DARMIN.

Et le caissier ?

BLANFORD.

Et le caissier aussi.
Tous deux viendront, puisque je suis ici.

DARMIN.

Vous pensez donc que madame Dorfise
Vous est toujours très humblement soumise ?

BLANFORD.

Et pourquoi non? si je garde ma foi,
Elle peut bien en faire autant pour moi.
Je n'ai pas eu, comme vous, la folie
De courtiser une franche étourdie.

ACTE I, SCÈNE II.

DARMIN.

Il se pourra que j'en sois méprisé,
Et c'est à quoi tout homme est exposé;
Et j'avouerai qu'en son humeur badine
Elle est bien loin de sa sage cousine.

BLANFORD.

Mais de son cœur ainsi désemparé,
Que ferez-vous?

DARMIN.

Moi? rien : je me tairai.
En attendant qu'à Marseille se rendent
Les deux beautés de qui nos cœurs dépendent,
Fort à propos je vois venir vers nous
L'ami Mondor.

BLANFORD.

Notre ami! dites-vous?
Lui, notre ami?

DARMIN.

Sa tête est fort légère;
Mais dans le fond c'est un bon caractère.

BLANFORD.

Détrompez-vous, cher Darmin, soyez sûr
Que l'amitié veut un esprit plus mûr;
Allez, les fous n'aiment rien.

DARMIN.

Mais le sage
Aime-t-il tant... Tirons quelque avantage
De ce fou-ci. Dans notre cas urgent
On peut sans honte emprunter son argent.

SCÈNE III.

BLANFORD, DARMIN, LE CHEVALIER MONDOR.

MONDOR.

Bonjour, très cher; vous voilà donc en vie?
C'est fort bien fait, j'en ai l'ame ravie.
Bonjour : dis-moi, quel est ce bel enfant
Que j'ai vu là dans cet appartement?
D'où vous vient-il? était-il du voyage?
Est-il Grec, Turc? est-il ton fils, ton page?
Qu'en faites-vous? Où soupez-vous ce soir?
A quels appas jetez-vous le mouchoir?
N'allez-vous pas vite en poste à Versailles
Faire aux commis des récits de batailles?
Dans ce pays avez-vous un patron?

BLANFORD.

Non.

MONDOR.

Quoi! tu n'as jamais fait ta cour?

BLANFORD.

Non.

J'ai fait ma cour sur mer; et mes services
Sont mes patrons, sont mes seuls artifices;
Dans l'antichambre on ne m'a jamais vu.

MONDOR.

Tu n'as aussi jamais rien obtenu.

BLANFORD.

Rien demandé. J'attends que l'œil du maître
Sache en son temps tout voir, tout reconnaître.

ACTE I, SCÈNE III.

MONDOR.
Va, dans son temps ces nobles sentimens
A l'hôpital mènent tout droit les gens.

DARMIN.
Nous en sommes fort près ; et notre gloire
N'a pas le sou.

MONDOR.
Je suis prêt à t'en croire.

DARMIN.
Cher chevalier, il te faut avouer...

MONDOR.
En quatre mots je dois vous confier...

DARMIN.
Que notre ami vient de faire une perte...

MONDOR.
Que j'ai, mon cher, fait une découverte...

DARMIN.
De tout le bien...

MONDOR.
D'une honnête beauté...

DARMIN.
Que sur la mer...

MONDOR.
A qui sans vanité...

DARMIN.
Il rapportait...

MONDOR.
Après bien du mystère...

DARMIN.
Dans son vaisseau.

MONDOR.
J'ai le bonheur de plaire.
DARMIN.
C'est un malheur.
MONDOR.
C'est un plaisir bien vif
De subjuguer ce scrupule excessif,
Cette pudeur et si fière et si pure,
Ce précepteur qui gronde la nature.
J'avais du goût pour la dame Burlet,
Pour sa gaîté, son air brusque et follet;
Mais c'est un goût plus léger qu'elle-même.
DARMIN.
J'en suis ravi.
MONDOR.
C'est la prude que j'aime.
Encouragé par la difficulté,
J'ai présenté la pomme à la fierté.
DARMIN.
La prude enfin, dont votre ame est éprise,
Cette beauté si fière...
MONDOR.
C'est Dorfise.
BLANFORD, *en riant.*
Dorfise... ah! bon. Sais-tu bien devant qui
Tu parles là?
MONDOR.
Devant toi, mon ami.
BLANFORD.
Va, j'ai pitié de ton extravagance;

ACTE I, SCÈNE III.

Cette beauté n'aura plus l'indulgence,
Je t'en réponds, de recevoir chez soi
Des chevaliers éventés comme toi.

MONDOR.

Si fait, mon cher : la femme la moins folle
Ne se plaint point lorsqu'un fou la cajole.

BLANFORD.

Cajolez moins, mon très cher; apprenez
Qu'à ses vertus mes jours sont destinés,
Qu'elle est à moi, que sa juste tendresse
De m'épouser m'avait passé promesse,
Qu'elle m'attend pour m'unir à son sort.

MONDOR, *en riant.*

Le beau billet qu'a là l'ami Blanford!
(à Darmin.)
Il a, dis-tu, besoin dans sa détresse
D'autres billets payables en espèce.
Tiens, cher Darmin.
(Il veut lui donner un portefeuille.)

BLANFORD, *l'arrêtant.*

Non, gardez-vous-en bien.

DARMIN.

Quoi! vous voulez...

BLANFORD.

De lui je ne veux rien.
Quand d'emprunter on fait la grace insigne,
C'est à quelqu'un qu'on daigne en croire digne;
C'est d'un ami qu'on emprunte l'argent.

MONDOR.

Ne suis-je pas ton ami?

LA PRUDE,

BLANFORD.

Non, vraiment.
Plaisant ami, dont la frivole flamme,
S'il se pouvait, m'enlèverait ma femme;
Qui dès ce soir, avec vingt fainéans,
Va s'égayer à table à mes dépens !
Je les connais, ces beaux amis du monde.

MONDOR.

Ce monde-là, que ton rare esprit fronde,
Crois-moi, vaut mieux que ta mauvaise humeur.
Adieu. Je vais du meilleur de mon cœur
Dans le moment chez la belle Dorfise
Aux grands éclats rire de ta sottise.
(Il veut s'en aller.)

BLANFORD, *l'arrêtant.*

Que dis-tu là... mon cher Darmin ! comment ?
Elle est ici, Dorfise ?

MONDOR.

Assurément.

BLANFORD.

O juste ciel !

MONDOR.

Eh bien, quelle merveille ?

BLANFORD.

Dans sa maison ?

MONDOR.

Oui, te dis-je, à Marseille.
Je l'ai trouvée à l'instant qui rentrait,
Et qui des champs avec hâte accourait.

ACTE 1, SCÈNE IV.

BLANFORD, *à part.*

Pour me revoir! ô ciel! je te rends grace;
A ce seul trait tout mon malheur s'efface.
Entrons chez elle.

MONDOR.

Entrons, c'est fort bien dit;
Car plus on est de fous, et plus on rit.

BLANFORD.

(Il va à la porte.)

Heurtons.

MONDOR.

Frappons.

COLETTE, *en dedans de la maison.*

Qui va là?

BLANFORD.

Moi.

MONDOR.

Moi-même.

SCÈNE IV.

BLANFORD, DARMIN, COLETTE, LE CHEVALIER MONDOR.

COLETTE, *sortant de la maison.*

Blanford! Darmin! quelle surprise extrême!
Monsieur!

BLANFORD.

Colette!

COLETTE.

Hélas! je vous ai cru

Noyé cent fois. Soyez le bien-venu.
BLANFORD.
Le juste ciel, propice à ma tendresse,
M'a conservé pour revoir ta maîtresse.
COLETTE.
Elle sortait tout à l'instant d'ici.
DARMIN.
Et sa cousine?
COLETTE.
Et sa cousine aussi.
BLANFORD.
Eh! mais, de grace, où donc est-elle allée?
Où la trouver?
COLETTE, *fesant une révérence de prude.*
Elle est à l'assemblée.
BLANFORD.
Quelle assemblée?
COLETTE.
Eh! vous ne savez rien?
Apprenez donc que vingt femmes de bien
Sont dans Marseille étroitement unies
Pour corriger nos jeunes étourdies,
Pour réformer tout le train d'aujourd'hui,
Mettre à sa place un noble et digne ennui,
Et hautement par de sages cabales,
De leur prochain réprimer les scandales,
Et Dorfise est en tête du parti.
BLANFORD, *à Darmin.*
Mais comment donc un si grand étourdi
Est-il souffert d'une beauté sévère?

ACTE I, SCÈNE IV.

DARMIN.

Chez une prude un étourdi peut plaire.

BLANFORD.

De l'assemblée où va-t-elle?

COLETTE.

On ne sait;
Faire du bien sourdement.

BLANFORD.

En secret!
C'est là le comble. Eh! puis-je en sa demeure
Pour lui parler avoir aussi mon heure?

MONDOR.

Va, c'est à moi qu'il le faut demander;
Sans risquer rien, je suis te l'accorder.
Tu la verras tout comme à l'ordinaire.

BLANFORD.

Respectez-la, c'est ce qu'il vous faut faire;
Et gardez-vous de la désapprouver.

DARMIN.

Et sa cousine, où peut-on la trouver?
On m'avait dit qu'elles vivaient ensemble.

COLETTE.

Oui; mais leur goût rarement les assemble.
Et la cousine avec dix jeunes gens
Et dix beautés se donne du bon temps,
Et d'une table et propre et bien servie,
Presque toujours vole à la comédie.
Ensuite on danse, ou l'on se met au jeu :
Toujours chez elle et grand'chère et beau feu,
De longs soupers et des chansons nouvelles,

Et des bons mots, encor plus plaisans qu'elles;
Glaces, liqueurs, vins vieux, gris, rouges, blancs,
Amas nouveaux de boîtes, de rubans,
Magots de Saxe, et riches bagatelles
Qu'Hébert * invente à Paris pour les belles :
Le jour, la nuit, cent plaisirs renaissans,
Et de médire à peine a-t-on le temps.

MONDOR.

Oui, notre ami, c'est ainsi qu'il faut vivre.

DARMIN.

Mais pour la voir, où faudra-t-il la suivre?

COLETTE.

Partout, monsieur, car du matin au soir,
Dès qu'elle sort, elle court, veut tout voir.
Il lui faudrait que le ciel par miracle
Exprès pour elle assemblât un spectacle,
Jeu, bal, toilette, et musique et soupé;
Son cœur toujours est de tout occupé.
Vous la verrez, et sa joyeuse troupe,
Fort tard chez elle, et vers l'heure où l'on soupe.

BLANFORD.

Si vous l'aimez, après ce que j'entends,
Moins qu'elle encor vous avez de bon sens.
Peut-on chérir ce bruyant assemblage
De tous les goûts qu'eut le sexe en partage?
Il vous sied bien, dans vos tristes soupirs,
De suivre en pleurs le char de ses plaisirs,
Et d'étaler les regrets d'une dupe
Qu'un fol amour dans sa misère occupe.

* Fameux marchand de curiosités.

ACTE I, SCÈNE IV.

DARMIN.

Je crois encor, dussé-je être en erreur,
Qu'on peut unir les plaisirs et l'honneur;
Je crois aussi, soit dit sans vous déplaire,
Que femme prude, en sa vertu sévère,
Peut en public faire beaucoup de bien,
Mais en secret souvent ne valoir rien.

BLANFORD.

Eh bien! tantôt nous viendrons l'un et l'autre,
Et vous verrez mon choix, et moi le vôtre.

MONDOR.

Oui, revenez, et vous verrez, ma foi,
La place prise.

BLANFORD.

Et par qui donc?

MONDOR.

Par moi.

BLANFORD.

Par toi!

MONDOR.

J'ai mis à profit ton absence,
Et je n'ai pas à craindre ta présence.
Va, tu verras... Adieu.

SCÈNE V.

BLANFORD, DARMIN.

BLANFORD.

Çà, pensez-vous
Que d'un tel homme on puisse être jaloux?

DARMIN.

Le ridicule et la bonne fortune
Vont bien ensemble, et la chose est commune.

BLANFORD.

Quoi! vous pensez...

DARMIN.

Oui, ces femmes de bien
Aiment parfois les grands diseurs de rien.
Mais permettez que j'aille un peu moi-même
Chercher mon sort, et savoir si l'on m'aime.

(Il sort.)

BLANFORD.

Oui, hâtez-vous d'être congédié.
Hom! le pauvre homme! il me fait grand'pitié.
Que je te loue, ô destin favorable,
Qui me fais prendre une femme estimable!
Que dans mes maux je bénis mon retour!
Que ma raison augmente mon amour!
Oh! je fuirai, je l'ai mis dans ma tête,
Le monde entier pour une femme honnête.
C'est trop long-temps courir, craindre, espérer:
Voilà le port où je veux demeurer.
Près d'un tel bien qu'est-ce que tout le reste?

ACTE I, SCÈNE V.

Le monde est fou, ridicule ou funeste;
Ai-je grand tort d'en être l'ennemi?
Non, dans ce monde il n'est pas un ami;
Personne au fond à nous ne s'intéresse;
On est aimé, mais c'est de sa maîtresse :
Tout le secret est de savoir choisir.
Une coquette est un vrai monstre à fuir;
Mais une femme et tendre, et belle et sage,
De la nature est le plus digne ouvrage.

FIN DU PREMIER ACTE.

ACTE SECOND.

SCÈNE I.

DORFISE, Mme BURLET, le chevalier MONDOR.

DORFISE.
Adoucissez, monsieur le chevalier,
De vos discours l'excès trop familier ;
La pureté de mes chastes oreilles
Ne peut souffrir des libertés pareilles.

MONDOR, *en riant.*
Vous les aimez pourtant, ces libertés ;
Vous me grondez, mais vous les écoutez ;
Et vous n'avez, comme je puis comprendre,
Cheveux si courts que pour les mieux entendre.

DORFISE.
Encore !

Mme BURLET.
Eh bien, je suis de son côté :
Vous affectez trop de sévérité.
La liberté n'est pas toujours licence.
On peut, je crois, entendre avec décence
De la gaîté les innocens éclats,
Ou bien sembler ne les entendre pas :
Votre vertu, toujours un peu farouche,
Veut nous fermer et l'oreille et la bouche.

ACTE II, SCÈNE I.

DORFISE.

Oui, l'une et l'autre; et fermez, croyez-moi,
Votre maison à tous ceux que j'y voi.
Je vous l'ai dit, ils vous perdront, cousine :
Comment souffrir leur troupe libertine ;
Le beau Cléon, qui, brillant sans esprit,
Rit des bons mots qu'il prétend avoir dit ;
Damon, qui fait pour vingt beautés qu'il aime
Vingt madrigaux plus fades que lui-même ;
Et ce robin parlant toujours de lui ;
Et ce pédant portant partout l'ennui ;
Et mon cousin, qui...

MONDOR.

C'en est trop, madame ;
Chacun son tour ; et si votre belle ame
Parle du monde avec tant de bonté,
J'aurai du moins autant de charité.
Je veux ici vous tracer de mon style
En quatre mots un portrait de la ville,
A commencer par...

DORFISE.

Ah ! n'en faites rien ;
Il n'appartient qu'aux personnes de bien
De châtier, de gourmander le vice :
C'est à mes yeux une horrible injustice
Qu'un libertin satirise aujourd'hui
D'autres mondains moins vicieux que lui.
Lorsque j'en veux à l'humaine nature,
C'est zèle, honneur, et vertu toute pure,

Dégoût du monde. Ah, Dieu! que je le hais,
Ce monde infame!

MME BURLET.

Il a quelques attraits.

DORFISE.

Pour vous, hélas! et pour votre ruine.

MME BURLET.

N'en a-t-il point un peu pour vous, cousine?
Haïssez-vous ce monde?

DORFISE.

Horriblement.

MONDOR.

Tous les plaisirs?

DORFISE.

Épouvantablement.

MME BURLET.

Le jeu? le bal?

MONDOR.

La musique? la table?

DORFISE.

Ce sont, ma chère, inventions du diable.

MME BURLET.

Mais la parure et les ajustemens?
Vous m'avouerez...

DORFISE.

Ah, quels vains ornemens!
Si vous saviez à quel point je regrette
Tous les instans perdus à ma toilette!
Je fuis toujours le plaisir de me voir;
Mon œil blessé craint l'aspect d'un miroir.

ACTE II, SCÈNE I.

Mme BURLET.

Mais cependant, ma sévère Dorfise,
Vous me semblez bien coiffée et bien mise.

DORFISE.

Bien?

MONDOR.

Du grand bien.

DORFISE.

Avec simplicité.

MONDOR.

Mais avec goût.

Mme BURLET.

Votre sage beauté,
Quoi qu'elle en dise, est fort aise de plaire.

DORFISE.

Moi? juste ciel!

Mme BURLET.

Parle-moi sans mystère.
Je crois, ma foi, que ta sévérité
A quelque goût pour ce jeune éventé.
Il n'est pas mal fait.

(En montrant Mondor.)

MONDOR.

Ah!

Mme BURLET.

C'est un jeune homme
Fort beau, fort riche.

MONDOR.

Ah!

LA PRUDE,

DORFISE.

Ce discours m'assomme.
Vous proposez l'abomination.
Un beau jeune homme est mon aversion;
Un beau jeune homme! ah, fi!

MONDOR.

Ma foi, madame,
Pour vous et moi j'en suis fâché dans l'ame.
Mais ce Blanford, qui revient sans vaisseau,
Est-il si riche, et si jeune et si beau?

DORFISE.

Il est ici? quoi! Blanford?

MONDOR.

Oui, sans doute.

COLETTE, *en entrant avec précipitation.*

Hélas! je viens pour vous apprendre...

DORFISE, *à Colette, à l'oreille.*

Écoute.

Mme BURLET.

Comment?

DORFISE, *au chevalier Mondor.*

Depuis qu'il prit de moi congé,
De ses défauts je l'ai cru corrigé,
Je l'ai cru mort.

MONDOR.

Il vit; et le corsaire
Veut me couler à fond, et croit vous plaire.

DORFISE, *en se retournant vers Colette.*

Colette, hélas!

ACTE II, SCÈNE I.

COLETTE.

Hélas!

DORFISE.

     Ah, chevalier!
Pourriez-vous point sur mer le renvoyer?

MONDOR.

De tout mon cœur.

Mme BURLET.

     Sait-on quelque nouvelle
De ce Darmin, son ami si fidèle?
Viendra-t-il point?

MONDOR.

     Il est venu; Blanford
L'a raccroché dans je ne sais quel port.
Ils ont sur mer donné, je crois, bataille,
Et sont ici n'ayant ni sou ni maille;
Mais avec lui Blanford a ramené
Un petit Grec plus joli, mieux tourné...

DORFISE.

Eh! oui, vraiment. Je pense tout à l'heure
Que je l'ai vu tout près de ma demeure;
De grands yeux noirs?

MONDOR.

   Oui.

DORFISE.

     Doux, tendres, touchans?
Un teint de rose?

MONDOR.

   Oui.

DORFISE, *en s'animant un peu plus.*
Des cheveux, des dents...
L'air noble, fin ?
MONDOR.
C'est une créature
Qu'à son plaisir façonna la nature.
DORFISE.
S'il a des mœurs, s'il est sage, bien né,
Je veux par vous qu'il me soit amené...
Quoiqu'il soit jeune.
Mme BURLET.
Et moi, je veux sur l'heure
Que de Darmin l'on cherche la demeure.
Allez, La Fleur, trouvez-le ; et lui portez
Trois cents louis que je crois bien comptés ;
(Elle donne une bourse à La Fleur, qui est derrière elle.)
Et qu'à souper Blanford et lui se rendent.
Depuis long-temps tous nos amis l'attendent,
Et moi plus qu'eux. Je n'ai jamais connu
De naturel plus doux, plus ingénu :
J'aime surtout sa complaisance aimable,
Et sa vertu liante et sociable.
DORFISE.
Eh bien, Blanford n'est pas de cette humeur ;
Il est si sérieux !
MONDOR.
Si plein d'aigreur !
DORFISE.
Oui, si jaloux...

ACTE II, SCÈNE I.

MONDOR, *interrompant brusquement.*
Caustique.

DORFISE.
Il est...

MONDOR.
Sans doute.

DORFISE.
Laissez-moi donc parler; il est...

MONDOR.
J'écoute.

DORFISE.
Il est enfin fort dangereux pour moi.

Mme BURLET.
On dit qu'il a très bien servi le roi,
Qu'il s'est sur mer distingué dans la guerre.

DORFISE.
Oui; mais qu'il est incommode sur terre* !

MONDOR.
Il est encore...

DORFISE.
Oui.

MONDOR.
Ces marins d'ailleurs
Ont presque tous de si vilaines mœurs !

---

* Il y a dans l'anglais : Vous m'avouerez qu'il a une belle physionomie, un air mâle. — Oui; il ressemble à un Sarrasin peint sur l'enseigne d'un cabaret; il a du courage comme le bourreau; il tuera un homme qui aura les mains liées, et il n'a que de la cruauté : ce qui ne ressemble pas plus au courage que la médisance continuelle ne ressemble à de l'esprit.

LA PRUDE,

DORFISE.

Oui.

Mme BURLET.

Mais on dit qu'autrefois vos promesses
De quelque espoir ont flatté ses tendresses ?

DORFISE.

Depuis ce temps j'ai, par excès d'ennui,
Quitté le monde, à commencer par lui :
Le monde et lui me rendent si craintive !

SCÈNE II.

DORFISE, Mme BURLET, LE CHEVALIER MONDOR, COLETTE.

COLETTE.

Madame !

DORFISE.

Eh bien ?

COLETTE.

Monsieur Blanford arrive.

DORFISE.

Ciel !

Mme BURLET.

Darmin est avec lui ?

COLETTE.

Madame, oui.

Mme BURLET.

J'en ai le cœur tout-à-fait réjoui.

DORFISE.

Et moi je sens une douleur profonde;

ACTE II, SCÈNE III.

Je me retire, et je veux fuir le monde.
MONDOR.
Avec moi donc?
DORFISE.
Non, s'il vous plaît, sans vous.
(Elle sort.)

SCÈNE III.

Mme BURLET, BLANFORD, DARMIN, LE CHEVALIER MONDOR, ADINE.

DARMIN, *à Mme Burlet.*
Madame, enfin, souffrez qu'à vos genoux...
Mme BURLET, *courant au devant de Darmin.*
Mon cher Darmin, venez; j'ai fait partie
D'aller au bal après la comédie;
Nous causerons; mon carrosse est là-bas.
(à Blanford.)
Et vous, rigris, y viendrez-vous?
BLANFORD.
Non pas.
Je viens ici pour chose sérieuse.
Allez, courez, troupe folle et joyeuse,
Faites semblant d'avoir bien du plaisir,
Fatiguez bien votre inquiet loisir.
(au jeune Adine.)
Et nous, jeune homme, allons trouver Dorfise.
(Madame Burlet sort avec le chevalier et Darmin, qui lui donnent chacun la main, et Blanford continue.)

SCÈNE IV.

BLANFORD, ADINE, COLETTE.

BLANFORD.

Voyons une ame au seul devoir soumise,
Qui pour moi seul, par un sage retour,
Renonce au monde en faveur de l'amour,
Et qui sait joindre à cette ardeur flatteuse
Une vertu modeste et scrupuleuse.
Méritez bien de lui plaire.

ADINE.

     Avec soin
De sa vertu je veux être témoin ;
En la voyant je puis beaucoup m'instruire.

BLANFORD.

C'est très bien dit; je prétends vous conduire.
En vous voyant du monde abandonné,
Je trouve un fils que le sort m'a donné.
Sans vous aimer on ne peut vous connaître.
Vous êtes né trop flexible peut-être ;
Rien ne sera plus utile pour vous
Que de hanter un esprit sage et doux,
Dont le commerce en votre ame affermisse
L'honnêteté, l'amour de la justice,
Sans vous ôter certain charme flatteur,
Que je sens bien qui manque à mon humeur.
Une beauté qui n'a rien de frivole
Est pour votre âge une excellente école ;

ACTE II, SCÈNE IV.

L'esprit s'y forme, on y règle son cœur;
Sa maison est le temple de l'honneur.

ADINE.

Eh bien, allons avec vous dans ce temple;
Mais je suivrai bien mal son rare exemple,
Soyez-en sûr.

BLANFORD.
Et pourquoi?

ADINE.
J'aurais pu
Auprès de vous mieux goûter la vertu;
Quoique la forme en soit un peu sévère,
Le fond m'en charme, et vous m'avez su plaire;
Mais pour Dorfise...

BLANFORD, *en allant à la porte de Dorfise.*
Ah! c'est trop se flatter
Que de vouloir tout d'un coup l'imiter;
Mais, croyez-moi, si l'honneur vous domine,
Voyez Dorfise, et fuyez sa cousine.
(Il veut entrer.)

COLETTE, *sortant de la maison et refermant la porte.*
(Il heurte.)
On n'entre point, monsieur.

BLANFORD.
Moi!

COLETTE.
Non.

BLANFORD.
Comment?

Moi refusé?

COLETTE.

Dans son appartement
Pour quelque temps madame est en retraite.

BLANFORD.

J'admire fort cette vertu parfaite.
Mais j'entrerai.

COLETTE.

Mais, monsieur, écoutez.

BLANFORD.

Sans écouter, entrons vite.
(Il entre.)

COLETTE.

Arrêtez.

ADINE.

Hélas! suivons, et voyons quelle issue
Aura pour moi cette étrange entrevue.

SCÈNE V.

COLETTE.

Il va la voir, il va découvrir tout.
Je meurs de peur; ma maîtresse est à bout.
Ah, ma maîtresse! avoir eu le courage
De stipuler ce secret mariage;
De vous donner au caissier Bartolin !
Eh! que dira notre public malin ?
Oh, que la femme est d'une étrange espèce !
Et l'homme aussi... Quel excès de faiblesse !
Madame est folle, avec son air malin;
Elle se trompe, et trompe son prochain,

Passe son temps, après mille méprises,
A réparer avec art ses sottises.
Le goût l'emporte; et puis on voudrait bien
Ménager tout, et l'on ne garde rien.
Maudit retour et maudite aventure!
Comment Blanford prendra-t-il son injure?
Dans la maison voici donc trois maris;
Deux sont promis, et l'autre est, je crois, pris :
Femme en tel cas ne sait auquel entendre.

SCÈNE VI.

DORFISE, COLETTE.

COLETTE.

Madame, eh bien! quel parti faut-il prendre?
DORFISE.
Va, ne crains rien; on sait l'art d'éblouir,
De différer pour se faire chérir.
L'homme se mène aisément; ses faiblesses
Font notre force et servent nos adresses.
On s'est tiré de pas plus dangereux.
J'ai fait finir cet entretien fâcheux.
Adroitement je fais à la campagne
Courir notre homme (et le ciel l'accompagne!)
Chez Bartolin son ancien confident,
Qui pourra bien lui compter quelque argent.
J'aurai du temps, il suffit.

COLETTE.
                Ah! le diable

Vous fit signer ce contrat détestable !
Qui ? vous, madame, avoir un Bartolin !
DORFISE.
Eh, mon enfant ! le diable est bien malin.
Ce gros caissier m'a tant persécutée !
Le cœur se gagne; on tente, on est tentée..
Tu sais qu'un jour on nous dit que Blanford
Ne viendrait plus.
COLETTE.
Parce qu'il était mort.
DORFISE.
Je me voyais sans appui, sans richesse,
Faible surtout; car tout vient de faiblesse.
L'étoile est forte, et c'est souvent le lot
De la beauté d'épouser un magot.
Mon cœur était à des épreuves rudes.
COLETTE.
Il est des temps dangereux pour les prudes.
Mais à l'amour devant sacrifier,
Vous auriez dû prendre le chevalier :
Il est joli.
DORFISE.
Je voulais du mystère :
Je n'aime pas d'ailleurs son caractère;
Je le ménage; il est mon complaisant,
Mon émissaire ; et c'est lui qui répand,
Par son babil et sa folie utile,
Les bruits qu'il faut qu'on sème par la ville.
COLETTE.
Mais Bartolin est si vilain !

DORFISE.
Oui, mais...
COLETTE.
Et son esprit n'a guère plus d'attraits.
DORFISE.
Oui, mais...
COLETTE.
Quoi, mais?
DORFISE.
Le destin, le caprice,
Mon triste état, quelque peu d'avarice,
L'occasion, je... je me résignai,
Je devins folle; en un mot, je signai,
Du bon Blanford je gardais la cassette.
D'un peu d'argent mon amitié discrète
Fit quelques dons par charité pour lui.
Eh! qui croyait que Blanford aujourd'hui,
Après deux ans gardant sa vieille flamme,
Viendrait chercher sa cassette et sa femme?
COLETTE.
Chacun disait ici qu'il était mort;
Il ne l'est point : lui seul est dans son tort.
DORFISE, *reprenant l'air de prude.*
Ah! puisqu'il vit, je lui rendrai sans peine
Tous ses bijoux; hélas! qu'il les reprenne :
Mais Bartolin, qui les croyait à moi,
Me les garda, les prit de bonne foi,
Les croit à lui, les conserve, les aime,
En est jaloux autant que de moi-même.

COLETTE.

Je le crois bien.

DORFISE.

Maris, vertu, bijoux,
J'ai dans l'esprit de vous accorder tous.

SCÈNE VII.

LE CHEVALIER MONDOR, ADINE, DORFISE.

MONDOR.

Chasserons-nous ce rival plein de gloire,
Qui me méprise, et s'en fait tant accroire?

ADINE, *arrivant dans le fond à pas lents, tandis que le chevalier entrait brusquement.*

Écoutons bien.

MONDOR.

Il faut me rendre heureux,
Il faut punir son air avantageux.
Je suis à vous; avec plaisir je laisse
Au vieux Darmin sa petite maîtresse.
A le troubler on n'a que de l'ennui;
On perd sa peine à se moquer de lui.
C'est ce Blanford, c'est sa vertu sévère,
Sa gravité, qu'il faut qu'on désespère.
Il croit qu'on doit ne lui refuser rien,
Par la raison qu'il est homme de bien.
Ces gens de bien me mettent à la gêne.
Ils vous feront périr d'ennui, ma reine.

ACTE II, SCÈNE VII.

DORFISE, *d'un air modeste et sévère, après avoir regardé Adine.*

Vous vous moquez ! j'ai pour monsieur Blanford
Un vrai respect, et je l'estime fort.

MONDOR.

Il est de ceux qu'on estime et qu'on berne ;
Est-il pas vrai ?

ADINE, *à part.*

Que ceci me consterne !
Elle est constante ; elle a de la vertu :
Tout me confond ; elle aime : ah ! qui l'eût cru ?

DORFISE.

Que dit-il là ?

ADINE, *à part.*

Quoi ! Dorfise est fidèle,
Et, pour combler mon malheur, elle est belle !

DORFISE, *au chevalier, après avoir regardé Adine.*

Il dit que je suis belle.

MONDOR.

Il n'a pas tort ;
Mais il commence à m'importuner fort.
Allez, l'enfant, j'ai des secrets à dire
A cette dame.

ADINE.

Hélas ! je me retire.

DORFISE.

(au chevalier.)   (à Adine.)
Vous vous moquez. Restez, restez ici.
(au chevalier.)
Osez-vous bien le renvoyer ainsi ?

(à Adine.)
Approchez-vous : peu s'en faut qu'il ne pleure :
L'aimable enfant ! je prétends qu'il demeure.
Avec Blanford il est chez moi venu ;
Dès ce moment son naturel m'a plu.

MONDOR.

Eh ! laissez là son naturel, madame.
De ce Blanford vous haïssez la flamme ;
Vous m'avez dit qu'il est brutal, jaloux.

DORFISE, *fièrement.*
(à Adine.)
Je n'ai rien dit. Çà, quel âge avez-vous ?

ADINE.

J'ai dix-huit ans.

DORFISE.

      Cette tendre jeunesse
A grand besoin du frein de la sagesse.
L'exemple entraîne, et le vice est charmant ;
L'occasion s'offre si fréquemment !
Un seul coup d'œil perd de si belles ames !
Défiez-vous de vous-même et des femmes ;
Prenez bien garde au souffle empoisonneur
Qui des vertus flétrit l'aimable fleur.

MONDOR.

Que sa fleur soit ou ne soit pas flétrie,
Mêlez-vous moins de sa fleur, je vous prie,
Et m'écoutez.

DORFISE.

      Mon Dieu, point de courroux ;
Son innocence a des charmes si doux !

ACTE II, SCÈNE VIII.

MONDOR.

C'est un enfant.

DORFISE, *s'approchant d'Adine.*

Çà, dites-moi, jeune homme,
D'où vous venez, et comment on vous nomme.

ADINE.

J'ai nom Adine; en Grèce je suis né;
Avec Darmin Blanford m'a ramené.

DORFISE.

Qu'il a bien fait!

MONDOR.

Quelle humeur curieuse!
Quoi! je vous peins mon ardeur amoureuse,
Et vous parlez encore à cet enfant!
Vous m'oubliez pour lui.

DORFISE, *doucement.*

Paix, imprudent.

SCÈNE VIII.

DORFISE, LE CHEVALIER MONDOR, ADINE, COLETTE.

COLETTE.

Madame!

DORFISE.

Eh bien?

COLETTE.

Vous êtes attendue
A l'assemblée.

DORFISE.

Oui, j'y serai rendue
Dans peu de temps.

MONDOR.

Quel message ennuyeux!
Quand nous serons assemblés tous les deux,
Nous casserons pour jamais, je vous prie,
Ces rendez-vous de fade pruderie,
Ces comités, ces conspirations
Contre les goûts, contre les passions.
Il vous sied mal, jeune encor, belle et fraîche,
D'aller crier d'un ton de pigrièche
Contre les ris, les jeux et les amours,
De blasphémer ces dieux de vos beaux jours,
Dans des réduits peuplés de vieilles ombres,
Que vous voyez dans leurs cabales sombres
Se lamenter, sans gosier et sans dents,
Dans leurs tombeaux, des plaisirs des vivans.
Je vais, je vais de ces sempiternelles
Tout de ce pas égayer les cervelles,
Et leur donnant à toutes leur paquet,
Par cent bons mots étouffer leur caquet.

DORFISE.

Gardez-vous bien d'aller me compromettre;
Cher chevalier, je ne puis le permettre.
N'allez point là.

MONDOR.

Mais j'y cours à l'instant
Vous annoncer.

(Il sort.)

ACTE II, SCÈNE IX.

DORFISE.

Ah! quel extravagant!

(au jeune Adine.)

Allez, mon fils, gardez-vous, à votre âge,
D'un pareil fou; soyez discret et sage.
Mes complimens à Blanford... L'œil touchant!

ADINE, *se retournant.*

Quoi?

DORFISE.

Le beau teint! l'air ingénu, charmant!
Et vertueux... Je veux que, par la suite,
Dans mon loisir vous me rendiez visite.

ADINE.

Je vous ferai ma cour assidûment.
Adieu, madame.

DORFISE.

Adieu, mon bel enfant.

ADINE.

Hélas! j'éprouve un embarras extrême.
Le trahit-on? je l'ignore; mais j'aime.

SCÈNE IX.

DORFISE, COLETTE.

DORFISE, *revenant, conduisant de l'œil Adine,
qui la regarde.*

J'aime, dit-il; quel mot! Ce beau garçon
Déja pour moi sent de la passion?
Il parle seul, me regarde, s'arrête;
Et je crains fort d'avoir tourné sa tête.

COLETTE.

Avec tendresse il lorgne vos appas.

DORFISE.

Est-ce ma faute? ah! je n'y consens pas.

COLETTE.

Je le crois bien; le péril est trop proche:
Du bon Blanford je crains pour vous l'approche,
Je crains surtout le courroux impoli
De Bartolin.

DORFISE, *en soupirant.*

Que ce Turc est joli!
Le crois-tu Turc? crois-tu qu'un infidèle
Ait l'air si doux, la figure si belle?
Je crois, pour moi, qu'il se convertira.

COLETTE.

Je crois, pour moi, que dès qu'on apprendra
Qu'à Bartolin vous êtes mariée,
Votre vertu sera fort décriée;
Ce petit Turc de peu vous servira.
Terriblement Blanford éclatera.

DORFISE.

Va, ne crains rien.

COLETTE.

J'ai dans votre prudence
Depuis long-temps entière confiance:
Mais Bartolin est un brutal jaloux;
Et c'est bien pis, madame, il est époux.
Le cas est triste; il a peu de semblables.
Ces deux rivaux seraient fort intraitables.

ACTE II, SCÈNE IX.

DORFISE.

Je prétends bien les éviter tous deux.
J'aime la paix, c'est l'objet de mes vœux,
C'est mon devoir; il faut en conscience
Prévoir le mal, fuir toute violence,
Et prévenir le mal qui surviendrait,
Si mon état trop tôt se découvrait.
J'ai des amis, gens de bien, de mérite.

COLETTE.

Prenez conseil d'eux.

DORFISE.

Ah! oui, prenons vite.

COLETTE.

Eh bien, de qui?

DORFISE.

Mais de cet étranger,
De ce petit... là... tu m'y fais songer.

COLETTE.

Lui, des conseils? lui, madame, à son âge?
Sans barbe encore?

DORFISE.

Il me paraît fort sage,
Et s'il est tel, il le faut écouter.
Les jeunes gens sont bons à consulter:
Il me pourrait procurer des lumières
Qui donneraient du jour à mes affaires.
Et tu sens bien qu'il faut parler d'abord
Au jeune ami du bon monsieur Blanford.

COLETTE.

Oui, lui parler paraît fort nécessaire.

DORFISE, *tendrement et d'un air embarrassé.*
Et comme à table on parle mieux d'affaire,
Conviendrait-il qu'avec discrétion
Il vînt dîner avec moi ?

COLETTE.
                  Tout de bon !
Vous qui craignez si fort la médisance !

DORFISE, *d'un air fier.*
Je ne crains rien ; je sais comme je pense :
Quand on a fait sa réputation,
On est tranquille à l'abri de son nom.
Tout le parti prend en main notre cause,
Crie avec nous.

COLETTE.
         Oui, mais le monde cause.

DORFISE.
Eh bien, cédons à ce monde méchant ;
Sacrifions un dîner innocent ;
N'aiguisons point leur langue libertine.
Je ne veux plus parler au jeune Adine :
Je ne veux point le revoir... Cependant
Que peut-on dire, après tout, d'un enfant ?
A la sagesse ajoutons l'apparence,
Le décorum, l'exacte bienséance.
De ma cousine il faut prendre le nom,
Et le prier de sa part...

COLETTE.
                  Pourquoi non ?
C'est très bien dit ; une femme mondaine
N'a rien à perdre ; on peut sans être en peine

ACTE II, SCÈNE IX.

Dessous son nom mettre dix billets doux,
Autant d'amans, autant de rendez-vous.
Quand on la cite, on n'offense personne;
Nul n'en rougit, et nul ne s'en étonne :
Mais par hasard, quand des dames de bien
Font une chute, il faut la cacher bien.

DORFISE.

Des chutes! moi! Je n'ai dans cette affaire,
Graces au ciel, nul reproche à me faire.
J'ai signé; mais je ne suis point enfin
Absolument madame Bartolin.
On a des droits, et c'est tout : et peut-être
On va bientôt se délivrer d'un maître.
J'ai dans ma tête un dessein très prudent :
Si ce beau Turc a pour moi du penchant,
C'en est assez; tout ira bien s'il m'aime.
Je suis encor maîtresse de moi-même :
Heureusement je puis tout terminer.
Va-t'en prier ce jeune homme à dîner.
Est-ce un grand mal que d'avoir à sa table
Avec décence un jeune homme estimable,
Un cœur tout neuf, un air frais et vermeil,
Et qui nous peut donner un bon conseil ?

COLETTE.

Un bon conseil! ah! rien n'est plus louable :
Accomplissons cette œuvre charitable.

FIN DU SECOND ACTE.

ACTE TROISIÈME.

SCÈNE I.

DORFISE, COLETTE.

DORFISE.

Est-ce point lui ? Que je suis inquiète !
On frappe, il vient. Colette, holà ! Colette ;
C'est lui, c'est lui.

COLETTE.

Non, c'est le chevalier,
Que loin d'ici je viens de renvoyer ;
Cet étourdi qui court, saute, sémille,
Sort, rentre, va, vient, rit, parle, frétille ;
Il veut dîner tête à tête avec vous ;
Je l'ai chassé d'un air entre aigre et doux.

DORFISE.

A ma cousine il faut qu'on le renvoie.
Ah ! que je hais leur insipide joie !
Que leur babil est un trouble importun !
Chassez-les-moi.

COLETTE.

Chut, chut ! j'entends quelqu'un.

DORFISE.

Ah ! c'est mon Grec.

COLETTE.

Oui, c'est lui, ce me semble.

SCÈNE II.

DORFISE, ADINE.

DORFISE.

Entrez, monsieur; bonjour, monsieur... Je tremble.
Asseyez-vous...

ADINE.

Je suis tout interdit...
Pardonnez-moi, madame; on m'avait dit
Qu'une autre...

DORFISE, *tendrement*.

Eh bien! c'est moi qui suis cette autre.
Rassurez-vous; quelle peur est la vôtre?
Avec Blanford ma cousine aujourd'hui
Dîne dehors : tenez-moi lieu de lui.

(Elle le fait asseoir.)

ADINE.

Ah! qui pourrait en tenir lieu, madame?
Est-il un feu comparable à sa flamme?
Et quel mortel égalerait son cœur
En grandeur d'ame, en amour, en valeur?

DORFISE.

Vous en parlez, mon fils, avec grand zèle;
Votre amitié paraît vive et fidèle :
J'admire en vous un si beau naturel.

ADINE.

C'est un penchant bien doux, mais bien cruel.

DORFISE.

Que dites-vous? La charmante jeunesse

LA PRUDE,

Doit éprouver une honnête tendresse :
Par de saints nœuds il faut qu'on soit lié ;
Et la vertu n'est rien sans l'amitié.

ADINE.

Ah ! s'il est vrai qu'un naturel sensible
De la vertu soit la marque infaillible,
J'ose vous dire ici sans vanité
Que je me pique un peu de probité.

DORFISE.

Mon bel enfant, je me crois destinée
A cultiver une ame si bien née.
Plus d'une femme a cherché vainement
Un ami tendre, aussi vif que prudent,
Qui possédât les graces du jeune âge,
Sans en avoir l'empressement volage ;
Et je me trompe à votre air tendre et doux,
Ou tout cela paraît uni dans vous.
Par quel bonheur une telle merveille
Se trouve-t-elle aujourd'hui dans Marseille ?

(Elle approche son fauteuil.)

ADINE.

J'étais en Grèce, et le brave Blanford
En ce pays me passa sur son bord.
Je vous l'ai dit deux fois.

DORFISE.

              Une troisième
A mon oreille est un plaisir extrême.
Mais dites-moi pourquoi ce front charmant
Et si français est coiffé d'un turban.
Seriez-vous Turc ?

ACTE III, SCÈNE II.

ADINE.
La Grèce est ma patrie.
DORFISE.
Qui l'aurait cru? la Grèce est en Turquie?
Que votre accent, que ce ton grec est doux!
Que je voudrais parler grec avec vous!
Que vous avez la mine aimable et vive
D'un vrai Français, et sa grace naïve!
Que la nature, entre nous, se méprit
Quand par malheur un Grec elle vous fit!
Que je bénis, monsieur, la Providence
Qui vous a fait aborder en Provence!
ADINE.
Hélas! j'y suis, et c'est pour mon malheur.
DORFISE.
Vous, malheureux!
ADINE.
Je le suis par mon cœur.
DORFISE.
Ah! c'est le cœur qui fait tout dans le monde;
Le bien, le mal, sur le cœur tout se fonde;
Et c'est aussi ce qui fait mon tourment.
Vous avez donc pris quelque engagement?
ADINE.
Eh oui, madame; une femme intrigante
A désolé ma jeunesse imprudente;
Comme son teint, son cœur est plein de fard;
Elle est hardie, et pourtant pleine d'art;
Et j'ai senti d'autant plus ses malices,
Que la vertu sert de masque à ses vices.

8.

Ah ! que je souffre, et qu'il me semble dur
Qu'un cœur si faux gouverne un cœur trop pur !

DORFISE.

Voyez la masque ! une femme infidèle !
Punissons-la, mon fils : çà, quelle est-elle ?
De quel pays ? quel est son rang, son nom ?

ADINE.

Ah ! je ne puis le dire.

DORFISE.

     Comment donc !
Vous possédez aussi l'art de vous taire !
Ah ! vous avez tous les talens de plaire ;
Jeune et discret ! Je vais, moi, m'expliquer.
Si quelque jour, pour vous bien dépiquer
De la guenon qui fit votre conquête,
On vous offrait une personne honnête,
Riche, estimée, et surtout possédant
Un cœur tout neuf, mais solide et constant,
Tel qu'il en est très peu dans la Turquie,
Et moins encor, je crois, dans ma patrie,
Que diriez-vous ? que vous en semblerait ?

ADINE.

Mais... je dirais que l'on me tromperait.

DORFISE.

Ah ! c'est trop loin pousser la défiance ;
Ayez, mon fils, un peu plus d'assurance.

ADINE.

Pardonnez-moi ; mais les cœurs malheureux,
Vous le savez, sont un peu soupçonneux.

DORFISE.
Eh! quels soupçons avez-vous, par exemple,
Quand je vous parle et que je vous contemple?
ADINE.
J'ai des soupçons que vous avez dessein
De m'éprouver.
DORFISE, *en s'écriant.*
Ah, le petit malin!
Qu'il est rusé sous cet air d'innocence!
C'est l'Amour même au sortir de l'enfance.
Allez-vous-en : le danger est trop grand;
Je ne veux plus vous voir absolument.
ADINE.
Vous me chassez; il faut que je vous quitte.
DORFISE.
C'est obéir à mon ordre un peu vite.
Là, revenez. Mon estime est au point
Que contre vous je ne me fâche point.
N'abusez pas de mon estime extrême.
ADINE.
Vous estimez monsieur Blanford de même :
Estime-t-on deux hommes à la fois?
DORFISE.
Oh! non, jamais; et les aimables lois
De la raison, de la tendresse sage,
Font qu'on succède, et non pas qu'on partage.
Vous apprendrez à vivre auprès de moi.
ADINE.
J'apprends beaucoup par tout ce que je voi.

DORFISE.

Lorsque le ciel, mon fils, forme une belle,
Il fait d'abord un homme exprès pour elle;
Nous le cherchons long-temps avec raison.
On fait vingt choix avant d'en faire un bon;
On suit une ombre, au hasard on s'éprouve;
Toujours on cherche, et rarement on trouve :
L'instinct secret vole après le vrai bien...
(Vivement et tendrement.)
Quand on vous trouve, il ne faut chercher rien.

ADINE.

Si vous saviez ce que j'ai l'honneur d'être,
Vous changeriez d'opinion peut-être.

DORFISE.

Eh! point du tout.

ADINE.

Peu digne de vos soins,
Connu de vous, vous m'estimeriez moins,
Et nous serions attrapés l'un et l'autre.

DORFISE.

Attrapés! vous! quelle idée est la vôtre?
Mon bel enfant, je prétends... Ah! pourquoi
Venir si tôt m'interrompre... Eh! c'est toi!

SCÈNE III.

COLETTE, DORFISE, ADINE.

COLETTE, *avec empressement.*
Très importune, et très triste de l'être ;
Mais un quidam, plus importun peut-être,
S'en va venir, c'est monsieur Bartolin.
DORFISE.
Le prétendu ? je l'attendais demain ;
Il m'a trompée, il revient, le barbare !
COLETTE.
Le contre-temps est encor plus bizarre.
Ce chevalier, le roi des étourdis,
Méconnaissant le patron du logis,
Cause avec lui, plaisante, s'évertue,
Et le retient malgré lui dans la rue.
DORFISE.
Tant mieux, ô ciel !
COLETTE.
    Point, madame : tant pis ;
Car l'indiscret, comme je vous le dis,
Ne sachant pas quel est le personnage,
Crie hautement, lui riant au visage,
Que nul chez vous n'entrera d'aujourd'hui ;
Que tout le monde est exclu comme lui ;
Que Bartolin n'est rien qu'un trouble-fête,
Et qu'à présent, dans un doux tête-à-tête,
Madame au fond de son appartement,

Loin du grand monde, est vertueusement.
Le Bartolin, que le dépit transporte,
Prétend qu'il va faire enfoncer la porte.
Le chevalier, toujours d'un ton railleur,
Crève de rire, et l'autre de douleur.

DORFISE.

Et moi de crainte. Ah, Colette! que faire?
Où nous fourrer?

ADINE.

Quel est donc ce mystère?

DORFISE.

Ce mystère est que vous êtes perdu,
Que je suis morte. Eh, Colette! où vas-tu?

ADINE.

Que deviendrai-je?

DORFISE, *a Colette.*

Écoute, toi, demeure.
Quel temps il prend! revenir à cette heure!
(à Adine.)
Dans ce réduit cachez-vous tout le soir;
Vous trouverez un ample manteau noir,
Fourrez-vous-y. Mon dieu! c'est lui, sans doute.

ADINE, *allant dans le cabinet.*

Hélas! voilà ce que l'amour me coûte!

DORFISE.

Ce pauvre enfant, qu'il m'aime!

COLETTE.

Eh! taisez-vous.
On vient : hélas! c'est le futur époux.

SCÈNE IV.

BARTOLIN, DORFISE, COLETTE.

DORFISE, *allant au devant de Bartolin.*
Mon cher monsieur, le ciel vous accompagne...
Vous revenez bien tard de la campagne...
Vous m'avez fait un si grand déplaisir,
Que je suis prête à m'en évanouir.

BARTOLIN.
Le chevalier disait tout au contraire...

DORFISE.
Tout ce qu'il dit est faux; je suis sincère;
Il faut me croire : il m'aime à la fureur;
Il est au vif piqué de ma rigueur;
Son vain caquet m'étourdit et m'assomme;
Et je ne veux jamais revoir cet homme.

BARTOLIN.
Mais cependant de bon sens il parlait.

DORFISE.
Ne croyez rien de tout ce qu'il disait.

BARTOLIN.
Soit; mais il faut, pour finir nos affaires,
Prendre en ce lieu les choses nécessaires.

DORFISE, *d'un ton caressant.*
Que faites-vous? arrêtez-vous : holà !
N'entrez donc point dans ce cabinet-là.

BARTOLIN.
Comment? pourquoi?

DORFISE, *après avoir rêvé.*

Du même esprit poussée,
J'ai comme vous eu, mon cher, en pensée...
De mettre ici nos papiers en état...
J'ai fait venir notre vieil avocat...
Nous consultions; une grande faiblesse
L'a pris soudain.

BARTOLIN.

C'est excès de vieillesse.

COLETTE.

On va donner au bon petit vieillard
Un...

BARTOLIN.

Oui, j'entends.

DORFISE.

On l'a mis à l'écart;
De mon sirop il a pris une dose,
Et maintenant je pense qu'il repose.

BARTOLIN.

Il ne repose point, car je l'entends
Qui marche encore, et tousse là-dedans.

COLETTE.

Eh bien! faut-il lorsqu'un avocat tousse,
L'importuner?

BARTOLIN.

Tout cela me courrouce;
Je veux entrer.

(Il entre dans le cabinet.)

DORFISE.

O ciel! fais donc si bien

ACTE III, SCÈNE IV.

Qu'il cherche tout, sans pouvoir trouver rien.
Hélas! qu'entends-je? on s'écrie! il dit : Tue!
Mon avocat est mort, je suis perdue.
Où suis-je? hélas! de quel côté courir?
Dans quel couvent m'aller ensevelir?
Où me noyer?

BARTOLIN *revenant, et tenant Adine par le bras.*

Ah, ah! notre future,
Vos avocats sont d'aimable figure!
Dans le barreau vous choisissez très bien :
Venez, venez, notre vieux praticien;
D'ici sans bruit il vous faut disparaître,
Et vous irez plaider par la fenêtre;
Allons, et vite.

DORFISE.

Écoutez-moi; pardon,
Mon cher mari.

ADINE.

Lui, son mari!

BARTOLIN, *à Adine.*

Fripon!
Il faut d'abord commencer ma vengeance
Par l'étriller à ses yeux d'importance.

ADINE.

Hélas! monsieur, je tombe à vos genoux;
Je ne saurais mériter ce courroux :
Vous me plaindrez si je me fais connaître;
Je ne suis point ce que je peux paraître.

BARTOLIN.

Tu me parais un vaurien, mon ami,

Fort dangereux, et tu seras puni.
Viens çà, viens çà.

ADINE.

Ciel! au secours! à l'aide!
De grace! hélas!

DORFISE.

La rage le possède.
A mon secours, tous mes voisins!

BARTOLIN

Tais-toi.

DORFISE, COLETTE, ADINE.

A mon secours!

BARTOLIN, *emmenant Adine.*

Allons, sors de chez moi.

SCÈNE V.

DORFISE, COLETTE.

DORFISE.

Il va tuer ce pauvre enfant, Colette!
En quel état cet accident me jette!
Il me tuera moi-même.

COLETTE.

Le malin
Vous fit signer avec ce Bartolin.

DORFISE, *en criant.*

Ah! l'indigne homme! ah! comment s'en défaire?
Va-t'en chercher, Colette, un commissaire:
Va l'accuser.

COLETTE.
De quoi?
DORFISE.
De tout.
COLETTE.
Fort bien.
Où courez-vous?
DORFISE.
Hélas! je n'en sais rien.

SCÈNE VI.

Mme BURLET, DORFISE, COLETTE.

Mme BURLET.
Eh bien! qu'est-ce, cousine?
DORFISE.
Ah, ma cousine!
Mme BURLET.
Il semblerait que l'on vous assassine,
Ou qu'on vous vole, ou qu'on vous bat un peu...
Ou qu'au logis vous avez mis le feu.
Mon Dieu! quels cris! quel bruit! quel train, ma chère!
DORFISE.
Cousine, hélas! apprenez mon affaire;
Mais gardez-moi le secret pour jamais.
Mme BURLET, *toujours gaîment et avec vivacité.*
Je n'ai pas l'air de garder des secrets;
Je suis pourtant discrète comme une autre.
Cousine, eh bien! quelle affaire est la vôtre?

####### DORFISE.

Mon affaire est terrible ; c'est d'abord
Que je suis...

####### Mme BURLET.

Quoi ?

####### DORFISE.

Fiancée.

####### Mme BURLET.

A Blanford ?
Eh bien, tant mieux ; c'est bien fait, et j'approuve
Cet hymen-là, si le bonheur s'y trouve.
Je veux danser à votre noce.

####### DORFISE.

Hélas !
Ce Bartolin, qui jure tant là-bas,
Qui de ses cris scandalise le monde,
C'est le futur.

####### Mme BURLET.

Eh bien, tant pis ; je fronde
Ce mariage avec cet homme-là ;
Mais s'il est fait, le public s'y fera.
Est-il mari tout-à-fait ?

####### DORFISE, *d'un ton modeste.*

Pas encore ;
C'est un secret que tout le monde ignore :
Notre contrat est dressé dès long-temps.

####### Mme BURLET.

Fais-moi casser ce contrat.

####### DORFISE.

Les méchans

Vont tous parler. Je suis... je suis outrée :
Ce maudit homme ici m'a rencontrée
Avec un jeune Turc qui s'enfermait
En tout honneur dedans ce cabinet.

MME BURLET.

En tout honneur! la, la ; ta prud'homie
S'est donc enfin quelque peu démentie?

DORFISE.

Oh, point du tout! c'est un petit faux pas,
Une faiblesse, et c'est la seule, hélas!

MME BURLET.

Bon! une faute est quelquefois utile;
Ce faux pas-là t'adoucira la bile;
Tu seras moins sévère.

DORFISE.

                Ah! tirez-moi,
Sévère ou non, du gouffre où je me vois;
Délivrez-moi des langues médisantes,
De Bartolin, de ses mains violentes,
Et délivrez de ses périls pressans
Mon sage ami, qui n'a pas dix-huit ans.
   (En élevant la voix et en pleurant.)
Ah! voilà l'homme au contrat.

SCÈNE VII.

BARTOLIN, DORFISE, MME BURLET.

MME BURLET, à Bartolin.

                      Quel vacarme!
Quoi! pour un rien votre esprit se gendarme?

Faut-il ainsi sur un petit soupçon
Faire pleurer ses amis ?

BARTOLIN.

Ah ! pardon.
Je l'avouerai, je suis honteux, mesdames,
D'avoir conçu de ces soupçons infames ;
Mais l'apparence enfin dut m'alarmer.
En vérité, pouvais-je présumer
Que ce jeune homme, à ma vue abusée,
Fût une fille en garçon déguisée*?

DORFISE, *à part.*

En voici bien d'une autre.

Mme BURLET.

Tout de bon !
Madame a pris fille pour un garçon ?

BARTOLIN.

La pauvre enfant est encor toute en larmes :
En vérité, j'ai pitié de ses charmes.
Mais pourquoi donc ne me pas avertir
De ce qu'elle est ? pourquoi prendre plaisir
A m'éprouver, à me mettre en colère ?

DORFISE, *à part.*

Oh, oh ! le drôle a-t-il pu si bien faire
Qu'à Bartolin il ait persuadé
Qu'il était fille, et se soit évadé ?
Le tour est bon. Mon Dieu, l'enfant aimable !

---

* Dans la pièce anglaise, le mari prend les tetons de cette fille déguisée en garçon : « Bon, dit-il, c'était moi qui allais être cocu, « et c'est ma femme qui va l'être. »

On peut juger s'il eût été décent de traduire exactement la pièce que les comédiens comptaient jouer alors

(à Bartolin.)
Que l'amour a d'esprit! Homme haïssable!
Eh bien, méchant, réponds, oseras-tu
Faire un affront encore à la vertu?
La pauvre fille, avec pleine assurance,
Me confiait son aimable innocence;
Madame sait avec combien d'ardeur
Je me chargeais du soin de son honneur.
Il te faudrait une franche coquette,
Je te l'avoue, et je te la souhaite.
J'éclaterai : je me perds, je le sai;
Mais mon contrat sera, ma foi, cassé.

BARTOLIN.

Je sais qu'il faut qu'en cas pareil on crie.
(à Dorfise.)
Mais criez donc un peu moins, je vous prie.
(à madame Burlet.)
Accordons-nous... Et vous, par charité,
Que tout ceci ne soit point éventé.
J'ai cent raisons pour cacher ce mystère.

DORFISE, *à madame Burlet.*

Vous me sauvez si vous savez vous taire;
N'en parlez pas au bon monsieur Blanford.

Mme BURLET.

Moi? volontiers.

BARTOLIN
Vous m'obligerez fort.

SCÈNE VIII.

DORFISE, Mme BURLET, BARTOLIN, COLETTE.

COLETTE.
Blanford est là qui dit qu'il faut qu'il monte.
DORFISE.
O contre-temps, qui toujours me démonte !
(à Bartolin.)
Laissez-moi seule, allez le recevoir.
BARTOLIN.
Mais...
DORFISE.
 Mais, après ce que l'on vient de voir,
Après l'éclat d'une telle injustice,
Il vous sied bien de montrer du caprice !
Obéissez, faites-vous cet effort.

SCÈNE IX.

DORFISE, Mme BURLET.

Mme BURLET.
En vérité, je me réjouis fort
De voir qu'ainsi la chose soit tournée.
Du prétendu la visière est bornée.
Je m'étonnais, ma cousine, entre nous,
Que ta cervelle eût choisi cet époux;
Mais ce cas-ci me surprend davantage.

ACTE III, SCÈNE IX.

Prendre pour fille un garçon! à son âge!
Ah! les maris seront toujours bernés,
Jaloux et sots, et conduits par le nez.

DORFISE.

Je n'entends rien, madame, à ce langage;
Je n'avais pas mérité cet outrage.
Quoi! vous pensez qu'un jeune homme en effet
Se soit caché là, dans ce cabinet?

Mme BURLET.

Assurément je le pense, ma chère.

DORFISE.

Quand mon mari vous a dit le contraire?

Mme BURLET.

Apparemment que ton mari futur
A cru la chose, et n'a pas l'œil bien sûr :
N'avez-vous pas ici conté vous-même
Qu'un beau garçon...

DORFISE.
            L'extravagance extrême!
Qui? moi? jamais : moi, je vous aurais dit...
A ce point-là j'aurais perdu l'esprit!
Ah, ma cousine! écoutez, prenez garde;
Quand follement la langue se hasarde
A débiter des discours médisans,
Calomnieux, inventés, outrageans,
On s'en repent bien souvent dans la vie.

Mme BURLET.

Il est bon là! moi, je te calomnie!

DORFISE.

Assurément; et je vous jure ici...

LA PRUDE,

MME BURLET.

Ne jure pas.

DORFISE.

Si fait, je jure.

MME BURLET.

Eh fi !
Va, mon enfant, de toute cette histoire
Je ne croirai que ce qu'il faudra croire.
Prends un mari, deux même, si tu veux,
Et trompe-les, bien ou mal, tous les deux ;
Fais-moi passer des garçons pour des filles ;
Avec cela gouverne vingt familles,
Et donne-toi pour personne de bien ;
Tiens, tout cela ne m'embarrasse en rien.
J'admire fort ta sagesse profonde :
Tu mets ta gloire à tromper tout le monde ;
Je mets la mienne à m'en bien divertir ;
Et, sans tromper, je vis pour mon plaisir.
Adieu, mon cœur ; ma mondaine faiblesse
Baise les mains à ta haute sagesse.

SCÈNE X.

DORFISE, COLETTE.

DORFISE.

La folle va me décrier partout.
Ah ! mon honneur, mon esprit, sont à bout.
A mes dépens les libertins vont rire.
Je vois Dorfise un plastron de satire ;

Mon nom, niché dans cent couplets malins,
Aux chansonniers va fournir des refrains.
Monsieur Blanford croira la médisance;
L'autre futur en va prendre vengeance.
Comment plâtrer ce scandale affligeant?
En un seul jour deux époux, un amant!
Ah! que de trouble et que d'inquiétude!
Qu'il faut souffrir quand on veut être prude!
Et que, sans craindre et sans affecter rien,
Il vaudrait mieux être femme de bien!
Allons; un jour nous tâcherons de l'être.

COLETTE.

Allons, tâchons du moins de le paraître.
C'est bien assez quand on fait ce qu'on peut.
N'est pas toujours femme de bien qui veut*.

* Ce vers termine le chant x de *la Pucelle*.

FIN DU TROISIÈME ACTE.

ACTE QUATRIÈME.

SCÈNE I.

DORFISE, COLETTE.

DORFISE.
Sans doute on a conjuré ma ruine.
Si je pouvais revoir ce jeune Adine !
Il est si doux, si sage, si discret !
Il me dirait ce qu'on dit, ce qu'on fait ;
On pourrait prendre avec lui des mesures
Qui rendraient bien mes affaires plus sûres.
Hélas ! que faire ?

COLETTE.
    Eh bien ! il le faut voir,
Honnêtement lui parler.

DORFISE.
     Vers le soir.
Chère Colette, ah ! s'il se pouvait faire
Qu'un bon succès couronnât ce mystère !
Si je pouvais conserver prudemment
Toute ma gloire, et garder mon amant !
Hélas ! qu'au moins un des deux me demeure !

COLETTE.
Un d'eux suffit.

DORFISE.
    Mais as-tu tout à l'heure

Recommandé qu'ici le chevalier
Avec grand bruit vînt en particulier?
COLETTE.
Il va venir; il est toujours le même,
Et prêt à tout; car il croit qu'il vous aime.
DORFISE.
Il peut m'aider : le sage en ses desseins
Se sert des fous pour aller à ses fins.

SCÈNE II.

DORFISE, LE CHEVALIER MONDOR, COLETTE.

DORFISE.
Venez, venez; j'ai deux mots à vous dire.
MONDOR.
Je suis soumis, madame, à votre empire,
Votre captif et votre chevalier.
Faut-il pour vous batailler, ferrailler?
Malgré votre ame à mes désirs revêche,
Me voilà prêt; parlez, je me dépêche.
DORFISE.
Est-il bien vrai que j'ai su vous charmer?
Et m'aimez-vous, à comme il faut aimer?
MONDOR.
Oui; mais cessez d'être si respectable.
La beauté plaît; mais je la veux traitable.
Trop de vertu sert à faire enrager;
Et mon plaisir, c'est de vous corriger.
DORFISE.
Que pensez-vous de notre jeune Adine?

MONDOR.

Moi! rien : je suis rassuré par sa mine.
Hercule et Mars n'ont jamais à trente ans
Pu redouter des Adonis enfans.

DORFISE.

Vous me plaisez par cette confiance :
Vous en aurez la juste récompense.
Peut-être on dit qu'en un secret lien
Je suis entrée : il faut n'en croire rien.
De cent amans lorgnée et fatiguée,
Vous seul enfin vous m'avez subjuguée.

MONDOR.

Je m'en doutais.

DORFISE.

Je veux par de saints nœuds
Vous rendre sage, et, qui plus est, heureux.

MONDOR.

Heureux! Allons, c'est assez : la sagesse
Ne me va pas, mais notre bonheur presse.

DORFISE.

D'abord j'exige un service de vous.

MONDOR.

Fort bien, parlez tout franc à votre époux.

DORFISE.

Il faut ce soir, mon très cher, faire en sorte
Que la cohue aille ailleurs qu'à ma porte ;
Que ce Blanford, si fier et si chagrin,
Et ma cousine, et son fat de Darmin,
Et leurs parens, et leur folle séquelle,
De tout le soir ne troublent ma cervelle.

ACTE IV, SCÈNE II.

Puis à minuit un notaire sera
Dans mon alcôve, et notre hymen fera :
Vous y viendrez par une fausse porte,
Mais point avant.

MONDOR.

Le plaisir me transporte.
Du sieur Blanford que je me moquerai !
Qu'il sera sot ! que je l'atterrerai !
Que de brocards !

DORFISE.

Au moins sous ma fenêtre,
Avant minuit gardez-vous de paraître.
Allez-vous-en, partez, soyez discret.

MONDOR.

Ah ! si Blanford savait ce grand secret !

DORFISE.

Mon dieu ! sortez, on pourrait nous surprendre.

MONDOR.

Adieu, ma femme.

DORFISE.

Adieu.

MONDOR.

Je vais attendre
L'heure de voir, par un charmant retour,
La pruderie immolée à l'amour.

SCÈNE III.

DORFISE, COLETTE.

COLETTE.

A vos desseins je ne puis rien comprendre;
C'est une énigme.

DORFISE.

Eh bien, tu vas l'entendre.
J'ai fait promettre à ce beau chevalier
De taire tout; il va tout publier.
C'en est assez; sa voix me justifie.
Blanford croira que tout est calomnie;
Il ne verra rien de la vérité;
Ce jour au moins je suis en sûreté;
Et dès demain, si le succès couronne
Mes bons desseins, je ne craindrai personne.

COLETTE.

Vous m'enchantez, mais vous m'épouvantez;
Ces piéges-là sont-ils bien ajustés?
Craignez-vous point de vous laisser surprendre
Dans les filets que vos mains savent tendre?
Prenez-y garde.

DORFISE.

Hélas! Colette, hélas!
Qu'un seul faux pas entraîne de faux pas!
De faute en faute on se fourvoie, on glisse,
On se raccroche, on tombe au précipice;
La tête tourne; on ne sait où l'on va.

ACTE IV, SCÈNE III.

Mais j'ai toujours le jeune Adine là.
Pour l'obtenir, et pour que tout s'accorde,
Il reste encore à mon arc une corde.
Le chevalier à minuit croit venir ;
Mon jeune amant le saura prévenir.
Il faut qu'il vienne à neuf heures, Colette ;
Entends-tu bien ?

COLETTE.

Vous serez satisfaite.

DORFISE.

On le croit fille, à son air, à son ton,
A son menton doux, lisse et sans coton.
Dis-lui qu'en fille il est bon qu'il s'habille,
Que décemment il s'introduise en fille.

COLETTE.

Puisse le ciel bénir vos bons desseins !

DORFISE.

Cet enfant-là calmerait mes chagrins ;
Mais le grand point, c'est que l'on imagine
Que tout le mal vient de notre cousine ;
C'est que Blanford soit par lui convaincu
Qu'Adine ici pour une autre est venu ;
Qu'il soit toujours dupe de l'apparence.

COLETTE.

Oh ! qu'il est bon à tromper ! car il pense
Tout le mal d'elle, et de vous tout le bien.
Il rcoit tout voir bien clair, et ne voit rien.
J'ai confirmé que c'est notre rieuse
Qui du jeune homme est tombée amoureuse.

DORFISE.

Ah ! c'est mentir tant soit peu, j'en convien ;
C'est un grand mal, mais il produit un bien.

SCÈNE IV.

BLANFORD, DORFISE.

BLANFORD.

O mœurs ! ô temps ! corruption maudite !
Elle s'est fait rendre déja visite
Par cet enfant simple, ingénu, charmant ;
Elle voulait en faire son amant :
Elle employait l'art des subtiles trames
De ces filets où l'amour prend les ames.
Hom ! la coquette !

DORFISE.

Écoutez ; après tout,
Je ne crois pas qu'elle ait jusques au bout
Osé pousser cette tendre aventure ;
Je ne veux point lui faire cette injure ;
Il ne faut pas mal penser du prochain ;
Mais on était, me semble, en fort bon train.
Vous connaissez nos coquettes de France ?

BLANFORD.

Tant !

DORFISE.

Un jeune homme, avec l'air d'innocence,
Paraît à peine, on vous le court partout.

BLANFORD.

Oui, la vertu plaît au vice surtout.

ACTE IV, SCÈNE IV.

Mais dites-moi comment vous pouvez faire
Pour supporter gens d'un tel caractère.

DORFISE.

Je prends la chose assez patiemment.
Ce n'est pas tout.

BLANFORD.
   Comment donc?

DORFISE.
         Oh! vraiment,
Vous allez bien apprendre une autre histoire;
Ces étourdis prétendent faire accroire
Qu'en tapinois j'ai, moi, de mon côté,
De cet enfant convoité la beauté.

BLANFORD.

Vous?

DORFISE.
  Moi; l'on dit que je veux le séduire.

BLANFORD.

Je suis charmé; voilà bien de quoi rire.
Qui? vous?

DORFISE.
   Moi-même; et que ce beau garçon...

BLANFORD.

Bien inventé; le tour me semble bon.

DORFISE.

Plus qu'on ne pense : on m'en donne bien d'autres!
Si vous saviez quels malheurs sont les nôtres!
On dit encor que je dois me lier
En mariage au fou de chevalier,
Cette nuit même.

BLANFORD.

Ah, ma chère Dorfise !
Plus contre vous la calomnie épuise
L'acier tranchant de ses traits empestés,
Et plus mon cœur, épris de vos beautés,
Saura défendre une vertu si pure.

DORFISE.

Vous vous trompez bien fort, je vous le jure.

BLANFORD.

Non ; croyez-moi, je m'y connais un peu,
Et j'aurais mis ces quatre doigts au feu,
J'aurais juré qu'aujourd'hui la cousine
Aurait lorgné notre petit Adine.
Pour être honnête, il faut de la raison ;
Quand on est fou, le cœur n'est jamais bon ;
Et la vertu n'est que le bon sens même.
Je plains Darmin, je l'estime, je l'aime :
Mais il est fait pour être un peu moqué :
C'est malgré moi qu'il s'était embarqué
Sur un vaisseau si frêle et si fragile.

SCÈNE V.

BLANFORD, DORFISE, DARMIN, Mme BURLET.

Mme BURLET.

Quoi ! toujours noir, sombre, pétri de bile,
Moralisant, grondant dans ton dépit
Le genre humain, qui l'ignore ou s'en rit ?
Vertueux fou, finis tes soliloques.

ACTE IV, SCÈNE V.

Suis-moi, je viens d'acheter vingt breloques;
J'en ai pour toi. Viens chez le chevalier;
Il nous attend, il doit nous fétoyer.
J'ai demandé quelque peu de musique
Pour dérider ton front mélancolique;
Après cela, te prenant par la main,
Nous danserons jusques au lendemain.
(à Dorfise.)
Tu danseras, madame la sucrée.

DORFISE.

Modérez-vous, cervelle évaporée;
Un tel propos ne peut me convenir;
Et de tantôt il faut vous souvenir.

Mme BURLET.

Bon! laisse là ton tantôt : tout s'oublie.
Point de mémoire est ma philosophie.

DORFISE, *à Blanford.*

Vous l'entendez, vous voyez si j'ai tort.
Adieu, monsieur, le scandale est trop fort.
Je me retire.

BLANFORD.

Eh! demeurez, madame.

DORFISE.

Non : voyez-vous, tout cela perce l'ame.
L'honneur...

Mme BURLET.

Mon dieu! parle-nous moins d'honneur,
Et sois honnête.
(Dorfise sort.)

DARMIN, *à madame Burlet.*
Elle a de la douleur.
L'ami Blanford sait déja quelque chose.

MME BURLET.

Oh! comme il faut que tout le monde cause,
Darmin et moi nous n'en avons dit rien ;
Nous nous taisions.

BLANFORD.

Vraiment, je le crois bien
Oseriez-vous me faire confidence
De tels excès, de telle extravagance ?

DARMIN.

Non ; ce serait vous navrer de douleur.

MME BURLET.

Nous connaissons trop bien ta belle humeur,
Sans en vouloir épaissir les nuages
En te bridant le nez de tes outrages.

BLANFORD.

Mourez de honte, allez, et cachez-vous.

MME BURLET.

Comment ? pourquoi ? fallait-il, entre nous,
Venir troubler le repos de ta vie,
Couvrir tout haut Dorfise d'infamie,
Et présenter aux railleurs dangereux
De ton affront le plaisir scandaleux ?
Tiens, je suis vive, et franche et familière,
Mais je suis bonne, et jamais tracassière.
Je te verrais par ton ami trompé,
Et comme il faut par ta femme dupé,
Je t'entendrais chansonner par la ville,

ACTE IV, SCÈNE V.

J'aurais cent fois chanté ton vaudeville,
Que rien par moi tu n'apprendrais jamais.
J'ai deux grands buts, le plaisir et la paix.
Je fuis, je hais, presque autant que je m'aime,
Les faux rapports et les vrais tout de même.
Vivons pour nous; va, bien sot est celui
Qui fait son mal des sottises d'autrui.

BLANFORD.

Et ce n'est pas d'autrui, tête légère,
Dont il s'agit, c'est votre propre affaire;
C'est vous.

Mme BURLET.

Moi?

BLANFORD.

Vous qui, sans respecter rien,
Avez séduit un jeune homme de bien;
Vous qui voulez mettre encor sur Dorfise
Cette effroyable et honteuse sottise.

Mme BURLET.

Le trait est bon; je ne m'attendais pas,
Je te l'avoue, à de pareils éclats.
Quoi! c'est donc moi qui tantôt...

BLANFORD.

Oui, vous-même.

Mme BURLET.

Avec Adine...

BLANFORD.

Oui.

Mme BURLET.

C'est donc moi qui l'aime?

BLANFORD.

Assurément.

Mme BURLLET.

Qui dans mon cabinet
L'avais caché?

BLANFORD.

Certes, le fait est net.

Mme BURLET.

Fort bien! voilà de très belles pensées;
Je les admire; elles sont fort sensées.
Ma foi, tu joins, mon cher homme entêté,
Le ridicule avec la probité.
Il me paraît que ta triste cervelle
De don Quichotte a suivi le modèle;
Très honnête homme, instruit, brave, savant,
Mais, dans un point, toujours extravagant.
Garde-toi bien de devenir plus sage;
On y perdrait; ce serait grand dommage :
L'extravagance a son mérite. Adieu.
Venez, Darmin.

SCÈNE VI.

BLANFORD, DARMIN.

BLANFORD.

Non; demeurez, morbleu!
J'ai votre honneur à cœur, et j'en enrage.
Il faut quitter cette fourbe volage,
De ses filets retirer votre foi,

La mépriser, ou bien rompre avec moi.
DARMIN.
Le choix est triste, et mon cœur vous confesse
Qu'il aime fort son ami, sa maîtresse.
Mais se peut-il que votre esprit chagrin
Juge toujours si mal du cœur humain?
Voyez-vous pas qu'une femme hardie
Tissut le fil de cette perfidie,
Qu'elle vous trompe, et de son propre affront
Veut à vos yeux flétrir un autre front?
BLANFORD.
Voyez-vous pas, homme à cervelle creuse,
Qu'une insensée, et fausse et scandaleuse,
Vous a choisi pour être son plastron;
Que vous gobez comme un sot l'hameçon;
Qu'elle veut voir jusqu'où sa tyrannie
Peut s'exercer sur votre plat génie?
DARMIN.
Tout plat qu'il est, daignez interroger
Le seul témoin par qui l'on peut juger.
J'ai fait venir ici le jeune Adine;
Il vous dira le fait.
BLANFORD.
Bon, je devine
Que la friponne aura, par son caquet,
Très bien sifflé son jeune perroquet.
Qu'il vienne un peu, qu'il vienne me séduire!
Je ne croirai rien de ce qu'il va dire.
Je vois de loin, je vois que vous cherchez,
Avec le jeu de cent ressorts cachés,

A dénigrer, à perdre ma maîtresse,
Pour me donner je ne sais quelle nièce
Dont vous m'avez tant vanté les attraits;
Mais touchez là, j'y renonce à jamais.

DARMIN.

Soit; mais je plains votre excès d'imprudence.
D'une perfide essuyer l'inconstance
N'est pas, sans doute, un cas bien affligeant,
Mais c'est un mal de perdre son argent;
C'est là le point. Bartolin, ce brave homme,
A-t-il enfin restitué la somme?

BLANFORD.

Que vous importe?

DARMIN.

Ah! pardon, je croyais
Qu'il m'importait : j'ai tort, je me trompais.
Adine vient; pour moi, je me retire;
Par lui du moins tâchez de vous instruire.
Si c'est de lui que vous vous défiez,
Vous avez tort plus que vous ne croyez;
C'est un cœur noble, et vous pourrez connaître
Qu'il n'était pas ce qu'il a pu paraître.

SCÈNE VII.

BLANFORD, ADINE.

BLANFORD.

Ouais! les voilà fortement acharnés
A me vouloir conduire par le nez.

ACTE IV, SCÈNE VII.

Oh! que Dorfise est bien d'une autre espèce!
Elle se tait, en proie à sa tristesse,
Sans affecter un air trop empressé,
Trop confiant et trop embarrassé;
Elle me fuit, elle est dans sa retraite;
Et c'est ainsi que l'innocence est faite.
Or çà, jeune homme, avec sincérité,
De point en point dites la vérité :
Vous m'êtes cher, et la belle nature
Paraît en vous incorruptible et pure :
Mes vœux ne vont qu'à vous rendre parfait;
N'abusez point de ce penchant secret :
Si vous m'aimez, songez bien, je vous prie,
Qu'il s'agit là du bonheur de ma vie.

ADINE.

Oui, je vous aime; oui, oui, je vous promets
Que je ne veux vous abuser jamais.

BLANFORD.

J'en suis charmé. Mais dites-moi, de grace,
Ce qui s'est fait et tout ce qui se passe.

ADINE.

D'abord Dorfise...

BLANFORD.

    Halte-là, mon mignon;
C'est sa cousine; avouez-le-moi.

ADINE.

      Non.

BLANFORD.

Eh bien, voyons.

ADINE.
Dorfise à sa toilette
M'a fait venir par la porte secrète.
BLANFORD.
Mais ce n'est pas pour Dorfise.
ADINE.
Si fait.
BLANFORD.
C'est de la part de madame Burlet.
ADINE.
Eh, non, monsieur; je vous dis que Dorfise
S'était pour moi de bienveillance éprise.
BLANFORD.
Petit fripon!
ADINE.
L'excès de ses bontés
Était tout neuf à mes sens agités.
Un tel amour n'est pas fait pour me plaire.
Je ne sentais qu'une juste colère;
Je m'indignais, monsieur, avec raison,
Et de sa flamme et de sa trahison;
Et je disais que si j'étais comme elle,
Assurément je serais plus fidèle.
BLANFORD.
Ah, le pendard! comme on a préparé
De ses discours le poison trop sucré!
Eh bien! après?
ADINE.
Hé bien, son éloquence
Déja prenait un peu de véhémence.

Soudain, monsieur, elle jette un grand cri :
On heurte, on entre, et c'était son mari.

BLANFORD.

Son mari? bon! quels sots contes j'écoute!
C'était ce fou de chevalier, sans doute.

ADINE.

Oh, non; c'était un véritable époux,
Car il était bien brutal, bien jaloux;
Il menaçait d'assassiner sa femme;
Il la nommait fausse, perfide, infame.
Il prétendait me tuer aussi, moi,
Sans que je susse, hélas! trop bien pourquoi.
Il m'a fallu conjurer sa furie,
A deux genoux, de me sauver la vie;
J'en tremble encor de peur.

BLANFORD.

Eh, le poltron!
Et ce mari, voyons quel est son nom ?

ADINE.

Oh! je l'ignore.

BLANFORD.

Oh! la bonne imposture!
Çà, peignez-moi, s'il se peut, sa figure.

ADINE.

Mais il me semble, autant que l'a permis
L'horrible effroi qui troublait mes esprits,
Que c'est un homme à fort méchante mine,
Gros, court, basset, nez camard, large échine,
Le dos en voûte, un teint jaune et tanné,
Un sourcil gris, un œil de vrai damné.

BLANFORD.

Le beau portrait ! qui puis-je y reconnaître ?
Jaune, tanné, gris, gros, court : qui peut-ce être ?
En vérité, vous vous moquez de moi.

ADINE.

Éprouvez donc, monsieur, ma bonne foi :
Je vous apprends que la même personne
Ce soir chez elle un rendez-vous me donne.

BLANFORD.

Un rendez-vous chez madame Burlet ?

ADINE.

Eh, non : jamais ne serez-vous au fait ?

BLANFORD.

Quoi ! chez madame ?...

ADINE.

Oui.

BLANFORD.

Chez elle ?

ADINE.

Oui, vous dis-je.

BLANFORD.

Que cette intrigue et m'étonne et m'afflige !
Un rendez-vous, Dorfise, vous, ce soir ?

ADINE.

Si vous voulez, vous y pourrez me voir
Ce même soir sous un habit de fille,
Qu'elle m'envoie, et duquel je m'habille.
Par l'huis secret je dois être introduit
Chez cet objet, dont l'amour vous séduit,
Chez cet objet si fidèle et si sage.

ACTE IV, SCÈNE VIII.

BLANFORD.

Ceci commence à me remplir de rage ;
Et j'aperçois d'un ou d'autre côté
Toute l'horreur de la déloyauté.
Ne mens-tu point ?

ADINE.

Mon ame, mal connue,
Pour vous, monsieur, se sent trop prévenue
Pour s'écarter de la sincérité.
Votre cœur noble aime la vérité ;
Je l'aime en vous, et je lui suis fidèle.

BLANFORD.

Ah, le flatteur !

ADINE.

Doutez-vous de mon zèle ?

BLANFORD.

Ouf...

SCÈNE VIII.

BLANFORD, ADINE, LE CHEVALIER MONDOR.

MONDOR.

Allons donc ; peux-tu faire languir
Nos conviés et l'heure du plaisir ?
Tu n'eus jamais, dans ta mélancolie,
Plus de besoin de bonne compagnie.
Console-toi ; tes affaires vont mal ;
Tu n'es pas fait pour être mon rival.
Je t'ai bien dit que j'aurais la victoire ;
Je l'ai, mon cher, et sans beaucoup de gloire.

LA PRUDE,

BLANFORD.

Que penses-tu m'apprendre ?

MONDOR.

Oh ! presque rien ;
Nous épousons ta maîtresse.

BLANFORD.

Ah, fort bien !
Nous le savions.

MONDOR.

Quoi ! tu sais qu'un notaire...

BLANFORD.

Oui, je le sais ; il ne m'importe guère.
Je connais tout le complot. Se peut-il
Qu'on en ait pu si mal ourdir le fil ?
(au petit Adine.)
Ce rendez-vous, quand il serait possible,
Avec le vôtre est tout incompatible.
Ai-je raison ? parle ; en es-tu frappé ?
Tu me trompais, ou l'on t'avait trompé.
Je te crois bon ; ton cœur sans artifice
Est apprenti dans l'école du vice.
Un esprit simple, un cœur neuf et trop bon,
Est un outil dont se sert un fripon.
N'es-tu venu, cruel, que pour me nuire ?

ADINE.

Ah, c'en est trop ; gardez-vous de détruire,
Par votre humeur et votre vain courroux,
Cette pitié qui parle encor pour vous.
C'est elle seule à présent qui m'arrête ;
N'écoutez rien, faites à votre tête.

Dans vos chagrins noblement affermi,
Soupçonnez bien quiconque est votre ami,
Croyez surtout quiconque vous abuse;
Que votre humeur et m'outrage et m'accuse!
Mais apprenez à respecter un cœur
Qui n'est pour vous ni trompé ni trompeur.

MONDOR.

En tiens-tu? là, le dépit te suffoque;
Jusqu'aux enfans, chacun de toi se moque.
Deviens plus sage; il faut tout oublier
Dans le vin grec où je vais te noyer.
Viens, bel enfant!

SCÈNE IX.

BLANFORD, ADINE.

BLANFORD.

Demeure encore, Adine:
Tu m'as ému, ta douleur me chagrine.
Je sais que j'ai souvent un peu d'humeur;
Mais tu connais tout le fond de mon cœur :
Il est né juste, il n'est que trop sensible.
Tu vois quel est mon embarras horrible.
Aurais-tu bien le plaisir malfesant
De t'égayer à croître mon tourment?
Parle-moi vrai, mon fils, je t'en conjure.

ADINE.

Vous êtes bon, mon ame est aussi pure.
Je n'ai jamais connu jusqu'à présent,

LA PRUDE,

Je l'avouerai, qu'un seul déguisement;
Mais si mon cœur en un point se déguise,
Je ne mens pas sur vous et sur Dorfise ;
Je plains l'amour qui sur vos yeux distraits
Mit dès long-temps un bandeau trop épais ;
Et je sens bien que l'amour peut séduire.
Sur tout ceci tâchez de vous instruire ;
C'est l'amour seul qui doit tout réparer ;
Il vous aveugle, il doit vous éclairer.
(Elle sort.)

BLANFORD.

Que veut-il dire ? et quel est ce mystère ?
Il faut, dit-il, que l'amour seul m'éclaire ;
Il se déguise... il ne ment point...Ma foi,
C'est un complot pour se moquer de moi.
Le chevalier, Darmin, et la cousine,
Et Bartolin, et le petit Adine,
Dorfise enfin, et Colette, et mon cœur,
Le monde entier redouble mon humeur.
Monde maudit, qu'à bon droit je méprise,
Ramas confus de fourbe et de sottise,
S'il faut opter, si dans ce tourbillon
Il faut choisir d'être dupe ou fripon,
Mon choix est fait, je bénis mon partage ;
Ciel, rends-moi dupe, et rends-moi juste et sage.

FIN DU QUATRIEME ACTE.

ACTE CINQUIÈME.

SCÈNE I.

BLANFORD.

Que devenir ? où sera mon asile ?
Tous les chagrins m'arrivent à la file.
Je vais sur mer; un pirate maudit
Livre combat, et mon vaisseau périt :
Je viens sur terre; on me dit qu'une ingrate,
Que j'adorais, est cent fois plus pirate :
Une cassette est mon unique espoir,
Un Bartolin doit la rendre ce soir;
Ce Bartolin promet, remet, diffère :
Serait-ce encore un troisième corsaire ?
J'attends Adine afin de savoir tout;
Il ne vient point. Chacun me pousse à bout;
Chacun me fuit : voilà le fruit peut-être
De cette humeur dont je ne fus pas maître,
Qui me rendait difficile en amis,
Et confiant pour mes seuls ennemis.
S'il est ainsi, j'ai bien tort, je l'avoue;
Bien justement la fortune me joue :
A quoi me sert ma triste probité,
Qu'à mieux sentir que j'ai tout mérité ?
Quoi ! cet enfant ne vient point !

SCÈNE II.

BLANFORD, Mme BURLET, *passant sur le théâtre.*

BLANFORD, *l'arrêtant.*
      Ah, madame !
Daignez calmer l'orage de mon ame ;
Un mot, de grace, un moment de loisir.
Où courez-vous ?

Mme BURLET.
     Souper, me réjouir ;
Je suis pressée.

BLANFORD.
    Ah ! j'ai dû vous déplaire ;
Mais oubliez votre juste colère ;
Pardonnez.

Mme BURLET, *en riant.*
    Bon ! loin de me courroucer,
J'ai pardonné déja, sans y penser.

BLANFORD.
Elle est trop bonne. Eh bien, qu'à ma tristesse
Votre humeur gaie un moment s'intéresse !

Mme BURLET.
Va, j'ai gaîment pour toi de l'amitié,
Beaucoup d'estime et beaucoup de pitié.

BLANFORD.
Vous plaindriez le destin qui m'outrage !

Mme BURLET.
Ton destin, oui ; ton humeur, davantage.

BLANFORD.

Vous êtes vraie, au moins; la bonne foi,
Vous le savez, a des charmes pour moi.
Parlez, Darmin n'aurait-il qu'un faux zèle?
Me trompe-t-il? est-il ami fidèle?

Mme BURLET.

Tiens, Darmin t'aime, et Darmin dans son cœur
A tes vertus avec plus de douceur.

BLANFORD.

Et Bartolin?

Mme BURLET.

Tu veux que je réponde
De Bartolin, du cœur de tout le monde?
Il est, je pense, un honnête caissier.
Pourquoi de lui veux-tu te défier?
C'est ton ami, c'est l'ami de Dorfise.

BLANFORD.

Dorfise! mais parlez avec franchise;
Se pourrait-il que Dorfise en un jour
Pour un enfant eût trahi tant d'amour?
Et que veut dire encore en cette affaire
Ce chevalier qui parle de notaire?
Le bruit public est qu'il va l'épouser.

Mme BURLET.

Les bruits publics doivent se mépriser.

BLANFORD.

Je sors encore à l'instant de chez elle;
Elle m'a fait serment d'être fidèle;
Elle a pleuré... l'amour et la douleur
Sont dans ses yeux; démentent-ils son cœur?

Est-elle fausse ? Et notre jeune Adine...
Quoi ! vous riez ?

MME BURLET.

Oui, je ris de ta mine ;
Rassure-toi. Va, pour cet enfant-là
Crois que jamais on ne te quittera ;
Sois-en très sûr, la chose est impossible.

BLANFORD.

Ah ! vous calmez mon ame trop sensible ;
Le chevalier n'en trouble point la paix :
Dorfise m'aime, et je l'aime à jamais.

MME BURLET.

A jamais ! c'est beaucoup.

BLANFORD.

Mais si l'on m'aime,
Adine est donc d'une impudence extrême ;
Il calomnie ; et le petit fripon
A donc le cœur le plus gâté !

MME BURLET.

Lui ? non.
Il a le cœur charmant ; et la nature
A mis en lui la candeur la plus pure ;
Compte sur lui.

BLANFORD.

Quels discours sont-ce là !
Vous vous moquez.

MME BURLET.

Je dis vrai.

BLANFORD.

Me voilà

ACTE V, SCÈNE II.

Plus enfoncé dans mon incertitude :
Vous vous jouez de mon inquiétude ;
Vous vous plaisez à déchirer mon cœur.
Dorfise ou lui m'outrage avec noirceur ;
Convenez-en : l'un des deux est un traître ;
Répondez donc.

MME BURLET, *en riant*.

Cela pourrait bien être.

BLANFORD.

S'il est ainsi, vous voyez quels éclats...

MME BURLET.

Oh ! mais aussi cela peut n'être pas ;
Je n'accuse personne.

BLANFORD.

Hom ! que j'enrage !

MME BURLET.

N'enrage point ; sois moins triste et plus sage.
Tiens, veux-tu prendre un parti qui soit sûr ?

BLANFORD.

Oui.

MME BURLET.

Laisse là tout ce complot obscur ;
Point d'examen, point de tracasserie ;
Tourne avec moi tout en plaisanterie ;
Prends ton argent chez monsieur Bartolin ;
Vis avec nous uniment, sans chagrin ;
N'approfondis jamais rien dans la vie,
Et glisse-moi sur la superficie ;
Connais le monde et sais le tolérer :
Pour en jouir, il le faut effleurer.

Tu me traitais de cervelle légère ;
Mais souviens-toi que la solide affaire,
La seule ici qu'on doit approfondir,
C'est d'être heureux, et d'avoir du plaisir.

SCÈNE III.

BLANFORD.

Être heureux! moi! le conseil est utile;
Dirait-on pas que la chose est facile?
Ce n'est qu'un rien, et l'on n'a qu'à vouloir.
Ah! si la chose était en mon pouvoir!
Et pourquoi non? dans quelle gêne extrême
Je me suis mis pour m'outrager moi-même!
Quoi! cet enfant, Darmin, le chevalier,
Par leurs discours auront pu m'effrayer?
Non, non; suivons le conseil que me donne
Cette cousine : elle est folle, mais bonne ;
Elle a rendu gloire à la vérité.
Dorfise m'aime; on est en sûreté.
Je ne veux plus rien voir ni rien entendre.
Par cet Adine on voulait me surprendre
Pour m'éblouir et pour me gouverner :
Dans ces filets je ne veux point donner.
Darmin toujours est coiffé de sa nièce :
Que je la hais! mais quelle étrange espèce...
  (Adine paraît dans le fond du théâtre.)
Le voici donc ce malheureux enfant
Qui cause ici tant de déchaînement!

ACTE V, SCÈNE IV.

On le prendrait, je crois, pour une fille ;
Sous ces habits que sa mine est gentille !
Jamais, ma foi, je ne m'étais douté
Qu'il pût avoir cette fleur de beauté !
Il n'a point l'air gêné dans sa parure,
Et son visage est fait pour sa coiffure.

SCÈNE IV.

BLANFORD, ADINE, *en habit de fille.*

ADINE.
Eh bien, monsieur ! je suis tout ajusté,
Et vous saurez bientôt la vérité.

BLANFORD.
Je ne veux plus rien savoir, de ma vie ;
C'en est assez. Laissez-moi, je vous prie :
J'ai depuis peu changé de sentiment :
Je n'aime point tout ce déguisement.
Ne vous mêlez jamais de cette affaire,
Et reprenez votre habit ordinaire.

ADINE.
Qu'entends-je, hélas ! je m'aperçois enfin
Que je ne puis changer votre destin
Ni votre cœur ; votre ame inaltérable
Ne connaît point la douleur qui m'accable ;
Vous en saurez les funestes effets :
Je me retire. Adieu donc pour jamais.

BLANFORD.
Mais quels accens ! d'où viennent tes alarmes ?
Il est outré ; je vois couler ses larmes.

Que prétend-il? Parlez; quel intérêt
Avez-vous donc à ce qui me déplaît?

ADINE.

Mon intérêt, monsieur, était le vôtre;
Jusqu'à présent je n'en connus point d'autre :
Je vois quel est tout l'excès de mon tort.
Pour vous servir je fesais un effort;
Mais ce n'est pas le premier.

BLANFORD.

      L'innocence
De son maintien, sa modeste assurance,
Son ton, sa voix, son ingénuité,
Me font pencher presque de son côté.
Mais cependant, tu vois, l'heure se passe
Où ce projet plein de fourbe et d'audace
Devait, dis-tu, sous mes yeux s'accomplir.

ADINE.

Aussi j'entends une porte s'ouvrir.
Voici l'endroit, voici le moment même
Où vous auriez pu savoir qui vous aime.

BLANFORD.

Est-il possible? est-il vrai? juste Dieu!

ADINE, *finement*.

Il me paraît très possible.

BLANFORD.

      En ce lieu
Demeurez donc. Quoi! tant de fourberie!
Dorfise! non...

ADINE.

    Taisez-vous, je vous prie.

Paix! attendez : j'entends un peu de bruit;
On vient vers nous; j'ai peur, car il fait nuit.

BLANFORD.

N'ayez point peur.

ADINE.

Gardez donc le silence :
Voici quelqu'un sûrement qui s'avance.

SCÈNE V.

Le théâtre représente une nuit.

ADINE, BLANFORD, *d'un côté;* **DORFISE,**
de l'autre, à tâtons.

DORFISE.

J'entends, je crois, la voix de mon amant.
Qu'il est exact! Ah, quel enfant charmant!

ADINE.

Chut!

DORFISE.

Chut! c'est vous?

ADINE.

Oui, c'est moi dont le zèle
Pour ce que j'aime est à jamais fidèle;
C'est moi qui veux lui prouver en ce jour
Qu'il me devait un plus tendre retour.

DORFISE.

Ah! je ne puis en donner un plus tendre;
Pardonnez-moi si je vous fais attendre;
Mais Bartolin, que je n'attendais pas,

Dans le logis se promène à grands pas.
Il semble encor que quelque jalousie,
Malgré mes soins, trouble sa fantaisie.

ADINE.

Peut-être il craint de voir ici Blanford;
C'est un rival bien dangereux.

DORFISE.

      D'accord.
Hélas! mon fils, je me vois bien à plaindre.
Tout à la fois il me faut ici craindre
Monsieur Blanford, et mon maudit mari.
Lequel des deux est de moi plus haï?
Mon cœur l'ignore; et, dans mon trouble extrême,
Je ne sais rien, sinon que je vous aime.

ADINE.

Vous haïssez Blanford, là, tout de bon?

DORFISE.

La crainte enfin produit l'aversion.

ADINE, *finement.*

Et l'autre époux?

DORFISE.

    A lui rien ne m'engage.

BLANFORD.

Que je voudrais...

ADINE, *bas, allant vers lui.*

   Paix donc.

DORFISE.

      En femme sage
J'ai consulté sur le contrat dressé :
Il est cassable; ah! qu'il sera cassé!

Qu'un autre hymen flatte mon espérance!

ADINE.

Quoi! m'épouser?

DORFISE.

Je veux qu'avec prudence
Secrètement nous partions tous les deux,
Pour éviter un éclat scandaleux;
Et que bientôt, quand d'ici je m'éloigne,
Un lien sûr et bien serré nous joigne,
Un nœud sacré, durable autant que doux.

ADINE.

Durable! allons. Mais de quoi vivrons-nous?

DORFISE.

Vous me charmez par cette prévoyance;
Ce qui me plaît en vous, c'est la prudence.
Apprenez donc que ce guerrier Blanford,
Héros en mer, en affaire un butor,
Quand de Marseille il quitta les pénates
Pour attaquer de Maroc les pirates,
M'a mis en main très cordialement
Son cœur, sa foi, ses bijoux, son argent:
Comme je suis non moins neuve en affaire,
L'autre mari s'en fit dépositaire:
Je vais reprendre et les bijoux et l'or;
Nous en allons aider monsieur Blanford:
C'est un bon homme, il est juste qu'il vive;
Partageons vite, et gardons qu'on nous suive.

ADINE.

Et que dira le monde?

LA PRUDE,

DORFISE.

Ah ! ses éclats
M'ont fait trembler lorsque je n'aimais pas :
Je l'ai trop craint; à présent je le brave;
C'est de vous seul que je veux être esclave.

ADINE.

Hélas ! de moi ?

DORFISE.

Je m'en vais sourdement
Chercher ce coffre à tous deux important.
Attends ici; je revole sur l'heure.

SCÈNE VI.

BLANFORD, ADINE.

ADINE.

Qu'en dites-vous ? hé bien, là !

BLANFORD.

Que je meure
S'il fut jamais un tour plus déloyal,
Plus enragé, plus noir, plus infernal;
Et cependant admirez, jeune Adine,
Comme à jamais dans nos ames domine
Ce vif instinct, ce cri de la vertu,
Qui parle encor dans un cœur corrompu.

ADINE.

Comment ?

BLANFORD.

Tu vois que la perfide n'ose

ACTE V, SCÈNE VI.

Me voler tout, et me rend quelque chose.
    ADINE, *avec un ton ironique.*
Oui, vous devez bien l'en remercier.
N'avez-vous pas encore à confier
Quelque cassette à cette honnête prude?
    BLANFORD.
Ah! prends pitié d'une peine si rude;
Ne tourne point le poignard dans mon cœur.
    ADINE.
Je ne voulais que le guérir, monsieur.
Mais à vos yeux est-elle encor jolie?
    BLANFORD.
Ah! qu'elle est laide, après sa perfidie!
    ADINE.
Si tout ceci peut pour vous prospérer,
De ses filets si je puis vous tirer,
Puis-je espérer qu'en détestant ses vices
Votre vertu chérira mes services?
    BLANFORD.
Aimable enfant, soyez sûr que mon cœur
Croit voir son fils et son libérateur;
Je vous admire, et le ciel qui m'éclaire
Semble m'offrir mon ange tutélaire.
Ah! de mon bien la moitié, pour le moins,
N'est qu'un vil prix au dessous de vos soins.
    ADINE.
Vous ne pouvez à présent trop entendre
Quel est le prix auquel je dois prétendre;
Mais votre cœur pourra-t-il refuser
Ce que Darmin viendra vous proposer?

BLANFORD.
Ce que j'entends semble éclairer mon ame,
Et la percer avec des traits de flamme.
Ah! de quel nom dois-je vous appeler?
Quoi! votre sort ainsi s'est pu voiler?
Quoi! j'aurais pu toujours vous méconnaître,
Et vous seriez ce que vous semblez être?
ADINE, *en riant.*
Qui que je sois, de grace, taisez-vous :
J'entends Dorfise; elle revient à nous.
DORFISE, *revenant avec la cassette.*
J'ai la cassette. Enfin l'amour propice
A secondé mon petit artifice.
Tiens, mon enfant, prends vite, et détalons.
Tiens-tu bien?
BLANFORD, *à la place d'Adine qui lui donne la cassette.*
Oui.
DORFISE.
Le temps nous presse; allons.

SCÈNE VII.

BLANFORD, DORFISE, ADINE; BARTOLIN,
l'épée à la main, dans l'obscurité, courant à Adine.

BARTOLIN.
Ah! c'en est trop, arrête, arrête, infame!
C'est bien assez de m'enlever ma femme;
Mais pour l'argent!

ADINE, *à Blanford.*
Eh, monsieur! je me meurs.
BLANFORD, *en se battant d'une main, et remettant
la cassette à Adine de l'autre.*
Tiens la cassette.

SCÈNE VIII.

BLANFORD, DORFISE, ADINE, BARTOLIN, DARMIN, Mme BURLET, COLETTE, LE CHEVALIER MONDOR, *une serviette et une bouteille à la main; des flambeaux.*

Mme BURLET.
Ah, ah! quelles clameurs!
Dieu me pardonne! on se bat.
MONDOR.
Gare, gare!
Voyons un peu d'où vient ce tintamarre.
ADINE, *à Blanford.*
Hélas, monsieur! seriez-vous point blessé?
DORFISE, *toute étonnée.*
Ah!
Mme BURLET.
Qu'est-ce donc? qu'est-ce qui s'est passé?
BLANFORD, *à Bartolin qu'il a désarmé.*
Rien: c'est monsieur, homme à vertu parfaite,
Bon trésorier, grand gardeur de cassette,
Qui me prenait, sans me manquer en rien,
Tout doucement ma maîtresse et mon bien.

Grace aux vertus de cet enfant aimable,
J'ai découvert ce complot détestable;
Il a remis ma cassette en mes mains.
(à Bartolin.)
Va, je te laisse à tes mauvais destins;
Pour dire plus, je te laisse à madame.
Mes chers amis, j'ai démasqué leur ame;
Et ce coquin...

BARTOLIN, *s'en allant.*
Adieu.

MONDOR.
Mon rendez-vous,
Que devient-il?

BLANFORD.
On se moquait de vous.

MONDOR, *à Blanford.*
De vous aussi, m'est avis?

BLANFORD.
De moi-même.
J'en suis encor dans un dépit extrême.

MONDOR.
On te trompait comme un sot.

BLANFORD.
Que d'horreur!
O pruderie! ô comble de noirceur!

MONDOR.
Eh! laisse là toute la pruderie,
Et femme, et tout; viens boire, je te prie;
Je traite ainsi tous les malheurs que j'ai :
Qui boit toujours n'est jamais affligé.

ACTE V, SCÈNE VIII.

Mme BURLET.

Je suis fâchée, entre nous, que Dorfise
Ait pu commettre une telle sottise.
Cela pourra d'abord faire jaser;
Mais tout s'apaise, et tout doit s'apaiser.

DARMIN, *à Blanford.*

Sortez enfin de votre inquiétude,
Et pour jamais gardez-vous d'une prude.
Savez-vous bien, mon ami, quel enfant
Vous a rendu votre honneur, votre argent,
Vous a tiré du fond du précipice
Où vous plongeait votre aveugle caprice?

BLANFORD, *regardant Adine.*

Mais...

DARMIN.

C'est ma nièce.

BLANFORD.

O ciel!

DARMIN.

C'est cet objet
Qu'en vain mon zèle à vos vœux proposait,
Quand mon ami, trompé par l'infidèle,
Méprisait tout, haïssait tout pour elle.

BLANFORD.

Quoi! j'outrageais par d'indignes refus
Tant de beautés, de graces, de vertus!

ADINE.

Vous n'en auriez jamais eu connaissance,
Si ces hasards, mes bontés, ma constance,
N'avaient levé les voiles odieux

Dont une ingrate avait couvert vos yeux.
DARMIN.
Vous devez tout à son amour extrême,
Votre fortune, et votre raison même.
Répondez donc; que doit-elle espérer?
Que voulez-vous en un mot?

BLANFORD, *en se jetant à ses genoux.*
L'adorer.
MONDOR.
Ce changement est doux autant qu'étrange.
Allons, l'enfant, nous gagnons tous au change.

FIN DE LA PRUDE.

SÉMIRAMIS,

TRAGÉDIE EN CINQ ACTES,

Représentée pour la première fois le 29 auguste 1748.

AVERTISSEMENT.

Cette tragédie, d'une espèce particulière, et qui demande un appareil peu commun sur le théâtre de Paris, avait été demandée par l'infante d'Espagne, dauphine de France, qui, remplie de la lecture des anciens, aimait les ouvrages de ce caractère. Si elle eût vécu, elle eût protégé les arts, et donné au théâtre plus de pompe et de dignité.

DISSERTATION

SUR

LA TRAGÉDIE ANCIENNE ET MODERNE.

A SON ÉMINENCE Mgr LE CARDINAL QUIRINI,

NOBLE VÉNITIEN, ÉVÊQUE DE BRESCIA, BIBLIOTHÉCAIRE DU VATICAN.

Monseigneur,

Il était digne d'un génie tel que le vôtre, et d'un homme qui est à la tête de la plus ancienne bibliothèque du monde, de vous donner tout entier aux lettres. On doit voir de tels princes de l'église sous un pontife qui a éclairé le monde chrétien avant de le gouverner. Mais si tous les lettrés vous doivent de la reconnaissance, je vous en dois plus que personne, après l'honneur que vous m'avez fait de traduire en si beaux vers *la Henriade* et le *Poëme de Fontenoy*. Les deux héros vertueux que j'ai célébrés sont devenus les vôtres. Vous avez daigné m'embellir, pour rendre encore plus respectables aux nations les noms de Henri IV et de Louis XV, et pour étendre de plus en plus dans l'Europe le goût des arts.

Parmi les obligations que toutes les nations modernes ont aux Italiens, et surtout aux premiers pontifes et à leurs ministres, il faut compter la culture des belles lettres, par qui furent adoucies peu à peu les mœurs féroces et grossières de nos peuples septentrionaux, et auxquelles nous devons aujourd'hui notre politesse, nos délices et notre gloire.

C'est sous le grand Léon X que le théâtre grec renaquit, ainsi que l'éloquence. La *Sophonisbe* du célèbre prélat Trissino, nonce du pape, est la première tragédie régulière que l'Europe ait vue après tant de siècles de barbarie, comme la *Calandra* du cardinal Bibiena avait été auparavant la première comédie dans l'Italie moderne.

Vous fûtes les premiers qui élevâtes de grands théâtres, et qui donnâtes au monde quelque idée de cette splendeur de l'ancienne Grèce qui attirait les nations étrangères à ses solennités, et qui fut le modèle des peuples en tous les genres.

Si votre nation n'a pas toujours égalé les anciens dans le tragique, ce n'est pas que votre langue harmonieuse, féconde et flexible, ne soit propre à tous les sujets; mais il y a grande apparence que les progrès que vous avez faits dans la musique ont nui enfin à ceux de la véritable tragédie. C'est un talent qui a fait tort à un autre.

Permettez que j'entre avec votre éminence dans une discussion littéraire. Quelques personnes, accoutumées au style des épîtres dédicatoires, s'étonneront que je me borne ici à comparer les usages des Grecs avec les modernes, au lieu de comparer les grands hommes de l'antiquité avec ceux de votre maison; mais je parle à un savant, à un sage, à celui dont les lumières doivent m'éclairer, et dont j'ai l'honneur d'être le confrère dans la plus ancienne académie de l'Europe, dont les membres s'occupent souvent de semblables recherches; je parle enfin à celui qui aime mieux me donner des instructions que de recevoir des éloges.

PREMIÈRE PARTIE.

DES TRAGÉDIES GRECQUES IMITÉES PAR QUELQUES OPÉRAS ITALIENS ET FRANÇAIS.

Un célèbre auteur de votre nation dit que, depuis les beaux jours d'Athènes, la tragédie errante et abandonnée cherche de contrée en contrée quelqu'un qui lui donne la main, et qui lui rende ses premiers honneurs, mais qu'elle n'a pu le trouver.

S'il entend qu'aucune nation n'a de théâtres où des chœurs occupent presque toujours la scène, et chantent des strophes, des épodes, et des antistrophes accompagnées d'une danse grave; qu'aucune nation ne fait paraître ses acteurs sur des espèces d'échasses, le visage couvert d'un masque qui exprime la douleur d'un côté et la joie de l'autre; que la déclamation de nos tragédies n'est point notée et soutenue par des flûtes; il a sans doute raison : je ne sais si c'est à notre désavantage. J'ignore si la forme de nos tragédies, plus rapprochée de la nature, ne vaut pas celle des Grecs, qui avait un appareil plus imposant.

Si cet auteur veut dire qu'en général ce grand art n'est pas aussi considéré depuis la renaissance des lettres qu'il l'était autrefois; qu'il y a en Europe des nations qui ont quelquefois usé d'ingratitude envers les successeurs des Sophocle et des Euripide; que nos théâtres ne sont point de ces édifices superbes dans lesquels les Athéniens mettaient leur gloire; que nous ne prenons pas les mêmes soins qu'eux de ces spectacles devenus si nécessaires dans nos villes immenses : on doit être entièrement de son opinion.

Et sapit, et mecum facit, et Jove judicat æquo.

Où trouver un spectacle qui nous donne une image de la scène grecque? c'est peut-être dans vos tragédies, nommées opéras, que cette image subsiste. Quoi! me dira-t-on, un opéra italien aurait quelque ressemblance avec le théâtre d'Athènes? Oui. Le récitatif italien est précisément la mélopée des anciens; c'est cette déclamation notée et soutenue par des instrumens de musique. Cette mélopée, qui n'est ennuyeuse que dans vos mauvaises tragédies-opéras, est admirable dans vos bonnes pièces. Les chœurs que vous y avez ajoutés depuis quelques années, et qui sont liés essentiellement au sujet, approchent d'autant plus des chœurs des anciens, qu'ils sont exprimés avec une musique différente du récitatif, comme la strophe, l'épode et l'antistrophe étaient chantées, chez les Grecs, tout autrement que la mélopée des scènes. Ajoutez à ces ressemblances, que dans plusieurs tragédies-opéras du célèbre abbé Metastasio, l'unité de lieu, d'action et de temps est observée; ajoutez que ces pièces sont pleines de cette poésie d'expression et de cette élégance continue qui embellissent le naturel sans jamais le charger; talent que, depuis les Grecs, le seul Racine a possédé parmi nous, et le seul Addison chez les Anglais.

Je sais que ces tragédies, si imposantes par les charmes de la musique et par la magnificence du spectacle, ont un défaut que les Grecs ont toujours évité; je sais que ce défaut a fait des monstres des pièces les plus belles et d'ailleurs les plus régulières : il consiste à mettre dans toutes les scènes de ces petits airs coupés, de ces ariettes détachées, qui interrompent l'action, et qui font valoir les fredons d'une voix efféminée, mais brillante, aux dépens de l'intérêt et du bon sens. Le grand auteur que j'ai déja cité, et qui a tiré beaucoup de ses pièces de notre théâtre tragique, a remédié, à force de génie, à ce défaut qui est devenu une nécessité. Les paroles de ses airs détachés sont souvent des embellissemens du sujet même; elles sont passionnées; elles sont quelquefois comparables aux plus beaux morceaux des odes d'Horace : j'en apporterai pour preuve cette strophe touchante que chante Arbace accusé et innocent :

  Vo solcando un mar crudele
   Senza vele
   E senza sarte.
  Freme l'onda, il ciel s'imbruna,
  Cresce il vento, e manca l'arte;
  E il voler della fortuna
  Son costretto a seguitar.
 Infelice! in questo stato
  Son da tutti abbandonato;
  Meco sola è l'innocenza
  Che mi porta a naufragar.

SUR LA TRAGÉDIE.

J'y ajouterai encore cette autre ariette sublime que débite le roi des Parthes vaincu par Adrien, quand il veut faire servir sa défaite même à sa vengeance :

> Sprezza il furor del vento
>   Robusta quercia, avvezza
>   Di cento verni e cento
>   L'injurie a tollerar.
> E, se pur cade al suolo,
>   Spiega per l'onde il volo;
>   Et con quel vento istesso
>   Va contrastando in mar.

Il y en a beaucoup de cette espèce : mais que sont des beautés hors de place ? et qu'auroit-on dit dans Athènes, si OEdipe et Oreste avaient, au moment de la reconnaissance, chanté de petits airs fredonnés, et débité des comparaisons à Jocaste et à Électre ? Il faut donc avouer que l'opéra, en séduisant les Italiens par les agrémens de la musique, a détruit d'un côté la véritable tragédie grecque qu'il fesait renaître de l'autre.

Notre opéra français nous devait faire encore plus de tort; notre mélopée rentre bien moins que la vôtre dans la déclamation naturelle; elle est plus languissante; elle ne permet jamais que les scènes aient leur juste étendue; elle exige des dialogues courts en petites maximes coupées, dont chacune produit une espèce de chanson.

Que ceux qui sont au fait de la vraie littérature des autres nations, et qui ne bornent pas leur science aux airs de nos ballets, songent à cette admirable scène dans la *Clemenza di Tito*, entre Titus et son favori qui a conspiré contre lui ; je veux parler de cette scène où Titus dit à Sextus ces paroles :

> Siam soli : il tuo sovrano
> Non è presente. Apri il tuo core a Tito,
> Confida ti all' amico; io ti prometto
> Che Augusto no'l saprà.

Qu'ils relisent le monologue suivant où Titus dit ces autres paroles, qui doivent être l'éternelle leçon de tous les rois, et le charme de tous les hommes :

> .... Il torre altrui la vita
> È facoltà comune
> Al più vil della terra ; il darla è solo
> De' numi e de' regnanti.

Ces deux scènes comparables à tout ce que la Grèce a eu de plus beau, si elles ne sont pas supérieures; ces deux scènes dignes de Corneille quand il n'est pas déclamateur, et de Racine quand il n'est pas faible; ces deux scènes, qui ne sont pas fondées sur un amour d'opéra, mais sur les nobles sentimens du cœur humain, ont une durée trois fois plus longue au moins que les scènes les plus étendues de nos tragédies en musique. De pareils morceaux ne seraient pas supportés sur notre théâtre lyrique, qui ne se soutient guère que par des maximes de galanterie, et par des passions manquées, à l'exception d'*Armide*, et des belles scènes d'*Iphigénie*, ouvrages plus admirables qu'imités.

Parmi les défauts, nous avons, comme vous, dans nos opéras les plus tragiques une infinité d'airs détachés, mais qui sont plus défectueux que les vôtres, parce qu'ils sont moins liés au sujet. Les paroles y sont presque toujours asservies aux musiciens, qui ne pouvant exprimer dans leurs petites chansons les termes mâles et énergiques de notre langue, exigent des paroles efféminées, oisives, vagues, étrangères à l'action, et ajustées comme on peut à de petits airs mesurés, semblables à ceux qu'on appelle à Venise *barcarolle*. Quel rapport, par exemple, entre Thésée, reconnu par son père sur le point d'être empoisonné par lui, et ces ridicules paroles :

> Le plus sage
> S'enflamme et s'engage
> Sans savoir comment.

Malgré ces défauts, j'ose encore penser que nos bonnes tragédies-opéras, telles qu'*Atys*, *Armide*, *Thésée*, étaient ce qui pouvait donner parmi nous quelque idée du théâtre d'Athènes, parce que ces tragédies sont chantées comme celles des Grecs ; parce que le chœur, tout vicieux qu'on l'a rendu, tout fade panégyriste qu'on l'a fait de la morale amoureuse, ressemble pourtant à celui des Grecs, en ce qu'il occupe souvent la scène. Il ne dit pas ce qu'il doit dire, il n'enseigne pas la vertu,

> Et regat iratos ; et amet peccare timentes.
> HORAT.

Mais enfin il faut avouer que la forme des tragédies-opéras nous retrace la forme de la tragédie grecque à quelques égards. Il m'a donc paru en général, en consultant les gens de lettres qui connaissent l'antiquité, que ces tragédies-opéras sont la copie et la ruine de la tragédie d'Athènes. Elles en sont la copie, en ce qu'elles admettent la mélopée, les chœurs, les machines, les divinités ; elles en sont la destruction, parce qu'elles ont accoutumé les jeunes gens à se connaître en sons plus qu'en esprit, à préférer leurs oreilles à leur ame, les roulades à des pensées sublimes, à faire valoir quelquefois les ouvrages les plus insipides et les plus mal écrits, quand ils sont soutenus par quelques airs qui nous plaisent. Mais malgré tous ces défauts, l'enchantement qui résulte de ce mélange heureux de scènes, de chœurs, de danses, de symphonies, et de cette variété de décorations, subjugue jusqu'au critique même ; et la meilleure comédie, la meilleure tragédie n'est jamais fréquentée par les mêmes personnes aussi assidûment qu'un opéra médiocre. Les beautés régulières, nobles, sévères, ne sont pas les plus recherchées par le vulgaire : si on représente une ou deux fois *Cinna*, on joue trois mois *les Fêtes vénitiennes* : un poëme épique est moins lu que des épigrammes licencieuses : un petit roman sera mieux débité que l'histoire du président De Thou. Peu de particuliers font travailler de grands peintres ; mais on se dispute des figures estropiées qui viennent de la

Chine, et des ornements fragiles. On dore, on vernit des cabinets, on néglige la noble architecture; enfin, dans tous les genres, les petits agrémens l'emportent sur le vrai mérite.

SECONDE PARTIE.

DE LA TRAGÉDIE FRANÇAISE COMPARÉE A LA TRAGÉDIE GRECQUE.

Heureusement la bonne et vraie tragédie parut en France avant que nous eussions ces opéras, qui auraient pu l'étouffer. Un auteur, nommé Mairet, fut le premier qui, en imitant la *Sophonisbe* du Trissino, introduisit la règle des trois unités que vous aviez prise des Grecs. Peu à peu notre scène s'épura, et se défit de l'indécence et de la barbarie qui déshonoraient alors tant de théâtres, et qui servaient d'excuse à ceux dont la sévérité peu éclairée condamnait tous les spectacles.

Les acteurs ne parurent pas élevés, comme dans Athènes, sur des cothurnes qui étaient de véritables échasses; leur visage ne fut pas caché sous de grands masques, dans lesquels des tuyaux d'airain rendaient les sons de la voix plus frappans et plus terribles. Nous ne pûmes avoir la mélopée des Grecs. Nous nous réduisîmes à la simple déclamation harmonieuse, ainsi que vous en aviez d'abord usé. Enfin nos tragédies devinrent une imitation plus vraie de la nature. Nous substituâmes l'histoire à la fable grecque. La politique, l'ambition, la jalousie, les fureurs de l'amour, régnèrent sur nos théâtres. Auguste, Cinna, César, Cornélie, plus respectables que des héros fabuleux, parlèrent souvent sur notre scène comme ils auraient parlé dans l'ancienne Rome.

Je ne prétends pas que la scène française l'ait emporté en tout sur celle des Grecs, et doive la faire oublier. Les inventeurs ont toujours la première place dans la mémoire des hommes; mais quelque respect qu'on ait pour ces premiers génies, cela n'empêche pas que ceux qui les ont suivis ne fassent souvent beaucoup plus de plaisir. On respecte Homère,

SUR LA TRAGÉDIE.

mais on lit le Tasse; on trouve dans lui beaucoup de beautés qu'Homère n'a point connues. On admire Sophocle; mais combien de nos bons auteurs tragiques ont-ils de traits de maître que Sophocle eût fait gloire d'imiter, s'il fût venu après eux ! Les Grecs auraient appris de nos grands modernes à faire des expositions plus adroites, à lier les scènes les unes aux autres par cet art imperceptible qui ne laisse jamais le théâtre vide, et qui fait venir et sortir avec raison les personnages. C'est à quoi les anciens ont souvent manqué, et c'est en quoi le Trissino les a malheureusement imités. Je maintiens, par exemple, que Sophocle et Euripide eussent regardé la première scène de *Bajazet* comme une école où ils auraient profité, en voyant un vieux général d'armée annoncer, par les questions qu'il fait, qu'il médite une grande entreprise :

> Que faisoient cependant nos braves janissaires ?
> Rendent-ils au sultan des hommages sincères ?
> Dans les secrets des cœurs, Osmin, n'as-tu rien lu ?

Et le moment d'après :

> Crois-tu qu'ils me suivroient encor avec plaisir,
> Et qu'ils reconnoîtroient la voix de leur visir ?

Ils auraient admiré comme ce conjuré développe ensuite ses desseins, et rend compte de ses actions. Ce grand mérite de l'art n'était point connu aux inventeurs de l'art. Le choc des passions, ces combats de sentimens opposés, ces discours animés de rivaux et de rivales, ces contestations intéressantes, où l'on dit ce que l'on doit dire, ces situations si bien ménagées, les auraient étonnés. Ils eussent trouvé mauvais peut-être qu'Hippolyte soit amoureux assez froidement d'Aricie, et que son gouverneur lui fasse des leçons de galanterie; qu'il dise :

> . . . . Vous-même, où seriez-vous,
> Si toujours votre mère, à l'amour opposée,
> D'une pudique ardeur n'eût brûlé pour Thésée ?

paroles tirées du *Pastor fido*, et bien plus convenables à un berger qu'au gouverneur d'un prince; mais ils eussent été ravis en admiration en entendant Phèdre s'écrier :

> OEnone, qui l'eût cru ? j'avois une rivale !
> .... Hippolyte aime, et je n'en puis douter.
> Ce farouche ennemi qu'on ne pouvoit dompter,
> Qu'offensoit le respect, qu'importunoit la plainte,
> Ce tigre que jamais je n'abordai sans crainte,
> Soumis, apprivoisé, reconnoît un vainqueur.

Ce désespoir de Phèdre en découvrant sa rivale vaut certainement un peu mieux que la satire des femmes, que fait si longuement et si mal à propos l'Hippolyte d'Euripide, qui devient là un mauvais personnage de comédie. Les Grecs auraient surtout été surpris de cette foule de traits sublimes qui étincellent de toutes parts dans nos modernes. Quel effet ne ferait point sur eux ce vers :

> Que vouliez-vous qu'il fît contre trois ? — Qu'il mourût.

Et cette réponse, peut-être encore plus belle et plus passionnée que fait Hermione à Oreste, lorsque, après avoir exigé de lui la mort de Pyrrhus qu'elle aime, elle apprend malheureusement qu'elle est obéie; elle s'écrie alors :

> Pourquoi l'assassiner ? qu'a-t-il fait ? à quel titre ?
> Qui te l'a dit ?
>
> ORESTE.
> O dieux ! quoi ! ne m'avez-vous pas
> Vous-même, ici, tantôt, ordonné son trépas ?
>
> HERMIONE.
> Ah ! falloit-il en croire une amante insensée ?

Je citerai encore ici ce que dit César quand on lui présente l'urne qui renferme les cendres de Pompée :

> Restes d'un demi-dieu, dont à peine je puis
> Égaler le grand nom, tout vainqueur que j'en suis.

Les Grecs ont d'autres beautés ; mais je m'en rapporte à vous, monseigneur, ils n'en ont aucune de ce caractère.

Je vais plus loin, et je dis que ces hommes, qui étaient si passionnés pour la liberté, et qui ont dit si souvent qu'on ne peut penser avec hauteur que dans les républiques, apprendraient à parler dignement de la liberté même dans quelques unes de nos pièces, tout écrites qu'elles sont dans le sein d'une monarchie.

Les modernes ont encore, plus fréquemment que les Grecs, imaginé des sujets de pure invention. Nous eûmes beaucoup de ces ouvrages du temps du cardinal de Richelieu; c'était son goût, ainsi que celui des Espagnols; il aimait qu'on cherchât d'abord à peindre des mœurs et à arranger une intrigue, et qu'ensuite on donnât des noms aux personnages, comme on en use dans la comédie : c'est ainsi qu'il travaillait lui-même, quand il voulait se délasser du poids du ministère. Le *Venceslas* de Rotrou est entièrement dans ce goût, et toute cette histoire est fabuleuse. Mais l'auteur voulut peindre un jeune homme fougueux dans ses passions, avec un mélange de bonnes et de mauvaises qualités; un père tendre et faible; et il a réussi dans quelques parties de son ouvrage. *Le Cid* et *Héraclius*, tirés des Espagnols, sont encore des sujets feints : il est bien vrai qu'il y a eu un empereur nommé Héraclius, un capitaine espagnol qui eut le nom de Cid; mais presque aucune des aventures qu'on leur attribue n'est véritable. Dans *Zaïre* et dans *Alzire*, si j'ose en parler, et je n'en parle que pour donner des exemples connus, tout est feint jusqu'aux noms. Je ne conçois pas, après cela, comment le P. Brumoy a pu dire, dans son *Théâtre des Grecs*, que la tragédie ne peut souffrir de sujets feints, et que jamais on ne prit cette liberté dans Athènes. Il s'épuise à chercher la raison d'une chose qui n'est pas. «Je crois en trouver une raison, dit-il, « dans la nature de l'esprit humain : il n'y a que la vraisem-« blance dont il puisse être touché. Or il n'est pas vraisem-« blable que des faits aussi grands que ceux de la tragédie « soient absolument inconnus : si donc le poëte invente tout « le sujet, jusques aux noms, le spectateur se révolte, tout

« lui paraît incroyable; et la pièce manque son effet, faute de
« vraisemblance. »

Premièrement, il est faux que les Grecs se soient interdit
cette espèce de tragédie. Aristote dit expressément qu'Agathon
s'était rendu très célèbre dans ce genre. Secondement, il est
faux que ces sujets ne réussissent point; l'expérience du contraire dépose contre le P. Brumoy. En troisième lieu, la raison
qu'il donne du peu d'effet que ce genre de tragédie peut faire
est encore très fausse; c'est assurément ne pas connaître le
cœur humain que de penser qu'on ne peut le remuer par des
fictions. En quatrième lieu, un sujet de pure invention, et
un sujet vrai, mais ignoré, sont absolument la même chose
pour les spectateurs; et comme notre scène embrasse des sujets
de tous les temps et de tous les pays, il faudrait qu'un spectateur allât consulter tous les livres avant qu'il sût si ce qu'on
lui représente est fabuleux ou historique. Il ne prend pas
assurément cette peine; il se laisse attendrir quand la pièce
est touchante, et il ne s'avise pas de dire en voyant *Polyeucte:*
« Je n'ai jamais entendu parler de Sévère et de Pauline; ces
« gens-là ne doivent pas me toucher. » Le P. Brumoy devait
seulement remarquer que les pièces de ce genre sont beaucoup
plus difficiles à faire que les autres. Tout le caractère de Phèdre
était déjà dans Euripide; sa déclaration d'amour, dans Sénèque
le tragique; toute la scène d'Auguste et de Cinna, dans Sénèque le philosophe; mais il fallait tirer Sévère et Pauline de
son propre fonds. Au reste, si le P. Brumoy s'est trompé dans
cet endroit et dans quelques autres, son livre est d'ailleurs
un des meilleurs et de plus utiles que nous ayons; et je ne
combats son erreur qu'en estimant son travail et son goût.

Je reviens, et je dis que ce serait manquer d'ame et de
jugement que de ne pas avouer combien la scène française
est au dessus de la scène grecque, par l'art de la conduite,
par l'invention, par les beautés de détail, qui sont sans nombre.
Mais aussi on serait bien partial et bien injuste de ne pas
tomber d'accord que la galanterie a presque partout affaibli

tous les avantages que nous avons d'ailleurs. Il faut convenir que d'environ quatre cents tragédies qu'on a données au théâtre, depuis qu'il est en possession de quelque gloire en France, il n'y en a pas dix ou douze qui ne soient fondées sur une intrigue d'amour, plus propre à la comédie qu'au genre tragique. C'est presque toujours la même pièce, le même nœud, formé par une jalousie et une rupture, et dénoué par un mariage : c'est une coquetterie continuelle, une simple comédie où des princes sont acteurs, et dans laquelle il y a quelquefois du sang répandu pour la forme.

La plupart de ces pièces ressemblent si fort à des comédies, que les acteurs étaient parvenus depuis quelque temps à les réciter du ton dont ils jouent les pièces qu'on appelle du haut comique; ils ont par là contribué à dégrader encore la tragédie : la pompe et la magnificence de la déclamation ont été mises en oubli. On s'est piqué de réciter des vers comme de la prose; on n'a pas considéré qu'un langage au dessus du langage ordinaire doit être débité d'un ton au dessus du ton familier. Et si quelques acteurs ne s'étaient heureusement corrigés de ces défauts, la tragédie ne serait bientôt parmi nous qu'une suite de conversations galantes froidement récitées : aussi n'y a-t-il pas encore long-temps que, parmi les acteurs de toutes les troupes, les principaux rôles dans la tragédie n'étaient connus que sous le nom de l'amoureux et de l'amoureuse. Si un étranger avait demandé dans Athènes, « Quel est votre meilleur acteur pour les amoureux dans *Iphi-* « *génie,* dans *Hécube,* dans *les Héraclides,* dans *OEdipe* et « dans *Électre ?* » on n'aurait pas même compris le sens d'une telle demande. La scène française s'est lavée de ce reproche par quelques tragédies où l'amour est une passion furieuse et terrible, et vraiment digne du théâtre, et par d'autres où le nom d'amour n'est pas même prononcé. Jamais l'amour n'a fait verser tant de larmes que la nature. Le cœur n'est qu'effleuré, pour l'ordinaire, des plaintes d'une amante, mais il est profondément attendri de la douloureuse situation d'une mère près de perdre son fils : c'est donc assurément par condescendance pour son ami que Despréaux disait :

> . . . . De l'amour la sensible peinture
> Est pour aller au cœur la route la plus sûre.

La route de la nature est cent fois plus sûre, comme plus noble : les morceaux les plus frappans d'*Iphigénie* sont ceux où Clytemnestre défend sa fille, et non pas ceux où Achille défend son amante.

On a voulu donner dans *Sémiramis* un spectacle encore plus pathétique que dans *Mérope*; on y a déployé tout l'appareil de l'ancien théâtre grec. Il serait triste, après que nos grands maîtres ont surpassé les Grecs en tant de choses dans la tragédie, que notre nation ne pût les égaler dans la dignité de leurs représentations. Un des plus grands obstacles qui s'opposent sur notre théâtre à toute action grande et pathétique, est la foule des spectateurs confondus sur la scène avec les acteurs : cette indécence se fit sentir particulièrement à la première représentation de *Sémiramis*. La principale actrice de Londres, qui était présente à ce spectacle, ne revenait point de son étonnement; elle ne pouvait concevoir comment il y avait des hommes assez ennemis de leurs plaisirs pour gâter ainsi le spectacle sans en jouir. Cet abus a été corrigé dans la suite aux représentations de *Sémiramis*, et il pourrait aisément être supprimé pour jamais. Il ne faut pas s'y méprendre; un inconvénient tel que celui-là seul a suffi pour priver la France de beaucoup de chefs-d'œuvre qu'on aurait sans doute hasardés, si on avait eu un théâtre libre, propre pour l'action, et tel qu'il est chez toutes les autres nations de l'Europe.

Mais ce grand défaut n'est pas assurément le seul qui doive être corrigé. Je ne puis assez m'étonner ni me plaindre du peu de soin qu'on a en France de rendre les théâtres dignes des excellens ouvrages qu'on y représente, et de la nation qui en fait ses délices. *Cinna*, *Athalie*, méritaient d'être représentés ailleurs que dans un jeu de paume, au bout duquel on a élevé quelques décorations du plus mauvais goût, et dans lequel les spectateurs sont placés, contre tout ordre et contre toute raison, les uns debout sur le théâtre même, les autres debout dans ce qu'on appelle *parterre*, où ils sont gênés et pressés indécemment, et où ils se précipitent quelquefois en tumulte les uns sur les autres, comme dans une sédition populaire. On représente au fond du Nord nos ouvrages dramatiques dans des salles mille fois plus magnifiques, mieux entendues, et avec beaucoup plus de décence.

Que nous sommes loin surtout de l'intelligence et du bon goût qui règnent en ce genre dans presque toutes vos villes d'Italie! Il est honteux de laisser subsister encore ces restes de barbarie dans une ville si grande, si peuplée, si opulente et si polie. La dixième partie de ce que nous dépensons tous les jours en bagatelles, aussi magnifiques qu'inutiles et peu durables, suffirait pour élever des monumens publics en tous les genres, pour rendre Paris aussi magnifique qu'il est riche et peuplé, et pour l'égaler un jour à Rome, qui est notre modèle en tant de choses. C'était un des projets de l'immortel Colbert. J'ose me flatter qu'on pardonnera cette petite digression à mon amour pour les arts et pour ma patrie, et que peut-être même un jour elle inspirera aux magistrats qui sont à la tête de cette ville la noble envie d'imiter les magistrats d'Athènes et de Rome, et ceux de l'Italie moderne.

Un théâtre construit selon les règles doit être très vaste; il doit représenter une partie d'une place publique, le péristyle d'un palais, l'entrée d'un temple. Il doit être fait de sorte qu'un personnage, vu par les spectateurs, puisse ne l'être point par les autres personnages, selon le besoin. Il doit en imposer aux yeux, qu'il faut toujours séduire les premiers. Il doit être susceptible de la pompe la plus majestueuse. Tous les spectateurs doivent voir et entendre également, en quelque endroit qu'ils soient placés. Comment cela peut-il s'exécuter sur une scène étroite, au milieu d'une foule de jeunes gens qui laissent à peine dix pieds de place aux acteurs? De là vient que la plupart des pièces ne sont que de longues conversations ; toute action théâtrale est souvent manquée et ridicule. Cet abus subsiste, comme tant d'autres, par la raison qu'il est établi, et parce qu'on jette rarement sa maison par terre, quoiqu'on sache qu'elle est mal tournée. Un abus public n'est jamais corrigé qu'à la dernière extrémité. Au reste, quand je parle d'une action théâtrale, je parle d'un appareil, d'une cérémonie, d'une assemblée, d'un événement nécessaire à la pièce, et non pas de ces vains spectacles plus puérils que pompeux, de ces ressources du décorateur qui suppléent à la stérilité du poëte, et qui amusent les yeux, quand on ne sait pas parler aux oreilles et à l'ame. J'ai vu à Londres une pièce où l'on représentait le couronnement du roi d'Angleterre dans toute l'exactitude possible. Un chevalier armé de toutes pièces entrait à cheval sur le théâtre. J'ai quelquefois entendu dire à des étrangers : « Ah! le bel opéra que nous avons eu! on y « voyait passer au galop plus de deux cents gardes. » Ces gens-là ne savaient pas que quatre beaux vers valent mieux dans une pièce qu'un régiment de cavalerie. Nous avons à Paris une troupe comique étrangère qui, ayant rarement de bons ouvrages à représenter, donne sur le théâtre des feux d'artifice. Il y a long-temps qu'Horace, l'homme de l'antiquité qui avait le plus de goût, a condamné ces sottises qui leurrent le peuple.

> *Esseda festinant, pilenta, petorrita, naves ;*
> *Captivum portatur ebur, captiva Corinthus.*
> *Si foret in terris, rideret Democritus...*
> *Spectaret populum ludis attentius ipsis.*
>
> Lib. II, ep. I.

SUR LA TRAGÉDIE.

TROISIÈME PARTIE.

DE SÉMIRAMIS.

Par tout ce que je viens d'avoir l'honneur de vous dire, monseigneur, vous voyez que c'était une entreprise assez hardie de représenter Sémiramis assemblant les ordres de l'état pour leur annoncer son mariage; l'ombre de Ninus sortant de son tombeau, pour prévenir un inceste, et pour venger sa mort; Sémiramis entrant dans ce mausolée, et en sortant expirante, et percée de la main de son fils. Il était à craindre que ce spectacle ne révoltât : et d'abord, en effet, la plupart de ceux qui fréquentent les spectacles, accoutumés à des élégies amoureuses, se liguèrent contre ce nouveau genre de tragédie. On dit qu'autrefois, dans une ville de la Grande-Grèce, on proposait des prix pour ceux qui inventeraient des plaisirs nouveaux. Ce fut ici tout le contraire. Mais quelques efforts qu'on ait faits pour faire tomber cette espèce de drame, vraiment terrible et tragique, on n'a pu y réussir; on disait et on écrivait de tous côtés que l'on ne croit plus aux revenans, et que les apparitions des morts ne peuvent être que puériles aux yeux d'une nation éclairée. Quoi! toute l'antiquité aura cru ces prodiges, et il ne sera pas permis de se conformer à l'antiquité! Quoi! notre religion aura consacré ces coups extraordinaires de la Providence, et il serait ridicule de les renouveler!

Les Romains philosophes ne croyaient pas aux revenans du temps des empereurs, et cependant le jeune Pompée évoque une ombre dans *la Pharsale*. Les Anglais ne croient pas assurément plus que les Romains aux revenans; cependant ils voient tous les jours avec plaisir, dans la tragédie d'*Hamlet*, l'ombre d'un roi qui paraît sur le théâtre dans une occasion à peu près semblable à celle où l'on a vu à Paris le spectre de Ninus. Je suis bien loin assurément de justifier en tout la tragédie d'*Hamlet* : c'est une pièce grossière et barbare, qui ne serait pas supportée par la plus vile populace de la France et de l'Italie. Hamlet y devient fou au second acte, et sa maîtresse devient folle au troisième ; le prince tue le père de sa maîtresse, feignant de tuer un rat, et l'héroïne se jette dans la rivière. On fait sa fosse sur le théâtre ; des fossoyeurs disent des quolibets dignes d'eux, en tenant dans leurs mains des têtes de morts ; le prince Hamlet répond à leurs grossièretés abominables par des folies non moins dégoûtantes. Pendant ce temps-là, un des acteurs fait la conquête de la Pologne. Hamlet, sa mère et son beau-père boivent ensemble sur le théâtre : on chante à table, on s'y querelle, on se bat, on se tue : on croirait que cet ouvrage est le fruit de l'imagination d'un sauvage ivre. Mais parmi ces irrégularités grossières, qui rendent encore aujourd'hui le théâtre anglais si absurde et si barbare, on trouve dans *Hamlet*, par une bizarrerie encore plus grande, des traits sublimes, dignes des plus grands génies. Il semble que la nature se soit plu à rassembler dans la tête de Shakespeare ce qu'on peut imaginer de plus fort et de plus grand, avec ce que la grossièreté sans esprit peut avoir de plus bas et de plus détestable.

Il faut avouer que, parmi les beautés qui étincellent au milieu de ces terribles extravagances, l'ombre du père d'Hamlet est un des coups de théâtre les plus frappans. Il fait toujours un grand effet sur les Anglais, je dis sur ceux qui sont les plus instruits, et qui sentent le mieux toute l'irrégularité de leur ancien théâtre. Cette ombre inspire plus de terreur à la seule lecture que n'en fait naître l'apparition de Darius dans la tragédie d'Eschyle intitulée *les Perses*. Pourquoi ? parce que Darius, dans Eschyle, ne paraît que pour annoncer les malheurs de sa famille, au lieu que, dans Shakespeare, l'ombre du père d'Hamlet vient demander vengeance, vient révéler des crimes secrets : elle n'est ni inutile ni amenée par force ; elle sert à convaincre qu'il y a un pouvoir invisible qui est le maître de la nature. Les hommes,

SUR LA TRAGÉDIE.

qui ont tous un fonds de justice dans le cœur, souhaitent naturellement que le ciel s'intéresse à venger l'innocence : on verra avec plaisir, en tout temps et en tout pays, qu'un Être suprême s'occupe à punir les crimes de ceux que les hommes ne peuvent appeler en jugement; c'est une consolation pour le faible, c'est un frein pour le pervers qui est puissant.

> Du ciel, quand il le faut, la justice suprême
> Suspend l'ordre éternel établi par lui-même;
> Il permet à la mort d'interrompre ses lois,
> Pour l'effroi de la terre et l'exemple des rois.

Voilà ce que dit à Sémiramis le pontife de Babylone, et ce que le successeur de Samuel aurait pu dire à Saül quand l'ombre de Samuel vint lui annoncer sa condamnation.

Je vais plus avant, et j'ose affirmer que, lorsqu'un tel prodige est annoncé dans le commencement d'une tragédie, quand il est préparé, quand on est parvenu enfin jusqu'au point de le rendre nécessaire, de le faire désirer même par les spectateurs, il se place alors au rang des choses naturelles.

On sait bien que ces grands artifices ne doivent pas être prodigués.

> Nec deus intersit, nisi dignus vindice nodus...
> HORAT.

Je ne voudrais pas assurément, à l'imitation d'Euripide, faire descendre Diane à la fin de la tragédie de *Phèdre*, ni Minerve dans l'*Iphigénie en Tauride*. Je ne voudrais pas, comme Shakespeare, faire apparaître à Brutus son mauvais génie. Je voudrais que de telles hardiesses ne fussent employées que quand elles servent à la fois à mettre dans la pièce de l'intrigue et de la terreur, et je voudrais surtout que l'intervention de ces êtres surnaturels ne parût pas absolument nécessaire. Je m'explique : si le nœud d'un poëme tragique est tellement embrouillé qu'on ne puisse se tirer d'embarras que par le secours d'un prodige, le spectateur sent la gêne où l'auteur s'est mis, et la faiblesse de la ressource ; il ne voit qu'un écrivain qui se tire maladroitement d'un mauvais pas. Plus d'illusion, plus d'intérêt.

> Quodcumque ostendis mihi sic, incredulus odi.
> HORAT.

Mais je suppose que l'auteur d'une tragédie se fût proposé pour but d'avertir les hommes que Dieu punit quelquefois de grands crimes par des voies extraordinaires ; je suppose que sa pièce fût conduite avec un tel art que le spectateur attendît à tout moment l'ombre d'un prince assassiné qui demande vengeance, sans que cette apparition fût une ressource absolument nécessaire à une intrigue embarrassée : je dis qu'alors ce prodige, bien ménagé, ferait un très grand effet en toute langue, en tout temps et tout pays.

Tel est à peu près l'artifice de la tragédie de *Sémiramis* (aux beautés près, dont je n'ai pu l'orner). On voit dès la première scène que tout doit se faire par le ministère céleste ; tout roule d'acte en acte sur cette idée. C'est un dieu vengeur qui inspire à Sémiramis des remords qu'elle n'eût point eus dans ses prospérités, si les cris de Ninus même ne fussent venus l'épouvanter au milieu de sa gloire. C'est ce dieu qui se sert de ces remords mêmes qu'il lui donne, pour préparer son châtiment ; et c'est de là même que résulte l'instruction qu'on peut tirer de la pièce. Les anciens avaient souvent dans leurs ouvrages le but d'établir quelque grande maxime ; ainsi Sophocle finit son *OEdipe* en disant qu'il ne faut jamais appeler un homme heureux avant sa mort : ici toute la morale de la pièce est renfermée dans ces vers :

> . . . . Il est donc des forfaits
> Que le courroux des dieux ne pardonne jamais !

SUR LA TRAGÉDIE.

Maxime bien autrement importante que celle de Sophocle. Mais quelle instruction, dira-t-on, le commun des hommes peut-il tirer d'un crime si rare et d'une punition plus rare encore? J'avoue que la catastrophe de Sémiramis n'arrivera pas souvent; mais ce qui arrive tous les jours se trouve dans les derniers vers de la pièce :

. . . . Apprenez tous du moins
Que les crimes secrets ont les dieux pour témoins.

Il y a peu de familles sur la terre où l'on ne puisse quelquefois s'appliquer ces vers; c'est par là que les sujets tragiques les plus au dessus des fortunes communes ont les rapports les plus vrais avec les mœurs de tous les hommes.

Je pourrais surtout appliquer à la tragédie de *Sémiramis* la morale par laquelle Euripide finit son *Alceste*, pièce dans laquelle le merveilleux règne bien davantage : « Que les dieux « emploient des moyens étonnans pour exécuter leurs éternels « décrets! Que les grands événemens qu'ils ménagent surpas-« sent les idées des mortels! »

Enfin, monseigneur, c'est uniquement parce que cet ouvrage respire la morale la plus pure et même la plus sévère, que je le présente à votre éminence. La véritable tragédie est l'école de la vertu; et la seule différence qui soit entre le théâtre épuré et les livres de morale, c'est que l'instruction se trouve dans la tragédie toute en action, c'est qu'elle y est intéressante, et qu'elle se montre relevée des charmes d'un art qui ne fut inventé autrefois que pour instruire la terre et pour bénir le ciel, et qui, par cette raison, fut appelé le langage des dieux. Vous qui joignez ce grand art à tant d'autres, vous me pardonnerez sans doute le long détail où je suis entré sur des choses qui n'avaient pas peut-être été encore tout-à-fait éclaircies, et qui le seraient si votre éminence daignait me communiquer ses lumières sur l'antiquité, dont elle a une si profonde connaissance.

PERSONNAGES.

SÉMIRAMIS, reine de Babylone.
ARZACE ou NINIAS, fils de Sémiramis.
AZÉMA, princesse du sang de Bélus.
ASSUR, prince du sang de Bélus.
OROÈS, grand-prêtre.
OTANE, ministre attaché à Sémiramis.
MITRANE, ami d'Arzace.
CÉDAR, attaché à Assur.
Gardes, Mages, Esclaves, suite.

La scène est à Babylone.

SÉMIRAMIS,

TRAGÉDIE.

ACTE PREMIER.

Le théâtre représente un vaste péristyle, au fond duquel est le palais de Sémiramis. Les jardins en terrasse sont élevés au dessus du palais. Le temple des mages est à droite, et un mausolée à gauche, orné d'obélisques.

SCÈNE I.

Deux esclaves portent une cassette dans le lointain.

ARZACE, MITRANE.

ARZACE.

Oui, Mitrane, en secret l'ordre émané du trône
Remet entre tes bras Arzace à Babylone.
Que la reine en ces lieux, brillans de sa splendeur,
De son puissant génie imprime la grandeur !
Quel art a pu former ces enceintes profondes
Où l'Euphrate égaré porte en tribut ses ondes ;
Ce temple, ces jardins dans les airs soutenus ;
Ce vaste mausolée où repose Ninus ?
Éternels monumens, moins admirables qu'elle !
C'est ici qu'à ses pieds Sémiramis m'appelle.
Les rois de l'Orient, loin d'elle prosternés,
N'ont point eu ces honneurs qui me sont destinés :

Je vais dans son éclat voir cette reine heureuse.
MITRANE.
La renommée, Arzace, est souvent bien trompeuse;
Et peut-être avec moi bientôt vous gémirez
Quand vous verrez de près ce que vous admirez.
ARZACE.
Comment?
MITRANE.
Sémiramis, à ses douleurs livrée,
Sème ici les chagrins dont elle est dévorée :
L'horreur qui l'épouvante est dans tous les esprits.
Tantôt remplissant l'air de ses lugubres cris,
Tantôt morne, abattue, égarée, interdite,
De quelque dieu vengeur évitant la poursuite,
Elle tombe à genoux vers ces lieux retirés,
A la nuit, au silence, à la mort consacrés;
Séjour où nul mortel n'osa jamais descendre,
Où de Ninus, mon maître, on conserve la cendre.
Elle approche à pas lents, l'air sombre, intimidé,
Et se frappant le sein de ses pleurs inondé.
A travers les horreurs d'un silence farouche,
Les noms de fils, d'époux, échappent de sa bouche :
Elle invoque les dieux; mais les dieux irrités
Ont corrompu le cours de ses prospérités.
ARZACE.
Quelle est d'un tel état l'origine imprévue?
MITRANE.
L'effet en est affreux, la cause est inconnue.
ARZACE.
Et depuis quand les dieux l'accablent-ils ainsi?

ACTE I, SCÈNE I.

MITRANE.

Depuis qu'elle ordonna que vous vinssiez ici.

ARZACE.

Moi?

MITRANE.

Vous : ce fut, seigneur, au milieu de ces fêtes,
Quand Babylone en feu célébrait vos conquêtes ;
Lorsqu'on vit déployer ces drapeaux suspendus,
Monumens des états à vos armes rendus ;
Lorsque avec tant d'éclat l'Euphrate vit paraître
Cette jeune Azéma, la nièce de mon maître,
Ce pur sang de Bélus et de nos souverains,
Qu'aux Scythes ravisseurs ont arraché vos mains :
Ce trône a vu flétrir sa majesté suprême,
Dans des jours de triomphe au sein du bonheur même.

ARZACE.

Azéma n'a point part à ce trouble odieux;
Un seul de ses regards adoucirait les dieux;
Azéma d'un malheur ne peut être la cause.
Mais de tout, cependant, Sémiramis dispose :
Son cœur en ces horreurs n'est pas toujours plongé?

MITRANE.

De ces chagrins mortels son esprit dégagé
Souvent reprend sa force et sa splendeur première.
J'y revois tous les traits de cette ame si fière,
A qui les plus grands rois, sur la terre adorés,
Même par leurs flatteurs ne sont pas comparés.
Mais lorsque, succombant au mal qui la déchire,
Ses mains laissent flotter les rênes de l'empire,
Alors le fier Assur, ce satrape insolent,

Fait gémir le palais sous son joug accablant.
Ce secret de l'état, cette honte du trône,
N'ont point encor percé les murs de Babylone.
Ailleurs on nous envie, ici nous gémissons.

ARZACE.

Pour les faibles humains quelles hautes leçons !
Que partout le bonheur est mêlé d'amertume !
Qu'un trouble aussi cruel m'agite et me consume !
Privé de ce mortel, dont les yeux éclairés
Auraient conduit mes pas à la cour égarés,
Accusant le destin qui m'a ravi mon père,
En proie aux passions d'un âge téméraire,
A mes vœux orgueilleux sans guide abandonné,
De quels écueils nouveaux je marche environné !

MITRANE.

J'ai pleuré comme vous ce vieillard vénérable;
Phradate m'était cher, et sa perte m'accable :
Hélas ! Ninus l'aimait; il lui donna son fils;
Ninias, notre espoir, à ses mains fut remis.
Un même jour ravit et le fils et le père ;
Il s'imposa dès lors un exil volontaire;
Mais enfin son exil a fait votre grandeur.
Élevé près de lui dans les champs de l'honneur,
Vous avez à l'empire ajouté des provinces ;
Et, placé par la gloire au rang des plus grands princes,
Vous êtes devenu l'ouvrage de vos mains.

ARZACE.

Je ne sais en ces lieux quels seront mes destins.
Aux plaines d'Arbazan quelques succès peut-être,
Quelques travaux heureux m'ont assez fait connaître;

ACTE I, SCÈNE I.

Et quand Sémiramis, aux rives de l'Oxus,
Vint imposer des lois à cent peuples vaincus,
Elle laissa tomber de son char de victoire
Sur mon front jeune encore un rayon de sa gloire;
Mais souvent dans les camps un soldat honoré
Rampe à la cour des rois et languit ignoré.
  Mon père, en expirant, me dit que ma fortune
Dépendait en ces lieux de la cause commune.
Il remit dans mes mains ces gages précieux
Qu'il conserva toujours loin des profanes yeux :
Je dois les déposer dans les mains du grand-prêtre;
Lui seul doit en juger, lui seul doit les connaître;
Sur mon sort, en secret, je dois le consulter;
A Sémiramis même il peut me présenter.

MITRANE.

Rarement il l'approche; obscur et solitaire,
Renfermé dans les soins de son saint ministère,
Sans vaine ambition, sans crainte, sans détour,
On le voit dans son temple, et jamais à la cour.
Il n'a point affecté l'orgueil du rang suprême,
Ni placé sa tiare auprès du diadème;
Moins il veut être grand, plus il est révéré.
Quelque accès m'est ouvert en ce séjour sacré;
Je puis même, en secret, lui parler à cette heure.
Vous le verrez ici, non loin de sa demeure,
Avant qu'un jour plus grand vienne éclairer nos yeux.

SCÈNE II.

ARZACE.

Eh! quelle est donc sur moi la volonté des dieux?
Que me réservent-ils? et d'où vient que mon père
M'envoie, en expirant, au pied du sanctuaire,
Moi soldat, moi nourri dans l'horreur des combats,
Moi qu'enfin l'amour seul entraîne sur ses pas?
Aux dieux des Chaldéens quel service ai-je à rendre?
Mais quelle voix plaintive ici se fait entendre?
(On entend des gémissemens sortir du fond du tombeau,
ou l'on suppose qu'ils sont entendus.)
Du fond de cette tombe un cri lugubre, affreux,
Sur mon front pâlissant fait dresser mes cheveux;
De Ninus, m'a-t-on dit, l'ombre en ces lieux habite...
Les cris ont redoublé, mon ame est interdite.
Séjour sombre et sacré, mânes de ce grand roi,
Voix puissante des dieux, que voulez-vous de moi?

SCÈNE III.

ARZACE, LE GRAND MAGE OROÈS, SUITE DE MAGES,
MITRANE.

MITRANE, *au mage Oroès.*
Oui, seigneur, en vos mains Arzace ici doit rendre
Ces monumens secrets que vous semblez attendre.

ARZACE.
Du dieu des Chaldéens, pontife redouté,

Permettez qu'un guerrier, à vos yeux présenté,
Apporte à vos genoux la volonté dernière
D'un père à qui mes mains ont fermé la paupière.
Vous daignâtes l'aimer.

OROÈS.

Jeune et brave mortel,
D'un dieu qui conduit tout le décret éternel
Vous amène à mes yeux plus que l'ordre d'un père.
De Phradate à jamais la mémoire m'est chère ;
Son fils me l'est encor plus que vous ne croyez.
Ces gages précieux, par son ordre envoyés,
Où sont-ils ?

ARZACE.

Les voici.
(Les esclaves donnent le coffre aux mages, qui le posent sur un autel.)

OROÈS, *ouvrant le coffre, et se penchant avec respect et avec douleur.*

C'est donc vous que je touche,
Restes chers et sacrés ; je vous vois, et ma bouche
Presse avec des sanglots ces tristes monumens
Qui, m'arrachant des pleurs, attestent mes sermens !
Que l'on nous laisse seuls ; allez : et vous, Mitrane,
De ce secret mystère écartez tout profane.

(Les mages se retirent.)

Voici ce même sceau dont Ninus autrefois
Transmit aux nations l'empreinte de ses lois :
Je la vois, cette lettre à jamais effrayante,
Que, prête à se glacer, traça sa main mourante.
Adorez ce bandeau dont il fut couronné :

A venger son trépas ce fer est destiné,
Ce fer qui subjugua la Perse et la Médie,
Inutile instrument contre la perfidie,
Contre un poison trop sûr, dont les mortels apprêts...

ARZACE.

Ciel ! que m'apprenez-vous ?

OROÈS.

Ces horribles secrets
Sont encor demeurés dans une nuit profonde.
Du sein de ce sépulcre, inaccessible au monde,
Les mânes de Ninus et les dieux outragés
Ont élevé leurs voix, et ne sont point vengés.

ARZACE.

Jugez de quelle horreur j'ai dû sentir l'atteinte !
Ici même, et du fond de cette auguste enceinte,
D'affreux gémissemens sont vers moi parvenus.

OROÈS.

Ces accens de la mort sont la voix de Ninus.

ARZACE.

Deux fois à mon oreille ils se sont fait entendre.

OROÈS.

Ils demandent vengeance.

ARZACE.

Il a droit de l'attendre.
Mais de qui ?

OROÈS.

Les cruels, dont les coupables mains
Du plus juste des rois ont privé les humains,
Ont de leur trahison caché la trame impie ;
Dans la nuit de la tombe elle est ensevelie.

ACTE I, SCÈNE III.

Aisément des mortels ils ont séduit les yeux *a* :
Mais on ne peut tromper l'œil vigilant des dieux :
Des plus obscurs complots il perce les abymes.

ARZACE.

Ah! si ma faible main pouvait punir ces crimes!
Je ne sais, mais l'aspect de ce fatal tombeau
Dans mes sens étonnés porte un trouble nouveau.
Ne puis-je y consulter ce roi qu'on y révère?

OROÈS.

Non : le ciel le défend; un oracle sévère
Nous interdit l'accès de ce séjour de pleurs
Habité par la mort et par des dieux vengeurs.
Attendez avec moi le jour de la justice :
Il est temps qu'il arrive, et que tout s'accomplisse.
Je n'en puis dire plus; des pervers éloigné,
Je lève en paix mes mains vers le ciel indigné.
Sur ce grand intérêt, qui peut-être vous touche,
Ce ciel, quand il lui plaît, ouvre et ferme ma bouche.
J'ai dit ce que j'ai dû; tremblez qu'en ces remparts
Une parole, un geste, un seul de vos regards
Ne trahisse un secret que mon dieu vous confie.
Il y va de sa gloire et du sort de l'Asie,
Il y va de vos jours. Vous, mages, approchez;
Que ces chers monumens sous l'autel soient cachés.

(La grande porte du palais s'ouvre et se remplit de gardes. Assur paraît avec sa suite d'un autre côté.)

Déjà le palais s'ouvre; on entre chez la reine :
Vous voyez cet Assur, dont la grandeur hautaine
Traîne ici sur ses pas un peuple de flatteurs.
A qui, Dieu tout puissant, donnez-vous les grandeurs?
O monstre!

ARZACE.

Quoi, seigneur...

OROÈS.

Adieu. Quand la nuit sombre
Sur ces coupables murs viendra jeter son ombre,
Je pourrai vous parler en présence des dieux.
Redoutez-les, Arzace, ils ont sur vous les yeux.

SCÈNE IV.

ARZACE, *sur le devant du théâtre, avec* MITRANE, *qui reste auprès de lui;* ASSUR, *vers un des côtés, avec* CÉDAR *et sa suite.*

ARZACE.

De tout ce qu'il m'a dit que mon ame est émue!
Quels crimes! quelle cour! et qu'elle est peu connue!
Quoi! Ninus, quoi! mon maître est mort empoisonné!
Et je ne vois que trop qu'Assur est soupçonné.

MITRANE, *approchant d'Arzace.*

Des rois de Babylone Assur tient sa naissance;
Sa fière autorité veut de la déférence :
La reine le ménage, on craint de l'offenser;
Et l'on peut, sans rougir, devant lui s'abaisser.

ARZACE.

Devant lui?

ASSUR, *dans l'enfoncement, à Cédar.*

Me trompé-je? Arzace à Babylone!
Sans mon ordre! Qui? lui! Tant d'audace m'étonne.

ARZACE.

Quel orgueil!

ACTE I, SCÈNE IV.

ASSUR.
Approchez : quels intérêts nouveaux
Vous font abandonner vos camps et vos drapeaux ?
Des rives de l'Oxus quel sujet vous amène ?

ARZACE.
Mes services, seigneur, et l'ordre de la reine.

ASSUR.
Quoi ! la reine vous mande ?

ARZACE.
Oui.

ASSUR.
Mais savez-vous bien
Que pour avoir son ordre on demande le mien ?

ARZACE.
Je l'ignorais, seigneur, et j'aurais pensé même
Blesser, en le croyant, l'honneur du diadème.
Pardonnez ; un soldat est mauvais courtisan.
Nourri dans la Scythie, aux plaines d'Arbazan,
J'ai pu servir la cour, et non pas la connaître.

ASSUR.
L'âge, le temps, les lieux, vous l'apprendront peut-être ;
Mais ici par moi seul au pied du trône admis,
Que venez-vous chercher près de Sémiramis ?

ARZACE.
J'ose lui demander le prix de mon courage,
L'honneur de la servir.

ASSUR.
Vous osez davantage.
Vous ne m'expliquez pas vos vœux présomptueux :
Je sais pour Azéma vos desseins et vos feux.

ARZACE.

Je l'adore sans doute, et son cœur où j'aspire
Est d'un prix à mes yeux au dessus de l'empire :
Et mes profonds respects, mon amour...

ASSUR.

Arrêtez.
Vous ne connaissez pas à qui vous insultez.
Qui? vous! associer la race d'un Sarmate
Au sang des demi-dieux du Tigre et de l'Euphrate?
Je veux bien par pitié vous donner un avis :
Si vous osez porter jusqu'à Sémiramis
L'injurieux aveu que vous osez me faire,
Vous m'avez entendu, frémissez, téméraire :
Mes droits impunément ne sont pas offensés.

ARZACE.

J'y cours de ce pas même, et vous m'enhardissez :
C'est l'effet que sur moi fit toujours la menace.
Quels que soient en ces lieux les droits de votre place,
Vous n'avez pas celui d'outrager un soldat
Qui servit et la reine, et vous-même, et l'état.
Je vous parais hardi; mon feu peut vous déplaire :
Mais vous me paraissez cent fois plus téméraire,
Vous qui, sous votre joug prétendant m'accabler,
Vous croyez assez grand pour me faire trembler.

ASSUR.

Pour vous punir peut-être; et je vais vous apprendre
Quel prix de tant d'audace un sujet doit attendre.

ARZACE.

Tous deux nous l'apprendrons.

SCÈNE V.

SÉMIRAMIS *paraît dans le fond, appuyée sur ses femmes;* OTANE, *son confident, va au devant d'Assur;* ASSUR, ARZACE, MITRANE.

OTANE.

Seigneur, quittez ces lieux.
La reine en ce moment se cache à tous les yeux;
Respectez les douleurs de son ame éperdue.
Dieux, retirez la main sur sa tête étendue!

ARZACE.

Que je la plains!

ASSUR, *à l'un des siens.*

Sortons; et, sans plus consulter,
De ce trouble inouï songeons à profiter.

(*Sémiramis avance sur la scène.*)

OTANE, *revenant à Sémiramis.*

O reine! rappelez votre force première;
Que vos yeux, sans horreur, s'ouvrent à la lumière.

SÉMIRAMIS.

O voiles de la mort! quand viendrez-vous couvrir
Mes yeux remplis de pleurs et lassés de s'ouvrir?
(*Elle marche éperdue sur la scène, croyant voir l'ombre de Ninus.*)
Abymes, fermez-vous; fantôme horrible, arrête :
Frappe, ou cesse à la fin de menacer ma tête.
Arzace est-il venu?

OTANE.

Madame, en cette cour
Arzace auprès du temple a devancé le jour.

SÉMIRAMIS.
Cette voix formidable, infernale ou céleste,
Qui dans l'ombre des nuits pousse un cri si funeste,
M'avertit que le jour qu'Arzace doit venir
Mes douloureux tourmens seront prêts à finir.
OTANE.
Au sein de ces horreurs goûtez donc quelque joie :
Espérez dans ces dieux dont le bras se déploie.
SÉMIRAMIS.
Arzace est dans ma cour... Ah! je sens qu'à son nom
L'horreur de mon forfait trouble moins ma raison.
OTANE.
Perdez-en pour jamais l'importune mémoire;
Que de Sémiramis les beaux jours pleins de gloire
Effacent ce moment heureux ou malheureux
Qui d'un fatal hymen brisa le joug affreux.
Ninus, en vous chassant de son lit et du trône,
En vous perdant, madame, eût perdu Babylone.
Pour le bien des mortels vous prévîntes ses coups;
Babylone et la terre avaient besoin de vous :
Et quinze ans de vertus et de travaux utiles,
Les arides déserts par vous rendus fertiles,
Les sauvages humains soumis au frein des lois,
Les arts dans nos cités naissans à votre voix,
Ces hardis monumens que l'univers admire,
Les acclamations de ce puissant empire,
Sont autant de témoins dont le cri glorieux
A déposé pour vous au tribunal des dieux.
Enfin, si leur justice emportait la balance,
Si la mort de Ninus excitait leur vengeance,

ACTE I, SCÈNE V.

D'où vient qu'Assur ici brave en paix leur courroux ?
Assur fut en effet plus coupable que vous ;
Sa main, qui prépara le breuvage homicide,
Ne tremble point pourtant, et rien ne l'intimide.

SÉMIRAMIS.

Nos destins, nos devoirs étaient trop différens :
Plus les nœuds sont sacrés, plus les crimes sont grands.
J'étais épouse, Otane, et je suis sans excuse ;
Devant les dieux vengeurs mon désespoir m'accuse.
J'avais cru que ces dieux, justement offensés,
En m'arrachant mon fils, m'avaient punie assez ;
Que tant d'heureux travaux rendaient mon diadème,
Ainsi qu'au monde entier, respectable au ciel même;
Mais depuis quelques mois ce spectre furieux
Vient affliger mon cœur, mon oreille, mes yeux.
Je me traîne à la tombe, où je ne puis descendre ;
J'y révère de loin cette fatale cendre ;
Je l'invoque en tremblant : des sons, des cris affreux,
De longs gémissemens répondent à mes vœux.
D'un grand événement je me vois avertie,
Et peut-être il est temps que le crime s'expie.

OTANE.

Mais est-il assuré que ce spectre fatal
Soit en effet sorti du séjour infernal ?
Souvent de ces erreurs notre ame est obsédée [1] ;
De son ouvrage même elle est intimidée ;
Croit voir ce qu'elle craint, et, dans l'horreur des nuits,
Voit enfin les objets qu'elle-même a produits.

SÉMIRAMIS.

Je l'ai vu : ce n'est point une erreur passagère

Qu'enfante du sommeil la vapeur mensongère;
Le sommeil, à mes yeux refusant ses douceurs,
N'a point sur mes esprits répandu ses erreurs.
Je veillais, je pensais au sort qui me menace,
Lorsqu'au bord de mon lit j'entends nommer Arzace.
Ce nom me rassurait : tu sais quel est mon cœur;
Assur depuis un temps l'a pénétré d'horreur.
Je frémis quand il faut ménager mon complice :
Rougir devant ses yeux est mon premier supplice,
Et je déteste en lui cet avantage affreux
Que lui donne un forfait qui nous unit tous deux.
Je voudrais... mais faut-il, dans l'état qui m'opprime,
Par un crime nouveau punir sur lui mon crime?
Je demandais Arzace, afin de l'opposer
Au complice odieux qui pense m'imposer;
Je m'occupais d'Arzace, et j'étais moins troublée.
Dans ces momens de paix, qui m'avaient consolée,
Ce ministre de mort a reparu soudain
Tout dégouttant de sang et le glaive à la main :
Je crois le voir encor, je crois encor l'entendre.
Vient-il pour me punir? vient-il pour me défendre?
Arzace au moment même arrivait dans ma cour;
Le ciel à mon repos a réservé ce jour :
Cependant tout en proie au trouble qui me tue,
La paix ne rentre point dans mon ame abattue.
Je passe à tout moment de l'espoir à l'effroi.
Le fardeau de la vie est trop pesant pour moi.
Mon trône m'importune, et ma gloire passée
N'est qu'un nouveau tourment de ma triste pensée.

J'ai nourri mes chagrins sans les manifester;

Ma peur m'a fait rougir. J'ai craint de consulter
Ce mage révéré que chérit Babylone,
D'avilir devant lui la majesté du trône,
De montrer une fois, en présence du ciel,
Sémiramis tremblante aux regards d'un mortel.
Mais j'ai fait en secret, moins fière ou plus hardie,
Consulter Jupiter aux sables de Libye,
Comme si, loin de nous, le dieu de l'univers [2]
N'eût mis la vérité qu'au fond de ces déserts;
Le dieu qui s'est caché dans cette sombre enceinte
A reçu dès long-temps mon hommage et ma crainte;
J'ai comblé ses autels et de dons et d'encens.
Répare-t-on le crime, hélas! par des présens?
De Memphis aujourd'hui j'attends une réponse.

SCÈNE VI.

SÉMIRAMIS, OTANE, MITRANE.

MITRANE.

Aux portes du palais en secret on annonce
Un prêtre de l'Égypte, arrivé de Memphis.

SÉMIRAMIS.

Je verrai donc mes maux ou comblés ou finis!
Allons; cachons surtout au reste de l'empire
Le trouble humiliant dont l'horreur me déchire;
Et qu'Arzace, à l'instant à mon ordre rendu,
Puisse apporter le calme à ce cœur éperdu.

FIN DU PREMIER ACTE.

ACTE SECOND.

SCÈNE I.

ARZACE, AZÉMA.

AZÉMA.

Arzace, écoutez-moi; cet empire indompté
Vous doit son nouveau lustre, et moi ma liberté.
Quand les Scythes vaincus, réparant leurs défaites,
S'élancèrent sur nous de leurs vastes retraites,
Quand mon père en tombant me laissa dans leurs fers,
Vous seul, portant la foudre au fond de leurs déserts,
Brisâtes mes liens, remplîtes ma vengeance.
Je vous dois tout; mon cœur en est la récompense :
Je ne serai qu'à vous. Mais notre amour nous perd.
Votre cœur généreux, trop simple et trop ouvert,
A cru qu'en cette cour, ainsi qu'en votre armée,
Suivi de vos exploits et de la renommée,
Vous pouviez déployer, sincère impunément,
La fierté d'un héros et le cœur d'un amant.
Vous outragez Assur, vous devez le connaître;
Vous ne pouvez le perdre, il menace, il est maître;
Il abuse en ces lieux de son pouvoir fatal;
Il est inexorable... il est votre rival.

ARZACE.

Il vous aime! qui? lui!

ACTE II, SCÈNE I.

AZÉMA.

Ce cœur sombre et farouche,
Qui hait toute vertu, qu'aucun charme ne touche,
Ambitieux, esclave et tyran tour à tour,
S'est-il flatté de plaire, et connaît-il l'amour?
Des rois assyriens comme lui descendue,
Et plus près de ce trône, où je suis attendue,
Il pense, en m'immolant à ses secrets desseins,
Appuyer de mes droits ses droits trop incertains.
Pour moi, si Ninias, à qui, dès sa naissance,
Ninus m'avait donnée aux jours de mon enfance;
Si l'héritier du sceptre à moi seule promis
Voyait encor le jour près de Sémiramis;
S'il me donnait son cœur avec le rang suprême,
J'en atteste l'amour, j'en jure par vous-même,
Ninias me verrait préférer aujourd'hui
Un exil avec vous, à ce trône avec lui.
Les campagnes du Scythe, et ses climats stériles,
Pleins de votre grand nom, sont d'assez doux asiles:
Le sein de ces déserts, où naquit notre amour,
Est pour moi Babylone, et deviendra ma cour.
Peut-être l'ennemi que cet amour outrage
A ce doux châtiment ne borne point sa rage.
J'ai démêlé son ame, et j'en vois la noirceur;
Le crime, ou je me trompe, étonne peu son cœur.
Votre gloire déja lui fait assez d'ombrage;
Il vous craint, il vous hait.

ARZACE.

Je le hais davantage;
Mais je ne le crains pas, étant aimé de vous.

Conservez vos bontés, je brave son courroux.
La reine entre nous deux tient au moins la balance.
Je me suis vu d'abord admis en sa présence ;
Elle m'a fait sentir, à ce premier accueil,
Autant d'humanité qu'Assur avait d'orgueil ;
Et relevant mon front, prosterné vers son trône,
M'a vingt fois appelé l'appui de Babylone.
Je m'entendais flatter de cette auguste voix
Dont tant de souverains ont adoré les lois ;
Je la voyais franchir cet immense intervalle
Qu'a mis entre elle et moi la majesté royale :
Que j'en étais touché ! qu'elle était à mes yeux
La mortelle, après vous, la plus semblable aux dieux !

AZÉMA.

Si la reine est pour nous, Assur en vain menace,
Je ne crains rien.

ARZACE.

J'allais, plein d'une noble audace,
Mettre à ses pieds mes vœux jusqu'à vous élevés,
Qui révoltent Assur, et que vous approuvez.
Un prêtre de l'Égypte approche au moment même,
Des oracles d'Ammon portant l'ordre suprême.
Elle ouvre le billet d'une tremblante main,
Fixe les yeux sur moi, les détourne soudain,
Laisse couler des pleurs, interdite, éperdue,
Me regarde, soupire, et s'échappe à ma vue.
On dit qu'au désespoir son grand cœur est réduit,
Que la terreur l'accable, et qu'un dieu la poursuit.
Je m'attendris sur elle ; et je ne puis comprendre
Qu'après plus de quinze ans, soigneux de la défendre,

ACTE II, SCÈNE I.

Le ciel la persécute, et paraisse outragé.
Qu'a-t-elle fait aux dieux? d'où vient qu'ils ont changé?

AZÉMA.

On ne parle en effet que d'augures funestes,
De mânes en courroux, de vengeances célestes.
Sémiramis troublée a semblé quelques jours
Des soins de son empire abandonner le cours;
Et j'ai tremblé qu'Assur, en ces jours de tristesse,
Du palais effrayé n'accablât la faiblesse.
Mais la reine a paru, tout s'est calmé soudain;
Tout a senti le poids du pouvoir souverain.
Si déjà de la cour mes yeux ont quelque usage,
La reine hait Assur, l'observe, le ménage :
Ils se craignent l'un l'autre; et, tout près d'éclater,
Quelque intérêt secret semble les arrêter.
J'ai vu Sémiramis à son nom courroucée;
La rougeur de son front trahissait sa pensée;
Son cœur paraissait plein d'un long ressentiment :
Mais souvent à la cour tout change en un moment
Retournez, et parlez.

ARZACE.

J'obéis; mais j'ignore
Se je puis à son trône être introduit encore.

AZÉMA.

Ma voix secondera mes vœux et votre espoir;
Je fais de vous aimer ma gloire et mon devoir.
Que de Sémiramis on adore l'empire,
Que l'Orient vaincu la respecte et l'admire,
Dans mon triomphe heureux j'envierai peu les siens.

Le monde est à ses pieds, mais Arzace est aux miens.
Allez. Assur paraît.

ARZACE.

Qui ? ce traître ! A sa vue
D'une invincible horreur je sens mon ame émue.

SCÈNE II.

ASSUR, CÉDAR, ARZACE, AZÉMA.

ASSUR, *à Cédar*.

Va, dis-je, et vois enfin si les temps sont venus [b]
De lui porter des coups trop long-temps retenus.
(Cédar sort.)
Quoi ! je le vois encore ! il brave encor ma haine !

ARZACE.

Vous voyez un sujet protégé par sa reine.

ASSUR.

Elle a daigné vous voir : mais vous a-t-elle appris
De l'orgueil d'un sujet quel est le digne prix ?
Savez-vous qu'Azéma, la fille de vos maîtres,
Ne doit unir son sang qu'au sang de ses ancêtres ?
Et que de Ninias épouse en son berceau...

ARZACE.

Je sais que Ninias, seigneur, est au tombeau,
Que son père avec lui mourut d'un coup funeste ;
Il me suffit.

ASSUR.

Eh bien ! apprenez donc le reste.
Sachez que de Ninus le droit m'est assuré,

Qu'entre son trône et moi je ne vois qu'un degré;
Que la reine m'écoute, et souvent sacrifie
A mes justes conseils un sujet qui s'oublie;
Et que tous vos respects ne pourront effacer
Les téméraires vœux qui m'osaient offenser.

ARZACE.

Instruit à respecter le sang qui vous fit naître,
Sans redouter en vous l'autorité d'un maître,
Je sais ce qu'on vous doit, surtout en ces climats,
Et je m'en souviendrais si vous n'en parliez pas.
Vos aïeux, dont Bélus a fondé la noblesse,
Sont votre premier droit au cœur de la princesse;
Vos intérêts présens, le soin de l'avenir,
Le besoin de l'état, tout semble vous unir.
Moi, contre tant de droits, qu'il me faut reconnaître,
J'ose en opposer un qui les vaut tous peut-être :
J'aime; et j'ajouterais, seigneur, que mon secours
A vengé ses malheurs, a défendu ses jours,
A soutenu ce trône où son destin l'appelle,
Si j'osais, comme vous, me vanter devant elle.
Je vais remplir son ordre à mon zèle commis;
Je n'en reçois que d'elle et de Sémiramis.
L'état peut quelque jour être en votre puissance;
Le ciel donne souvent des rois dans sa vengeance :
Mais il vous trompe au moins dans l'un de vos projets,
Si vous comptez Arzace au rang de vos sujets.

ASSUR.

Tu combles la mesure, et tu cours à ta perte.

SÉMIRAMIS,

SCÈNE III.

ASSUR, AZÉMA.

ASSUR.

Madame, son audace est trop long-temps soufferte.
Mais puis-je en liberté m'expliquer avec vous
Sur un sujet plus noble et plus digne de nous?

AZÉMA.

En est-il? mais parlez.

ASSUR.

              Bientôt l'Asie entière
Sous vos pas et les miens ouvre une autre carrière :
Les faibles intérêts doivent peu nous frapper;
L'univers nous appelle, et va nous occuper.
Sémiramis n'est plus que l'ombre d'elle-même;
Le ciel semble abaisser cette grandeur suprême :
Cet astre si brillant, si long-temps respecté,
Penche vers son déclin, sans force et sans clarté.
On le voit, on murmure, et déja Babylone
Demande à haute voix un héritier du trône.
Ce mot en dit assez; vous connaissez mes droits :
Ce n'est point à l'amour à nous donner des rois.
Non qu'à tant de beautés mon ame inaccessible
Se fasse une vertu de paraître insensible.
Mais pour vous et pour moi j'aurais trop à rougir
Si le sort de l'état dépendait d'un soupir;
Un sentiment plus digne et de l'un et de l'autre
Doit gouverner mon sort et commander au vôtre.

ACTE II, SCÈNE III.

Vos aïeux sont les miens, et nous les trahissons,
Nous perdons l'univers, si nous nous divisons.
Je puis vous étonner; cet austère langage
Effarouche aisément les graces de votre âge;
Mais je parle aux héros, aux rois dont vous sortez,
A tous ces demi-dieux que vous représentez.
Long-temps, foulant aux pieds leur grandeur et leur cendre,
Usurpant un pouvoir où nous devons prétendre,
Donnant aux nations ou des lois, ou des fers,
Une femme imposa silence à l'univers.
De sa grandeur qui tombe affermissez l'ouvrage;
Elle eut votre beauté, possédez son courage.
L'amour à vos genoux ne doit se présenter
Que pour vous rendre un sceptre, et non pour vous l'ôter.
C'est ma main qui vous l'offre, et du moins je me flatte
Que vous n'immolez pas à l'amour d'un Sarmate
La majesté d'un nom qu'il vous faut respecter,
Et le trône du monde où vous devez monter.

AZÉMA.

Reposez-vous sur moi, sans insulter Arzaee,
Du soin de maintenir la splendeur de ma race.
Je défendrai surtout, quand il en sera temps,
Les droits que m'ont transmis les rois dont je descends.
Je connais nos aïeux; mais, après tout, j'ignore
Si parmi ces héros, que l'Assyrie adore,
Il en est un plus grand, plus chéri des humains,
Que ce même Sarmate, objet de vos dédains.
Aux vertus, croyez-moi, rendez plus de justice.
Pour moi, quand il faudra que l'hymen m'asservisse,
C'est à Sémiramis à faire mes destins,

Et j'attendrai, seigneur, un maître de ses mains.
J'écoute peu ces bruits que le peuple répète,
Échos tumultueux d'une voix plus secrète.
J'ignore si vos chefs, aux révoltes poussés,
De servir une femme en secret sont lassés;
Je les vois à ses pieds baisser leur tête altière;
Ils peuvent murmurer, mais c'est dans la poussière.
Les dieux, dit-on, sur elle ont étendu leur bras :
J'ignore son offense, et je ne pense pas,
Si le ciel a parlé, seigneur, qu'il vous choisisse
Pour annoncer son ordre et servir sa justice.
Elle règne, en un mot. Et vous qui gouvernez,
Vous prenez à ses pieds les lois que vous donnez;
Je ne connais ici que son pouvoir suprême :
Ma gloire est d'obéir; obéissez de même.

SCÈNE IV.

ASSUR, CÉDAR.

ASSUR.

Obéir! ah! ce mot fait trop rougir mon front;
J'en ai trop dévoré l'insupportable affront.
Parle : as-tu réussi? Ces semences de haine,
Que nos soins en secret cultivaient avec peine,
Pourront-elles porter au gré de ma fureur
Les fruits que j'en attends de discorde et d'horreur?

CÉDAR.

J'ose espérer beaucoup. Le peuple enfin commence
A sortir du respect et de ce long silence

Où le nom, les exploits, l'art de Sémiramis,
Ont enchaîné les cœurs étonnés et soumis.
On veut un successeur au trône d'Assyrie ;
Et quiconque, seigneur, aime encor la patrie,
Ou qui, gagné par moi, se vante de l'aimer,
Dit qu'il nous faut un maître, et qu'il faut vous nommer.

ASSUR.

Chagrins toujours cuisans ! honte toujours nouvelle !
Quoi ! ma gloire, mon rang, mon destin dépend d'elle !
Quoi ! j'aurai fait mourir et Ninus et son fils,
Pour ramper le premier devant Sémiramis,
Pour languir, dans l'éclat d'une illustre disgrace,
Près du trône du monde à la seconde place !
La reine se bornait à la mort d'un époux ;
Mais j'étendis plus loin ma fureur et mes coups :
Ninias, en secret privé de la lumière,
Du trône où j'aspirais m'entr'ouvrait la barrière,
Quand sa puissante main la ferma sous mes pas.
C'est en vain que, flattant l'orgueil de ses appas,
J'avais cru chaque jour prendre sur sa jeunesse
Cet heureux ascendant que les soins, la souplesse,
L'attention, le temps, savent si bien donner
Sur un cœur sans dessein, facile à gouverner.
Je connus mal cette ame inflexible et profonde ;
Rien ne la put toucher que l'empire du monde.
Elle en parut trop digne, il le faut avouer :
Je suis dans mes fureurs contraint à la louer.
Je la vis retenir dans ses mains assurées
De l'état chancelant les rênes égarées,
Apaiser le murmure, étouffer les complots,

Gouverner en monarque et combattre en héros.
Je la vis captiver et le peuple et l'armée.
Ce grand art d'imposer, même à la renommée,
Fut l'art qui sous son joug enchaîna les esprits :
L'univers à ses pieds demeure encor surpris.
Que dis-je! sa beauté, ce flatteur avantage,
Fit adorer les lois qu'imposa son courage;
Et, quand dans mon dépit j'ai voulu conspirer,
Mes amis consternés n'ont su que l'admirer.

CÉDAR.

Ce charme se dissipe et ce pouvoir chancelle;
Son génie égaré semble s'éloigner d'elle.
Un vain remords la trouble; et sa crédulité
A depuis quelque temps en secret consulté
Ces oracles menteurs d'un temple méprisable,
Que les fourbes d'Égypte ont rendu vénérable.
Son encens et ses vœux fatiguent les autels;
Elle devient semblable au reste des mortels [3] :
Elle a connu la crainte.

ASSUR.

Accablons sa faiblesse.
Je ne puis m'élever qu'autant qu'elle s'abaisse.
De Babylone au moins j'ai fait parler la voix :
Sémiramis enfin va céder une fois.
Ce premier coup porté, sa ruine est certaine.
Me donner Azéma, c'est cesser d'être reine;
Oser me refuser soulève ses états,
Et de tous les côtés le piége est sous ses pas.
Mais peut-être, après tout, quand je crois la surprendre,
J'ai lassé ma fortune à force de l'attendre.

ACTE II, SCÈNE V.

CÉDAR.

Si la reine vous cède et nomme un héritier,
Assur de son destin peut-il se défier?
De vous et d'Azéma l'union désirée
Rejoindra de nos rois la tige séparée.
Tout vous porte à l'empire, et tout parle pour vous.

ASSUR.

Pour Azéma sans doute il n'est point d'autre époux.
Mais pourquoi de si loin faire venir Arzace!
Elle a favorisé son insolente audace.
Tout prêt à le punir, je me vois retenu
Par cette même main dont il est soutenu.
Prince, mais sans sujets, ministre, et sans puissance
Environné d'honneurs, et dans la dépendance,
Tout m'afflige, une amante, un jeune audacieux,
Des prêtres consultés, qui font parler leurs dieux,
Sémiramis enfin toujours en défiance,
Qui me ménage à peine, et qui craint ma présence!
Nous verrons si l'ingrate avec impunité
Ose pousser à bout un complice irrité.

(Il veut sortir.)

SCÈNE V.

ASSUR, OTANE, CÉDAR.

OTANE.

Seigneur, Sémiramis vous ordonne d'attendre;
Elle veut en secret vous voir et vous entendre,
Et de cet entretien qu'aucun ne soit témoin.

ASSUR.

A ses ordres sacrés j'obéis avec soin,
Otane, et j'attendrai sa volonté suprême.

SCÈNE VI.

ASSUR, CÉDAR.

ASSUR.

Eh! d'où peut donc venir ce changement extrême?
Depuis près de trois mois je lui semble odieux;
Mon aspect importun lui fait baisser les yeux;
Toujours quelque témoin nous voit et nous écoute;
De nos froids entretiens, qui lui pèsent sans doute,
Ses soudaines frayeurs interrompent le cours;
Son silence souvent répond à mes discours.
Que veut-elle me dire, ou que veut-elle apprendre?
Elle avance vers nous; c'est elle. Va m'attendre.

SCÈNE VII.

SÉMIRAMIS, ASSUR.

SÉMIRAMIS.

Seigneur, il faut enfin que je vous ouvre un cœur
Qui long-temps devant vous dévora sa douleur.
J'ai gouverné l'Asie, et peut-être avec gloire;
Peut-être Babylone, honorant ma mémoire,
Mettra Sémiramis à côté des grands rois.
Vos mains de mon empire ont soutenu le poids.

Partout victorieuse, absolue, adorée,
De l'encens des humains je vivais enivrée;
Tranquille, j'oubliai, sans crainte et sans ennuis,
Quel degré m'éleva dans ce rang où je suis.
Des dieux dans mon bonheur j'oubliai la justice;
Elle parle, je cède : et ce grand édifice,
Que je crus à l'abri des outrages du temps,
Veut être raffermi jusqu'en ses fondemens.

ASSUR.

Madame, c'est à vous d'achever votre ouvrage,
De commander au temps, de prévoir son outrage.
Qui pourrait obscurcir des jours si glorieux?
Quand la terre obéit, que craignez-vous des dieux?

SÉMIRAMIS.

La cendre de Ninus repose en cette enceinte,
Et vous me demandez le sujet de ma crainte?
Vous!

ASSUR.

    Je vous avouerai que je suis indigné
Qu'on se souvienne encor si Ninus a régné.
Craint-on après quinze ans ses mânes en colère?
Ils se seraient vengés, s'ils avaient pu le faire.
D'un éternel oubli ne tirez point les morts.
Je suis épouvanté, mais c'est de vos remords.
Ah! ne consultez point d'oracles inutiles :
C'est par la fermeté qu'on rend les dieux faciles.
Ce fantôme inouï qui paraît en ce jour,
Qui naquit de la crainte et l'enfante à son tour,
Peut-il vous effrayer par tous ses vains prestiges?
Pour qui ne les craint point il n'est point de prodiges;

Ils sont l'appât grossier des peuples ignorans,
L'invention du fourbe et le mépris des grands.
Mais si quelque intérêt plus noble et plus solide
Éclaire votre esprit qu'un vain trouble intimide,
S'il vous faut de Bélus éterniser le sang,
Si la jeune Azéma prétend à ce haut rang...

SÉMIRAMIS.

Je viens vous en parler. Ammon et Babylone
Demandent sans détour un héritier du trône.
Il faut que de mon sceptre on partage le faix;
Et le peuple et les dieux vont être satisfaits.
Vous le savez assez, mon superbe courage
S'était fait une loi de régner sans partage :
Je tins sur mon hymen l'univers en suspens;
Et quand la voix du peuple, à la fleur de mes ans,
Cette voix qu'aujourd'hui le ciel même seconde,
Me pressait de donner des souverains au monde;
Si quelqu'un put prétendre au nom de mon époux,
Cet honneur, je le sais, n'appartenait qu'à vous;
Vous deviez l'espérer : mais vous pûtes connaître
Combien Sémiramis craignait d'avoir un maître.
Je vous fis, sans former un lien si fatal,
Le second de la terre, et non pas mon égal.
C'était assez, seigneur; et j'ai l'orgueil de croire
Que ce rang aurait pu suffire à votre gloire.
Le ciel me parle enfin; j'obéis à sa voix :
Écoutez son oracle, et recevez mes lois.
« Babylone doit prendre une face nouvelle,
« Quand d'un second hymen allumant le flambeau,
« Mère trop malheureuse. épouse trop cruelle,

« Tu calmeras Ninus au fond de son tombeau. »
C'est ainsi que des dieux l'ordre éternel s'explique.
Je connais vos desseins et votre politique,
Vous voulez dans l'état vous former un parti :
Vous m'opposez le sang dont vous êtes sorti.
De vous et d'Azéma mon successeur peut naître;
Vous briguez cet hymen, elle y prétend peut-être.
Mais moi, je ne veux pas que vos droits et les siens,
Ensemble confondus, s'arment contre les miens :
Telle est ma volonté constante, irrévocable.
C'est à vous de juger si le dieu qui m'accable
A laissé quelque force à mes sens interdits,
Si vous reconnaissez encor Sémiramis,
Si je puis soutenir la majesté du trône.
Je vais donner, seigneur, un maître à Babylone.
Mais soit qu'un si grand choix honore un autre ou vous,
Je serai souveraine en prenant un époux.
Assemblez seulement les princes et les mages;
Qu'ils viennent à ma voix joindre ici leurs suffrages;
Le don de mon empire et de ma liberté
Est l'acte le plus grand de mon autorité;
Loin de le prévenir, qu'on l'attende en silence.
Le ciel à ce grand jour attache sa clémence;
Tout m'annonce des dieux qui daignent se calmer;
Mais c'est le repentir qui doit les désarmer.
Croyez-moi, les remords, à vos yeux méprisables,
Sont la seule vertu qui reste à des coupables.
Je vous parais timide et faible; désormais
Connaissez la faiblesse, elle est dans les forfaits.
Cette crainte n'est pas honteuse au diadème :

Elle convient aux rois, et surtout à vous-même :
Et je vous apprendrai qu'on peut, sans s'avilir,
S'abaisser sous les dieux, les craindre et les servir.

SCÈNE VIII.

ASSUR.

Quels discours étonnans! quels projets! quel langage!
Est-ce crainte, artifice, ou faiblesse, ou courage?
Prétend-elle en cédant raffermir ses destins?
Et s'unit-elle à moi pour tromper mes desseins?
A l'hymen d'Azéma je ne dois point prétendre!
C'est m'assurer du sien que je dois seul attendre.
Ce que n'ont pu mes soins et nos communs forfaits,
L'hommage dont jadis je flattai ses attraits,
Mes brigues, mon dépit, la crainte de sa chute,
Un oracle d'Égypte, un songe l'exécute!
Quel pouvoir inconnu gouverne les humains!
Que de faibles ressorts font d'illustres destins!
Doutons encor de tout; voyons encor la reine.
Sa résolution me paraît trop soudaine;
Trop de soins à mes yeux paraissent l'occuper :
Et qui change aisément est faible, ou veut tromper.

FIN DU SECOND ACTE.

ACTE TROISIÈME.

Le théâtre représente un cabinet du palais.

SCÈNE I.

SÉMIRAMIS, OTANE.

SÉMIRAMIS.

Otane, qui l'eût cru, que les dieux en colère
Me tendaient en effet une main salutaire,
Qu'ils ne m'épouvantaient que pour se désarmer ?
Ils ont ouvert l'abyme, et l'ont daigné fermer :
C'est la foudre à la main qu'ils m'ont donné ma grace ;
Ils ont changé mon sort, ils ont conduit Arzace,
Ils veulent mon hymen ; ils veulent expier,
Par ce lien nouveau, les crimes du premier.
Non, je ne doute plus que des cœurs ils disposent :
Le mien vole au devant de la loi qu'ils m'imposent.
Arzace, c'en est fait, je me rends, et je vois
Que tu devais régner sur le monde et sur moi.

OTANE.

Arzace ! lui ?

SÉMIRAMIS.

Tu sais qu'aux plaines de Scythie,
Quand je vengeais la Perse et subjuguais l'Asie,
Ce héros (sous son père il combattait alors),
Ce héros, entouré de captifs et de morts,

M'offrit en rougissant, de ses mains triomphantes,
Des ennemis vaincus les dépouilles sanglantes.
A son premier aspect tout mon cœur étonné
Par un pouvoir secret se sentit entraîné ;
Je n'en pus affaiblir le charme inconcevable,
Le reste des mortels me sembla méprisable.
Assur, qui m'observait, ne fut que trop jaloux ;
Dès lors le nom d'Arzace aigrissait son courroux :
Mais l'image d'Arzace occupa ma pensée,
Avant que de nos dieux la main ne l'eût tracée,
Avant que cette voix qui commande à mon cœur
Me désignât Arzace et nommât mon vainqueur.

OTANE.

C'est beaucoup abaisser ce superbe courage
Qui des maîtres du Gange a dédaigné l'hommage,
Qui, n'écoutant jamais de faibles sentimens,
Veut des rois pour sujets, et non pas pour amans.
Vous avez méprisé jusqu'à la beauté même,
Dont l'empire accroissait votre empire suprême ;
Et vos yeux sur la terre exerçaient leur pouvoir,
Sans que vous daignassiez vous en apercevoir.
Quoi ! de l'amour enfin connaissez-vous les charmes ?
Et pouvez-vous passer de ces sombres alarmes
Au tendre sentiment qui vous parle aujourd'hui ?

SÉMIRAMIS.

Non, ce n'est point l'amour qui m'entraîne vers lui :
Mon ame par les yeux ne peut être vaincue :
Ne crois pas qu'à ce point de mon rang descendue,
Écoutant dans mon trouble un charme suborneur,
Je donne à la beauté le prix de la valeur ;

ACTE III, SCÈNE I.

Je crois sentir du moins de plus nobles tendresses.
Malheureuse! est-ce à moi d'éprouver des faiblesses,
De connaître l'amour et ses fatales lois!
Otane, que veux-tu! je fus mère autrefois;
Mes malheureuses mains à peine cultivèrent
Ce fruit d'un triste hymen que les dieux m'enlevèrent.
Seule, en proie aux chagrins qui venaient m'alarmer,
N'ayant autour de moi rien que je pusse aimer,
Sentant ce vide affreux de ma grandeur suprême,
M'arrachant à ma cour et m'évitant moi-même,
J'ai cherché le repos dans ces grands monumens,
D'une ame qui se fuit trompeurs amusemens.
Le repos m'échappait; je sens que je le trouve;
Je m'étonne en secret du charme que j'éprouve;
Arzace me tient lieu d'un époux et d'un fils,
Et de tous mes travaux et du monde soumis.
Que je vous dois d'encens, ô puissance céleste,
Qui, me forçant de prendre un joug jadis funeste,
Me préparez au nœud que j'avais abhorré,
En m'embrasant d'un feu par vous-même inspiré!

OTANE.

Mais vous avez prévu la douleur et la rage
Dont va frémir Assur à ce nouvel outrage;
Car enfin il se flatte, et la commune voix
A fait tomber sur lui l'honneur de votre choix :
Il ne bornera pas son dépit à se plaindre.

SÉMIRAMIS.

Je ne l'ai point trompé, je ne veux pas le craindre.
J'ai su quinze ans entiers, quel que fût son projet,
Le tenir dans le rang de mon premier sujet :

A son ambition, pour moi toujours suspecte,
Je prescrivis quinze ans les bornes qu'il respecte.
Je régnais seule alors ; et si ma faible main
Mit à ses vœux hardis ce redoutable frein,
Que pourront désormais sa brigue et son audace
Contre Sémiramis unie avec Arzace ?
Oui, je crois que Ninus, content de mes remords,
Pour presser cet hymen quitte le sein des morts.
Sa grande ombre en effet, déja trop offensée,
Contre Sémiramis serait trop courroucée ;
Elle verrait donner, avec trop de douleur,
Sa couronne et son lit à son empoisonneur.
Du sein de son tombeau voilà ce qui l'appelle ;
Les oracles d'Ammon s'accordent avec elle,
La vertu d'Oroès ne me fait plus trembler ;
Pour entendre mes lois, je l'ai fait appeler ;
Je l'attends.

OTANE.

Son crédit, son sacré caractère,
Peut appuyer le choix que vous prétendez faire.

SÉMIRAMIS.

Sa voix achèvera de rassurer mon cœur.

OTANE.

Il vient.

SCÈNE II.

SÉMIRAMIS, OROÈS.

SÉMIRAMIS.

De Zoroastre auguste successeur,
Je vais nommer un roi ; vous, couronnez sa tête :
Tout est-il préparé pour cette auguste fête ?

OROÈS.

Les mages et les grands attendent votre choix ;
Je remplis mon devoir, et j'obéis aux rois :
Le soin de les juger n'est point notre partage ;
C'est celui des dieux seuls.

SÉMIRAMIS.

     A ce sombre langage
On dirait qu'en secret vous condamnez mes vœux.

OROÈS.

Je ne les connais pas ; puissent-ils être heureux !

SÉMIRAMIS.

Mais vous interprétez les volontés célestes.
Ces signes que j'ai vus me seraient-ils funestes ?
Une ombre, un dieu peut-être à mes yeux s'est montré ;
Dans le sein de la terre il est soudain rentré.
Quel pouvoir a brisé l'éternelle barrière
Dont le ciel sépara l'enfer et la lumière ?
D'où vient que les humains, malgré l'arrêt du sort,
Reviennent à mes yeux du séjour de la mort ?

OROÈS.

Du ciel, quand il le faut, la justice suprême

Suspend l'ordre éternel établi par lui-même;
Il permet à la mort d'interrompre ses lois,
Pour l'effroi de la terre et l'exemple des rois.

SÉMIRAMIS.

Les oracles d'Ammon veulent un sacrifice.

OROÈS.

Il se fera, madame [5].

SÉMIRAMIS.

    Éternelle justice,
Qui lisez dans mon ame avec des yeux vengeurs,
Ne la remplissez plus de nouvelles horreurs;
De mon premier hymen oubliez l'infortune.
 (à Oroès, qui s'éloignait.)
Revenez.

OROÈS, *revenant*.

   Je croyais ma présence importune.

SÉMIRAMIS.

Répondez : ce matin au pied de vos autels
Arzace a présenté des dons aux immortels?

OROÈS.

Oui, ces dons leur sont chers, Arzace a su leur plaire.

SÉMIRAMIS.

Je le crois, et ce mot me rassure et m'éclaire.
Puis-je d'un sort heureux me reposer sur lui?

OROÈS.

Arzace de l'empire est le plus digne appui;
Les dieux l'ont amené; sa gloire est leur ouvrage.

SÉMIRAMIS.

J'accepte avec transport ce fortuné présage;
L'espérance et la paix reviennent me calmer.

Allez; qu'un pur encens recommence à fumer.
De vos mages, de vous, que la présence auguste
Sur l'hymen le plus grand, sur le choix le plus juste,
Attire de nos dieux les regards souverains.
Puissent de cet état les éternels destins
Reprendre avec les miens une splendeur nouvelle !
Hâtez de ce beau jour la pompe solennelle.
Allez.

SCÈNE III.

SÉMIRAMIS, OTANE.

SÉMIRAMIS.

Ainsi le ciel est d'accord avec moi ;
Je suis son interprète en choisissant un roi.
Que je vais l'étonner par le don d'un empire !
Qu'il est loin d'espérer ce moment où j'aspire !
Qu'Assur et tous les siens vont être humiliés !
Quand j'aurai dit un mot, la terre est à ses pieds.
Combien à mes bontés il faudra qu'il réponde !
Je l'épouse, et pour dot je lui donne le monde.
Enfin ma gloire est pure, et je puis la goûter.

SCÈNE IV.

SÉMIRAMIS, OTANE, MITRANE; un officier du palais.

OTANE.

Arzace à vos genoux demande à se jeter :
Daignez à ses douleurs accorder cette grace.

SÉMIRAMIS.
Quel chagrin près de moi peut occuper Arzace !
De mes chagrins lui seul a dissipé l'horreur :
Qu'il vienne; il ne sait pas ce qu'il peut sur mon cœur.
Vous dont le sang s'apaise, et dont la voix m'inspire,
O mânes redoutés, et vous, dieux de l'empire,
Dieux des Assyriens, de Ninus, de mon fils !
Pour le favoriser soyez tous réunis.
Quel trouble en le voyant m'a soudain pénétrée !

SCÈNE V.

SÉMIRAMIS, ARZACE, AZÉMA.

ARZACE.
O reine ! à vous servir ma vie est consacrée :
Je vous devais mon sang; et quand je l'ai versé,
Puisqu'il coula pour vous, je fus récompensé.
Mon père avait joui de quelque renommée;
Mes yeux l'ont vu mourir commandant votre armée;
Il a laissé, madame, à son malheureux fils
Des exemples frappans, peut-être mal suivis.
Je n'ose devant vous rappeler la mémoire
Des services d'un père et de sa faible gloire,
Qu'afin d'obtenir grace à vos sacrés genoux
Pour un fils téméraire, et coupable envers vous,
Qui, de ses vœux hardis écoutant l'imprudence,
Craint, même en vous servant, de vous faire une offense.

SÉMIRAMIS.
Vous, m'offenser? qui, vous? ah! ne le craignez pas.

ARZACE.

Vous donnez votre main, vous donnez vos états.
Sur ces grands intérêts, sur ce choix que vous faites,
Mon cœur doit renfermer ses plaintes indiscrètes :
Je dois dans le silence, et le front prosterné,
Attendre avec cent rois qu'un roi nous soit donné.
Mais d'Assur hautement le triomphe s'apprête ;
D'un pas audacieux il marche à sa conquête ;
Le peuple nomme Assur ; il est de votre sang ;
Puisse-t-il mériter et son nom et son rang !
Mais enfin je me sens l'ame trop élevée
Pour adorer ici la main que j'ai bravée,
Pour me voir écrasé de son orgueil jaloux.
Souffrez que loin de lui, malgré moi loin de vous,
Je retourne aux climats où je vous ai servie.
J'y suis assez puissant contre sa tyrannie,
Si des bienfaits nouveaux dont j'ose me flatter...

SÉMIRAMIS.

Ah ! que m'avez-vous dit ? vous, fuir ! vous, me quitter !
Vous pourriez craindre Assur ?

ARZACE.

Non : ce cœur téméraire
Craint dans le monde entier votre seule colère.
Peut-être avez-vous su mes désirs orgueilleux :
Votre indignation peut confondre mes vœux.
Je tremble.

SÉMIRAMIS.

Espérez tout ; je vous ferai connaître
Qu'Assur en aucun temps ne sera votre maître.

SÉMIRAMIS,

ARZACE.

Eh bien, je l'avouerai, mes yeux avec horreur
De votre époux en lui verraient le successeur.
Mais s'il ne peut prétendre à ce grand hyménée,
Verra-t-on à ses lois Azéma destinée?
Pardonnez à l'excès de ma présomption;
Ne redoutez-vous point sa sourde ambition?
Jadis à Ninias Azéma fut unie;
C'est dans le même sang qu'Assur puisa la vie;
Je ne suis qu'un sujet, mais j'ose contre lui...

SÉMIRAMIS.

Des sujets tels que vous sont mon plus noble appui.
Je sais vos sentimens; votre ame peu commune
Chérit Sémiramis, et non pas ma fortune.
Sur mes vrais intérêts vos yeux sont éclairés;
Je vous en fais l'arbitre, et vous les soutiendrez.
D'Assur et d'Azéma je romps l'intelligence;
J'ai prévu les dangers d'une telle alliance;
Je sais tous ses projets, ils seront confondus.

ARZACE.

Ah! puisque ainsi mes vœux sont par vous entendus,
Puisque vous avez lu dans le fond de mon ame...

AZÉMA *arrive avec précipitation.*

Reine, j'ose à vos pieds...

SÉMIRAMIS, *relevant Azéma.*

Rassurez-vous, madame :
Quel que soit mon époux, je vous garde en ces lieux
Un sort et des honneurs dignes de vos aïeux.
Destinée à mon fils, vous m'êtes toujours chère;
Et je vous vois encore avec des yeux de mère.

Placez-vous l'un et l'autre avec ceux que ma voix
A nommés pour témoins de mon auguste choix.
    (à Arzace.)
Que l'appui de l'état se range auprès du trône.

SCÈNE VI.

Le cabinet où était Sémiramis fait place à un grand salon magnifiquement orné. Plusieurs officiers, avec les marques de leurs dignités, sont sur des gradins. Un trône est placé au milieu du salon. Les satrapes sont auprès du trône. Le grand-prêtre entre avec les mages. Il se place debout entre Assur et Arzace. La reine est au milieu avec Azéma et ses femmes. Des gardes occupent le fond du salon.

                OROÈS.
Princes, mages, guerriers, soutiens de Babylone,
Par l'ordre de la reine en ces lieux rassemblés,
Les décrets de nos dieux vous seront révélés :
Ils veillent sur l'empire; et voici la journée
Qu'à de grands changemens ils avaient destinée.
Quel que soit le monarque et quel que soit l'époux
Que la reine ait choisi pour l'élever sur nous,
C'est à nous d'obéir... J'apporte au nom des mages
Ce que je dois aux rois, des vœux et des hommages,
Des souhaits pour leur gloire, et surtout pour l'état.
Puissent ces jours nouveaux de grandeur et d'éclat
N'être jamais changés en des jours de ténèbres,
Ni ces chants d'allégresse en des plaintes funèbres!

                AZÉMA.
Pontife, et vous, seigneurs, on va nommer un roi :
Ce grand choix, tel qu'il soit, peut n'offenser que moi.
Mais je naquis sujette, et je le suis encore;

Je m'abandonne aux soins dont la reine m'honore;
Et, sans oser prévoir un sinistre avenir,
Je donne à ses sujets l'exemple d'obéir.

ASSUR.

Quoi qu'il puisse arriver, quoi que le ciel décide,
Que le bien de l'état à ce grand jour préside.
Jurons tous par ce trône, et par Sémiramis,
D'être à ce choix auguste aveuglément soumis,
D'obéir sans murmure au gré de sa justice.

ARZACE.

Je le jure; et ce bras armé pour son service,
Ce cœur à qui sa voix commande après les dieux,
Ce sang dans les combats répandu sous ses yeux,
Sont à mon nouveau maître avec le même zèle
Qui sans se démentir les anima pour elle.

OROÈS.

De la reine et des dieux j'attends les volontés.

SÉMIRAMIS.

Il suffit; prenez place, et vous, peuple, écoutez.
(Elle s'assied sur le trône; Azéma, Assur, le grand-prêtre, Arzace,
prennent leurs places; elle continue:)
Si la terre, quinze ans de ma gloire occupée,
Révéra dans ma main le sceptre avec l'épée,
Dans cette même main qu'un usage jaloux
Destinait au fuseau sous les lois d'un époux;
Si j'ai, de mes sujets surpassant l'espérance,
De cet empire heureux porté le poids immense,
Je vais le partager pour le mieux maintenir,
Pour étendre sa gloire aux siècles à venir,
Pour obéir aux dieux dont l'ordre irrévocable

Fléchit ce cœur altier si long-temps indomptable.
Ils m'ont ôté mon fils; puissent-ils m'en donner
Qui, dignes de me suivre et de vous gouverner,
Marchant dans les sentiers que fraya mon courage,
Des grandeurs de mon règne éternisent l'ouvrage!
J'ai pu choisir, sans doute, entre des souverains;
Mais ceux dont les états entourent mes confins,
Ou sont mes ennemis, ou sont mes tributaires :
Mon sceptre n'est point fait pour leurs mains étrangères,
Et mes premiers sujets sont plus grands à mes yeux
Que tous ces rois vaincus par moi-même ou par eux.
Bélus naquit sujet; s'il eut le diadème,
Il le dut à ce peuple, il le dut à lui-même.
J'ai par les mêmes droits le sceptre que je tiens.
Maîtresse d'un état plus vaste que les siens,
J'ai rangé sous vos lois vingt peuples de l'aurore,
Qu'au siècle de Bélus on ignorait encore.
Tout ce qu'il entreprit, je le sus achever.
Ce qui fonde un état le peut seul conserver.
Il vous faut un héros digne d'un tel empire,
Digne de tels sujets, et, si j'ose le dire,
Digne de cette main qui va le couronner,
Et du cœur indompté que je vais lui donner.
J'ai consulté les lois, les maîtres du tonnerre,
L'intérêt de l'état, l'intérêt de la terre :
Je fais le bien du monde en nommant un époux.
Adorez le héros qui va régner sur vous;
Voyez revivre en lui les princes de ma race.
Ce héros, cet époux, ce monarque est Arzace.

(Elle descend du trône, et tout le monde se lève.)

AZÉMA.

Arzace! ô perfidie!

ASSUR.

O vengeance! ô fureurs!

ARZACE, à *Azéma*.

Ah! croyez...

OROÈS.

Juste ciel! écartez ces horreurs!

SÉMIRAMIS *avançant sur la scène, et s'adressant aux mages.*

Vous qui sanctifiez de si pures tendresses,
Venez sur les autels garantir nos promesses ;
Ninus et Ninias vous sont rendus en lui.

(Le tonnerre gronde, et le tombeau paraît s'ébranler.)

Ciel! qu'est-ce que j'entends?

OROÈS.

Dieux! soyez notre appui.

SÉMIRAMIS.

Le ciel tonne sur nous : est-ce faveur ou haine?
Grace, dieux tout puissans! qu'Arzace me l'obtienne.
Quels funèbres accens redoublent mes terreurs!
La tombe s'est ouverte : il paraît... Ciel!... je meurs...

(L'ombre de Ninus sort de son tombeau.)

ASSUR.

L'ombre de Ninus même! ô dieux! est-il possible?

ARZACE.

Eh bien, qu'ordonnes-tu? parle-nous, dieu terrible!

ASSUR.

Parle.

ACTE III, SCÈNE VI.

SÉMIRAMIS.

Veux-tu me perdre? ou veux-tu pardonner?
C'est ton sceptre et ton lit que je viens de donner;
Juge si ce héros est digne de ta place.
Prononce; j'y consens.

L'OMBRE, *à Arzace.*

Tu régneras, Arzace;
Mais il est des forfaits que tu dois expier.
Dans ma tombe, à ma cendre il faut sacrifier.
Sers et mon fils et moi; souviens-toi de ton père :
Écoute le pontife.

ARZACE.

Ombre que je révère,
Demi-dieu dont l'esprit anime ces climats,
Ton aspect m'encourage et ne m'étonne pas.
Oui, j'irai dans la tombe au péril de ma vie.
Achève; que veux-tu que ma main sacrifie?

(L'ombre retourne de son estrade a la porte du tombeau.)

Il s'éloigne, il nous fuit!

SÉMIRAMIS.

Ombre de mon époux,
Permets qu'en ce tombeau j'embrasse tes genoux,
Que mes regrets...

L'OMBRE, *à la porte du tombeau.*

Arrête, et respecte ma cendre;
Quand il en sera temps je t'y ferai descendre.

(Le spectre rentre, et le mausolée se referme.)

ASSUR.

Quel horrible prodige!

SÉMIRAMIS.
    O peuples, suivez-moi;
Venez tous dans ce temple, et calmez votre effroi.
Les mânes de Ninus ne sont point implacables;
S'ils protégent Arzace, ils me sont favorables :
C'est le ciel qui m'inspire et qui vous donne un roi;
Venez tous l'implorer pour Arzace et pour moi.

FIN DU TROISIÈME ACTE.

ACTE QUATRIÈME.

Le théâtre représente le vestibule du temple.

SCÈNE I.

ARZACE, AZÉMA.

ARZACE.

N'irritez point mes maux, ils m'accablent assez.
Cet oracle est affreux plus que vous ne pensez.
Des prodiges sans nombre étonnent la nature.
Le ciel m'a tout ravi ; je vous perds.

AZÉMA.

       Ah, parjure !
Va, cesse d'ajouter aux horreurs de ce jour
L'indigne souvenir de ton perfide amour.
Je ne combattrai point la main qui te couronne,
Les morts qui t'ont parlé, ton cœur qui m'abandonne.
Des prodiges nouveaux qui me glacent d'effroi,
Ta barbare inconstance est le plus grand pour moi.
Achève ; rends Ninus à ton crime propice ;
Commence ici par moi ton affreux sacrifice :
Frappe, ingrat.

ARZACE.

    C'en est trop : mon cœur désespéré
Contre ces derniers traits n'était point préparé.

Vous voyez trop, cruelle, à ma douleur profonde,
Si ce cœur vous préfère à l'empire du monde.
Ces victoires, ce nom, dont j'étais si jaloux,
Vous en étiez l'objet ; j'avais tout fait pour vous ;
Et mon ambition, au comble parvenue,
Jusqu'à vous mériter avait porté sa vue.
Sémiramis m'est chère ; oui, je dois l'avouer ;
Votre bouche avec moi conspire à la louer.
Nos yeux la regardaient comme un dieu tutélaire
Qui de nos chastes feux protégeait le mystère.
C'est avec cette ardeur et ces vœux épurés
Que peut-être les dieux veulent être adorés.
Jugez de ma surprise au choix qu'a fait la reine ;
Jugez du précipice où ce choix nous entraîne ;
Apprenez tout mon sort.

AZÉMA.

Je le sais.

ARZACE.

Apprenez
Que l'empire ni vous ne me sont destinés.
Ce fils qu'il faut servir, ce fils de Ninus même,
Cet unique héritier de la grandeur suprême...

AZÉMA.

Eh bien ?

ARZACE.

Ce Ninias, qui, presque en son berceau,
De l'hymen avec vous alluma le flambeau,
Qui naquit à la fois mon rival et mon maître...

AZÉMA.

Ninias !

ACTE IV, SCÈNE I.

ARZACE.
Il respire, il vient, il va paraître.

AZÉMA.
Ninias, juste ciel! Eh quoi! Sémiramis...

ARZACE.
Jusqu'à ce jour trompée, elle a pleuré son fils.

AZÉMA.
Ninias est vivant!

ARZACE.
C'est un secret encore
Renfermé dans le temple, et que la reine ignore.

AZÉMA.
Mais Ninus te couronne, et sa veuve est à toi.

ARZACE.
Mais son fils est à vous; mais son fils est mon roi;
Mais je dois le servir. Quel oracle funeste!

AZÉMA.
L'amour parle, il suffit : que m'importe le reste?
Ses ordres plus certains n'ont point d'obscurité;
Voilà mon seul oracle, il doit être écouté.
Ninias est vivant! Eh bien, qu'il reparaisse;
Que sa mère à mes yeux attestant sa promesse,
Que son père avec lui rappelé du tombeau,
Rejoignent ces liens formés dans mon berceau;
Que Ninias, mon roi, ton rival et ton maître,
Ait pour moi tout l'amour que tu me dois peut-être :
Viens voir tout cet amour devant toi confondu;
Vois fouler à mes pieds le sceptre qui m'est dû.
Où donc est Ninias? quel secret, quel mystère
Le dérobe à ma vue, et le cache à sa mère?

Qu'il revienne, en un mot; lui; ni Sémiramis,
Ni ces mânes sacrés que l'enfer a vomis,
Ni le renversement de toute la nature,
Ne pourront de mon ame arracher un parjure.
Arzace, c'est à toi de te bien consulter;
Vois si ton cœur m'égale, et s'il m'ose imiter.
Quels sont donc ces forfaits que l'enfer en furie,
Que l'ombre de Ninus ordonne qu'on expie?
Cruel, si tu trahis un si sacré lien,
Je ne connais ici de crime que le tien.
Je vois de tes destins le fatal interprète,
Pour te dicter leurs lois, sortir de sa retraite:
Le malheureux amour dont tu trahis la foi
N'est point fait pour paraître entre les dieux et toi.
Va recevoir l'arrêt dont Ninus nous menace;
Ton sort dépend des dieux, le mien dépend d'Arzace.
(Elle sort.)

ARZACE.

Arzace est à vous seule. Ah, cruelle! arrêtez.
Quel mélange d'horreurs et de félicités!
Quels étonnans destins l'un à l'autre contraires!

SCÈNE II.

ARZACE, OROÈS, *suivi des* MAGES.

OROÈS, *à Arzace.*

Venez, retirons-nous vers ces lieux solitaires;
Je vois quel trouble affreux a dû vous pénétrer:
A de plus grands assauts il faut vous préparer.

(aux mages.)
Apportez ce bandeau d'un roi que je révère;
Prenez ce fer sacré, cette lettre.
(Les mages vont chercher ce que le grand-prêtre demande.)

ARZACE.

O mon père!
Tirez-moi de l'abyme où mes pas sont plongés,
Levez le voile affreux dont mes yeux sont chargés!

OROÈS.

Le voile va tomber, mon fils; et voici l'heure
Où, dans sa redoutable et profonde demeure,
Ninus attend de vous, pour apaiser ses cris,
L'offrande réservée à ses mânes trahis.

ARZACE.

Quel ordre? quelle offrande? et qu'est-ce qu'il désire?
Qui? moi! venger Ninus, et Ninias respire!
Qu'il vienne, il est mon roi, mon bras va le servir.

OROÈS.

Son père a commandé; ne sachez qu'obéir.
Dans une heure, à sa tombe, Arzace, il faut vous rendre,
(Il donne le diadème et l'épée à Ninias.)
Armé du fer sacré que vos mains doivent prendre,
Ceint du même bandeau que son front a porté,
Et que vous-même ici vous m'avez présenté.

ARZACE.

Du bandeau de Ninus!

OROÈS.

Ses mânes le commandent:
C'est dans cet appareil, c'est ainsi qu'ils attendent
Ce sang qui devant eux doit être offert par vous.

Ne songez qu'à frapper, qu'à servir leur courroux :
La victime y sera; c'est assez vous instruire.
Reposez-vous sur eux du soin de la conduire.

ARZACE.

S'il demande mon sang, disposez de ce bras.
Mais vous ne parlez point, seigneur, de Ninias;
Vous ne me dites point comment son père même
Me donnerait sa femme avec son diadème?

OROÈS.

Sa femme! vous! la reine! ô ciel! Sémiramis!
Eh bien! voici l'instant que je vous ai promis.
Connaissez vos destins, et cette femme impie.

ARZACE.

Grands dieux!

OROÈS.

De son époux elle a tranché la vie.

ARZACE.

Elle! la reine!

OROÈS.

Assur, l'opprobre de son nom,
Le détestable Assur a donné le poison.

ARZACE, *après un moment de silence.*

Ce crime dans Assur n'a rien qui me surprenne;
Mais croirai-je en effet qu'une épouse, une reine,
L'amour des nations, l'honneur des souverains,
D'un attentat si noir ait pu souiller ses mains?
A-t-on tant de vertus après un si grand crime?

OROÈS.

Ce doute, cher Arzace, est d'un cœur magnanime;
Mais ce n'est plus le temps de rien dissimuler :

Chaque instant de ce jour est fait pour révéler
Les effrayans secrets dont frémit la nature :
Elle vous parle ici ; vous sentez son murmure ;
Votre cœur, malgré vous, gémit épouvanté.
Ne soyez plus surpris si Ninus irrité
Est monté de la terre à ces voûtes impies :
Il vient briser des nœuds tissus par les furies ;
Il vient montrer au jour des crimes impunis ;
Des horreurs de l'inceste il vient sauver son fils :
Il parle, il vous attend ; Ninus est votre père ;
Vous êtes Ninias ; la reine est votre mère.

ARZACE.

De tous ces coups mortels en un moment frappé,
Dans la nuit du trépas je reste enveloppé.
Moi son fils ! moi ?

OROÈS.

Vous-même : en doutez-vous encore ?
Apprenez que Ninus, à sa dernière aurore,
Sûr qu'un poison mortel en terminait le cours,
Et que le même crime attentait sur vos jours,
Qu'il attaquait en vous les sources de la vie,
Vous arracha mourant à cette cour impie.
Assur, comblant sur vous ses crimes inouïs,
Pour épouser la mère, empoisonna le fils.
Il crut que, de ses rois exterminant la race,
Le trône était ouvert à sa perfide audace ;
Et lorsque le palais déplorait votre mort,
Le fidèle Phradate eut soin de votre sort.
Ces végétaux puissans qu'en Perse on voit éclore,
Bienfaits nés dans ses champs de l'astre qu'elle adore,

Par les soins de Phradate avec art préparés,
Firent sortir la mort de vos flancs déchirés;
De son fils qu'il perdit il vous donna la place;
Vous ne fûtes connu que sous le nom d'Arzace :
Il attendait le jour d'un heureux changement.
Dieu, qui juge les rois, en ordonne autrement.
La vérité terrible est du ciel descendue,
Et du sein des tombeaux la vengeance est venue.

ARZACE.

Dieu! maître des destins, suis-je assez éprouvé?
Vous me rendez la mort dont vous m'avez sauvé.
Eh bien! Sémiramis... oui, je reçus la vie
Dans le sein des grandeurs et de l'ignominie.
Ma mère... ô ciel! Ninus! ah, quel aveu cruel!
Mais si le traître Assur était seul criminel,
S'il se pouvait...

OROÈS, *prenant la lettre et la lui donnant.*
                Voici ces sacrés caractères;
Ces garans trop certains de ces cruels mystères;
Le monument du crime est ici sous vos yeux :
Douterez-vous encor?

ARZACE.
                Que ne le puis-je, ô dieux!
Donnez, je n'aurai plus de doute qui me flatte;
Donnez.
            (Il lit.)
« *Ninus mourant au fidèle Phradate.*
« Je meurs empoisonné; prenez soin de mon fils;
« Arrachez Ninias à des bras ennemis :
« Ma criminelle épouse... »

ACTE IV, SCÈNE II.

OROÈS.

En faut-il davantage?
C'est de vous que je tiens cet affreux témoignage.
Ninus n'acheva point; l'approche de la mort
Glaça sa faible main qui traçait votre sort.
Phradate en cet écrit vous apprend tout le reste;
Lisez : il vous confirme un secret si funeste.
Il suffit, Ninus parle, il arme votre bras,
De sa tombe à son trône il va guider vos pas;
Il veut du sang.

ARZACE, *après avoir lu.*

O jour trop fécond en miracles.
Enfer, qui m'as parlé, tes funestes oracles.
Sont plus obscurs encore à mon esprit troublé
Que le sein de la tombe où je suis appelé.
Au sacrificateur on cache la victime;
Je tremble sur le choix.

OROÈS.

Tremblez, mais sur le crime.
Allez; dans les horreurs dont vous êtes troublé,
Le ciel vous conduira comme il vous a parlé.
Ne vous regardez plus comme un homme ordinaire;
Des éternels décrets sacré dépositaire,
Marqué du sceau des dieux, séparé des humains,
Avancez dans la nuit qui couvre vos destins.
Mortel, faible instrument des dieux de vos ancêtres,
Vous n'avez pas le droit d'interroger vos maîtres.
A la mort échappé, malheureux Ninias,
Adorez, rendez grace, et ne murmurez pas.

SCÈNE III.

ARZACE, MITRANE.

ARZACE.

Non, je ne reviens point de cet état horrible!
Sémiramis ma mère! ô ciel! est-il possible?

MITRANE, *arrivant.*

Babylone, seigneur, en ce commun effroi,
Ne peut se rassurer qu'en revoyant son roi.
Souffrez que le premier je vienne reconnaître
Et l'époux de la reine, et mon auguste maître.
Sémiramis vous cherche, elle vient sur mes pas:
Je bénis ce moment qui la met dans vos bras.
Vous ne répondez point : un désespoir farouche
Fixe vos yeux troublés, et vous ferme la bouche;
Vous pâlissez d'effroi, tout votre corps frémit.
Qu'est-ce qui s'est passé? qu'est-ce qu'on vous a dit?

ARZACE.

Fuyons vers Azéma.

MITRANE.

    Quel étonnant langage!
Seigneur, est-ce bien vous? faites-vous cet outrage
Aux bontés de la reine, à ses feux, à son choix,
A ce cœur qui pour vous dédaigna tant de rois?
Son espérance en vous est-elle confondue?

ARZACE.

Dieux! c'est Sémiramis qui se montre à ma vue!
O tombe de Ninus! ô séjour des enfers!
Cachez son crime et moi dans vos gouffres ouverts.

SCÈNE IV.

SÉMIRAMIS, ARZACE, OTANE.

SÉMIRAMIS.

On n'attend plus que vous; venez, maître du monde :
Son sort, comme le mien, sur mon hymen se fonde.
Je vois avec transport ce signe révéré
Qu'a mis sur votre front un pontife inspiré;
Ce sacré diadème, assuré témoignage
Que l'enfer et le ciel confirment mon suffrage.
Tout le parti d'Assur, frappé d'un saint respect,
Tombe à la voix des dieux, et tremble à mon aspect :
Ninus veut une offrande, il en est plus propice;
Pour hâter mon bonheur, hâtez ce sacrifice.
Tous les cœurs sont à nous; tout le peuple applaudit :
Vous régnez, je vous aime; Assur en vain frémit.

ARZACE, *hors de lui.*

Assur! allons... il faut dans le sang du perfide...
Dans cet infame sang lavons son parricide;
Allons venger Ninus...

SÉMIRAMIS.

Qu'entends-je? juste ciel!
Ninus!

ARZACE, *d'un air égaré.*

Vous m'avez dit que son bras criminel
(Revenant à lui.)
Avait... que l'insolent s'arme contre sa reine;
Eh! n'est-ce pas assez pour mériter ma haine?

SÉMIRAMIS.

Commencez la vengeance en recevant ma foi.

ARZACE.

Mon père!

SÉMIRAMIS.

Ah! quels regards vos yeux lancent sur moi!
Arzace, est-ce donc là ce cœur soumis et tendre
Qu'en vous donnant ma main j'ai cru devoir attendre?
Je ne m'étonne point que ce prodige affreux,
Que les morts, déchaînés du séjour ténébreux,
De la terreur en vous laissent encor la trace;
Mais j'en suis moins troublée en revoyant Arzace.
Ah! ne répandez pas cette funeste nuit
Sur ces premiers momens du beau jour qui me luit.
Soyez tel qu'à mes pieds je vous ai vu paraître
Lorsque vous redoutiez d'avoir Assur pour maître.
Ne craignez point Ninus et son ombre en courroux.
Arzace, mon appui, mon secours, mon époux;
Cher prince...

ARZACE, *se détournant.*

C'en est trop : le crime m'environne..
Arrêtez.

SÉMIRAMIS.

A quel trouble, hélas! il s'abandonne,
Quand lui seul à la paix a pu me rappeler!

ARZACE.

Sémiramis...

SÉMIRAMIS.

Eh bien?

ACTE IV, SCÈNE IV.

ARZACE.

Je ne puis lui parler.
Fuyez-moi pour jamais, ou m'arrachez la vie.

SÉMIRAMIS.

Quels transports! quels discours! qui? moi! que je vous
Éclaircissez ce trouble insupportable, affreux, [fuie?
Qui passe dans mon ame, et fait deux malheureux.
Les traits du désespoir sont sur votre visage;
De moment en moment vous glacez mon courage;
Et vos yeux alarmés me causent plus d'effroi
Que le ciel et les morts soulevés contre moi.
Je tremble en vous offrant ce sacré diadème;
Ma bouche en frémissant prononce : « Je vous aime; »
D'un pouvoir inconnu l'invincible ascendant
M'entraîne ici vers vous, m'en repousse à l'instant,
Et, par un sentiment que je ne puis comprendre,
Mêle une horreur affreuse à l'amour le plus tendre.

ARZACE.

Haïssez-moi.

SÉMIRAMIS.

Cruel! non, tu ne le veux pas.
Mon cœur suivra ton cœur, mes pas suivront tes pas.
Quel est donc ce billet que tes yeux pleins d'alarmes
Lisent avec horreur et trempent de leurs larmes?
Contient-il les raisons de tes refus affreux?

ARZACE.

Oui.

SÉMIRAMIS.

Donne.

ARZACE.

Ah! je ne puis... osez-vous...

SÉMIRAMIS.

Je le veux.

ARZACE.

Laissez-moi cet écrit horrible et nécessaire...

SÉMIRAMIS.

D'où le tiens-tu?

ARZACE.

Des dieux.

SEMIRAMIS.

Qui l'écrivit?

ARZACE.

Mon père.

SÉMIRAMIS.

Que me dis-tu?

ARZACE.

Tremblez.

SÉMIRAMIS.

Donne : apprends-moi mon sort.

ARZACE.

Cessez... à chaque mot vous trouveriez la mort.

SÉMIRAMIS.

N'importe; éclaircissez ce doute qui m'accable;
Ne me résistez plus, ou je vous crois coupable.

ARZACE.

Dieux, qui conduisez tout, c'est vous qui m'y forcez!

SÉMIRAMIS, *prenant le billet.*

Pour la dernière fois, Arzace, obéissez.

ARZACE.

Eh bien! que ce billet soit donc le seul supplice
Qu'à son crime, grand Dieu, réserve ta justice!
   (Sémiramis lit.)
Vous allez trop savoir, c'en est fait.

SÉMIRAMIS, *à Otane.*
                              Qu'ai-je lu?
Soutiens-moi, je me meurs.

ARZACE.
                      Hélas! tout est connu!

SÉMIRAMIS, *revenant à elle, après un long silence.*
Eh bien! ne tarde plus, remplis ta destinée;
Punis cette coupable et cette infortunée;
Étouffe dans mon sang mes détestables feux.
La nature trompée est horrible à tous deux.
Venge tous mes forfaits; venge la mort d'un père;
Reconnais-moi, mon fils; frappe, et punis ta mère.

ARZACE.
Que ce glaive plutôt épuise ici mon flanc
De ce sang malheureux formé de votre sang!
Qu'il perce de vos mains ce cœur qui vous révère,
Et qui porte d'un fils le sacré caractère!

SÉMIRAMIS, *se jetant à genoux.*
Ah! je fus sans pitié; sois barbare à ton tour;
Sois le fils de Ninus en m'arrachant le jour:
Frappe. Mais quoi! tes pleurs se mêlent à mes larmes!
O Ninias! ô jour plein d'horreur et de charmes...
Avant de me donner la mort que tu me dois,
De la nature encor laisse parler la voix:
Souffre au moins que les pleurs de ta coupable mère

Arrosent une main si fatale et si chère.
ARZACE-NINIAS.
Ah! je suis votre fils, et ce n'est pas à vous,
Quoi que vous ayez fait, d'embrasser mes genoux.
Ninias vous implore, il vous aime, il vous jure
Les plus profonds respects, et l'amour la plus pure.
C'est un nouveau sujet, plus cher et plus soumis :
Le ciel est apaisé, puisqu'il vous rend un fils :
Livrez l'infame Assur au dieu qui vous pardonne.
SÉMIRAMIS.
Reçois, pour te venger, mon sceptre et ma couronne;
Je les ai trop souillés.
ARZACE.
    Je veux tout ignorer;
Je veux avec l'Asie encor vous admirer.
SÉMIRAMIS.
Non; mon crime est trop grand.
ARZACE.
      Le repentir l'efface.
SÉMIRAMIS.
Ninus t'a commandé de régner en ma place;
Crains ses mânes vengeurs.
ARZACE.
     Ils seront attendris
Des remords d'une mère et des larmes d'un fils.
Otane, au nom des dieux, ayez soin de ma mère,
Et cachez, comme moi, cet horrible mystère.

FIN DU QUATRIEME ACTE

ACTE CINQUIÈME.

SCÈNE I.

SÉMIRAMIS, OTANE.

OTANE.

Songez qu'un dieu propice a voulu prévenir
Cet effroyable hymen dont je vous vois frémir.
La nature étonnée à ce danger funeste,
En vous rendant un fils, vous arrache à l'inceste.
Des oracles d'Ammon les ordres absolus,
Les infernales voix, les mânes de Ninus,
Vous disaient que le jour d'un nouvel hyménée
Finirait les horreurs de votre destinée;
Mais ils ne disaient pas qu'il dût être accompli;
L'hymen s'est préparé, votre sort est rempli;
Ninias vous révère. Un secret sacrifice
Va contenter des dieux la facile justice :
Ce jour si redouté fera votre bonheur.

SÉMIRAMIS.

Ah! le bonheur, Otane, est-il fait pour mon cœur?
Mon fils s'est attendri; je me flatte, j'espère
Qu'en ces premiers momens la douleur d'une mère
Parle plus hautement à ses sens oppressés
Que le sang de Ninus, et mes crimes passés.
Mais peut-être bientôt, moins tendre et plus sévère,

Il ne se souviendra que du meurtre d'un père.
OTANE.
Que craignez-vous d'un fils? quel noir pressentiment?
SÉMIRAMIS.
La crainte suit le crime, et c'est son châtiment.
Le détestable Assur sait-il ce qui se passe?
N'a-t-on rien attenté? sait-on quel est Arzace?
OTANE.
Non ; ce secret terrible est de tous ignoré :
De l'ombre de Ninus l'oracle est adoré ;
Les esprits consternés ne peuvent le comprendre.
Comment servir son fils? pourquoi venger sa cendre?
On l'ignore, on se tait. On attend ces momens
Où, fermé sans réserve au reste des vivans,
Ce lieu saint doit s'ouvrir pour finir tant d'alarmes.
Le peuple est aux autels ; vos soldats sont en armes.
Azéma, pâle, errante, et la mort dans les yeux,
Veille autour du tombeau, lève les mains aux cieux.
Ninias est au temple, et d'une ame éperdue
Se prépare à frapper sa victime inconnue.
Dans ses sombres fureurs Assur enveloppé,
Rassemble les débris d'un parti dissipé :
Je ne sais quels projets il peut former encore.
SÉMIRAMIS.
Ah! c'est trop ménager un traître que j'abhorre;
Qu'Assur chargé de fers en vos mains soit remis :
Otane, allez livrer le coupable à mon fils.
Mon fils apaisera l'éternelle justice,
En répandant du moins le sang de mon complice :
Qu'il meure ; qu'Azéma, rendue à Ninias,

Du crime de mon règne épure ces climats.
Tu vois ce cœur, Ninus, il doit te satisfaire;
Tu vois du moins en moi des entrailles de mère.
Ah! qui vient dans ces lieux à pas précipités?
Que tout rend la terreur à mes sens agités!

SCÈNE II.

SÉMIRAMIS, AZÉMA.

AZÉMA.

Madame, pardonnez si, sans être appelée,
De mortelles frayeurs trop justement troublée,
Je viens avec transport embrasser vos genoux.

SÉMIRAMIS.

Ah, princesse! parlez, que me demandez-vous?

AZÉMA.

D'arracher un héros au coup qui le menace,
De prévenir le crime, et de sauver Arzace.

SÉMIRAMIS.

Arzace? lui! quel crime?

AZÉMA.

              Il devient votre époux;
Il me trahit, n'importe, il doit vivre pour vous.

SÉMIRAMIS.

Lui, mon époux? grands dieux!

AZÉMA.

           Quoi! l'hymen qui vous lie...

SÉMIRAMIS.

Cet hymen est affreux, abominable, impie.

Arzace? il est... Parlez; je frissonne; achevez :
Quels dangers... hâtez-vous...

AZÉMA.

Madame, vous savez
Que peut-être au moment que ma voix vous implore...

SÉMIRAMIS.

Eh bien?

AZÉMA.

Ce demi-dieu, que je redoute encore,
D'un secret sacrifice en doit être honoré
Au fond du labyrinthe à Ninus consacré.
J'ignore quels forfaits il faut qu'Arzace expie.

SÉMIRAMIS.

Quels forfaits, justes dieux!

AZÉMA.

Cet Assur, cet impie,
Va violer la tombe où nul n'est introduit.

SÉMIRAMIS.

Qui? lui?

AZÉMA.

Dans les horreurs de la profonde nuit,
Des souterrains secrets où sa fureur habile
A tout événement se creusait un asile,
Ont servi les desseins de ce monstre odieux;
Il vient braver les morts, il vient braver les dieux :
D'une main sacrilége, aux forfaits enhardie,
Du généreux Arzace il va trancher la vie.

SÉMIRAMIS.

O ciel! qui vous l'a dit? comment? par quel détour?

AZÉMA.
Fiez-vous à mon cœur éclairé par l'amour;
J'ai vu du traître Assur la haine envenimée,
Sa faction tremblante, et par lui ranimée,
Ses amis rassemblés, qu'a séduits sa fureur.
De ses desseins secrets j'ai démêlé l'horreur;
J'ai feint de réunir nos causes mutuelles;
Je l'ai fait épier par des regards fidèles :
Il ne commet qu'à lui ce meurtre détesté;
Il marche au sacrilége avec impunité.
Sûr que dans ce lieu saint nul n'oserait paraître,
Que l'accès en est même interdit au grand-prêtre,
Il y vole : et le bruit par ses soins se répand
Qu'Arzace est la victime, et que la mort l'attend;
Que Ninus dans son sang doit laver son injure.
On parle au peuple, aux grands, on s'assemble, on mur-
Je crains Ninus, Assur et le ciel en courroux. [mure.

SÉMIRAMIS.
Eh bien, chère Azéma, ce ciel parle par vous :
Il me suffit. Je vois ce qui me reste à faire.
On peut s'en reposer sur le cœur d'une mère.
Ma fille, nos destins à la fois sont remplis;
Défendez votre époux, je vais sauver mon fils.

AZÉMA.
Ciel!

SÉMIRAMIS.
Prête à l'épouser, les dieux m'ont éclairée;
Ils inspirent encore une mère éplorée :
Mais les momens sont chers. Laissez-moi dans ces lieux;
Ordonnez en mon nom que les prêtres des dieux,

Que les chefs de l'état viennent ici se rendre.

(Azéma passe dans le vestibule du temple ; Sémiramis, de l'autre côté, s'avance vers le mausolée.)

Ombre de mon époux ! je vais venger ta cendre.
Voici l'instant fatal où ta voix m'a promis
Que l'accès de ta tombe allait m'être permis :
J'obéirai ; mes mains qui guidaient des armées,
Pour secourir mon fils, à ta voix sont armées.
Venez, gardes du trône, accourez à ma voix ;
D'Arzace désormais reconnaissez les lois :
Arzace est votre roi ; vous n'avez plus de reine ;
Je dépose en ses mains la grandeur souveraine.
Soyez ses défenseurs, ainsi que ses sujets.
Allez.

(Les gardes se rangent au fond de la scène.)

Dieux tout puissants, secondez mes projets.

(Elle entre dans le tombeau.)

SCÈNE III.

AZÉMA, *revenant de la porte du temple sur le devant de la scène.*

Que méditait la reine ? et quel dessein l'anime ?
A-t-elle encor le temps de prévenir le crime ?
O prodige, ô destin que je ne conçois pas !
Moment cher et terrible ! Arzace, Ninias !
Arbitres des humains, puissances que j'adore,
Me l'avez-vous rendu pour le ravir encore ?

SCÈNE IV.

AZÉMA, ARZACE ou NINIAS.

AZÉMA.
Ah! cher prince, arrêtez. Ninias, est-ce vous?
Vous, le fils de Ninus, mon maître et mon époux?
NINIAS.
Ah! vous me revoyez confus de me connaître.
Je suis du sang des dieux, et je frémis d'en être.
Écartez ces horreurs qui m'ont environné,
Fortifiez ce cœur au trouble abandonné,
Encouragez ce bras prêt à venger un père.
AZÉMA.
Gardez-vous de remplir cet affreux ministère.
NINIAS.
Je dois un sacrifice, il le faut, j'obéis.
AZÉMA.
Non, Ninus ne veut pas qu'on immole son fils.
NINIAS.
Comment?
AZÉMA.
   Vous n'irez point dans ce lieu redoutable;
Un traître y tend pour vous un piége inévitable.
NINIAS.
Qui peut me retenir? et qui peut m'effrayer?
AZÉMA.
C'est vous que dans la tombe on va sacrifier;
Assur, l'indigne Assur a d'un pas sacrilége

Violé du tombeau le divin privilége :
Il vous attend.

NINIAS.

Grands dieux ! tout est donc éclairci !
Mon cœur est rassuré, la victime est ici.
Mon père empoisonné par ce monstre perfide
Demande à haute voix le sang du parricide.
Instruit par le grand-prêtre, et conduit par le ciel,
Par Ninus même armé contre le criminel,
Je n'aurai qu'à frapper la victime funeste
Qu'amène à mon courroux la justice céleste.
Je vois trop que ma main, dans ce fatal moment,
D'un pouvoir invincible est l'aveugle instrument.
Les dieux seuls ont tout fait, et mon ame étonnée
S'abandonne à la voix qui fait ma destinée.
Je vois que, malgré nous, tous nos pas sont marqués;
Je vois que des enfers ces mânes évoqués
Sur le chemin du trône ont semé les miracles :
J'obéis sans rien craindre, et j'en crois les oracles.

AZÉMA.

Tout ce qu'ont fait les dieux ne m'apprend qu'à frémir;
Ils ont aimé Ninus, ils l'ont laissé périr.

NINIAS.

Ils le vengent enfin : étouffez ce murmure.

AZÉMA.

Ils choisissent souvent une victime pure;
Le sang de l'innocence a coulé sous leurs coups.

NINIAS.

Puisqu'ils nous ont unis, ils combattent pour nous.
Ce sont eux qui parlaient par la voix de mon père.

ACTE V, SCÈNE V.

Ils me rendent un trône, une épouse, une mère ;
Et, couvert à vos yeux du sang du criminel,
Ils vont de ce tombeau me conduire à l'autel.
J'obéis, c'est assez, le ciel fera le reste.

SCÈNE V.

AZÉMA.

Dieux ! veillez sur ses pas dans ce tombeau funeste.
Que voulez-vous ? quel sang doit aujourd'hui couler ?
Impénétrables dieux, vous me faites trembler.
Je crains Assur, je crains cette main sanguinaire ;
Il peut percer le fils sur la cendre du père.
Abymes redoutés, dont Ninus est sorti,
Dans vos antres profonds que ce monstre englouti
Porte au sein des enfers la fureur qui le presse !
Cieux, tonnez ! cieux, lancez la foudre vengeresse !
O son père ! ô Ninus ! quoi ! tu n'a pas permis
Qu'une épouse éplorée accompagnât ton fils !
Ninus, combats pour lui dans ce lieu de ténèbres !
  N'entends-je pas sa voix parmi des cris funèbres ?
Dût ce sacré tombeau, profané par mes pas,
Ouvrir pour me punir les gouffres du trépas,
J'y descendrai, j'y vole... Ah ! quels coups de tonnerre
Ont enflammé le ciel et font trembler la terre !
Je crains, j'espère... Il vient.

SCÈNE VI.

NINIAS, *une épée sanglante à la main;* AZÉMA.

NINIAS.
Ciel! où suis-je?
AZEMA.
Ah, seigneur!
Vous êtes teint de sang, pâle, glacé d'horreur.
NINIAS, *d'un air égaré.*
Vous me voyez couvert du sang du parricide.
Au fond de ce tombeau mon père était mon guide;
J'errais dans les détours de ce grand monument,
Plein de respect, d'horreur et de saisissement;
Il marchait devant moi : j'ai reconnu la place
Que son ombre en courroux marquait à mon audace.
Auprès d'une colonne, et loin de la clarté
Qui suffisait à peine à ce lieu redouté,
J'ai vu briller le fer dans la main du perfide;
J'ai cru le voir trembler : tout coupable est timide.
J'ai deux fois dans son flanc plongé ce fer vengeur;
Et d'un bras tout sanglant, qu'animait ma fureur,
Déja je le traînais, roulant sur la poussière,
Vers les lieux d'où partait cette faible lumière :
Mais, je vous l'avouerai, ses sanglots redoublés,
Ses cris plaintifs et sourds, et mal articulés,
Les dieux qu'il invoquait, et le repentir même
Qui semblait le saisir à son heure suprême;
La sainteté du lieu, la pitié dont la voix,

ACTE V, SCÈNE VII.

Alors qu'on est vengé, fait entendre ses lois;
Un sentiment confus, qui même m'épouvante,
M'ont fait abandonner la victime sanglante.
Azéma, quel est donc ce trouble, cet effroi,
Cette invincible horreur qui s'empare de moi?
Mon cœur est pur, ô dieux! mes mains sont innocentes:
D'un sang proscrit par vous vous les voyez fumantes;
Quoi! j'ai servi le ciel, et je sens des remords!

AZÉMA.

Vous avez satisfait la nature et les morts.
Quittons ce lieu terrible, allons vers votre mère;
Calmez à ses genoux ce trouble involontaire:
Et puisque Assur n'est plus..

SCÈNE VII.

NINIAS, AZÉMA, ASSUR.

(Assur paraît dans l'enfoncement avec Otane et les gardes de la reine.)

AZEMA

Ciel! Assur à mes yeux!

NINIAS.

Assur?

AZEMA.

Accourez tous, ministres de nos dieux,
Ministres de nos rois, défendez votre maître.

SCÈNE VIII.

LE GRAND-PRÊTRE OROÈS, LES MAGES ET LE PEUPLE, NINIAS, AZÉMA, ASSUR *désarmé*, MITRANE, OTANE.

OTANE.

Il n'en est pas besoin; j'ai fait saisir le traître
Lorsque dans ce lieu saint il allait pénétrer :
La reine l'ordonna, je viens vous le livrer.

NINIAS.

Qu'ai-je fait? et quelle est la victime immolée?

OROÈS.

Le ciel est satisfait; la vengeance est comblée.
(En montrant Assur.)
Peuples, de votre roi voilà l'empoisonneur.
(En montrant Ninias.)
Peuples, de votre roi voilà le successeur.
Je viens vous l'annoncer, je viens le reconnaître;
Revoyez Ninias, et servez votre maître.

ASSUR.

Toi, Ninias?

OROÈS.

Lui-même : un dieu qui l'a conduit
Le sauva de ta rage, et ce dieu te poursuit.

ASSUR.

Toi, de Sémiramis tu reçus la naissance?

NINIAS.

Oui; mais pour te punir j'ai reçu sa puissance.
Allez, délivrez-moi de ce monstre inhumain :

ACTE V, SCÈNE VIII.

Il ne méritait pas de tomber sous ma main.
Qu'il meure dans l'opprobre, et non de mon épée ;
Et qu'on rende au trépas ma victime échappée.
> (Sémiramis paraît au pied du tombeau, mourante ; un mage qui est à cette porte la relève.)

ASSUR.

Va : mon plus grand supplice est de te voir mon roi ;
> (Apercevant Sémiramis.)

Mais je te laisse encor plus malheureux que moi :
Regarde ce tombeau ; contemple ton ouvrage.

NINIAS.

Quelle victime, ô ciel ! a donc frappé ma rage ?

AZÉMA.

Ah ! fuyez, cher époux !

MITRANE.

Qu'avez-vous fait ?

OROÈS, *se mettant entre le tombeau et Ninias.*

Sortez ;
Venez purifier vos bras ensanglantés ;
Remettez dans mes mains ce glaive trop funeste,
Cet aveugle instrument de la fureur céleste.

NINIAS, *courant vers Sémiramis.*

Ah, cruels ! laissez-moi le plonger dans mon cœur.

OROÈS, *tandis qu'on désarme Ninias.*

Gardez de le laisser à sa propre fureur.

SÉMIRAMIS, *qu'on fait avancer, et qu'on place sur un fauteuil.*

Viens me venger, mon fils : un monstre sanguinaire,
Un traître, un sacrilége, assassine ta mère.

NINIAS.

O jour de la terreur! ô crimes inouïs!
Ce sacrilége affreux, ce monstre est votre fils.
Au sein qui m'a nourri cette main s'est plongée;
Je vous suis dans la tombe, et vous serez vengée.

SÉMIRAMIS.

Hélas! j'y descendis pour défendre tes jours.
Ta malheureuse mère allait à ton secours...
J'ai reçu de tes mains la mort qui m'était due.

NINIAS.

Ah! c'est le dernier trait à mon ame éperdue.
J'atteste ici les dieux qui conduisaient mon bras,
Ces dieux qui m'égaraient...

SÉMIRAMIS.

     Mon fils, n'achève pas:
Je te pardonne tout, si, pour grace dernière,
Une si chère main ferme au moins ma paupière.

(Il se jette à genoux.)

Viens, je te le demande, au nom du même sang
Qui t'a donné la vie, et qui sort de mon flanc.
Ton cœur n'a pas sur moi conduit ta main cruelle.
Quand Ninus expira, j'étais plus criminelle:
J'en suis assez punie. Il est donc des forfaits
Que le courroux des dieux ne pardonne jamais!
Ninias, Azéma, que votre hymen efface
L'opprobre dont mon crime a souillé votre race;
D'une mère expirante approchez-vous tous deux;
Donnez-moi votre main; vivez, régnez heureux:
Cet espoir me console, il mêle quelque joie
Aux horreurs de la mort où mon ame est en proie.

Je la sens... elle vient... Songe à Sémiramis,
Ne hais point sa mémoire : ô mon fils! mon cher fils...
C'en est fait.

OROÈS.

La lumière à ses yeux est ravie.
Secourez Ninias, prenez soin de sa vie.
Par ce terrible exemple apprenez tous du moins
Que les crimes secrets ont les dieux pour témoins.
Plus le coupable est grand, plus grand est le supplice.
Rois, tremblez sur le trône, et craignez leur justice [6].

FIN DE SÉMIRAMIS.

VARIANTES

DE LA TRAGÉDIE DE SÉMIRAMIS.

a Dans les anciennes éditions :

.... Ils ont trompé les yeux [1].

b Dans les premières éditions :

Un accueil que les rois ont vainement brigué,
Quand vous avez paru, vous est donc prodigué?
Vous avez en secret entretenu la reine,
Mais vous a-t-elle dit que votre audace vaine
Est un outrage au trône, à mon honneur, au sien ;
Que le sort d'Azéma ne peut s'unir qu'au mien ;
Qu'à Ninias, jadis, Azéma fut donnée ;
Qu'aux seuls enfans des rois sa main est destinée ;
Que du fils de Ninus le droit m'est assuré ;
Qu'entre le trône et moi je ne vois qu'un degré?
La reine a-t-elle enfin daigné du moins vous dire
Dans quel piége en ces lieux votre orgueil vous attire,
Et que tous vos respects ne pourront effacer
Les téméraires vœux qui m'osaient offenser?

---

[1] M. de La Harpe s'exprime ainsi dans son commentaire, au sujet de cette variante : » On ne peut *séduire des yeux* : il y avait dans les édi-
« tions précédentes, *ils ont trompé* ; et la répétition du mot *trompé*, qui se
« trouve encore dans le vers suivant, n'était point un défaut. Cette cor-
« rection parait n'être point de M. de Voltaire. »

FIN DES VARIANTES DE SÉMIRAMIS.

NOTES
DE LA TRAGÉDIE DE SÉMIRAMIS.

¹ Polyeucte dit à Néarque :

> Je sais ce qu'est un songe, et le peu de croyance
> Qu'un homme peut donner à son extravagance,
> Qui, d'un amas confus des vapeurs de la nuit,
> Forme de vains objets que le réveil détruit.

² Dans Lucain, Caton répond à ceux qui le pressent d'aller consulter l'oracle d'Ammon :

> Sterilesne elegit arenas,
> Ut caneret paucis ; mersitque hoc pulvere verum ?

C'est-à-dire, suivant la traduction de Brébeuf :

> Croyons-nous qu'à ce temple un dieu soit limité,
> Qu'il ait dans ces sablons plongé la vérité ?

Dans le poëme sur la *Loi naturelle*, M. de Voltaire dit, en parlant de Dieu :

> Sans doute il a parlé, mais c'est à l'univers.
> Il n'a point de l'Égypte habité les déserts ;
> Delphes, Délos, Ammon, ne sont point ses asiles ;
> Il ne se cacha point aux antres des Sibylles.

³ Mathan dit, en parlant d'Athalie :

> La peur d'un vain remords trouble cette grande ame ;
> Elle flotte, elle hésite, en un mot, elle est femme.

⁴ M. Ducis a imité ces vers dans *Hamlet* :

> Seul bien des criminels, le repentir nous reste.

⁵ Agamemnon dit à sa fille, qui lui parle des préparatifs du sacrifice :

> Vous y serez, ma fille.

⁶ Le grand-prêtre, dans *Athalie*, finit la pièce par ces vers :

> Apprenez, roi des juifs, et n'oubliez jamais
> Que les rois dans le ciel ont un juge sévère,
> L'innocence un vengeur, et l'orphelin un père.

N. B. On trouve dans la *Correspondance générale* une lettre que Voltaire écrivit à la reine, en octobre 1748, au sujet d'une parodie de *Sémiramis*, que les comédiens italiens préparaient pour le voyage de Fontainebleau, et qui ne fut pas jouée.

FIN DES NOTES DE SÉMIRAMIS.

NANINE,

ou

LE PRÉJUGÉ VAINCU,

COMÉDIE EN TROIS ACTES,

Représentée pour la première fois le 16 juin 1749.

Cette pièce eut d'abord un tout autre dénoûment; Nanine se trouvait être fille de gentilhomme, et le mariage du comte n'était pas une mésalliance. Madame d'Argental, qui plus d'une fois donna à Voltaire de très utiles conseils, lui dit que ce dénoûment était insoutenable, qu'il fesait finir la pièce comme finissent tant de mauvais romans. Voltaire défendit son ouvrage, et ne parut nullement persuadé. C'était après le dîner : au milieu de la nuit, vers l'heure où presque tout le monde est couché, une voiture arrête à la porte de M. d'Argental. On demande madame. C'est Voltaire qui lui vient dire : « Il faut bien vous obéir; voici un autre dénoûment, aura-t-il votre approbation ? » Et il lui présenta un nouveau troisième acte qu'il avait conçu et versifié dans ce court intervalle. C'est celui qui a été publié; l'autre n'a pas été conservé.

R.

PRÉFACE.

Cette bagatelle fut représentée à Paris, dans l'été de 1749, parmi la foule des spectacles qu'on donne à Paris tous les ans.

Dans cette autre foule, beaucoup plus nombreuse, de brochures dont on est inondé, il en parut une dans ce temps-là qui mérite d'être distinguée. C'est une dissertation ingénieuse et approfondie d'un académicien de La Rochelle sur cette question, qui semble partager depuis quelques années la littérature; savoir, s'il est permis de faire des comédies attendrissantes. Il paraît se déclarer fortement contre ce genre, dont la petite comédie de *Nanine* tient beaucoup en quelques endroits. Il condamne avec raison tout ce qui aurait l'air d'une tragédie bourgeoise. En effet, que serait-ce qu'une intrigue tragique entre les hommes du commun? ce serait seulement avilir le cothurne; ce serait manquer à la fois l'objet de la tragédie et de la comédie; ce serait une espèce bâtarde, un monstre, né de l'impuissance de faire une comédie et une tragédie véritable.

Cet académicien judicieux blâme surtout les intrigues romanesques et forcées dans ce genre de comédie, où l'on veut attendrir les spectateurs, et qu'on appelle par dérision *comédie larmoyante*. Mais dans quel genre les intrigues romanesques et forcées peuvent-elles être admises? Ne sont-elles pas toujours un vice essentiel dans quelque ouvrage que ce puisse être? Il conclut enfin en disant que si dans une comédie l'attendrissement peut aller quelquefois jusqu'aux larmes, il n'appartient qu'à la passion de l'amour de les faire répandre. Il n'entend pas sans doute l'amour tel qu'il est représenté dans les bonnes tragédies, l'amour furieux, barbare, funeste, suivi de crimes et de remords; il entend l'amour naïf et tendre, qui seul est du ressort de la comédie.

Cette réflexion en fait naître une autre, qu'on soumet au jugement des gens de lettres; c'est que, dans notre nation, la tragédie a commencé par s'approprier le langage de la comédie. Si l'on y prend garde, l'amour, dans beaucoup d'ouvrages dont la terreur et la pitié devraient être l'ame, est traité comme il doit l'être en effet dans le genre comique. La galanterie, les déclarations d'amour, la coquetterie, la naïveté, la familiarité, tout cela ne se trouve que trop chez nos héros et nos héroïnes de Rome et de la Grèce, dont nos théâtres retentissent; de sorte qu'en effet l'amour naïf et attendrissant, dans une comédie, n'est point un larcin fait à Melpomène, mais c'est au contraire Melpomène qui depuis long-temps a pris chez nous les brodequins de Thalie.

Qu'on jette les yeux sur les premières tragédies qui eurent de si prodigieux succès vers le temps du cardinal de Richelieu, la *Sophonisbe* de Mairet, la *Mariamne*, *l'Amour tyrannique*, *Alcionée*: on verra que l'amour y parle toujours sur un ton aussi familier, et quelquefois aussi bas que l'héroïsme s'y exprime avec une emphase ridicule; c'est peut-être la raison pour laquelle notre nation n'eut en ce temps-là aucune comédie supportable; c'est qu'en effet le théâtre tragique avait envahi

PRÉFACE.

tous les droits de l'autre : il est même vraisemblable que cette raison détermina Molière à donner rarement aux amans qu'il met sur la scène une passion vive et touchante : il sentait que la tragédie l'avait prévenu.

Depuis la *Sophonisbe* de Mairet, qui fut la première pièce dans laquelle on trouva quelque régularité, on avait commencé à regarder les déclarations d'amour des héros, les réponses artificieuses et coquettes des princesses, les peintures galantes de l'amour, comme des choses essentielles au théâtre tragique. Il est resté des écrits de ce temps-là, dans lesquels on cite avec de grands éloges ces vers que dit Massinisse après la bataille de Cirthe :

> J'aime plus de moitié quand je me sens aime,
> Et ma flamme s'accroît par un cœur enflammé...
> Comme par une vague une vague s'irrite,
> Un soupir amoureux par un autre s'excite.
> Quand les chaînes d'hymen étreignent deux esprits,
> Un plaisir se doit rendre aussitôt qu'il est pris.

Cette habitude de parler ainsi d'amour influa sur les meilleurs esprits; et ceux mêmes dont le génie mâle et sublime était fait pour rendre en tout à la tragédie son ancienne dignité se laissèrent entraîner à la contagion.

On vit dans les meilleures pièces :

> . . . . Un malheureux visage
> qui D'un chevalier romain captiva le courage.

Le héros dit à sa maîtresse :

> Adieu, trop vertueux objet et trop charmant.

L'héroïne lui répond :

> Adieu, trop malheureux et trop parfait amant.

Cléopâtre dit qu'une princesse

> . . . . Aimant sa renommée,
> En avouant qu'elle aime, est sûre d'être aimée.

Que César

> . . . . Trace des soupirs, et, d'un style plaintif,
> Dans son champ de victoire il se dit son captif.

Elle ajoute qu'il ne tient qu'à elle d'avoir des rigueurs, et de rendre César malheureux; sur quoi sa confidente lui répond :

> J'oserois bien juger que vos charmans appas
> Se vantent d'un pouvoir dont ils n'useront pas.

Dans toutes les pièces du même auteur qui suivent *la Mort de Pompée*, on est obligé d'avouer que l'amour est toujours traité de ce ton familier. Mais, sans prendre la peine inutile de rapporter des exemples de ces défauts trop visibles, examinons seulement les meilleurs vers que l'auteur de *Cinna* ait fait débiter sur le théâtre, comme maximes de galanterie.

> Il est des nœuds secrets, il est des sympathies,
> Dont par le doux rapport les ames assorties
> S'attachent l'une à l'autre, et se laissent piquer
> Par ce je ne sais quoi qu'on ne peut expliquer.

De bonne foi, croirait-on que ces vers du haut comique fussent dans la bouche d'une princesse des Parthes, qui va demander à son amant la tête de sa mère? Est-ce dans un jour si terrible qu'on parle « d'un je « ne sais quoi, dont par le doux rapport les ames sont

PRÉFACE.   289

« assorties ? » Sophocle aurait-il débité de tels madrigaux ?
Et toutes ces petites sentences amoureuses ne sont-elles
pas uniquement du ressort de la comédie ?

Le grand homme qui a porté à un si haut point la
véritable éloquence dans les vers, qui a fait parler à
l'amour un langage à la fois si touchant et si noble, a
mis cependant dans ses tragédies plus d'une scène que
Boileau trouvait plus digne de la haute comédie de Térence que du rival et du vainqueur d'Euripide.

On pourrait citer plus de trois cents vers dans ce goût.
Ce n'est pas que la simplicité, qui a ses charmes, la naïveté, qui quelquefois même tient du sublime, ne soient
nécessaires pour servir de préparation ou de liaison et de
passage au pathétique ; mais si ces traits naïfs et simples
appartiennent même au tragique, à plus forte raison
appartiennent-ils au grand comique. C'est dans ce point,
où la tragédie s'abaisse et où la comédie s'élève, que ces
deux arts se rencontrent et se touchent ; c'est là seulement que leurs bornes se confondent : et s'il est permis
à Oreste et à Hermione de se dire :

> Ah ! ne souhaitez pas le destin de Pyrrhus ;
> Je vous haïrois trop. — Vous m'en aimeriez plus.
> Ah ! que vous me verriez d'un regard bien contraire !
> Vous me voulez aimer, et je ne puis vous plaire.
> . . . .
> Vous m'aimeriez, madame, en me voulant haïr...
> Car enfin il vous hait ; son ame, ailleurs éprise,
> N'a plus... — Qui vous l'a dit, seigneur, qu'il me méprise...
> Jugez-vous que ma vue inspire des mépris ?

Si ces héros, dis-je, se sont exprimés avec cette familia-

PRÉFACE.

rité, à combien plus forte raison le Misanthrope est-il bien reçu à dire à sa maîtresse, avec véhémence :

> Rougissez bien plutôt, vous en avez raison ;
> Et j'ai de sûrs témoins de votre trahison.
> . . . .
> Ce n'étoit pas en vain que s'alarmoit ma flamme.
> . . . .
> Mais ne présumez pas que, sans être vengé,
> Je souffre le dépit de me voir outragé.
> . . . .
> C'est une trahison, c'est une perfidie
> Qui ne sauroit trouver de trop grands châtimens.
> Et je puis tout permettre à mes ressentimens :
> Oui, oui, redoutez tout après un tel outrage :
> Je ne suis plus à moi ; je suis tout à la rage.
> Percé du coup mortel dont vous m'assassinez,
> Mes sens par la raison ne sont plus gouvernés.

Certainement si toute la pièce du *Misanthrope* était dans ce goût, ce ne serait plus une comédie ; si Oreste et Hermione s'exprimaient toujours comme on vient de le voir, ce ne serait plus une tragédie ; mais après que ces deux genres si différens se sont ainsi rapprochés, ils rentrent chacun dans leur véritable carrière : l'un reprend le ton plaisant, et l'autre le ton sublime.

La comédie, encore une fois, peut donc se passionner, s'emporter, attendrir, pourvu qu'ensuite elle fasse rire les honnêtes gens. Si elle manquait de comique, si elle n'était que larmoyante, c'est alors qu'elle serait un genre très vicieux et très désagréable.

On avoue qu'il est rare de faire passer les spectateurs insensiblement de l'attendrissement au rire ; mais ce passage, tout difficile qu'il est de le saisir dans une comédie, n'en est pas moins naturel aux hommes. On a déja re-

PRÉFACE.

marqué ailleurs que rien n'est plus ordinaire que des aventures qui affligent l'ame, et dont certaines circonstances inspirent ensuite une gaieté passagère. C'est ainsi malheureusement que le genre humain est fait. Homère représente même les dieux riant de la mauvaise grace de Vulcain, dans le temps qu'ils décident du destin du monde. Hector sourit de la peur de son fils Astyanax, tandis qu'Andromaque répand des larmes.

On voit souvent, jusque dans l'horreur des batailles, des incendies, de tous les désastres qui nous affligent, qu'une naïveté, un bon mot, excitent le rire jusque dans le sein de la désolation et de la pitié. On défendit à un régiment, dans la bataille de Spire, de faire quartier; un officier allemand demande la vie à l'un des nôtres, qui lui répond : « Monsieur, demandez-moi toute « autre chose, mais pour la vie, il n'y a pas moyen. » Cette naïveté passa aussitôt de bouche en bouche, et on rit au milieu du carnage. A combien plus forte raison le rire peut-il succéder dans la comédie à des sentimens touchans! Ne s'attendrit-on pas avec Alcmène? Ne rit-on pas avec Sosie? Quel misérable et vain travail de disputer contre l'expérience! Si ceux qui disputent ainsi ne se payaient pas de raison, et aimaient mieux des vers, on leur citerait ceux-ci :

> L'Amour règne par le délire
> Sur ce ridicule univers :
> Tantôt aux esprits de travers
> Il fait rimer de mauvais vers ;
> Tantôt il renverse un empire.
> L'œil en feu, le fer à la main,
> Il frémit dans la tragédie;

Non moins touchant, et plus humain,
Il anime la comédie :
Il affadit dans l'élégie,
Et, dans un madrigal badin,
Il se joue aux pieds de Sylvie.
Tous les genres de poésie,
De Virgile jusqu'à Chaulieu,
Sont aussi soumis à ce dieu
Que tous les états de la vie.

EXTRAIT

D'UNE LETTRE DU ROI DE PRUSSE

A VOLTAIRE.

Comme vous n'avez pu réussir à m'attirer dans la secte de La Chaussée, personne n'en viendra à bout. J'avoue cependant que vous avez fait de *Nanine* tout ce qu'on en pouvait espérer; ce genre ne m'a jamais plu. Je conçois bien qu'il y a beaucoup d'auditeurs qui aiment mieux entendre des douceurs à la comédie, que d'y voir jouer leurs défauts, et qui sont intéressés à préférer un dialogue insipide à cette plaisanterie fine qui attaque les mœurs. Rien n'est plus désolant que de ne pouvoir pas être impunément ridicule. Ce principe posé, il faut renoncer à l'art charmant des Térence, des Plaute et des Molière, et ne se servir du théâtre que comme d'un bureau général de fadeur, où le public peut apprendre à dire *je vous aime* de cent façons différentes. Mon zèle pour la bonne comédie va si loin, que j'aimerais mieux y être joué, que de donner mon suffrage à ce monstre bâtard et flasque, que le mauvais goût de ce siècle a mis au monde.

PERSONNAGES.

Le comte D'OLBAN, seigneur retiré à la campagne.
La baronne DE L'ORME, parente du comte, femme impérieuse, aigre, difficile à vivre.
La marquise D'OLBAN, mère du comte.
NANINE, fille élevée dans la maison du comte.
PHILIPPE HOMBERT, paysan du voisinage.
BLAISE, jardinier.
GERMON, } domestiques.
MARIN,

La scène est dans le château du comte d'Olban.

NANINE,

COMÉDIE.

ACTE PREMIER.

SCÈNE I.

LE COMTE D'OLBAN, LA BARONNE DE L'ORME.

LA BARONNE.
Il faut parler, il faut, monsieur le comte,
Vous expliquer nettement sur mon compte.
Ni vous ni moi n'avons un cœur tout neuf;
Vous êtes libre, et depuis deux ans veuf :
Devers ce temps j'eus cet honneur moi-même;
Et nos procès, dont l'embarras extrême
Était si triste et si peu fait pour nous,
Sont enterrés, ainsi que mon époux.

LE COMTE.
Oui, tout procès m'est fort insupportable.

LA BARONNE.
Ne suis-je pas comme eux fort haïssable?

LE COMTE.
Qui? vous, madame?

LA BARONNE.
                   Oui, moi. Depuis deux ans,
Libres tous deux, comme tous deux parens,

Pour terminer nous habitons ensemble ;
Le sang, le goût, l'intérêt nous rassemble.
LE COMTE.
Ah, l'intérêt ! parlez mieux.
LA BARONNE.
      Non, monsieur.
Je parle bien, et c'est avec douleur ;
Et je sais trop que votre ame inconstante
Ne me voit plus que comme une parente.
LE COMTE.
Je n'ai pas l'air d'un volage, je croi.
LA BARONNE.
Vous avez l'air de me manquer de foi.
LE COMTE, *à part.*
Ah !
LA BARONNE.
  Vous savez que cette longue guerre,
Que mon mari vous fesait pour ma terre,
A dû finir en confondant nos droits
Dans un hymen dicté par notre choix :
Votre promesse à ma foi vous engage :
Vous différez, et qui diffère outrage.
LE COMTE.
J'attends ma mère.
LA BARONNE.
    Elle radote : bon !
LE COMTE.
Je la respecte, et je l'aime.
LA BARONNE.
      Et moi, non.

ACTE I, SCÈNE I.

Mais pour me faire un affront qui m'étonne,
Assurément vous n'attendez personne,
Perfide! ingrat!

LE COMTE.

D'où vient ce grand courroux?
Qui vous a donc dit tout cela?

LA BARONNE.

Qui? vous!
Vous, votre ton, votre air d'indifférence,
Votre conduite, en un mot, qui m'offense,
Qui me soulève, et qui choque mes yeux!
Ayez moins tort, ou défendez-vous mieux.
Ne vois-je pas l'indignité, la honte,
L'excès, l'affront du goût qui vous surmonte?
Quoi! pour l'objet le plus vil, le plus bas,
Vous me trompez!

LE COMTE.

Non, je ne trompe pas;
Dissimuler n'est pas mon caractère :
J'étais à vous, vous aviez su me plaire,
Et j'espérais avec vous retrouver
Ce que le ciel a voulu m'enlever,
Goûter en paix, dans cet heureux asile,
Les nouveaux fruits d'un nœud doux et tranquille;
Mais vous cherchez à détruire vos lois.
Je vous l'ai dit, l'Amour a deux carquois;
L'un est rempli de ces traits tout de flamme,
Dont la douceur porte la paix dans l'ame,
Qui rend plus purs nos goûts, nos sentimens,
Nos soins plus vifs, nos plaisirs plus touchans :

L'autre n'est plein que de flèches cruelles
Qui, répandant les soupçons, les querelles,
Rebutent l'ame, y portent la tiédeur,
Font succéder les dégoûts à l'ardeur :
Voilà les traits que vous prenez vous-même
Contre nous deux; et vous voulez qu'on aime !

LA BARONNE.

Oui, j'aurai tort ! Quand vous vous détachez,
C'est donc à moi que vous le reprochez.
Je dois souffrir vos belles incartades,
Vos procédés, vos comparaisons fades.
Qu'ai-je donc fait pour perdre votre cœur ?
Que me peut-on reprocher ?

LE COMTE.

Votre humeur.
N'en doutez pas : oui, la beauté, madame,
Ne plaît qu'aux yeux; la douceur charme l'ame.

LA BARONNE.

Mais êtes-vous sans humeur, vous ?

LE COMTE.

Moi ? non;
J'en ai sans doute, et pour cette raison
Je veux, madame, une femme indulgente,
Dont la beauté douce et compatissante,
A mes défauts facile à se plier,
Daigne avec moi me réconcilier,
Me corriger sans prendre un ton caustique,
Me gouverner sans être tyrannique,
Et dans mon cœur pénétrer pas à pas,
Comme un jour doux dans des yeux délicats.

ACTE I, SCÈNE I.

Qui sent le joug le porte avec murmure;
L'amour tyran est un dieu que j'abjure.
Je veux aimer, et ne veux point servir;
C'est votre orgueil qui peut seul m'avilir.
J'ai des défauts; mais le ciel fit les femmes
Pour corriger le levain de nos ames,
Pour adoucir nos chagrins, nos humeurs,
Pour nous calmer, pour nous rendre meilleurs.
C'est là leur lot; et pour moi, je préfère
Laideur affable à beauté rude et fière.

LA BARONNE.

C'est fort bien dit, traître! vous prétendez,
Quand vous m'outrez, m'insultez, m'excédez,
Que je pardonne, en lâche complaisante,
De vos amours la honte extravagante?
Et qu'à mes yeux un faux air de hauteur
Excuse en vous les bassesses du cœur?

LE COMTE.

Comment, madame?

LA BARONNE.

Oui, la jeune Nanine
Fait tout mon tort. Un enfant vous domine,
Une servante, une fille des champs,
Que j'élevai par mes soins imprudens,
Que par pitié votre facile mère
Daigna tirer du sein de la misère.
Vous rougissez!

LE COMTE.

Moi! je lui veux du bien.

LA BARONNE

Non, vous l'aimez, j'en suis très sûre.

LE COMTE.

Eh bien !
Si je l'aimais, apprenez donc, madame,
Que hautement je publierais ma flamme.

LA BARONNE.

Vous en êtes capable.

LE COMTE.

Assurément.

LA BARONNE.

Vous oseriez trahir impudemment
De votre rang toute la bienséance,
Humilier ainsi votre naissance,
Et dans la honte où vos sens sont plongés,
Braver l'honneur?

LE COMTE.

Dites les préjugés.
Je ne prends point, quoi qu'on en puisse croire,
La vanité pour l'honneur et la gloire.
L'éclat vous plaît; vous mettez la grandeur
Dans des blasons : je la veux dans le cœur.
L'homme de bien, modeste avec courage,
Et la beauté spirituelle, sage,
Sans bien, sans nom, sans tous ces titres vains,
Sont à mes yeux les premiers des humains.

LA BARONNE.

Il faut au moins être bon gentilhomme.
Un vil savant, un obscur honnête homme,
Serait chez vous, pour un peu de vertu,

ACTE I, SCÈNE I.

Comme un seigneur avec honneur reçu ?
LE COMTE.
Le vertueux aurait la préférence.
LA BARONNE.
Peut-on souffrir cette humble extravagance ?
Ne doit-on rien, s'il vous plaît, à son rang ?
LE COMTE.
Être honnête homme est ce qu'on doit.
LA BARONNE.
Mon sang
Exigerait un plus haut caractère.
LE COMTE.
Il est très haut, il brave le vulgaire.
LA BARONNE.
Vous dégradez ainsi la qualité !
LE COMTE.
Non ; mais j'honore ainsi l'humanité.
LA BARONNE.
Vous êtes fou ; quoi ! le public, l'usage...
LE COMTE.
L'usage est fait pour le mépris du sage ;
Je me conforme à ses ordres gênans,
Pour mes habits, non pour mes sentimens.
Il faut être homme, et d'une ame sensée
Avoir à soi ses goûts et sa pensée.
Irai-je en sot aux autres m'informer
Qui je dois fuir, chercher, louer, blâmer ?
Quoi ! de mon être il faudra qu'on décide ?
J'ai ma raison ; c'est ma mode et mon guide.
Le singe est né pour être imitateur,

Et l'homme doit agir d'après son cœur.
LA BARONNE.
Voilà parler en homme libre, en sage.
Allez ; aimez des filles de village,
Cœur noble et grand, soyez l'heureux rival
Du magister et du greffier fiscal ;
Soutenez bien l'honneur de votre race.
LE COMTE.
Ah, juste ciel ! que faut-il que je fasse ?

SCÈNE II.

LE COMTE, LA BARONNE, BLAISE.

LE COMTE.
Que veux-tu, toi ?
BLAISE.
C'est votre jardinier,
Qui vient, monsieur, humblement supplier
Votre grandeur...
LE COMTE.
Ma grandeur ! Eh bien, Blaise,
Que te faut-il ?
BLAISE.
Mais c'est, ne vous déplaise,
Que je voudrais me marier...
LE COMTE.
D'accord,
Très volontiers ; ce projet me plaît fort.
Je t'aiderai ; j'aime qu'on se marie :
Et la future, est-elle un peu jolie ?

ACTE I, SCÈNE II.

BLAISE.

Ah, oui, ma foi! c'est un morceau friand.

LA BARONNE.

Et Blaise en est aimé?

BLAISE.

        Certainement.

LE COMTE.

Et nous nommons cette beauté divine...

BLAISE.

Mais, c'est...

LE COMTE.

   Eh bien?

BLAISE.

        C'est la belle Nanine.

LE COMTE.

Nanine?

LA BARONNE.

    Ah, bon! je ne m'oppose point
A de pareils amours.

LE COMTE, *à part.*

       Ciel! à quel point
On m'avilit! Non, je ne le puis être.

BLAISE.

Ce parti-là doit bien plaire à mon maître.

LE COMTE.

Tu dis qu'on t'aime, impudent!

BLAISE.

        Ah! pardon.

LE COMTE.

T'a-t-elle dit qu'elle t'aimât?

BLAISE.

Mais... non,
Pas tout-à-fait ; elle m'a fait entendre
Tant seulement qu'elle a pour nous du tendre;
D'un ton si bon, si doux, si familier,
Elle m'a dit cent fois : « Cher jardinier,
« Cher ami Blaise, aide-moi donc à faire
« Un beau bouquet de fleurs, qui puisse plaire
« A monseigneur, à ce maître charmant; »
Et puis d'un air si touché, si touchant,
Elle fesait ce bouquet : et sa vue
Était troublée; elle était tout émue,
Toute rêveuse, avec un certain air,
Un air, la, qui... peste! l'on y voit clair.

LE COMTE.

Blaise, va-t'en... Quoi! j'aurais su lui plaire!

BLAISE.

Çà, n'allez pas traînasser notre affaire.

LE COMTE.

Hem!...

BLAISE.

Vous verrez comme ce terrain-là
Entre mes mains bientôt profitera.
Répondez donc; pourquoi ne me rien dire?

LE COMTE.

Ah! mon cœur est trop plein. Je me retire...
Adieu, madame.

SCÈNE III.

LA BARONNE, BLAISE.

LA BARONNE.
Il l'aime comme un fou,
J'en suis certaine. Et comment donc, par où,
Par quels attraits, par quelle heureuse adresse
A-t-elle pu me ravir sa tendresse?
Nanine! ô ciel! quel choix! quelle fureur!
Nanine! non; j'en mourrai de douleur.

BLAISE *revenant*.
Ah! vous parlez de Nanine.

LA BARONNE.
Insolente!

BLAISE.
Est-il pas vrai que Nanine est charmante?

LA BARONNE.
Non.

BLAISE.
Eh! si fait : parlez un peu pour nous,
Protégez Blaise.

LA BARONNE.
Ah, quels horribles coups!

BLAISE.
J'ai des écus; Pierre Blaise mon père
M'a bien laissé trois bons journaux de terre :
Tout est pour elle, écus comptans, journaux,
Tout mon avoir, et tout ce que je vaux;

Mon corps, mon cœur, tout moi-même, tout Blaise.
LA BARONNE.
Autant que toi crois que j'en serais aise;
Mon pauvre enfant, si je puis te servir,
Tous deux ce soir je voudrais vous unir :
Je lui paîrai la dot.
BLAISE.
Digne baronne,
Que j'aimerai votre chère personne !
Que de plaisir ! est-il possible !
LA BARONNE.
Hélas !
Je crains, ami, de ne réussir pas.
BLAISE.
Ah ! par pitié, réussissez, madame.
LA BARONNE.
Va, plût au ciel qu'elle devînt ta femme !
Attends mon ordre.
BLAISE.
Eh ! puis-je attendre?
LA BARONNE.
Va.
BLAISE.
Adieu. J'aurai, ma foi, cet enfant-là.

SCÈNE IV.

LA BARONNE.

Vit-on jamais une telle aventure!
Peut-on sentir une plus vive injure,
Plus lâchement se voir sacrifier!
Le comte Olban rival d'un jardinier!
   (à un laquais.)
Holà! quelqu'un! Qu'on appelle Nanine.
C'est mon malheur qu'il faut que j'examine.
Où pourrait-elle avoir pris l'art flatteur,
L'art de séduire et de garder un cœur,
L'art d'allumer un feu vif et qui dure?
Où? dans ses yeux, dans la simple nature.
Je crois pourtant que cet indigne amour
N'a point encore osé se mettre au jour.
J'ai vu qu'Olban se respecte avec elle;
Ah! c'est encore une douleur nouvelle !
J'espèrerais s'il se respectait moins.
D'un amour vrai le traître a tous les soins.
Ah! la voici : je me sens au supplice.
Que la nature est pleine d'injustice!
A qui va-t-elle accorder la beauté!
C'est un affront fait à la qualité.
Approchez-vous, venez, mademoiselle.

SCÈNE V.

LA BARONNE, NANINE.

NANINE.

Madame.

LA BARONNE.

Mais est-elle donc si belle?
Ces grands yeux noirs ne disent rien du tout;
Mais s'ils ont dit, j'aime... ah! je suis à bout.
Possédons-nous. Venez.

NANINE.

Je viens me rendre
A mon devoir.

LA BARONNE.

Vous vous faites attendre
Un peu de temps; avancez-vous. Comment!
Comme elle est mise! et quel ajustement!
Il n'est pas fait pour une créature
De votre espèce.

NANINE.

Il est vrai. Je vous jure,
Par mon respect, qu'en secret j'ai rougi
Plus d'une fois d'être vêtue ainsi;
Mais c'est l'effet de vos bontés premières,
De ces bontés qui me sont toujours chères.
De tant de soins vous daigniez m'honorer!
Vous vous plaisiez vous-même à me parer.
Songez combien vous m'aviez protégée :

ACTE I, SCÈNE V.

Sous cet habit je ne suis point changée.
Voudriez-vous, madame, humilier
Un cœur soumis, qui ne peut s'oublier?

LA BARONNE.

Approchez-moi ce fauteuil... Ah! j'enrage...
D'où venez-vous?

NANINE.

Je lisais.

LA BARONNE.

Quel ouvrage?

NANINE.

Un livre anglais dont on m'a fait présent.

LA BARONNE.

Sur quel sujet?

NANINE.

Il est intéressant :
L'auteur prétend que les hommes sont frères,
Nés tous égaux; mais ce sont des chimères :
Je ne puis croire à cette égalité.

LA BARONNE.

Elle y croira. Quel fonds de vanité!
Que l'on m'apporte ici mon écritoire...

NANINE.

J'y vais.

LA BARONNE.

Restez. Que l'on me donne à boire.

NANINE.

Quoi?

LA BARONNE.

Rien. Prenez mon éventail... Sortez.

Allez chercher mes gants... Laissez... Restez.
Avancez-vous... Gardez-vous, je vous prie,
D'imaginer que vous soyez jolie.

NANINE.

Vous me l'avez si souvent répété,
Que si j'avais ce fonds de vanité,
Si l'amour-propre avait gâté mon ame,
Je vous devrais ma guérison, madame.

LA BARONNE.

Où trouve-t-elle ainsi ce qu'elle dit ?
Que je la hais ! quoi ! belle et de l'esprit !
(avec dépit.)
Écoutez-moi. J'eus bien de la tendresse
Pour votre enfance.

NANINE.

Oui. Puisse ma jeunesse
Etre honorée encor de vos bontés !

LA BARONNE.

Eh bien ! voyez si vous les méritez.
Je prétends, moi, ce jour, cette heure même,
Vous établir ; jugez si je vous aime.

NANINE.

Moi !

LA BARONNE.

Je vous donne une dot. Votre époux
Est fort bien fait, et très digne de vous ;
C'est un parti de tout point fort sortable :
C'est le seul même aujourd'hui convenable ;
Et vous devez bien m'en remercier :
C'est, en un mot, Blaise le jardinier.

ACTE I, SCÈNE V.

NANINE.

Blaise, madame?

LA BARONNE.

Oui. D'où vient ce sourire?
Hésitez-vous un moment d'y souscrire?
Mes offres sont un ordre, entendez-vous?
Obéissez, ou craignez mon courroux.

NANINE.

Mais...

LA BARONNE.

Apprenez qu'un *mais* est une offense.
Il vous sied bien d'avoir l'impertinence
De refuser un mari de ma main !
Ce cœur si simple est devenu bien vain.
Mais votre audace est trop prématurée ;
Votre triomphe est de peu de durée.
Vous abusez du caprice d'un jour,
Et vous verrez quel en est le retour.
Petite ingrate, objet de ma colère,
Vous avez donc l'insolence de plaire?
Vous m'entendez ; je vous ferai rentrer
Dans le néant dont j'ai su vous tirer.
Tu pleureras ton orgueil, ta folie.
Je te ferai renfermer pour ta vie
Dans un couvent.

NANINE.

J'embrasse vos genoux ;
Renfermez-moi ; mon sort sera trop doux.
Oui, des faveurs que vous vouliez me faire,
Cette rigueur est pour moi la plus chère.

Enfermez-moi dans un cloître à jamais :
J'y bénirai mon maître et vos bienfaits ;
J'y calmerai des alarmes mortelles,
Des maux plus grands, des craintes plus cruelles,
Des sentimens plus dangereux pour moi
Que ce courroux qui me glace d'effroi.
Madame, au nom de ce courroux extrême,
Délivrez-moi, s'il se peut, de moi-même ;
Dès cet instant je suis prête à partir.

LA BARONNE.

Est-il possible ? et que viens-je d'ouïr ?
Est-il bien vrai ? me trompez-vous, Nanine ?

NANINE.

Non. Faites-moi cette faveur divine :
Mon cœur en a trop besoin.

LA BARONNE, *avec un emportement de tendresse.*

Lève-toi :
Que je t'embrasse. O jour heureux pour moi !
Ma chère amie, eh bien ! je vais sur l'heure
Préparer tout pour ta belle demeure.
Ah ! quel plaisir que de vivre en couvent !

NANINE.

C'est pour le moins un abri consolant.

LA BARONNE.

Non ; c'est, ma fille, un séjour délectable.

NANINE.

Le croyez-vous ?

LA BARONNE.

Le monde est haïssable,
Jaloux...

ACTE I, SCÈNE V.

NANINE.

Oh! oui.

LA BARONNE.

Fou, méchant, vain, trompeur,
Changeant, ingrat; tout cela fait horreur.

NANINE.

Oui; j'entrevois qu'il me serait funeste,
Qu'il faut le fuir...

LA BARONNE.

La chose est manifeste;
Un bon couvent est un port assuré.
Monsieur le comte, ah! je vous préviendrai.

NANINE.

Que dites-vous de monseigneur?

LA BARONNE.

Je t'aime
A la fureur; et dès ce moment même
Je voudrais bien te faire le plaisir
De t'enfermer pour ne jamais sortir.
Mais il est tard, hélas! il faut attendre
Le point du jour. Écoute: il faut te rendre
Vers le minuit dans mon appartement.
Nous partirons d'ici secrètement
Pour ton couvent à cinq heures sonnantes:
Sois prête au moins.

SCÈNE VI.

NANINE.

                Quelles douleurs cuisantes!
Quel embarras! quel tourment! quel dessein!
Quels sentimens combattent dans mon sein!
Hélas! je fuis le plus aimable maître!
En le fuyant, je l'offense peut-être;
Mais, en restant, l'excès de ses bontés
M'attirerait trop de calamités,
Dans sa maison mettrait un trouble horrible.
Madame croit qu'il est pour moi sensible,
Que jusqu'à moi ce cœur peut s'abaisser:
Je le redoute, et n'ose le penser.
De quel courroux madame est animée!
Quoi! l'on me hait, et je crains d'être aimée?
Mais, moi! mais, moi! je me crains encor plus;
Mon cœur troublé de lui-même est confus.
Que devenir? De mon état tirée,
Pour mon malheur je suis trop éclairée.
C'est un danger, c'est peut-être un grand tort
D'avoir une ame au dessus de son sort.
Il faut partir; j'en mourrai, mais n'importe.

SCÈNE VII.

LE COMTE, NANINE; un laquais.

LE COMTE.
Holà! quelqu'un; qu'on reste à cette porte.
Des siéges, vite.
(Il fait la révérence à Nanine, qui lui en fait une profonde.)
Asseyons-nous ici.

NANINE.
Qui? moi, monsieur?

LE COMTE.
Oui, je le veux ainsi;
Et je vous rends ce que votre conduite,
Votre beauté, votre vertu mérite.
Un diamant trouvé dans un désert
Est-il moins beau, moins précieux, moins cher?
Quoi! vos beaux yeux semblent mouillés de larmes!
Ah! je le vois, jalouse de vos charmes,
Notre baronne aura, par ses aigreurs,
Par son courroux, fait répandre vos pleurs.

NANINE.
Non, monsieur, non; sa bonté respectable
Jamais pour moi ne fut si favorable;
Et j'avouerai qu'ici tout m'attendrit.

LE COMTE.
Vous me charmez : je craignais son dépit.

NANINE.
Hélas! pourquoi?

LE COMTE.

    Jeune et belle Nanine,
La jalousie en tous les cœurs domine :
L'homme est jaloux dès qu'il peut s'enflammer;
La femme l'est, même avant que d'aimer.
Un jeune objet, beau, doux, discret, sincère,
A tout son sexe est bien sûr de déplaire.
L'homme est plus juste; et d'un sexe jaloux
Nous vous vengeons autant qu'il est en nous.
Croyez surtout que je vous rends justice.
J'aime ce cœur qui n'a point d'artifice;
J'admire encore à quel point vous avez
Développé vos talens cultivés.
De votre esprit la naïve justesse
Me rend surpris autant qu'il m'intéresse.

NANINE.

J'en ai bien peu; mais quoi! je vous ai vu,
Et je vous ai tous les jours entendu :
Vous avez trop relevé ma naissance;
Je vous dois trop; c'est par vous que je pense.

LE COMTE.

Ah! croyez-moi, l'esprit ne s'apprend pas.

NANINE.

Je pense trop pour un état si bas;
Au dernier rang les destins m'ont comprise.

LE COMTE.

Dans le premier vos vertus vous ont mise.
Naïvement dites-moi quel effet
Ce livre anglais sur votre esprit a fait?

NANINE.

Il ne m'a point du tout persuadée;
Plus que jamais, monsieur, j'ai dans l'idée
Qu'il est des cœurs si grands, si généreux,
Que tout le reste est bien vil auprès d'eux.

LE COMTE.

Vous en êtes la preuve... Ah çà, Nanine,
Permettez-moi qu'ici l'on vous destine
Un sort, un rang moins indigne de vous.

NANINE.

Hélas! mon sort était trop haut, trop doux.

LE COMTE.

Non. Désormais soyez de la famille :
Ma mère arrive; elle vous voit en fille;
Et mon estime et sa tendre amitié
Doivent ici vous mettre sur un pied
Fort éloigné de cette indigne gêne
Où vous tenait une femme hautaine.

NANINE.

Elle n'a fait, hélas! que m'avertir
De mes devoirs... Qu'ils sont durs à remplir!

LE COMTE.

Quoi! quel devoir? Ah! le vôtre est de plaire;
Il est rempli : le nôtre ne l'est guère.
Il vous fallait plus d'aisance et d'éclat :
Vous n'êtes pas encor dans votre état.

NANINE.

J'en suis sortie, et c'est ce qui m'accable;
C'est un malheur peut-être irréparable.

(se levant.)

Ah, monseigneur! ah, mon maître! écartez
De mon esprit toutes ces vanités;
De vos bienfaits confuse, pénétrée,
Laissez-moi vivre à jamais ignorée.
Le ciel me fit pour un état obscur;
L'humilité n'a pour moi rien de dur.
Ah! laissez-moi ma retraite profonde.
Et que ferais-je, et que verrais-je au monde,
Après avoir admiré vos vertus?

LE COMTE.

Non, c'en est trop, je n'y résiste plus.
Qui? vous obscure! vous!

NANINE.

                    Quoi que je fasse,
Puis-je de vous obtenir une grace?

LE COMTE.

Qu'ordonnez-vous? parlez.

NANINE.

                      Depuis un temps
Votre bonté me comble de présens.

LE COMTE.

Eh bien! pardon. J'en agis comme un père,
Un père tendre à qui sa fille est chère.
Je n'ai point l'art d'embellir un présent;
Et je suis juste, et ne suis point galant.
De la fortune il faut venger l'injure :
Elle vous traita mal : mais la nature,
En récompense, a voulu vous doter
De tous ses biens; j'aurais dû l'imiter.

NANINE.

Vous en avez trop fait; mais je me flatte
Qu'il m'est permis, sans que je sois ingrate,
De disposer de ces dons précieux
Que votre main rend si chers à mes yeux.

LE COMTE.

Vous m'outragez.

SCÈNE VIII.

LE COMTE, NANINE, GERMON.

GERMON.
Madame vous demande,
Madame attend.

LE COMTE.
Eh! que madame attende.
Quoi! l'on ne peut un moment vous parler,
Sans qu'aussitôt on vienne nous troubler!

NANINE.
Avec douleur, sans doute, je vous laisse;
Mais vous savez qu'elle fut ma maîtresse.

LE COMTE.
Non, non, jamais je ne veux le savoir.

NANINE.
Elle conserve un reste de pouvoir.

LE COMTE.
Elle n'en garde aucun, je vous assure.
Vous gémissez... Quoi! votre cœur murmure?
Qu'avez-vous donc?

NANINE.

Je vous quitte à regret;
Mais il le faut... O ciel! c'en est donc fait!
(Elle sort.)

SCÈNE IX.

LE COMTE, GERMON.

LE COMTE.

Elle pleurait. D'une femme orgueilleuse
Depuis long-temps l'aigreur capricieuse
La fait gémir sous trop de dureté;
Et de quel droit? par quelle autorité?
Sur ces abus ma raison se récrie.
Ce monde-ci n'est qu'une loterie
De biens, de rangs, de dignités, de droits,
Brigués sans titre et répandus sans choix.
Hé!

GERMON.

Monseigneur.

LE COMTE.

Demain sur sa toilette
Vous porterez cette somme complète
De trois cents louis d'or; n'y manquez pas;
Puis vous irez chercher ces gens là-bas;
Ils attendront.

GERMON.

Madame la baronne
Aura l'argent que monseigneur me donne,
Sur sa toilette.

ACTE I, SCÈNE IX.

LE COMTE.

Eh! l'esprit lourd! hé non!
C'est pour Nanine, entendez-vous?

GERMON.

Pardon.

LE COMTE.

Allez, allez, laissez-moi.

(Germon sort.)

Ma tendresse
Assurément n'est point une faiblesse.
Je l'idolâtre, il est vrai; mais mon cœur
Dans ses yeux seuls n'a point pris son ardeur.
Son caractère est fait pour plaire au sage;
Et sa belle ame a mon premier hommage :
Mais son état... Elle est trop au dessus;
Fût-il plus bas, je l'en aimerais plus.
Mais puis-je enfin l'épouser? Oui, sans doute.
Pour être heureux qu'est-ce donc qu'il en coûte?
D'un monde vain dois-je craindre l'écueil,
Et de mon goût me priver par orgueil?
Mais la coutume... Eh bien! elle est cruelle;
Et la nature eut ses droits avant elle.
Eh quoi! rival de Blaise! pourquoi non?
Blaise est un homme; il l'aime, il a raison.
Elle fera dans une paix profonde
Le bien d'un seul et les désirs du monde.
Elle doit plaire aux jardiniers, aux rois;
Et mon bonheur justifiera mon choix.

FIN DU PREMIER ACTE.

ACTE SECOND.

SCÈNE I.

LE COMTE, MARIN.

LE COMTE.

Ah! cette nuit est une année entière!
Que le sommeil est loin de ma paupière!
Tout dort ici; Nanine dort en paix;
Un doux repos rafraîchit ses attraits :
Et moi, je vais, je cours, je veux écrire,
Je n'écris rien; vainement je veux lire,
Mon œil troublé voit les mots sans les voir,
Et mon esprit ne les peut concevoir;
Dans chaque mot, le seul nom de Nanine
Est imprimé par une main divine.
Holà, quelqu'un! qu'on vienne. Quoi! mes gens
Sont-ils pas las de dormir si long-temps?
Germon! Marin!

   MARIN, *derrière le théâtre.*

   J'accours.

   LE COMTE.

      Quelle paresse!
Eh! venez vite; il fait jour; le temps presse :
Arrivez donc.

   MARIN.

   Eh, monsieur! quel lutin

ACTE II, SCÈNE I.

Vous a sans nous éveillé si matin?

LE COMTE.

L'amour.

MARIN.

Oh! oh! la baronne de l'Orme
Ne permet pas qu'en ce logis on dorme.
Qu'ordonnez-vous?

LE COMTE.

Je veux, mon cher Marin,
Je veux avoir, au plus tard pour demain,
Six chevaux neufs, un nouvel équipage,
Femme de chambre adroite, bonne et sage,
Valet de chambre avec deux grands laquais,
Point libertins, qui soient jeunes, bien faits;
Des diamans, des boucles des plus belles,
Des bijoux d'or, des étoffes nouvelles.
Pars dans l'instant, cours en poste à Paris;
Crève tous les chevaux.

MARIN.

Vous voilà pris:
J'entends, j'entends; madame la baronne
Est la maîtresse aujourd'hui qu'on nous donne;
Vous l'épousez?

LE COMTE.

Quel que soit mon projet,
Vole, et reviens.

MARIN.

Vous serez satisfait.

SCÈNE II.

LE COMTE, GERMON.

LE COMTE, *d'abord seul.*
Quoi! j'aurai donc cette douceur extrême
De rendre heureux, d'honorer ce que j'aime!
Notre baronne avec fureur criera;
Très volontiers, et tant qu'elle voudra.
Les vains discours, le monde, la baronne,
Rien ne m'émeut, et je ne crains personne;
Aux préjugés c'est trop être soumis :
Il faut les vaincre, ils sont nos ennemis;
Et ceux qui font les esprits raisonnables,
Plus vertueux, sont les seuls respectables.
Eh mais... quel bruit entends-je dans ma cour?
C'est un carrosse. Oui... mais... au point du jour
Qui peut venir... C'est ma mère peut-être.
Germon...

GERMON, *arrivant.*
    Monsieur.

LE COMTE.
             Vois ce que ce peut être.

GERMON.
C'est un carrosse.

LE COMTE.
        Et qui? par quel hasard?
Qui vient ici?

GERMON.
    L'on ne vient point; l'on part.

ACTE II, SCÈNE II.

LE COMTE.

Comment! on part?

GERMON.

Madame la baronne
Sort tout à l'heure.

LE COMTE.

Oh! je le lui pardonne;
Que pour jamais puisse-t-elle sortir!

GERMON.

Avec Nanine elle est prête à partir.

LE COMTE.

Ciel! que dis-tu? Nanine!

GERMON.

La suivante
Le dit tout haut.

LE COMTE.

Quoi donc?

GERMON.

Votre parente
Part avec elle; elle va, ce matin,
Mettre Nanine à ce couvent voisin.

LE COMTE.

Courons, volons. Mais quoi! que vais-je faire?
Pour leur parler je suis trop en colère :
N'importe : allons. Quand je devrais... mais non :
On verrait trop toute ma passion.
Qu'on ferme tout, qu'on vole, qu'on l'arrête;
Répondez-moi d'elle sur votre tête :
Amenez-moi Nanine.

(Germon sort.)

Ah ! juste ciel !
On l'enlevait. Quel jour ! quel coup mortel !
Qu'ai-je donc fait? pourquoi? par quel caprice?
Par quelle ingrate et cruelle injustice ?
Qu'ai-je donc fait, hélas ! que l'adorer,
Sans la contraindre et sans me déclarer,
Sans alarmer sa timide innocence?
Pourquoi me fuir? je m'y perds, plus j'y pense.

SCÈNE III.

LE COMTE, NANINE.

LE COMTE.

Belle Nanine, est-ce vous que je vois?
Quoi ! vous voulez vous dérober à moi !
Ah ! répondez, expliquez-vous, de grace.
Vous avez craint, sans doute, la menace
De la baronne; et ces purs sentimens,
Que vos vertus m'inspirent dès long-temps,
Plus que jamais l'auront sans doute aigrie.
Vous n'auriez point de vous-même eu l'envie
De nous quitter, d'arracher à ces lieux
Leur seul éclat que leur prêtaient vos yeux.
Hier au soir, de pleurs toute trempée,
De ce dessein étiez-vous occupée?
Répondez donc. Pourquoi me quittiez-vous?

NANINE.

Vous me voyez tremblante à vos genoux.

LE COMTE, *la relevant.*

Ah ! parlez-moi. Je tremble plus encore.

ACTE II, SCÈNE III.

NANINE.

Madame...

LE COMTE.

Eh bien?

NANINE.

Madame que j'honore,
Pour le couvent n'a point forcé mes vœux.

LE COMTE.

Ce serait vous? qu'entends-je! ah, malheureux!

NANINE.

Je vous l'avoue; oui, je l'ai conjurée
De mettre un frein à mon ame égarée...
Elle voulait, monsieur, me marier.

LE COMTE.

Elle? à qui donc?

NANINE.

A votre jardinier.

LE COMTE.

Le digne choix!

NANINE.

Et moi, toute honteuse,
Plus qu'on ne croit peut-être malheureuse,
Moi qui repousse avec un vain effort
Des sentimens au dessus de mon sort,
Que vos bontés avaient trop élevée,
Pour m'en punir, j'en dois être privée.

LE COMTE.

Vous, vous punir! ah, Nanine! et de quoi?

NANINE.

D'avoir osé soulever contre moi

Votre parente, autrefois ma maîtresse.
Je lui déplais; mon seul aspect la blesse :
Elle a raison; et j'ai près d'elle, hélas!
Un tort bien grand... qui ne finira pas.
J'ai craint ce tort; il est peut-être extrême.
J'ai prétendu m'arracher à moi-même,
Et déchirer dans les austérités
Ce cœur trop haut, trop fier de vos bontés,
Venger sur lui sa faute involontaire.
Mais ma douleur, hélas! la plus amère,
En perdant tout, en courant m'éclipser,
En vous fuyant, fut de vous offenser.

LE COMTE, *se détournant et se promenant.*

Quels sentimens et quelle ame ingénue!
En ma faveur est-elle prévenue?
A-t-elle craint de m'aimer? ô vertu!

NANINE.

Cent fois pardon, si je vous ai déplu :
Mais permettez qu'au fond d'une retraite
J'aille cacher ma douleur inquiète,
M'entretenir en secret à jamais
De mes devoirs, de vous, de vos bienfaits.

LE COMTE.

N'en parlons plus. Écoutez : la baronne
Vous favorise, et noblement vous donne
Un domestique, un rustre pour époux;
Moi, j'en sais un moins indigne de vous :
Il est d'un rang fort au dessus de Blaise,
Jeune, honnête homme; il est fort à son aise
Je vous réponds qu'il a des sentimens :

Son caractère est loin des mœurs du temps ;
Et je me trompe, ou pour vous j'envisage
Un destin doux, un excellent ménage.
Un tel parti flatte-t-il votre cœur ?
Vaut-il pas bien le couvent ?

NANINE.

Non, monsieur...
Ce nouveau bien que vous daignez me faire,
Je l'avouerai, ne peut me satisfaire.
Vous pénétrez mon cœur reconnaissant :
Daignez y lire, et voyez ce qu'il sent ;
Voyez sur quoi ma retraite se fonde.
Un jardinier, un monarque du monde,
Qui pour époux s'offriraient à mes vœux,
Également me déplairaient tous deux.

LE COMTE.

Vous décidez mon sort. Eh bien ! Nanine,
Connaissez donc celui qu'on vous destine :
Vous l'estimez : il est sous votre loi ;
Il vous adore, et cet époux... c'est moi.
(à part.)
L'étonnement, le trouble l'a saisie.
(à Nanine.)
Ah ! parlez-moi ; disposez de ma vie ;
Ah ! reprenez vos sens trop agités.

NANINE.

Qu'ai-je entendu ?

LE COMTE.

Ce que vous méritez.

NANINE.

Quoi! vous m'aimez... Ah! gardez-vous de croire
Que j'ose user d'une telle victoire.
Non, monsieur, non, je ne souffrirai pas
Qu'ainsi pour moi vous descendiez si bas·
Un tel hymen est toujours trop funeste;
Le goût se passe, et le repentir reste.
J'ose à vos pieds attester vos aïeux...
Hélas! sur moi ne jetez point les yeux.
Vous avez pris pitié de mon jeune âge;
Formé par vous, ce cœur est votre ouvrage;
Il en serait indigne désormais
S'il acceptait le plus grand des bienfaits.
Oui, je vous dois des refus. Oui, mon ame
Doit s'immoler.

LE COMTE.
   Non, vous serez ma femme.
Quoi! tout à l'heure ici vous m'assuriez,
Vous l'avez dit, que vous refuseriez
Tout autre époux, fût-ce un prince.

NANINE.
      Oui, sans doute;
Et ce n'est pas ce refus qui me coûte.

LE COMTE.
Mais me haïssez-vous?

NANINE.
    Aurais-je fui,
Craindrais-je tant, si vous étiez haï?

LE COMTE.
Ah! ce mot seul a fait ma destinée.

ACTE II, SCÈNE III.

NANINE.
Eh! que prétendez-vous?

LE COMTE.
Notre hyménée.

NANINE.
Songez...

LE COMTE.
Je songe à tout.

NANINE.
Mais prévoyez...

LE COMTE.
Tout est prévu...

NANINE.
Si vous m'aimez, croyez...

LE COMTE.
Je crois former le bonheur de ma vie.

NANINE.
Vous oubliez...

LE COMTE.
Il n'est rien que j'oublie.
Tout sera prêt, et tout est ordonné...

NANINE.
Quoi! malgré moi votre amour obstiné...

LE COMTE.
Oui, malgré vous, ma flamme impatiente
Va tout presser pour cette heure charmante.
Un seul instant je quitte vos attraits,
Pour que mes yeux n'en soient privés jamais.
Adieu, Nanine, adieu, vous que j'adore.

SCÈNE IV.

NANINE.

Ciel! est-ce un rêve? et puis-je croire encore
Que je parvienne au comble du bonheur?
Non, ce n'est pas l'excès d'un tel honneur,
Tout grand qu'il est, qui me plaît et me frappe;
A mes regards tant de grandeur échappe :
Mais épouser ce mortel généreux,
Lui, cet objet de mes timides vœux,
Lui que j'avais tant craint d'aimer, que j'aime,
Lui qui m'élève au dessus de moi-même;
Je l'aime trop pour pouvoir l'avilir :
Je devrais... Non, je ne puis plus le fuir;
Non... Mon état ne saurait se comprendre.
Moi l'épouser! quel parti dois-je prendre?
Le ciel pourra m'éclairer aujourd'hui;
Dans ma faiblesse il m'envoie un appui.
Peut-être même... Allons; il faut écrire,
Il faut... Par où commencer, et que dire?
Quelle surprise! Écrivons promptement,
Avant d'oser prendre un engagement.

(Elle se met à écrire.)

SCÈNE V.

NANINE, BLAISE

BLAISE.

Ah! la voici. Madame la baronne
En ma faveur vous a parlé, mignonne.
Ouais, elle écrit sans me voir seulement.

NANINE, *écrivant toujours.*

Blaise, bonjour.

BLAISE.

Bonjour est sec, vraiment.

NANINE, *écrivant.*

A chaque mot mon embarras redouble;
Toute ma lettre est pleine de mon trouble.

BLAISE.

Le grand génie! elle écrit tout courant;
Qu'elle a d'esprit! et que n'en ai-je autant!
Çà, je disais...

NANINE.

Eh bien?

BLAISE.

Elle m'impose
Par son maintien; devant elle je n'ose
M'expliquer... la... tout comme je voudrais :
Je suis venu cependant tout exprès.

NANINE.

Cher Blaise, il faut me rendre un grand service.

BLAISE.

Oh! deux plutôt.

NANINE.

Je te fais la justice
De me fier à ta discrétion,
A ton bon cœur.

BLAISE.

Oh! parlez sans façon :
Car voyez-vous, Blaise est prêt à tout faire
Pour vous servir; vite, point de mystère.

NANINE.

Tu vas souvent au village prochain,
A Rémival; à droite du chemin?

BLAISE.

Oui.

NANINE.

Pourrais-tu trouver dans ce village
Philippe Hombert?

BLAISE.

Non. Quel est ce visage?
Philippe Hombert? je ne connais pas ça.

NANINE.

Hier au soir je crois qu'il arriva;
Informe-t'en. Tâche de lui remettre,
Mais sans délai, cet argent, cette lettre.

BLAISE.

Oh! de l'argent!

NANINE.

Donne aussi ce paquet :
Monte à cheval pour avoir plus tôt fait;

Pars, et sois sûr de ma reconnaissance.

BLAISE.

J'irais pour vous au fin fond de la France.
Philippe Hombert est un heureux manant;
La bourse est pleine : ah! que d'argent comptant!
Est-ce une dette?

NANINE.

Elle est très avérée;
Il n'en est point, Blaise, de plus sacrée.
Écoute : Hombert est peut-être inconnu;
Peut-être même il n'est pas revenu.
Mon cher ami, tu me rendras ma lettre,
Si tu ne peux en ses mains la remettre.

BLAISE.

Mon cher ami!

NANINE.

Je me fie à ta foi.

BLAISE.

Son cher ami!

NANINE.

Va, j'attends tout de toi.

SCÈNE VI.

LA BARONNE, BLAISE.

BLAISE.

D'où diable vient cet argent? quel message!
Il nous aurait aidé dans le ménage!
Allons, elle a pour nous de l'amitié;

Et ça vaut mieux que de l'argent, morgué :
Courons, courons.
(Il met l'argent et le paquet dans sa poche ; il rencontre
la baronne, et la heurte.)

LA BARONNE.

Eh ! le butor... arrête.
L'étourdi m'a pensé casser la tête.

BLAISE.

Pardon, madame.

LA BARONNE.

Où vas-tu ? que tiens-tu ?
Que fait Nanine ? As-tu rien entendu ?
Monsieur le comte est-il bien en colère ?
Quel billet est-ce là ?

BLAISE.

C'est un mystère.
Peste...

LA BARONNE.

Voyons.

BLAISE.

Nanine gronderait.

LA BARONNE.

Comment dis-tu ? Nanine ! elle pourrait
Avoir écrit, te charger d'un message !
Donne, ou je romps soudain ton mariage :
Donne, te dis-je.

BLAISE, *riant*.

Ho, ho.

LA BARONNE.

De quoi ris-tu ?

BLAISE, *riant encore.*

Ha, ha.

LA BARONNE.

J'en veux savoir le contenu.

(Elle décachette la lettre.)

Il m'intéresse, ou je suis bien trompée.

BLAISE, *riant encore.*

Ha, ha, ha, ha, qu'elle est bien attrapée!
Elle n'a là qu'un chiffon de papier;
Moi j'ai l'argent, et je m'en vais payer
Philippe Hombert : faut servir sa maîtresse.
Courons.

SCÈNE VII.

LA BARONNE.

Lisons. « Ma joie et ma tendresse
« Sont sans mesure, ainsi que mon bonheur :
« Vous arrivez, quel moment pour mon cœur!
« Quoi! je ne puis vous voir et vous entendre!
« Entre vos bras je ne puis me jeter!
« Je vous conjure au moins de vouloir prendre
« Ces deux paquets : daignez les accepter.
« Sachez qu'on m'offre un sort digne d'envie,
« Et dont il est permis de s'éblouir:
« Mais il n'est rien que je ne sacrifie
« Au seul mortel que mon cœur doit chérir. »
Ouais. Voilà donc le style de Nanine!
Comme elle écrit, l'innocente orpheline!
Comme elle fait parler la passion!

En vérité ce billet est bien bon.
Tout est parfait, je ne me sens pas d'aise.
Ah, ah, rusée! ainsi vous trompiez Blaise!
Vous m'enleviez en secret mon amant.
Vous avez feint d'aller dans un couvent;
Et tout l'argent que le comte vous donne,
C'est pour Philippe Hombert! fort bien, friponne;
J'en suis charmée, et le perfide amour
Du comte Olban méritait bien ce tour.
Je m'en doutais que le cœur de Nanine
Était plus bas que sa basse origine.

SCÈNE VIII.

LE COMTE, LA BARONNE.

LA BARONNE.

Venez, venez, homme à grands sentimens,
Homme au dessus des préjugés du temps,
Sage amoureux, philosophe sensible;
Vous allez voir un trait assez risible.
Vous connaissez sans doute à Rémival
Monsieur Philippe Hombert, votre rival?

LE COMTE.

Ah, quels discours vous me tenez!

LA BARONNE.

Peut-être
Ce billet-là vous le fera connaître.
Je crois qu'Hombert est un fort beau garçon.

LE COMTE.

Tous vos efforts ne sont plus de saison :

Mon parti pris, je suis inébranlable.
Contentez-vous du tour abominable
Que vous vouliez me jouer ce matin.

LA BARONNE.

Ce nouveau tour est un peu plus malin.
Tenez, lisez. Ceci pourra vous plaire;
Vous connaîtrez les mœurs, le caractère
Du digne objet qui vous a subjugué.
(tandis que le comte lit.)
Tout en lisant il me semble intrigué.
Il a pâli; l'affaire émeut sa bile...
Eh bien, monsieur, que pensez-vous du style?
Il ne voit rien, ne dit rien, n'entend rien :
Oh, le pauvre homme! il le méritait bien.

LE COMTE.

Ai-je bien lu? Je demeure stupide.
O tour affreux! sexe ingrat, cœur perfide!

LA BARONNE.

Je le connais, il est né violent;
Il est prompt, ferme; il va dans un moment
Prendre un parti.

SCÈNE IX.

LE COMTE, LA BARONNE, GERMON.

GERMON.
Voici dans l'avenue
Madame Olban.

LA BARONNE.

La vieille est revenue ?

GERMON.

Madame votre mère, entendez-vous,
Est près d'ici, monsieur.

LA BARONNE.

Dans son courroux
Il est devenu sourd. La lettre opère.

GERMON, *criant.*

Monsieur.

LE COMTE.

Plaît-il ?

GERMON, *haut.*

Madame votre mère,
Monsieur.

LE COMTE.

Que fait Nanine en ce moment ?

GERMON.

Mais... elle écrit dans son appartement.

LE COMTE, *d'un air froid et sec.*

Allez saisir ses papiers, allez prendre
Ce qu'elle écrit ; vous viendrez me le rendre ;
Qu'on la renvoie à l'instant.

GERMON.

Qui, monsieur ?

LE COMTE.

Nanine.

GERMON.

Non, je n'aurais pas ce cœur :
Si vous saviez à quel point sa personne

Nous charme tous; comme elle est noble, bonne!
LE COMTE.
Obéissez, ou je vous chasse.
GERMON.
Allons.
(Il sort.)

SCÈNE X.

LE COMTE, LA BARONNE.

LA BARONNE.
Ah! je respire : enfin nous l'emportons;
Vous devenez un homme raisonnable.
Ah çà, voyez s'il n'est pas véritable
Qu'on tient toujours de son premier état,
Et que les gens dans un certain éclat
Ont un cœur noble, ainsi que leur personne.
Le sang fait tout, et la naissance donne
Des sentimens à Nanine inconnus.
LE COMTE.
Je n'en crois rien; mais soit, n'en parlons plus :
Réparons tout. Le plus sage, en sa vie,
A quelquefois ses accès de folie :
Chacun s'égare, et le moins imprudent
Est celui-là qui plus tôt se repent.
LA BARONNE.
Oui.
LE COMTE.
Pour jamais cessez de parler d'elle.

LA BARONNE.

Très volontiers.

LE COMTE.

Ce sujet de querelle
Doit s'oublier.

LA BARONNE.

Mais vous, de vos sermens
Souvenez-vous.

LE COMTE.

Fort bien. Je vous entends;
Je les tiendrai.

LA BARONNE.

Ce n'est qu'un prompt hommage
Qui peut ici réparer mon outrage.
Indignement notre hymen différé
Est un affront.

LE COMTE.

Il sera réparé.
Madame, il faut...

LA BARONNE.

Il ne faut qu'un notaire.

LE COMTE.

Vous savez bien... que j'attendais ma mère.

LA BARONNE.

Elle est ici.

SCÈNE XI.

LA MARQUISE, LE COMTE, LA BARONNE.

LE COMTE, *à sa mère.*
Madame, j'aurais dû...
(à part.)   (à sa mère.)
Philippe Hombert... Vous m'avez prévenu;
Et mon respect, mon zèle, ma tendresse...
(à part.)
Avec cet air innocent, la traîtresse!

LA MARQUISE.
Mais vous extravaguez, mon très cher fils.
On m'avait dit, en passant par Paris,
Que vous aviez la tête un peu frappée :
Je m'aperçois qu'on ne m'a pas trompée :
Mais ce mal-là...

LE COMTE.
Ciel, que je suis confus!

LA MARQUISE.
Prend-il souvent?

LE COMTE.
Il ne me prendra plus.

LA MARQUISE.
Çà, je voudrais ici vous parler seule.
(fesant une petite révérence à la baronne.)
Bonjour, madame.

LA BARONNE, *à part.*
Hom! la vieille bégueule!

Madame, il faut vous laisser le plaisir
D'entretenir monsieur tout à loisir.
Je me retire.
(Elle sort.)

SCÈNE XII.

LA MARQUISE, LE COMTE.

LA MARQUISE, *parlant fort vite, et d'un ton de petite vieille babillarde.*

Eh bien! monsieur le comte,
Vous faites donc à la fin votre compte
De me donner la baronne pour bru;
C'est sur cela que j'ai vite accouru.
Votre baronne est une acariâtre,
Impertinente, altière, opiniâtre,
Qui n'eut jamais pour moi le moindre égard;
Qui l'an passé, chez la marquise Agard,
En plein souper me traita de bavarde :
D'y plus souper désormais Dieu me garde!
Bavarde, moi! je sais d'ailleurs très bien
Qu'elle n'a pas, entre nous, tant de bien :
C'est un grand point; il faut qu'on s'en informe,
Car on m'a dit que son château de l'Orme
A son mari n'appartient qu'à moitié;
Qu'un vieux procès, qui n'est pas oublié,
Lui disputait la moitié de la terre :
J'ai su cela de feu votre grand-père :
Il disait vrai, c'était un homme, lui :

On n'en voit plus de sa trempe aujourd'hui.
Paris est plein de ces petits bouts d'homme,
Vains, fiers, fous, sots, dont le caquet m'assomme,
Parlant de tout avec l'air empressé,
Et se moquant toujours du temps passé.
J'entends parler de nouvelle cuisine,
De nouveaux goûts; on crève, on se ruine :
Les femmes sont sans frein, et les maris
Sont des benêts. Tout va de pis en pis.

   LE COMTE, *relisant le billet.*
Qui l'aurait cru ? ce trait me désespère.
Eh bien, Germon ?

SCÈNE XIII.

LA MARQUISE, LE COMTE, GERMON.

GERMON.
   Voici notre notaire.
  LE COMTE.
Oh ! qu'il attende.
   GERMON.
   Et voici le papier
Qu'elle devait, monsieur, vous envoyer.
  LE COMTE, *lisant.*
Donne... Fort bien. Elle m'aime, dit-elle,
Et, par respect, me refuse... Infidèle !
Tu ne dis pas la raison du refus !
  LA MARQUISE.
Ma foi, mon fils a le cerveau perclus :

C'est sa baronne; et l'amour le domine.
LE COMTE, *à Germon.*
M'a-t-on bientôt délivré de Nanine?
GERMON.
Hélas, monsieur! elle a déja repris
Modestement ses champêtres habits,
Sans dire un mot de plainte et de murmure.
LE COMTE.
Je le crois bien.
GERMON.
    Elle a pris cette injure
Tranquillement, lorsque nous pleurons tous.
LE COMTE.
Tranquillement?
LA MARQUISE.
    Hem! de qui parlez-vous?
GERMON.
Nanine, hélas! madame, que l'on chasse:
Tout le château pleure de sa disgrace.
LA MARQUISE.
Vous la chassez? je n'entends point cela.
Quoi! ma Nanine? Allons, rappelez-la.
Qu'a-t-elle fait, ma charmante orpheline?
C'est moi, mon fils, qui vous donnai Nanine.
Je me souviens qu'à l'âge de dix ans
Elle enchantait tout le monde céans.
Notre baronne ici la prit pour elle;
Et je prédis dès lors que cette belle
Serait fort mal; et j'ai très bien prédit:
Mais j'eus toujours chez vous peu de crédit,

ACTE II, SCÈNE XIII.

Vous prétendez tout faire à votre tête.
Chasser Nanine est un trait malhonnête.

LE COMTE.

Quoi! seule, à pied, sans secours, sans argent?

GERMON.

Ah! j'oubliais de dire qu'à l'instant
Un vieux bon homme à vos gens se présente :
Il dit que c'est une affaire importante
Qu'il ne saurait communiquer qu'à vous;
Il veut, dit-il, se mettre à vos genoux.

LE COMTE.

Dans le chagrin où mon cœur s'abandonne,
Suis-je en état de parler à personne?

LA MARQUISE.

Ah! vous avez du chagrin, je le croi;
Vous m'en donnez aussi beaucoup à moi.
Chasser Nanine, et faire un mariage
Qui me déplaît! non, vous n'êtes pas sage.
Allez; trois mois ne seront pas passés
Que vous serez l'un de l'autre lassés.
Je vous prédis la pareille aventure
Qu'à mon cousin le marquis de Marmure.
Sa femme était aigre comme verjus;
Mais, entre nous, la vôtre l'est bien plus.
En s'épousant ils crurent qu'ils s'aimèrent;
Deux mois après tous deux se séparèrent :
Madame alla vivre avec un galant,
Fat, petit-maître, escroc, extravagant;
Et monsieur prit une franche coquette,
Une intrigante et friponne parfaite;

Des soupers fins, la petite maison,
Chevaux, habits, maître d'hôtel fripon,
Bijoux nouveaux pris à crédit, notaires,
Contrats vendus, et dettes usuraires :
Enfin monsieur et madame, en deux ans,
A l'hôpital allèrent tout d'un temps.
Je me souviens encor d'une autre histoire
Bien plus tragique et difficile à croire ;
C'était...

LE COMTE.

Ma mère, il faut aller dîner.
Venez... O ciel! ai-je pu soupçonner
Pareille horreur !

LA MARQUISE.

Elle est épouvantable.
Allons, je vais la raconter à table ;
Et vous pourrez tirer un grand profit
En temps et lieu de tout ce que j'ai dit.

FIN DU SECOND ACTE.

ACTE TROISIÈME.

SCÈNE I.

NANINE, *vêtue en paysanne;* GERMON.

GERMON.
Nous pleurons tous en vous voyant sortir.
NANINE.
J'ai tardé trop; il est temps de partir.
GERMON.
Quoi! pour jamais, et dans cet équipage?
NANINE.
L'obscurité fut mon premier partage.
GERMON.
Quel changement! Quoi! du matin au soir...
Souffrir n'est rien; c'est tout que de déchoir.
NANINE.
Il est des maux mille fois plus sensibles.
GERMON.
J'admire encor des regrets si paisibles.
Certes, mon maître est bien malavisé;
Notre baronne a sans doute abusé
De son pouvoir, et vous fait cet outrage :
Jamais monsieur n'aurait eu ce courage.
NANINE.
Je lui dois tout : il me chasse aujourd'hui;

Obéissons. Ses bienfaits sont à lui;
Il peut user du droit de les reprendre.

GERMON.

A ce trait-là qui diable eût pu s'attendre?
En cet état qu'allez-vous devenir?

NANINE.

Me retirer, long-temps me repentir.

GERMON.

Que nous allons haïr notre baronne!

NANINE.

Mes maux sont grands, mais je les lui pardonne.

GERMON.

Mais que dirai-je au moins de votre part
A notre maître, après votre départ?

NANINE.

Vous lui direz que je le remercie
Qu'il m'ait rendue à ma première vie,
Et qu'à jamais sensible à ses bontés
Je n'oublierai... rien... que ses cruautés.

GERMON.

Vous me fendez le cœur, et tout à l'heure
Je quitterais pour vous cette demeure;
J'irais partout avec vous m'établir :
Mais monsieur Blaise a su nous prévenir;
Qu'il est heureux! avec vous il va vivre :
Chacun voudrait l'imiter et vous suivre.

NANINE.

On est bien loin de me suivre... Ah, Germon!
Je suis chassée... et par qui...

GERMON.

       Le démon
A mis du sien dans cette brouillerie :
Nous vous perdons... et monsieur se marie.

NANINE.

Il se marie... Ah! partons de ce lieu;
Il fut pour moi trop dangereux... Adieu...
          (Elle sort.)

GERMON.

Monsieur le comte a l'ame un peu bien dure :
Comment, chasser pareille créature !
Elle paraît une fille de bien :
Mais il ne faut pourtant jurer de rien.

SCÈNE II.

LE COMTE, GERMON.

LE COMTE.

Eh bien ! Nanine est donc enfin partie !

GERMON.

Oui, c'en est fait.

LE COMTE.

     J'en ai l'ame ravie.

GERMON.

Votre ame est donc de fer ?

LE COMTE.

       Dans le chemin
Philippe Hombert lui donnait-il la main ?

GERMON.

Qui ? quel Philippe Hombert ? Hélas ! Nanine,

Sans écuyer, fort tristement chemine,
Et de ma main ne veut pas seulement.

LE COMTE.

Où donc va-t-elle ?

GERMON.

Où ? mais apparemment
Chez ses amis.

LE COMTE.

A Rémival, sans doute ?

GERMON.

Oui, je crois bien qu'elle prend cette route.

LE COMTE.

Va la conduire à ce couvent voisin,
Où la baronne allait dès ce matin :
Mon dessein est qu'on la mette sur l'heure
Dans cette utile et décente demeure;
Ces cent louis la feront recevoir.
Va... garde-toi de laisser entrevoir
Que c'est un don que je veux bien lui faire;
Dis-lui que c'est un présent de ma mère;
Je te défends de prononcer mon nom.

GERMON.

Fort bien; je vais vous obéir.

(Il fait quelques pas.)

LE COMTE.

Germon,
A son départ tu dis que tu l'as vue ?

GERMON.

Eh, oui, vous dis-je.

ACTE III, SCÈNE II.

LE COMTE.
          Elle était abattue ?
Elle pleurait ?

GERMON.
     Elle fesait bien mieux,
Ses pleurs coulaient à peine de ses yeux ;
Elle voulait ne pas pleurer.

LE COMTE.
               A-t-elle
Dit quelque mot qui marque, qui décèle
Ses sentimens ? as-tu remarqué...

GERMON.
                    Quoi ?

LE COMTE.
A-t-elle enfin, Germon, parlé de moi ?

GERMON.
Oh ! oui, beaucoup.

LE COMTE.
          Eh bien ! dis-moi donc, traître,
Qu'a-t-elle dit ?

GERMON.
     Que vous êtes son maître ;
Que vous avez des vertus, des bontés...
Qu'elle oubliera tout... hors vos cruautés.

LE COMTE.
Va... mais surtout garde qu'elle revienne.
                              (Germon sort.)
Germon !

GERMON.
     Monsieur.

LE COMTE.

          Un mot; qu'il te souvienne,
Si par hasard, quand tu la conduiras,
Certain Hombert venait suivre ses pas,
De le chasser de la belle manière.

GERMON.

Oui, poliment, à grands coups d'étrivière :
Comptez sur moi ; je sers fidèlement.
Le jeune Hombert, dites-vous ?

LE COMTE.

                Justement.

GERMON.

Bon ! je n'ai pas l'honneur de le connaître ;
Mais le premier que je verrai paraître
Sera rossé de la bonne façon ;
Et puis après il me dira son nom.

              (Il fait un pas et revient.)

Ce jeune Hombert est quelque amant, je gage,
Un beau garçon, le coq de son village.
Laissez-moi faire.

LE COMTE.

       Obéis promptement.

GERMON.

Je me doutais qu'elle avait quelque amant ;
Et Blaise aussi lui tient au cœur peut-être.
On aime mieux son égal que son maître.

LE COMTE.

Ah ! cours, te dis-je.

SCÈNE III.

LE COMTE.

Hélas ! il a raison :
Il prononçait ma condamnation ;
Et moi, du coup qui m'a pénétré l'ame
Je me punis ; la baronne est ma femme ;
Il le faut bien, le sort en est jeté.
Je souffrirai, je l'ai bien mérité.
Ce mariage est au moins convenable.
Notre baronne a l'humeur peu traitable ;
Mais, quand on veut, on sait donner la loi :
Un esprit ferme est le maître chez soi.

SCÈNE IV.

LE COMTE, LA BARONNE, LA MARQUISE.

LA MARQUISE.
Or çà, mon fils, vous épousez madame ?

LE COMTE.
Eh ! oui.

LA MARQUISE.
Ce soir elle est donc votre femme ?
Elle est ma bru ?

LA BARONNE.
Si vous le trouvez bon :
J'aurai, je crois, votre approbation.

LA MARQUISE.

Allons, allons, il faut bien y souscrire;
Mais dès demain chez moi je me retire.

LE COMTE.

Vous retirer! Eh, ma mère! pourquoi?

LA MARQUISE.

J'emmènerai ma Nanine avec moi.
Vous la chassez, et moi je la marie;
Je fais la noce en mon château de Brie,
Et je la donne au jeune sénéchal,
Propre neveu du procureur fiscal,
Jean Roc Souci; c'est lui de qui le père
Eut à Corbeil cette plaisante affaire.
De cet enfant je ne puis me passer;
C'est un bijou que je veux enchâsser.
Je vais la marier... Adieu.

LE COMTE.

      Ma mère,
Ne soyez pas contre nous en colère;
Laissez Nanine aller dans le couvent;
Ne changez rien à notre arrangement.

LA BARONNE.

Oui, croyez-nous, madame, une famille
Ne se doit point charger de telle fille.

LA MARQUISE.

Comment! quoi donc?

LA BARONNE.

    Peu de chose.

LA MARQUISE.

       Mais...

ACTE III, SCÈNE V.

LA BARONNE.

Rien.

LA MARQUISE.

Rien, c'est beaucoup. J'entends, j'entends fort bien.
Aurait-elle eu quelque tendre folie?
Cela se peut, car elle est si jolie!
Je m'y connais; on tente, on est tenté :
Le cœur a bien de la fragilité;
Les filles sont toujours un peu coquettes :
Le mal n'est pas si grand que vous le faites.
Çà, contez-moi sans nul déguisement
Tout ce qu'a fait notre charmante enfant.

LE COMTE.

Moi, vous conter?

LA MARQUISE.

Vous avez bien la mine
D'avoir au fond quelque goût pour Nanine;
Et vous pourriez...

SCÈNE V.

LE COMTE, LA MARQUISE, LA BARONNE, MARIN, *en bottes*.

MARIN.

Enfin tout est bâclé,
Tout est fini.

LA MARQUISE.

Quoi?

LA BARONNE.

Qu'est-ce?

MARIN.

                    J'ai parlé
A nos marchands; j'ai bien fait mon message;
Et vous aurez demain tout l'équipage.

LA BARONNE.

Quel équipage?

MARIN.

                    Oui, tout ce que pour vous
A commandé votre futur époux;
Six beaux chevaux; et vous serez contente
De la berline; elle est bonne, brillante;
Tous les panneaux par Martin sont vernis :
Les diamans sont beaux, très bien choisis;
Et vous verrez des étoffes nouvelles
D'un goût charmant... oh! rien n'approche d'elles.

LA BARONNE, *au comte*.

Vous avez donc commandé tout cela?

LE COMTE.

        (à part.)
Oui... Mais pour qui!

MARIN.

                    Le tout arrivera
Demain matin dans ce nouveau carrosse,
Et sera prêt le soir pour votre noce.
Vive Paris pour avoir sur-le-champ
Tout ce qu'on veut, quand on a de l'argent!
En revenant, j'ai revu le notaire,
Tout près d'ici, griffonnant votre affaire.

LA BARONNE.

Ce mariage a traîné bien long-temps.

ACTE III, SCÈNE V.

LA MARQUISE, *à part.*

Ah! je voudrais qu'il traînât quarante ans.

MARIN.

Dans ce salon j'ai trouvé tout à l'heure
Un bon vieillard qui gémit et qui pleure;
Depuis long-temps il voudrait vous parler.

LA BARONNE.

Quel importun! qu'on le fasse en aller;
Il prend trop mal son temps.

LA MARQUISE.

      Pourquoi, madame?
Mon fils, ayez un peu de bonté d'ame,
Et, croyez-moi, c'est un mal des plus grands
De rebuter ainsi les pauvres gens :
Je vous ai dit cent fois dans votre enfance
Qu'il faut pour eux avoir de l'indulgence,
Les écouter d'un air affable, doux.
Ne sont-ils pas hommes tout comme nous?
On ne sait pas à qui l'on fait injure;
On se repent d'avoir eu l'ame dure.
Les orgueilleux ne prospèrent jamais.

(à Marin.)

Allez chercher ce bonhomme.

MARIN.

     J'y vais.
(Il sort.)

LE COMTE.

Pardon, ma mère : il a fallu vous rendre
Mes premiers soins; et je suis prêt d'entendre
Cet homme-là, malgré mon embarras.

SCÈNE VI.

LE COMTE, LA MARQUISE, LA BARONNE, LE PAYSAN.

LA MARQUISE, *au paysan.*

Approchez-vous, parlez, ne tremblez pas.

LE PAYSAN.

Ah, monseigneur! écoutez-moi de grace :
Je suis... Je tombe à vos pieds que j'embrasse;
Je viens vous rendre...

LE COMTE.

              Ami, relevez-vous;
Je ne veux point qu'on me parle à genoux;
D'un tel orgueil je suis trop incapable.
Vous avez l'air d'être un homme estimable.
Dans ma maison cherchez-vous de l'emploi?
A qui parlé-je?

LA MARQUISE.

           Allons, rassure-toi.

LE PAYSAN.

Je suis, hélas! le père de Nanine.

LE COMTE.

Vous?

LA BARONNE.

      Ta fille est une grande coquine.

LE PAYSAN.

Ah, monseigneur! voilà ce que j'ai craint;
Voilà le coup dont mon cœur est atteint :

J'ai bien pensé qu'une somme si forte
N'appartient pas à des gens de sa sorte;
Et les petits perdent bientôt leurs mœurs,
Et sont gâtés auprès des grands seigneurs.

LA BARONNE.

Il a raison : mais il trompe, et Nanine
N'est point sa fille; elle était orpheline.

LE PAYSAN.

Il est trop vrai : chez de pauvres parens
Je la laissai dès ses plus jeunes ans;
Ayant perdu mon bien avec sa mère,
J'allai servir, forcé par la misère,
Ne voulant pas, dans mon funeste état,
Qu'elle passât pour fille d'un soldat,
Lui défendant de me nommer son père.

LA MARQUISE.

Pourquoi cela? Pour moi, je considère
Les bons soldats; on a grand besoin d'eux.

LE COMTE.

Qu'a ce métier, s'il vous plaît, de honteux?

LE PAYSAN.

Il est bien moins honoré qu'honorable.

LE COMTE.

Ce préjugé fut toujours condamnable.
J'estime plus un vertueux soldat,
Qui de son sang sert son prince et l'état,
Qu'un important que sa lâche industrie
Engraisse en paix du sang de la patrie.

LA MARQUISE.

Çà, vous avez vu beaucoup de combats;

Contez-les-moi bien tous, n'y manquez pas.
LE PAYSAN.
Dans la douleur, hélas! qui me déchire,
Permettez-moi seulement de vous dire
Qu'on me promit cent fois de m'avancer :
Mais sans appui comment peut-on percer?
Toujours jeté dans la foule commune,
Mais distingué, l'honneur fut ma fortune.
LA MARQUISE.
Vous êtes donc né de condition?
LA BARONNE.
Fi! quelle idée!
LE PAYSAN, *à la marquise.*
Hélas, madame! non;
Mais je suis né d'une honnête famille :
Je méritais peut-être une autre fille.
LA MARQUISE.
Que vouliez-vous de mieux?
LE COMTE.
Eh! poursuivez.
LA MARQUISE.
Mieux que Nanine?
LE COMTE.
Ah! de grace, achevez.
LE PAYSAN.
J'appris qu'ici ma fille fut nourrie,
Qu'elle y vivait bien traitée et chérie.
Heureux alors, et bénissant le ciel,
Vous, vos bontés, votre soin paternel,
Je suis venu dans le prochain village,

Mais plein de trouble et craignant son jeune âge,
Tremblant encor, lorsque j'ai tout perdu,
De retrouver le bien qui m'est rendu.
(Montrant la baronne.)
Je viens d'entendre, au discours de madame,
Que j'eus raison : elle m'a percé l'ame;
Je vois fort bien que ces cent louis d'or,
Des diamans, sont un trop grand trésor,
Pour les tenir par un droit légitime;
Elle ne peut les avoir eus sans crime.
Ce seul soupçon me fait frémir d'horreur,
Et j'en mourrai de honte et de douleur.
Je suis venu soudain pour vous les rendre :
Ils sont à vous; vous devez les reprendre :
Et si ma fille est criminelle, hélas !
Punissez-moi, mais ne la perdez pas.

LA MARQUISE.

Ah, mon cher fils ! je suis toute attendrie.

LA BARONNE.

Ouais, est-ce un songe ? est-ce une fourberie ?

LE COMTE.

Ah ! qu'ai-je fait ?

LE PAYSAN.
(Il tire la bourse et le paquet.)

Tenez, monsieur, tenez.

LE COMTE.

Moi, les reprendre ! ils ont été donnés;
Elle en a fait un respectable usage.
C'est donc à vous qu'on a fait le message ?
Qui l'a porté ?

LE PAYSAN.

C'est votre jardinier,
A qui Nanine osa se confier.

LE COMTE.

Quoi! c'est à vous que le présent s'adresse?

LE PAYSAN.

Oui, je l'avoue.

LE COMTE.

O douleur! ô tendresse!
Des deux côtés quel excès de vertu!
Et votre nom?... Je demeure éperdu.

LA MARQUISE.

Eh! dites donc votre nom? Quel mystère!

LE PAYSAN.

Philippe Hombert de Gatine.

LE COMTE.

Ah, mon père!

LA BARONNE.

Que dit-il là?

LE COMTE.

Quel jour vient m'éclairer!
J'ai fait un crime; il le faut réparer.
Si vous saviez combien je suis coupable!
J'ai maltraité la vertu respectable.

(Il va lui-même à un de ses gens.)

Holà, courez.

LA BARONNE.

Eh! quel empressement!

LE COMTE.

Vite un carrosse.

ACTE III, SCÈNE VI.

LA MARQUISE.

Oui, madame, à l'instant :
Vous devriez être sa protectrice.
Quand on a fait une telle injustice,
Sachez de moi que l'on ne doit rougir
Que de ne pas assez se repentir.
Monsieur mon fils a souvent des lubies
Que l'on prendrait pour de franches folies :
Mais dans le fond c'est un cœur généreux ;
Il est né bon ; j'en fais ce que je veux.
Vous n'êtes pas, ma bru, si bienfesante ;
Il s'en faut bien.

LA BARONNE.

Que tout m'impatiente !
Qu'il a l'air sombre, embarrassé, rêveur !
Quel sentiment étrange est dans son cœur ?
Voyez, monsieur, ce que vous voulez faire.

LA MARQUISE.

Oui, pour Nanine.

LA BARONNE.

On peut la satisfaire
Par des présens.

LA MARQUISE.

C'est le moindre devoir.

LA BARONNE.

Mais moi, jamais je ne veux la revoir ;
Que du château jamais elle n'approche :
Entendez-vous ?

LE COMTE.

J'entends.

LA MARQUISE.

Quel cœur de roche!

LA BARONNE.

De mes soupçons évitez les éclats :
Vous hésitez ?

LE COMTE, *après un silence.*

Non, je n'hésite pas.

LA BARONNE.

Je dois m'attendre à cette déférence ;
Vous la devez à tous les deux, je pense.

LA MARQUISE.

Seriez-vous bien assez cruel, mon fils ?

LA BARONNE.

Quel parti prendrez-vous ?

LE COMTE.

Il est tout pris.
Vous connaissez mon ame et sa franchise :
Il faut parler. Ma main vous fut promise ;
Mais nous n'avions voulu former ces nœuds
Que pour finir un procès dangereux :
Je le termine ; et dès l'instant je donne,
Sans nul regret, sans détour j'abandonne
Mes droits entiers et les prétentions
Dont il naquit tant de divisions :
Que l'intérêt encor vous en revienne :
Tout est à vous ; jouissez-en sans peine.
Que la raison fasse du moins de nous
Deux bons parens, ne pouvant être époux.
Oublions tout ; que rien ne nous aigrisse :
Pour n'aimer pas, faut-il qu'on se haïsse ?

LA BARONNE.

Je m'attendais à ton manque de foi.
Va, je renonce à tes présens, à toi.
Traître! je vois avec qui tu vas vivre,
A quel mépris ta passion te livre.
Sers noblement sous les plus viles lois;
Je t'abandonne à ton indigne choix.
(Elle sort.)

SCÈNE VII.

LE COMTE, LA MARQUISE, PHILIPPE HOMBERT.

LE COMTE.

Non, il n'est point indigne; non, madame,
Un fol amour n'aveugla point mon ame :
Cette vertu, qu'il faut récompenser,
Doit m'attendrir, et ne peut m'abaisser.
Dans ce vieillard, ce qu'on nomme bassesse
Fait son mérite; et voilà sa noblesse.
La mienne à moi, c'est d'en payer le prix.
C'est pour des cœurs par eux même ennoblis,
Et distingués par ce grand caractère,
Qu'il faut passer sur la règle ordinaire :
Et leur naissance, avec tant de vertus,
Dans ma maison n'est qu'un titre de plus.

LA MARQUISE.

Quoi donc? quel titre? et que voulez-vous dire?

SCÈNE VIII.

LE COMTE, LA MARQUISE, NANINE, PHILIPPE HOMBERT.

LE COMTE, *à sa mère.*

Son seul aspect devrait vous en instruire.

LA MARQUISE.

Embrasse-moi cent fois, ma chère enfant.
Elle est vêtue un peu mesquinement;
Mais qu'elle est belle! et comme elle a l'air sage!

NANINE, *courant entre les bras de Philippe Hombert,
après s'être baissée devant la marquise.*

Ah! la nature a mon premier hommage.
Mon père!

PHILIPPE HOMBERT.

O ciel! ô ma fille! ah, monsieur!
Vous réparez quarante ans de malheur.

LE COMTE.

Oui; mais comment faut-il que je répare
L'indigne affront qu'un mérite si rare
Dans ma maison put de moi recevoir?
Sous quel habit revient-elle nous voir!
Il est trop vil; mais elle le décore.
Non, il n'est rien que sa vertu n'honore.
Eh bien, parlez : auriez-vous la bonté
De pardonner à tant de dureté?

NANINE.

Que me demandez-vous? Ah! je m'étonne

ACTE III, SCÈNE VIII.

Que vous doutiez si mon cœur vous pardonne.
Je n'ai pas cru que vous pussiez jamais
Avoir eu tort après tant de bienfaits.

LE COMTE.

Si vous avez oublié cet outrage,
Donnez-m'en donc le plus sûr témoignage :
Je ne veux plus commander qu'une fois ;
Mais jurez-moi d'obéir à mes lois.

PHILIPPE HOMBERT.

Elle le doit, et sa reconnaissance...

NANINE, *à son père.*

Il est bien sûr de mon obéissance.

LE COMTE.

J'ose y compter. Oui, je vous avertis
Que vos devoirs ne sont pas tous remplis.
Je vous ai vue aux genoux de ma mère ;
Je vous ai vue embrasser votre père ;
Ce qui vous reste en des momens si doux...
C'est... à leurs yeux... d'embrasser... votre époux.

NANINE.

Moi !

LA MARQUISE.

Quelle idée ! Est-il bien vrai ?

PHILIPPE HOMBERT.

Ma fille !

LE COMTE, *à sa mère.*

Le daignez-vous permettre ?

LA MARQUISE.

La famille
Étrangement, mon fils, clabaudera.

LE COMTE.

En la voyant, elle l'approuvera.

PHILIPPE HOMBERT.

Quel coup du sort! Non, je ne puis comprendre
Que jusque là vous prétendiez descendre.

LE COMTE.

On m'a promis d'obéir... je le veux.

LA MARQUISE.

Mon fils...

LE COMTE.

Ma mère, il s'agit d'être heureux.
L'intérêt seul a fait cent mariages.
Nous avons vu les hommes les plus sages
Ne consulter que les mœurs et le bien :
Elle a les mœurs, il ne lui manque rien ;
Et je ferai par goût et par justice
Ce qu'on a fait cent fois par avarice.
Ma mère, enfin, terminez ces combats,
Et consentez.

NANINE.

Non, n'y consentez pas ;
Opposez-vous à sa flamme... à la mienne ;
Voilà de vous ce qu'il faut que j'obtienne.
L'amour l'aveugle ; il le faut éclairer.
Ah! loin de lui laissez-moi l'adorer.
Voyez mon sort, voyez ce qu'est mon père :
Puis-je jamais vous appeler ma mère?

LA MARQUISE.

Oui, tu le peux, tu le dois ; c'en est fait :
Je ne tiens pas contre ce dernier trait ;

ACTE III, SCÈNE VIII.

Il nous dit trop combien il faut qu'on t'aime;
Il est unique aussi bien que toi-même.

NANINE.

J'obéis donc à votre ordre, à l'amour;
Mon cœur ne peut résister.

LA MARQUISE.

                    Que ce jour
Soit des vertus la digne récompense,
Mais sans tirer jamais à conséquence.

FIN DE NANINE.

LA
FEMME QUI A RAISON,
COMÉDIE EN TROIS ACTES,

Représentée pour la premiere fois en 1749.

PERSONNAGES.

M. DURU.
Mme DURU.
Le marquis D'OUTREMONT.
DAMIS, fils de M. Duru.
ÉRISE, fille de M. Duru.
M. GRIPON, correspondant de M. Duru.
MARTHE, suivante de madame Duru.

La scène est chez madame Duru, dans la rue Thévenot, à Paris.

Cette petite comédie est un impromptu de société où plusieurs personnes mirent la main. Elle fit partie d'une fête qu'on donna au roi Stanislas, duc de Lorraine, en 1749.

On a trouvé dans les porte-feuilles de M. de Voltaire cette même pièce en un acte : elle ne diffère de celle-ci que par la suppression de quelques scènes, et quelques changemens dans la disposition de la pièce. Il a paru inutile de la joindre à cette collection. (*Édit. de Kehl.*)

LA FEMME QUI A RAISON,

COMÉDIE.

ACTE PREMIER.

SCÈNE I.

Mme DURU, LE MARQUIS.

Mme DURU.

Mais, mon très cher marquis, comment, en conscience,
Puis-je accorder ma fille à votre impatience,
Sans l'aveu d'un époux? le cas est inouï.

LE MARQUIS.

Comment? avec trois mots, un bon contrat, un oui;
Rien de plus agréable, et rien de plus facile.
A vos commandemens votre fille est docile:
Vos bontés m'ont permis de lui faire ma cour:
Elle a quelque indulgence, et moi beaucoup d'amour:
Pour votre intime ami dès long-temps je m'affiche;
Je me crois honnête homme, et je suis assez riche.
Nous vivons fort gaiement, nous vivrons encor mieux,
Et nos jours, croyez-moi, seront délicieux.

Mme DURU.

D'accord. Mais mon mari?

LE MARQUIS.

Votre mari m'assomme.
Quel besoin avons-nous du conseil d'un tel homme?

MME DURU.

Quoi! pendant son absence?

LE MARQUIS.

Ah! les absens ont tort;
Absent depuis douze ans, c'est comme à peu près mort.
Si dans le fond de l'Inde il prétend être en vie,
C'est pour vous amasser, avec sa ladrerie,
Un bien que vous savez dépenser noblement :
Je consens qu'à ce prix il soit encor vivant;
Mais je le tiens pour mort aussitôt qu'il s'avise
De vouloir disposer de la charmante Érise.
Celle qui la forma doit en prendre le soin ;
Et l'on n'arrange pas les filles de si loin.
Pardonnez...

MME DURU.

Je suis bonne, et vous devez connaître
Que pour monsieur Duru, mon seigneur et mon maître,
Je n'ai pas un amour aveugle et violent :
Je l'aime... comme il faut... pas trop fort... sensément;
Mais je lui dois respect, et quelque obéissance.

LE MARQUIS. [pense;
Eh, mon Dieu! point du tout : vous vous moquez, je
Qui, vous? vous, du respect pour un monsieur Duru?
Fort bien. Nous vous verrions, si nous l'en avions cru,
Dans un habit de serge, en un second étage,
Tenir sans domestique un fort plaisant ménage.
Vous êtes demoiselle; et quand l'adversité,

Malgré votre mérite et votre qualité,
Avec monsieur Duru vous fit en biens commune,
Alors qu'il commençait à bâtir sa fortune,
C'était à ce monsieur faire beaucoup d'honneur;
Et vous aviez, je crois, un peu trop de douceur
De souffrir qu'il joignît avec rude manière
A vos tendres appas sa personne grossière.
Voulez-vous pas encore aller sacrifier
Votre charmante Érise au fils d'un usurier,
De ce monsieur Gripon, son très digne compère?
Monsieur Duru, je pense, a voulu cette affaire;
Il l'avait fort à cœur; et, par respect pour lui,
Vous devriez, ma foi, la conclure aujourd'hui.

MME DURU.

Ne plaisantez pas tant; il m'en écrit encore,
Et de son plein pouvoir dans sa lettre il m'honore.

LE MARQUIS.

Eh! de ce plein pouvoir que ne vous servez-vous
Pour faire un heureux choix d'un plus honnête époux?

MME DURU.

Hélas! à vos désirs je voudrais condescendre;
Ce serait mon bonheur de vous avoir pour gendre;
J'avais, dans cette idée, écrit plus d'une fois;
J'ai prié mon mari de laisser à mon choix
Cet établissement de deux enfans que j'aime.
Monsieur Gripon me cause une frayeur extrême;
Mais, tout Gripon qu'il est, il le faut ménager,
Écrire encor dans l'Inde, examiner, songer.

LE MARQUIS.

Oui; voilà des raisons, des mesures commodes;

Envoyer publier des bans aux antipodes,
Pour avoir dans trois ans un refus clair et net !
De votre cher mari je ne suis pas le fait ;
Du seul nom de marquis sa grosse ame étonnée
Croirait voir sa maison au pillage donnée.
Il aime fort l'argent ; il connaît peu l'amour.
Au nom du cher objet qui de vous tient le jour,
De la vive amitié qui m'attache à sa mère,
De cet amour ardent qu'elle voit sans colère,
Daignez former, madame, un si tendre lien :
Ordonnez mon bonheur, j'ose dire le sien :
Qu'à jamais à vos pieds je passe ici ma vie.

MME DURU.

Oh çà, vous aimez donc ma fille à la folie ?

LE MARQUIS.

Si je l'adore, ô ciel ! pour combler mon bonheur
Je compte à votre fils donner aussi ma sœur.
Vous aurez quatre enfans, qui d'une ame soumise,
D'un cœur toujours à vous...

SCÈNE II.

MME DURU, LE MARQUIS, ÉRISE.

LE MARQUIS.

                     Ah ! venez, belle Érise,
Fléchissez votre mère, et daignez la toucher :
Je ne la connais plus, c'est un cœur de rocher.

MME DURU.

Quel rocher ! Vous voyez un homme ici, ma fille,

ACTE I, SCÈNE II.

Qui veut obstinément être de la famille :
Il est pressant ; je crains que l'ardeur de ce feu,
Le rendant importun, ne vous déplaise un peu.

ÉRISE.

Oh! non, ne craignez rien; s'il n'a pu vous déplaire,
Croyez que contre lui je n'ai point de colère :
J'aime à vous obéir. Comment ne pas vouloir
Ce que vous commandez, ce qui fait mon devoir,
Ce qui de mon respect est la preuve si claire?

Mme DURU.

Je ne commande point.

ÉRISE.

              Pardonnez-moi, ma mère;
Vous l'avez commandé, mon cœur en est témoin.

LE MARQUIS.

De me justifier elle-même prend soin.
Nous sommes deux ici contre vous. Ah, madame!
Soyez sensible aux feux d'une si pure flamme;
Vous l'avez allumée, et vous ne voudrez point
Voir mourir sans s'unir ce que vous avez joint.
   (à Érise.)
Parlez donc, aidez-moi. Qu'avez-vous à sourire?

ÉRISE.

Mais vous parlez si bien que je n'ai rien à dire;
J'aurais peur d'être trop de votre sentiment,
Et j'en ai dit, me semble, assez honnêtement.

Mme DURU.

Je vois, mes chers enfans, qu'il est fort nécessaire
De conclure au plus tôt cette importante affaire.
C'est pitié de vous voir ainsi sécher tous deux,

Et mon bonheur dépend du succès de vos vœux :
Mais mon mari?

LE MARQUIS.

Toujours son mari! sa faiblesse
De cet épouvantail s'inquiète sans cesse.

ÉRISE.

Il est mon père.

SCÈNE III.

Mme DURU, LE MARQUIS, ÉRISE, DAMIS.

DAMIS.

Ah, ah! l'on parle donc ici
D'hyménée et d'amour? je veux m'y joindre aussi.
Votre bonté pour moi ne s'est point démentie;
Ma mère me mettra, je crois, de la partie.
Monsieur a la bonté de m'accorder sa sœur;
Je compte absolument jouir de cet honneur,
Non point par vanité, mais par tendresse pure :
Je l'aime éperdument, et mon cœur vous conjure
De voir avec pitié ma vive passion.
Voyez-vous, je suis homme à perdre la raison;
Enfin c'est un parti qu'on ne peut plus combattre.
Une noce, après tout, suffira pour nous quatre.
Il n'est pas trop commun de savoir en un jour
Rendre deux cœurs heureux par les mains de l'amour;
Mais faire quatre heureux par un seul coup de plume,
Par un seul mot, ma mère, et contre la coutume,
C'est un plaisir divin qui n'appartient qu'à vous;
Et vous serez, ma mère, heureuse autant que nous.

ACTE I, SCÈNE III.

LE MARQUIS.

Je réponds de ma sœur, je réponds de moi-même ;
Mais madame balance, et c'est en vain qu'on aime.

ÉRISE.

Ah, vous êtes si bonne ! auriez-vous la rigueur
De maltraiter un fils si cher à votre cœur ?
Son amour est si vrai, si pur, si raisonnable !
Vous l'aimez ; voulez-vous le rendre misérable ?

DAMIS.

Désespérerez-vous par tant de cruautés
Une fille toujours souple à vos volontés ?
Elle aime tout de bon, et je me persuade
Que le moindre refus va la rendre malade.

ÉRISE.

Je connais bien mon frère, et j'ai lu dans son cœur ;
Un refus le ferait expirer de douleur.
Pour moi, j'obéirai sans réplique à ma mère.

DAMIS.

Je parle pour ma sœur.

ÉRISE.

      Je parle pour mon frère.

LE MARQUIS.

Moi, je parle pour tous.

Mme DURU.

        Écoutez donc tous trois.
Vos amours sont charmans, et vos goûts sont mon choix :
Je sens combien m'honore une telle alliance ;
Mon cœur à vos plaisirs se livre par avance.
Nous serons tous contens, ou bien je ne pourrai :
J'ai donné ma parole, et je vous la tiendrai.

DAMIS, ÉRISE, LE MARQUIS, *ensemble.*
Ah!
Mme DURU.
Mais...
LE MARQUIS.
Toujours des mais ! vous allez encor dire,
Mais mon mari !
Mme DURU.
Sans doute.
ÉRISE.
Ah, quels coups !
DAMIS.
Quel martyre !
Mme DURU.
Oh ! laissez-moi parler. Vous saurez, mes enfans,
Que quand on m'épousa j'avais près de quinze ans.
Je dois tout aux bons soins de votre honoré père :
Sa fortune déja commençait à se faire ;
Il eut l'art d'amasser et de garder du bien,
En travaillant beaucoup et ne dépensant rien.
Il me recommanda, quand il quitta la France,
De fuir toujours le monde et surtout la dépense :
J'ai dépensé beaucoup à vous bien élever ;
Malgré moi le beau monde est venu me trouver.
Au fond d'un galetas il reléguait ma vie,
Et plus honnêtement je me suis établie.
Il voulait que son fils, en bonnet, en rabat,
Traînât dans le palais la robe d'avocat :
Au régiment du roi je le fis capitaine.
Il prétend aujourd'hui, sous peine de sa haine,

ACTE I, SCÈNE III.

Que de monsieur Gripon et la fille et le fils,
Par un beau mariage avec nous soient unis :
Je l'empêcherai bien, j'y suis fort résolue.

DAMIS.

Et nous aussi.

Mme DURU.

Je crains quelque déconvenue,
Je crains de mon mari le courroux véhément.

LE MARQUIS.

Ne craignez rien de loin.

Mme DURU.

Son cher correspondant,
Maître Isaac Gripon, d'une ame fort rebourse,
Ferme depuis un an les cordons de sa bourse.

DAMIS.

Il vous en reste assez.

Mme DURU.

Oui; mais j'ai consulté.

LE MARQUIS.

Hélas! consultez-nous.

Mme DURU.

Sur la validité
D'une telle démarche; et l'on dit qu'à votre âge
On ne peut sûrement contracter mariage
Contre la volonté d'un propre père.

DAMIS.

Non,
Lorsque ce propre père, étant dans la maison,
Sur son droit de présence obstinément se fonde :
Mais quand ce propre père est dans un bout du monde,

On peut à l'autre bout se marier sans lui.

LE MARQUIS.

Oui, c'est ce qu'il faut faire; et quand? dès aujourd'hui.

SCÈNE IV.

Mme DURU, LE MARQUIS, ÉRISE, DAMIS, MARTHE.

MARTHE.

Voilà monsieur Gripon qui veut forcer la porte :
Il vient pour un grand cas, dit-il, qui vous importe;
Ce sont ses propres mots. Faut-il qu'il entre?

Mme DURU.

Hélas!
Il le faut bien souffrir. Voyons quel est ce cas.

SCÈNE V.

Mme DURU, LE MARQUIS, ÉRISE, DAMIS, M. GRIPON, MARTHE.

Mme DURU.

Si tard, monsieur Gripon, quel sujet vous attire?

M. GRIPON.

Un bon sujet.

Mme DURU.

Comment?

M. GRIPON.

Je m'en vais vous le dire.

ACTE I, SCÈNE V.

DAMIS.

Quelque présent de l'Inde?

M. GRIPON.

Oh! vraiment oui. Voici
L'ordre de votre père, et je le porte ici.
Ma fille est votre bru, mon fils est votre gendre;
Ils le seront du moins, et sans beaucoup attendre.
Lisez.

(Il lui donne une lettre.)

Mme DURU.

L'ordre est très net. Que faire?

M. GRIPON.

A votre chef
Obéir sans réplique, et tout bâcler en bref.
Il reviendra bientôt; et même, par avance,
Son commis vient régler des comptes d'importance.
J'ai peu de temps à perdre; ayez la charité
De dépêcher la chose avec célérité.

Mme DURU.

La proposition, mes enfans, doit vous plaire.
Comment la trouvez-vous?

DAMIS, ÉRISE, *ensemble.*

Tout comme vous, ma mère.

LE MARQUIS, *à M. Gripon.*

De nos communs désirs il faut presser l'effet.
Ah! que de cet hymen mon cœur est satisfait!

M. GRIPON.

Que ça vous satisfasse, ou que ça vous déplaise,
Ça doit importer peu.

LE MARQUIS.

Je ne me sens pas d'aise.

M. GRIPON.

Pourquoi tant d'aise ?

LE MARQUIS.

Mais... j'ai cette affaire à cœur.

M. GRIPON.

Vous, à cœur mon affaire ?

LE MARQUIS.

Oui, je suis serviteur
De votre ami Duru, de toute la famille,
De madame sa femme, et surtout de sa fille.
Cet hymen est si cher, si précieux pour moi...
Je suis le bon ami du logis.

M. GRIPON.

Par ma foi,
Ces amis du logis sont de mauvais augure.
Madame, sans amis, hâtons-nous de conclure.

ÉRISE.

Quoi ! si tôt ?

Mme DURU.

Sans donner le temps de consulter,
De voir ma bru, mon gendre, et sans les présenter ?
C'est pousser avec nous vivement votre pointe.

M. GRIPON.

Pour se bien marier, il faut que la conjointe
N'ait jamais entrevu son conjoint.

Mme DURU.

Oui, d'accord ;
On s'en aime bien mieux : mais je voudrais d'abord,

ACTE I, SCÈNE V.

Moi, mère, et qui dois voir le parti qu'il faut prendre,
Embrasser votre fille, et voir un peu mon gendre.

M. GRIPON.

Vous les voyez en moi, corps pour corps, trait pour trait
Et ma fille Phlipotte est en tout mon portrait.

Mme DURU.

Les aimables enfans!

DAMIS.

Oh, monsieur! je vous jure
Qu'on ne sentit jamais une flamme plus pure.

M. GRIPON.

Pour ma Phlipotte?

DAMIS.

Hélas! pour cet objet vainqueur
Qui règne sur mes sens, et m'a donné son cœur.

M. GRIPON.

On ne t'a rien donné : je ne puis te comprendre;
Ma fille, ainsi que moi, n'a point l'ame si tendre.
(à Érise.)
Et vous qui souriez, vous ne me dites rien?

ÉRISE.

Je dis la même chose, et je vous promets bien
De placer les devoirs, les plaisirs de ma vie
A plaire au tendre amant à qui mon cœur me lie.

M. GRIPON.

Il n'est point tendre amant, vous répondez fort mal.

LE MARQUIS.

Je vous jure qu'il l'est.

M. GRIPON.

Oh! quel original!

L'ami de la maison, mêlez-vous, je vous prie,
Un peu moins de la fête et des gens qu'on marie.
(Le marquis lui fait de grandes révérences.)
(à madame Duru.)
Or çà, j'ai réussi dans ma commission.
Je vois pour votre époux votre soumission;
Il ne faut à présent qu'un peu de signature.
J'amènerai demain le futur, la future.
Vous aurez deux enfans souples, respectueux,
Grands ménagers; enfin on sera content d'eux.
Il est vrai qu'ils n'ont pas les grands airs du beau monde.

MME DURU.
C'est une bagatelle, et mon espoir se fonde
Sur les leçons d'un père et sur leurs sentimens,
Qui valent cent fois mieux que ces dehors charmans.

DAMIS.
J'aime déja leur grace et simple et naturelle...

ÉRISE.
Leur bon sens, dont leur père est le parfait modèle.

LE MARQUIS.
Je leur crois bien du goût.

M. GRIPON.
Ils n'ont rien de cela.
Que diable ici fait-on de ce beau monsieur-là ?
(à madame Duru.)
A demain donc, madame : une noce frugale
Préparera sans bruit l'union conjugale.
Il est tard, et le soir jamais nous ne sortons.

DAMIS.
Et que faites-vous donc vers le soir ?

ACTE I, SCÈNE V.

M. GRIPON.
>Nous dormons.

On se lève avant jour; ainsi fait votre père :
Imitez-le dans tout pour vivre heureux sur terre.
Soyez sobre, attentif à placer votre argent;
Ne donnez jamais rien, et prêtez rarement.
Demain, de grand matin, je reviendrai, madame.

Mme DURU.

Pas si matin.

LE MARQUIS.

>Allez, vous nous ravissez l'ame.

M. GRIPON.

Cet homme me déplaît. Dès demain je prétends
Que l'ami du logis déniche de céans.
Adieu.

MARTHE, *l'arrêtant par le bras.*

>Monsieur, un mot.

M. GRIPON.
>Et quoi?

MARTHE.
>Sans vous déplaire,

Peut-on vous proposer une excellente affaire?

M. GRIPON.

Proposez.

MARTHE.
>Vous donnez aux enfans du logis

Phlipotte votre fille, et Phlipot votre fils?

M. GRIPON.

Oui.

MARTHE.

L'on donne une dot en pareille aventure.

M. GRIPON.

Pas toujours.

MARTHE.

Vous pourriez, et je vous en conjure,
Partager par moitié vos généreux présens.

M. GRIPON.

Comment?

MARTHE.

Payez la dot, et gardez vos enfans.

M. GRIPON, *à madame Duru.*

Madame, il nous faudra chasser cette donzelle;
Et l'ami du logis ne me plaît pas plus qu'elle.

(Il s'en va, et tout le monde lui fait la révérence.)

SCÈNE VI.

Mme DURU, ÉRISE, DAMIS, LE MARQUIS, MARTHE.

MARTHE.

Eh bien! vous laissez-vous tous les quatre effrayer
Par le malheureux cas de ce maître usurier?

DAMIS.

Madame, vous voyez qu'il est indispensable
De prévenir soudain ce marché détestable.

LE MARQUIS.

Contre nos ennemis formons vite un traité
Qui mette pour jamais nos droits en sûreté.

Madame, on vous y force, et tout vous autorise,
Et c'est le sentiment de la charmante Érise.

ÉRISE.

Je me flatte toujours d'être de votre avis.

DAMIS.

Hélas! de vos bienfaits mon cœur s'est tout promis.
Il faut que le vilain qui tous nous inquiète,
En revenant demain, trouve la noce faite.

Mme DURU.

Mais...

LE MARQUIS.

Les mais à présent deviennent superflus.
Résolvez-vous, madame, ou nous sommes perdus.

Mme DURU.

Le péril est pressant, et je suis bonne mère ;
Mais... à qui pourrons-nous recourir ?

MARTHE.

Au notaire,
A la noce, à l'hymen. Je prends sur moi le soin
D'amener à l'instant le notaire du coin.
D'ordonner le souper, de mander la musique :
S'il est quelque autre usage admis dans la pratique,
Je ne m'en mêle pas.

DAMIS.

Elle a grande raison ;
Et je veux que demain maître Isaac Gripon
Trouve en venant ici peu de choses à faire.

ÉRISE.

J'admire vos conseils et celui de mon frère.

LA FEMME QUI A RAISON,

Mme DURU.

C'est votre avis à tous ?

DAMIS, ÉRISE, LE MARQUIS, *ensemble.*

Oui, ma mère.

Mme DURU.

Fort bien.

Je puis vous assurer que c'est aussi le mien.

FIN DU PREMIER ACTE.

ACTE SECOND.

SCÈNE I.

M. GRIPON, DAMIS.

M. GRIPON.
Comment! dans ce logis est-on fou, mon garçon?
Quel tapage a-t-on fait la nuit dans la maison?
Quoi! deux tables encore impudemment dressées!
Des débris d'un festin, des chaises renversées,
Des laquais étendus ronflant sur le plancher,
Et quatre violons, qui, ne pouvant marcher,
S'en vont en fredonnant à tâtons dans la rue?
N'es-tu pas tout honteux?

DAMIS.
                    Non : mon ame est émue
D'un sentiment si doux, d'un si charmant plaisir,
Que devant vous encor je n'en saurais rougir.

M. GRIPON.
D'un sentiment si doux! que diable veux-tu dire?

DAMIS.
Je dis que notre hymen à la famille inspire
Un délire de joie, un transport inouï.
A peine hier au soir sortîtes-vous d'ici,
Que, livrés par avance au lien qui nous presse,
Après un long souper, la joie et la tendresse,

Préparant à l'envi le lien conjugal,
Nous avons cette nuit ici donné le bal.

M. GRIPON.

Voilà trop de fracas, avec trop de dépense.
Je n'aime point qu'on ait du plaisir par avance.
Cette vie à ton père à coup sûr déplaira.
Et que feras-tu donc quand on te mariera?

DAMIS.

Ah! si vous connaissiez cette ardeur vive et pure,
Ces traits, ces feux sacrés, l'ame de la nature,
Cette délicatesse et ces ravissemens,
Qui ne sont bien connus que des heureux amans!
Si vous saviez...

M. GRIPON.

    Je sais que je ne puis comprendre
Rien de ce que tu dis.

DAMIS.

    Votre cœur n'est point tendre :
Vous ignorez les feux dont je suis consumé.
Mon cher monsieur Gripon, vous n'avez point aimé.

M. GRIPON.

Si fait, si fait.

DAMIS.

  Comment? vous aussi, vous?

M. GRIPON.

      Moi-même.

DAMIS.

Vous concevez donc bien l'emportement extrême,
Les douceurs...

ACTE II, SCENE I.

M. GRIPON.
Et oui, oui; j'ai fait à ma façon
L'amour un jour ou deux à madame Gripon;
Mais cela n'était pas comme ta belle flamme,
Ni tes discours de fou que tu tiens sur ta femme.

DAMIS.
Je le crois bien : enfin vous me le pardonnez?

M. GRIPON.
Oui-da, quand les contrats seront faits et signés.
Allons; avec ta mère il faut que je m'abouche :
Finissons tout.

DAMIS.
Ma mère en ce moment se couche.

M. GRIPON.
Quoi! ta mère...

DAMIS.
Approuvant le goût qui nous conduit,
Elle a dans notre bal dansé toute la nuit.

M. GRIPON.
Ta mère est folle.

DAMIS.
Non; elle est très respectable,
Magnifique avec goût, douce, tendre, adorable.

M. GRIPON.
Écoute : il faut ici te parler clairement.
Nous attendons ton père; il viendra promptement;
Et déja son commis arrive en diligence,
Pour régler sa recette ainsi que la dépense.
Il sera très fâché du train qu'on fait ici;
Et tu comprends fort bien que je le suis aussi.

C'est dans un autre esprit que Phlipotte est nourrie;
Elle a trente-sept ans, fille honnête, accomplie,
Qui, seule avec mon fils, compose ma maison;
L'été sans éventail et l'hiver sans manchon,
Blanchit, repasse, coud, compte comme Barême,
Et sait manquer de tout aussi bien que moi-même
Prends exemple sur elle, afin de vivre heureux.
Je reviendrai ce soir vous marier tous deux.
Tu parais bon enfant, et ma fille est bien née;
Mais, crois-moi, ta cervelle est un peu mal tournée
Il faut que la maison soit sur un autre pied.
Dis-moi, ce grand flandrin qui m'a tant ennuyé,
Qui toujours de côté me fait la révérence,
Vient-il ici souvent ?

DAMIS.

Oh! fort souvent.

M. GRIPON.

Je pense
Que, pour cause, il est bon qu'il ne revienne plus.

DAMIS.

Nous suivrons sur cela vos ordres absolus.

M. GRIPON.

C'est très bien dit. Mon gendre a du bon; et j'espère
Morigéner bientôt cette tête légère :
Mais surtout plus de bal; je ne prétends plus voir
Changer la nuit en jour et le matin en soir.

DAMIS.

Ne craignez rien.

M. GRIPON.

Eh bien! où vas-tu ?

ACTE II, SCÈNE II.

DAMIS.

         Satisfaire
Le plus doux des devoirs et l'ardeur la plus chère.

M. GRIPON.

Il brûle pour Phlipotte.

DAMIS.

       Après avoir dansé,
Plein des traits amoureux dont mon cœur est blessé,
Je vais, monsieur, je vais... me coucher... Je me flatte
Que ma passion vive autant que délicate
Me fera peu dormir en ce fortuné jour,
Et je serai long-temps éveillé par l'amour.
          (Il l'embrasse.)

SCÈNE II.

M. GRIPON.

Les romans l'ont gâté ; sa tête est attaquée ;
Mais celle de son père est bien plus détraquée ;
Il veut incognito rentrer dans sa maison.
Quel profit à cela? quel projet sans raison !
Ce n'est qu'en fait d'argent que j'aime le mystère ;
Mais je fais ce qu'il veut ; ma foi, c'est son affaire.
Mari qui veut surprendre est souvent fort surpris.
Et... Mais voici monsieur qui vient dans son logis.

SCÈNE III.

M. DURU, M. GRIPON.

M. DURU.

Quelle réception, après douze ans d'absence !
Comme tout se corrompt, comme tout change en France !

M. GRIPON.

Bonjour, compère.

M. DURU.

Oh, ciel !

M. GRIPON.

Il ne me répond point ;
Il rêve.

M. DURU.

Quoi ! ma femme infidèle à ce point !
A quel horrible luxe elle s'est emportée !
Cette maison, je crois, du diable est habitée ;
Et j'y mettrais le feu, sans les dépens maudits
Qu'à brûler les maisons il en coûte à Paris.

M. GRIPON.

Il parle long-temps seul ; c'est signe de démence.

M. DURU.

Je l'ai bien mérité par ma sotte imprudence.
A votre femme un mois confiez votre bien,
Au bout de trente jours vous ne retrouvez rien.
Je m'étais noblement privé du nécessaire :
M'en voilà bien payé. Que résoudre ? que faire ?
Je suis assassiné, confondu, ruiné.

ACTE II, SCÈNE III.

M. GRIPON.

Bonjour, compère. Eh bien, vous avez terminé
Assez heureusement un assez long voyage.
Je vous trouve un peu vieux.

M. DURU.

     Je vous dis que j'enrage.

M. GRIPON.

Oui, je le crois; il est fort triste de vieillir;
On a bien moins de temps pour pouvoir s'enrichir.

M. DURU.

Plus d'honneur, plus de règle, et les lois violées...

M. GRIPON.

Je n'ai violé rien, les choses sont réglées.
J'ai pour vous dans mes mains, en beaux et bons papiers,
Trois cent deux mille francs dix-huit sous neuf deniers.
Revenez-vous bien riche?

M. DURU.
 Oui.

M. GRIPON.
     Moquez-vous du monde.

M. DURU.

Oh! j'ai le cœur navré d'une douleur profonde.
J'apporte un million tout au plus; le voilà.
    (Il montre son portefeuille.)
Je suis outré, perdu.

M. GRIPON.
   Quoi! n'est-ce que cela?
Il faut se consoler.

M. DURU.
 Ma femme me ruine.

Vous voyez quel logis et quel train. La coquine!
M. GRIPON.
Sois le maître chez toi; mets-la dans un couvent.
M. DURU.
Je n'y manquerai pas. Je trouve, en arrivant,
Des laquais de six pieds tous ivres de la veille,
Un portier à moustache, armé d'une bouteille,
Qui, me voyant passer, m'invite en bégayant
A venir déjeuner dans son appartement.
M. GRIPON.
Chasse tous ces coquins.
M. DURU.
    C'est ce que je veux faire.
M. GRIPON.
C'est un profit tout clair. Tous ces gens-là, compère
Sont nos vrais ennemis, dévorent notre bien;
Et pour vivre à son aise, il faut vivre de rien.
M. DURU.
Ils m'auront ruiné; cela me perce l'ame.
Me conseillerais-tu de surprendre ma femme?
M. GRIPON.
Tout comme tu voudras.
M. DURU.
    Me conseillerais-tu
D'attendre encore un peu, de rester inconnu?
M. GRIPON.
Selon ta fantaisie.
M. DURU.
    Ah, le maudit ménage!
Comment a-t-on reçu l'offre du mariage?

ACTE II, SCÈNE III.

M. GRIPON.

Oh! fort bien; sur ce point nous serons tous contens :
On aime avec transport déja mes deux enfans.

M. DURU.

Passe. On n'a donc point eu de peine à satisfaire
A mes ordres précis?

M. GRIPON.

De la peine! au contraire;
Ils ont avec plaisir conclu soudainement.
Ton fils a pour ma fille un amour véhément :
Et ta fille déja brûle, sur ma parole,
Pour mon petit Gripon.

M. DURU.

Du moins cela console.
Nous mettrons ordre au reste.

M. GRIPON.

Oh! tout est résolu,
Et cet après-midi l'hymen sera conclu.

M. DURU.

Mais ma femme?

M. GRIPON.

Oh! parbleu, ta femme est ton affaire.
Je te donne une bru charmante et ménagère :
J'ai toujours à ton fils destiné ce bijou,
Et nous les marierons sans leur donner un sou.

M. DURU.

Fort bien.

M. GRIPON.

L'argent corrompt la jeunesse volage.
Point d'argent; c'est un point capital en ménage.

M. DURU.

Mais ma femme?

M. GRIPON.

Fais-en tout ce qu'il te plaira.

M. DURU.

Je voudrais voir un peu comme on me recevra,
Quel air aura ma femme.

M. GRIPON.

Et pourquoi? que t'importe?

M. DURU.

Voir... la... si la nature est au moins assez forte,
Si le sang parle assez dans ma fille et mon fils
Pour reconnaître en moi le maître du logis.

M. GRIPON.

Quand tu te nommeras, tu te feras connaître :
Est-ce que le sang parle? et ne dois-tu pas être
Honnêtement content, quand, pour comble de biens,
Tes dociles enfans vont épouser les miens?
Adieu! j'ai quelque dette active et d'importance,
Qui devers le midi demande ma présence;
Et je reviens, compère, après un court dîner,
Moi, ma fille et mon fils, pour conclure et signer.

SCÈNE IV.

M. DURU.

Les affaires vont bien : quant à ce mariage,
J'en suis fort satisfait; mais quant à mon ménage,
C'est un scandale affreux, et qui me pousse à bout.

Il faut tout observer, découvrir tout, voir tout.
(On sonne.)
J'entends une sonnette et du bruit; on appelle.

SCÈNE V.

M. DURU; MARTHE, *à la porte.*

M. DURU.
Oh! quelle est cette jeune et belle demoiselle
Qui va vers cette porte? elle a l'air bien coquet.
Est-ce ma fille? mais... j'en ai peur, en effet :
Elle est bien faite, au moins, passablement jolie,
Et cela fait plaisir. Écoutez, je vous prie;
Où courez-vous si vite, aimable et chère enfant?

MARTHE.
Je vais chez ma maîtresse en son appartement.

M. DURU.
Quoi! vous êtes suivante? et de qui, ma mignonne?

MARTHE.
De madame Duru.

M. DURU, *à part.*
    Je veux de la friponne
Tirer quelque parti, m'instruire, si je puis...
Écoutez.

MARTHE.
Quoi, monsieur?

M. DURU.
    Savez-vous qui je suis?

MARTHE.

Non ; mais je vois assez ce que vous pouvez être.

M. DURU.

Je suis l'intime ami de monsieur votre maître,
Et de monsieur Gripon. Je puis très aisément
Vous faire ici du bien, même en argent comptant.

MARTHE.

Vous me ferez plaisir. Mais, monsieur, le temps presse,
Et voici le moment de coucher ma maîtresse.

M. DURU.

Se coucher, quand il est neuf heures du matin ?

MARTHE.

Oui, monsieur.

M. DURU.

Quelle vie ! et quel horrible train !

MARTHE.

C'est un train fort honnête. Après souper on joue ;
Après le jeu l'on danse, et puis on dort.

M. DURU.

J'avoue
Que vous me surprenez ; je ne m'attendais pas
Que madame Duru fît un si beau fracas.

MARTHE.

Quoi ! cela vous surprend, vous, bon homme, à votre
Mais rien n'est plus commun. Madame fait usage [âge ?
Des grands biens amassés par son ladre mari ;
Et quand on tient maison, chacun en use ainsi.

M. DURU.

Mignonne, ces discours me font peine à comprendre ;
Qu'est-ce tenir maison ?

ACTE II, SCÈNE V.

MARTHE.

Faut-il tout vous apprendre ?
D'où diable venez-vous ?

M. DURU.

D'un peu loin.

MARTHE.

Je le voi.
Vous me paraissez neuf, quoique antique.

M. DURU.

Ma foi,
Tout est neuf à mes yeux. Ma petite maîtresse,
Vous tenez donc maison ?

MARTHE.

Oui.

M. DURU.

Mais de quelle espèce ?
Et dans cette maison que fait-on, s'il vous plaît ?

MARTHE.

De quoi vous mêlez-vous ?

M. DURU.

J'y prends quelque intérêt.

MARTHE.

Vous, monsieur ?

M. DURU.

(à part.)

Oui, moi-même. Il faut que je hasarde
Un peu d'or de ma poche avec cette égrillarde :
Ce n'est pas sans regret ; mais essayons enfin.

(haut.)

Monsieur Duru vous fait ce présent par ma main.

MARTHE.

Grand merci.

M. DURU.

Méritez un tel effort, ma belle ;
C'est à vous de montrer l'excès de votre zèle
Pour le patron d'ici, le bon monsieur Duru,
Que, par malheur pour vous, vous n'avez jamais vu.
Quelque amant, entre nous, a, pendant son absence,
Produit tous ces excès, avec cette dépense?

MARTHE.

Quelque amant! vous osez attaquer notre honneur?
Quelque amant! A ce trait qui blesse ma pudeur,
Je ne sais qui me tient que mes mains appliquées
Ne soient sur votre face avec cinq doigts marquées.
Quelque amant! dites-vous?

M. DURU.

Hé! pardon.

MARTHE.

Apprenez
Que ce n'est pas à vous à fourrer votre nez
Dans ce que fait madame.

M. DURU.

Eh mais...

MARTHE.

Elle est trop bonne,
Trop sage, trop honnête, et trop douce personne;
Et vous êtes un sot avec vos questions...
(On sonne.)
J'y vais... Un impudent, un rôdeur de maisons...

(On sonne.)
Tout à l'heure... Un benêt qui pense que les filles
Iront lui confier les secrets des familles...
(On sonne.)
Hé! j'y cours... Un vieux fou, que la main que voilà
(On sonne.)
Devrait punir cent fois... L'on y va, l'on y va.

SCÈNE VI.

M. DURU.

Je ne sais si je dois en croire sa colère :
Tout ici m'est suspect; et, sur ce grand mystère,
Les femmes ont juré de ne parler jamais :
On n'en peut rien tirer par force ou par bienfaits;
Et toutes, se liguant pour nous en faire accroire,
S'entendent contre nous comme larrons en foire.
Non, je n'entrerai point ; je veux examiner
Jusqu'où du bon chemin l'on peut se détourner.
Que vois-je! un beau monsieur sortant de chez ma [femme!
Ah! voilà comme on tient maison!

SCÈNE VII.

M. DURU; LE MARQUIS *sortant de l'appartement
de madame Duru, en lui parlant tout haut.*

LE MARQUIS.

Adieu, madame.
Ah, que je suis heureux!

M. DURU.

        Et beaucoup trop. J'en tiens.

LE MARQUIS.

Adieu, jusqu'à ce soir.

M. DURU.

        Ce soir encor! Fort bien.
Comme de la maison je vois ici deux maîtres,
L'un des deux pourrait bien sortir par les fenêtres.
On ne me connaît pas; gardons-nous d'éclater.

LE MARQUIS.

Quelqu'un parle, je crois.

M. DURU.

        Je n'en saurais douter.
Volets fermés, au lit, rendez-vous, porte close;
La suivante, à mon nez, complice de la chose!

LE MARQUIS.

Quel est cet homme-là qui jure entre ses dents?

M. DURU.

Mon fait est net et clair.

LE MARQUIS.

        Il paraît hors de sens.

M. DURU.

J'aurais mieux fait, ma foi, de rester à Surate
Avec tout mon argent. Ah, traître! ah, scélérate!

LE MARQUIS.

Qu'avez-vous donc, monsieur, qui parlez seul ainsi?

M. DURU.

Mais j'étais étonné que vous fussiez ici.

LE MARQUIS.

Et pourquoi, mon ami?

ACTE II, SCÈNE VII.

M. DURU.

Monsieur Duru peut-être
Ne serait pas content de vous y voir paraître.

LE MARQUIS.

Lui, mécontent de moi! Qui vous a dit cela?

M. DURU.

Des gens bien informés. Ce monsieur Duru-là,
Chez qui vous avez pris des façons si commodes,
Le connaissez-vous?

LE MARQUIS.

Non: il est aux antipodes,
Dans les Indes, je crois, cousu d'or et d'argent.

M. DURU.

Mais vous connaissez fort madame?

LE MARQUIS.

Apparemment:
Sa bonté m'est toujours précieuse et nouvelle,
Et je fais mon bonheur de vivre ici près d'elle.
Si vous avez besoin de sa protection,
Parlez; j'ai du crédit, je crois, dans la maison.

M. DURU.

Je le vois... De monsieur je suis l'homme d'affaires.

LE MARQUIS.

Ma foi! de ces gens-là je ne me mêle guères.
Soyez le bien venu; prenez surtout le soin
D'apporter quelque argent, dont nous avons besoin.
Bonsoir.

M. DURU, *à part.*

J'enfermerai dans peu ma chère femme.

(au marquis.)
Que l'enfer... Mais, monsieur, qui gouvernez madame,
La chambre de sa fille est-elle près d'ici?

LE MARQUIS.
Tout auprès, et j'y vais. Oui, l'ami; la voici.
(Il entre chez Érise, et ferme la porte.)

M. DURU.
Cet homme est nécessaire à toute ma famille :
Il sort de chez ma femme, et s'en va chez ma fille.
Je n'y puis plus tenir, et je succombe enfin.
Justice! je suis mort.

SCÈNE VIII.

M. DURU; LE MARQUIS *revenant avec* ÉRISE.

ÉRISE.
Eh, mon Dieu, quel lutin,
Quand on va se coucher, tempête à cette porte?
Qui peut crier ainsi de cette étrange sorte?

LE MARQUIS.
Faites donc moins de bruit; ne vous a-t-on pas dit
Qu'après qu'on a dansé l'on va se mettre au lit?
Jurez plus bas tout seul.

M. DURU.
Je ne puis plus rien dire.
Je suffoque.

ÉRISE.
Quoi donc?

M. DURU.
Est-ce un rêve, un délire?

ACTE II, SCÈNE VIII.

Je vengerai l'affront fait avec tant d'éclat.
Juste ciel! et comment son frère l'avocat
Peut-il souffrir céans cette honte inouïe
Sans plaider?

ÉRISE.

Quel est donc cet homme, je vous prie?

LE MARQUIS.

Je ne sais; il paraît qu'il est extravagant :
Votre père, dit-il, l'a pris pour son agent.

ÉRISE.

D'où vient que cet agent fait tant de tintamarre?

LE MARQUIS.

Ma foi! je n'en sais rien; cet homme est si bizarre!

ÉRISE.

Est-ce que mon mari, monsieur, vous a fâché?

M. DURU.

Son mari... J'en suis quitte encore à bon marché.
C'est là votre mari?

ÉRISE.

Sans doute, c'est lui-même.

M. DURU.

Lui, le fils de Gripon?

ÉRISE.

C'est mon mari, que j'aime.
A mon père, monsieur, lorsque vous écrirez,
Peignez-lui bien les nœuds dont nous sommes serrés.

M. DURU.

Que la fièvre le serre!

LE MARQUIS.

Ah! daignez condescendre...

M. DURU.

Maître Isaac Gripon m'avait bien fait entendre
Qu'à votre mariage on pensait en effet ;
Mais il ne m'a pas dit que tout cela fût fait.

LE MARQUIS.

Eh bien, je vous en fais la confidence entière.

M. DURU.

Mariés ?

ÉRISE.

Oui, monsieur.

M. DURU.

De quand ?

LE MARQUIS.

La nuit dernière.

M. DURU, *regardant le marquis.*

Votre époux, je l'avoue, est un fort beau garçon ;
Mais il ne m'a point l'air d'être fils de Gripon.

LE MARQUIS.

Monsieur sait qu'en la vie il est fort ordinaire
De voir beaucoup d'enfans tenir peu de leur père.
Par exemple, le fils de ce monsieur Duru
En est tout différent, n'en a rien.

M. DURU.

Qui l'eût cru ?
Serait-il point aussi marié, lui ?

ÉRISE.

Sans doute.

M. DURU.

Lui ?

ACTE II, SCÈNE VIII.

LE MARQUIS.

Ma sœur, dans ses bras, en ce moment-ci goûte
Les premières douceurs du conjugal lien.

M. DURU.

Votre sœur !

LE MARQUIS.

Oui, monsieur.

M. DURU.

Je n'y conçois plus rien.
Le compère Gripon m'eût dit cette nouvelle.

LE MARQUIS.

Il regarde cela comme une bagatelle.
C'est un homme occupé toujours du denier dix,
Noyé dans le calcul, fort distrait.

M. DURU.

Mais jadis
Il avait l'esprit net.

LE MARQUIS.

Les grands travaux et l'âge
Altèrent la mémoire ainsi que le visage.

M. DURU.

Ce double mariage est donc fait ?

ÉRISE.

Oui, monsieur.

LE MARQUIS.

Je vous en donne ici ma parole d'honneur ;
N'avez-vous donc pas vu les débris de la noce ?

M. DURU.

Vous m'avez tous bien l'air d'aimer le fruit précoce,
D'anticiper l'hymen qu'on avait projeté.

LE MARQUIS.

Ne nous soupçonnez pas de cette indignité ;
Cela serait criant.

M. DURU.

Oh! la faute est légère.
Pourvu qu'on n'ait pas fait une trop forte chère,
Que la noce n'ait pas horriblement coûté,
On peut vous pardonner cette vivacité.
Vous paraissez d'ailleurs un homme assez aimable.

ÉRISE.

Oh! très fort.

M. DURU.

Votre sœur est-elle aussi passable?

LE MARQUIS.

Elle vaut cent fois mieux.

M. DURU.

Si la chose est ainsi,
Monsieur Duru pourrait excuser tout ceci.
Je vais enfin parler à sa mère, et pour cause...

ÉRISE.

Ah! gardez-vous-en bien, monsieur; elle repose.
Elle est trop fatiguée; elle a pris tant de soins...

M. DURU.

Je m'en vais donc parler à son fils.

ÉRISE.

Encor moins.

LE MARQUIS.

Il est trop occupé.

M. DURU.

L'aventure est fort bonne.

Ainsi, dans ce logis je ne puis voir personne?
####### LE MARQUIS.
Il est de certains cas où des hommes de sens
Se garderont toujours d'interrompre les gens.
Vous voilà bien au fait; je vais avec madame
Me rendre aux doux transports de la plus pure flamme.
Écrivez à son père un détail si charmant.
####### ÉRISE.
Marquez-lui mon respect et mon contentement.
####### M. DURU.
Et son contentement! Je ne sais si ce père
Doit être aussi content d'une si prompte affaire.
Quelle éveillée!
####### LE MARQUIS.
Adieu : revenez vers le soir,
Et soupez avec nous.
####### ÉRISE.
Bonjour, jusqu'au revoir.
####### LE MARQUIS.
Serviteur.
####### ÉRISE.
Tout à vous.

SCÈNE IX.

M. DURU.

Mais Gripon le compère
S'est bien pressé, sans moi, de finir cette affaire.
Quelle fureur de noce a saisi tous nos gens!

Tous quatre à s'arranger sont un peu diligens.
De tant d'événemens j'ai la vue ébahie.
J'arrive, et tout le monde à l'instant se marie.
Il reste, en vérité, pour compléter ceci,
Que ma femme à quelqu'un soit mariée aussi.
Entrons sans plus tarder. Ma femme ! holà ! qu'on
 (Il heurte.) [m'ouvre.
Ouvrez, vous dis-je; il faut qu'enfin tout se découvre.

MARTHE, *derrière la porte.*

Paix, paix ! l'on n'entre point.

M. DURU.

Oh ! je veux, malgré toi,
Suivante impertinente, entrer enfin chez moi.

FIN DU SECOND ACTE.

ACTE TROISIEME.

SCÈNE I.

M. DURU.

J'ai beau frapper, crier, courir dans ce logis,
De ma femme à mon gendre et du gendre à mon fils,
On répond en ronflant : les valets, les servantes
Ont tout barricadé. Ces manœuvres plaisantes
Me déplaisent beaucoup : ces quatre extravagans,
Si vite mariés, sont au lit trop long-temps.
Et ma femme ! ma femme ! oh ! je perds patience :
Ouvrez, morbleu !

SCÈNE II.

M. DURU, M. GRIPON, *tenant le contrat et une écritoire à la main.*

M. GRIPON.

Je viens signer notre alliance.

M. DURU.

Comment, signer !

M. GRIPON.

Sans doute, et vous l'avez voulu :
Il faut conclure tout

M. DURU.
Tout est assez conclu;
Vous radotez.
M. GRIPON.
Je viens pour consommer la chose.
M. DURU.
La chose est consommée.
M. GRIPON.
Oh! oui, je me propose
De produire au grand jour ma Phlipotte et Phlipot.
Ils viennent.
M. DURU.
Quels discours!
M. GRIPON.
Tout est prêt, en un mot.
M. DURU.
Morbleu, vous vous moquez; tout est fait.
M. GRIPON.
Çà, compère,
Votre femme est instruite et prépare l'affaire.
M. DURU.
Je n'ai point vu ma femme : elle dort; et mon fils
Dort avec votre fille; et mon gendre au logis
Avec ma fille dort; et tout dort. Quelle rage
Vous a fait cette nuit presser ce mariage?
M. GRIPON.
Es-tu devenu fou?
M. DURU.
Quoi! mon fils ne tient pas
A présent dans son lit Phlipotte et ses appas?

Les noces cette nuit n'auraient pas été faites?

M. GRIPON.

Ma fille a cette nuit repassé ses cornettes:
Elle s'habille en hâte; et mon fils, son cadet,
Pour épargner les frais, met le contrat au net.

M. DURU.

Juste ciel! quoi! ton fils n'est pas avec ma fille?

M. GRIPON.

Non, sans doute.

M. DURU.

Le diable est donc dans ma famille?

M. GRIPON.

Je le crois.

M. DURU.

Ah, fripons! femme indigne du jour!
Vous payerez bien cher ce détestable tour!
Lâches, vous apprendrez que c'est moi qui suis maître!
Approfondissons tout; je prétends tout connaître:
Fais descendre mon fils: va, compère; dis-lui
Qu'un ami de son père, arrivé d'aujourd'hui,
Vient lui parler d'affaire et ne saurait attendre.

M. GRIPON.

Je vais te l'amener: il faut punir mon gendre;
Il faut un commissaire; il faut verbaliser;
Il faut venger Phlipotte.

M. DURU.

Eh! cours, sans tant jaser.

M. GRIPON, *revenant*.

Cela pourra coûter quelque argent, mais n'importe.

M. DURU.

Eh! va donc.

M. GRIPON, *revenant.*

Il faudra faire amener main-forte.

M. DURU.

Va, te dis-je.

M. GRIPON.

J'y cours.

SCÈNE III.

M. DURU.

    O voyage cruel!
O pouvoir marital et pouvoir paternel!
O luxe! maudit luxe! invention du diable!
C'est toi qui corromps tout, perds tout, monstre exé-
Ma femme, mes enfans, de toi sont infectés : [crable!
J'entrevois là dessous un tas d'iniquités,
Un amas de noirceurs, et surtout de dépenses,
Qui me glacent le sang et redoublent mes transes.
Épouse, fille, fils, m'ont tous perdu d'honneur :
Je ne sais si je dois en mourir de douleur;
Et, quoique de me pendre il me prenne une envie,
L'argent qu'on a gagné fait qu'on aime la vie.
Ah! j'aperçois, je crois, mon traître d'avocat :
Quel habit! pourquoi donc n'a-t-il point de rabat?

SCÈNE IV.

M. DURU, M. GRIPON, DAMIS.

DAMIS, *à M. Gripon.*
Quel est cet homme? il a l'air bien atrabilaire.
M. GRIPON.
C'est le meilleur ami qu'ait monsieur votre père.
DAMIS.
Prête-t-il de l'argent?
M. GRIPON.
En aucune façon,
Car il en a beaucoup.
M. DURU.
Répondez, beau garçon,
Êtes-vous avocat?
DAMIS.
Point du tout.
M. DURU.
Ah, le traître!
Êtes-vous marié?
DAMIS.
J'ai le bonheur de l'être.
M. DURU.
Et votre sœur?
DAMIS.
Aussi. Nous avons cette nuit
Goûté d'un double hymen le tendre et premier fruit.
M. GRIPON.
Mariés!

M. DURU.

Scélérat!

M. GRIPON.

A qui donc?

DAMIS.

A ma femme.

M. GRIPON.

A ma Phlipotte.

DAMIS.

Non.

M. DURU.

Je me sens percer l'ame.
Quelle est-elle? En un mot, vite, répondez-moi.

DAMIS.

Vous êtes curieux et poli, je le voi.

M. DURU.

Je veux savoir de vous celle qui, par surprise,
Pour braver votre père ici s'impatronise.

DAMIS.

Quelle est ma femme?

M. DURU.

Oui, oui.

DAMIS.

C'est la sœur de celui
A qui ma propre sœur est unie aujourd'hui.

M. GRIPON.

Quel galimatias!

DAMIS.

La chose est toute claire.
Vous savez, cher Gripon, qu'un ordre de mon père
Enjoignait à ma mère, en termes très précis,

ACTE III, SCÈNE IV.

D'établir au plus tôt et sa fille et son fils.

M. DURU.

Eh bien, traître?

DAMIS.

    A cet ordre elle s'est asservie,
Non pas absolument, mais du moins en partie :
Il veut un prompt hymen; il s'est fait promptement.
Il est vrai qu'on n'a pas conclu précisément
Avec ceux que sa lettre a nommés par sa clause;
Mais le plus fort est fait, le reste est peu de chose.
Le marquis d'Outremont, l'un de nos bons amis,
Est un homme...

M. GRIPON.

    Ah! c'est là cet ami du logis :
On s'est moqué de nous; je m'en doutais, compère.

M. DURU.

Allons, faites venir vite le commissaire,
Vingt huissiers.

DAMIS.

    Eh! qui donc êtes-vous, s'il vous plaît,
Qui daignez prendre à nous un si grand intérêt?
Cher ami de mon père, apprenez que peut-être,
Sans mon respect pour lui, cette large fenêtre
Serait votre chemin pour vider la maison.
Dénichez de chez moi.

M. DURU.

    Comment, maître fripon,
Toi me chasser d'ici! toi, scélérat, faussaire,
Aigrefin, débauché, l'opprobre de ton père!
Qui n'es point avocat!

SCÈNE V.

Mme DURU, *sortant d'un côté avec* MARTHE;
LE MARQUIS, *sortant de l'autre avec* ÉRISE;
M. DURU, M. GRIPON, DAMIS.

Mme DURU, *dans le fond.*

Mon carrosse est-il prêt ?
D'où vient donc tout ce bruit ?

LE MARQUIS.

Ah ! je vois ce que c'est.

MARTHE.

C'est mon questionneur.

LE MARQUIS.

Oui, c'est ce vieux visage,
Qui semblait si surpris de notre mariage.

Mme DURU.

Qui donc ?

LE MARQUIS.

De votre époux il dit qu'il est agent.

M. DURU, *en colère, se retournant.*

Oui, c'est moi.

MARTHE.

Cet agent paraît peu patient.

Mme DURU, *avançant.*

Ah, que vois-je ! quels traits ! c'est lui-même ! et mon

M. DURU.   [ame...

Voilà donc à la fin ma coquine de femme !
Oh ! comme elle est changée ! elle n'a plus, ma foi,

ACTE III, SCÈNE V.

De quoi raccommoder ses fautes près de moi.
####### Mme DURU.
Quoi! c'est vous, mon mari, mon cher époux!
####### DAMIS, ÉRISE, LE MARQUIS, *ensemble*.
         Mon père!
####### Mme DURU.
Daignez jeter, monsieur, un regard moins sévère
Sur moi, sur mes enfans, qui sont à vos genoux.
####### LE MARQUIS.
Oh! pardon : j'ignorais que vous fussiez chez vous.
####### M. DURU.
Ce matin...
####### LE MARQUIS.
    Excusez; j'en suis honteux dans l'ame.
####### MARTHE.
Et qui vous aurait cru le mari de madame?
####### DAMIS.
A vos pieds...
####### M. DURU.
     Fils indigne, apostat du barreau,
Malheureux marié, qui fais ici le beau,
Fripon, c'est donc ainsi que ton père lui-même
S'est vu reçu de toi? c'est ainsi que l'on m'aime?
####### M. GRIPON.
C'est la force du sang.
####### DAMIS.
     Je ne suis pas devin.
####### Mme DURU.
Pourquoi tant de courroux dans notre heureux destin?
Vous retrouvez ici toute votre famille;

Un gendre, un fils bien né, votre épouse, une fille.
Que voulez-vous de plus? Faut-il après douze ans
Voir d'un œil de travers sa femme et ses enfans?

M. DURU.

Vous n'êtes point ma femme : elle était ménagère;
Elle cousait, filait, fesait très maigre chère,
Et n'eût point à mon bien porté le coup mortel
Par la main d'un filou, nommé maître d'hôtel;
N'eût point joué, n'eût point ruiné ma famille,
Ni d'un maudit marquis ensorcelé ma fille;
N'aurait pas à mon fils fait perdre son latin,
Et fait d'un avocat un pimpant aigrefin.
Perfide! voilà donc la belle récompense
D'un travail de douze ans et de ma confiance?
Des soupers dans la nuit! à midi, petit jour!
Auprès de votre lit un oisif de la cour!
Et portant en public le honteux étalage
Du rouge enluminé qui peint votre visage!
C'est ainsi qu'à profit vous placiez mon argent?
Allons, de cet hôtel qu'on déniche à l'instant,
Et qu'on aille m'attendre à son second étage.

DAMIS.

Quel père!

LE MARQUIS.

Quel beau-père!

ÉRISE.

Eh! bon Dieu, quel langage!

Mme DURU.

Je puis avoir des torts; vous, quelques préjugés :
Modérez-vous, de grace; écoutez, et jugez.

Alors que la misère à tous deux fut commune,
Je me fis des vertus propres à ma fortune;
D'élever vos enfans je pris sur moi les soins;
Je me refusai tout pour leur laisser du moins
Une éducation qui tînt lieu d'héritage.
Quand vous eûtes acquis, dans votre heureux voyage,
Un peu de bien commis à ma fidélité,
J'en sus placer le fonds; il est en sûreté.

M. DURU.

Oui.

Mme DURU.

Votre bien s'accrut; il servit en partie
A nous donner à tous une plus douce vie.
Je voulus dans la robe élever votre fils;
Il n'y parut pas propre, et je changeai d'avis *a*.
De mon premier état je soutins l'indigence;
Avec le même esprit j'use de l'abondance.
On doit compte au public de l'usage du bien,
Et qui l'ensevelit est mauvais citoyen;
Il fait tort à l'état, il s'en fait à soi-même.
Faut-il sur son comptoir, l'œil trouble et le teint blême,
Manquer du nécessaire auprès d'un coffre-fort,
Pour avoir de quoi vivre un jour après sa mort?
Ah! vivez avec nous dans une honnête aisance.
Le prix de nos travaux est dans la jouissance:
Faites votre bonheur en remplissant nos vœux.
Être riche n'est rien; le tout est d'être heureux.

M. DURU.

Le beau sermon du luxe et de l'intempérance!
Gripon, je souffrirais que pendant mon absence

On dispose de tout, de mes biens, de mon fils,
De ma fille!

Mme DURU.

Monsieur, je vous en écrivis :
Cette union est sage, et doit vous le paraître;
Vos enfans sont heureux, leur père devrait l'être.

M. DURU.

Non; je serais outré d'être heureux malgré moi :
C'est être heureux en sot de souffrir que chez soi
Femme, fils, gendre, fille, ainsi se réjouissent.

Mme DURU.

Ah! qu'à cette union tous vos vœux applaudissent!

M. DURU.

Non, non, non, non; il faut être maître chez soi.

Mme DURU.

Vous le serez toujours.

ÉRISE.

Ah! disposez de moi.

Mme DURU.

Nous sommes à vos pieds.

DAMIS.

Tout ici doit vous plaire;
Serez-vous inflexible?

Mme DURU.

Ah, mon époux!

DAMIS, ÉRISE, *ensemble.*

Mon père!

M. DURU.

Gripon, m'attendrirai-je?

ACTE III, SCÈNE V.

M. GRIPON.

     Écoutez, entre nous,
Ça demande du temps.

MARTHE.

      Vite, attendrissez-vous :
Tous ces gens-là, monsieur, s'aiment à la folie ;
Croyez-moi, mettez-vous aussi de la partie.
Personne n'attendait que vous vinssiez ici :
La maison va fort bien ; vous voilà, restez-y.
Soyez gai comme nous, ou que Dieu vous renvoie.
Nous vous promettons tous de vous tenir en joie.
Rien n'est plus douloureux, comme plus inhumain,
Que de gronder tout seul des plaisirs du prochain.

M. DURU.

L'impertinente ! Eh bien ! qu'en penses-tu, compère ?

M. GRIPON.

J'ai le cœur un peu dur ; mais, après tout, que faire ?
La chose est sans remède ; et ma Phlipotte aura
Cent avocats pour un, sitôt qu'elle voudra.

Mme DURU.

Eh bien ! vous rendez-vous ?

M. DURU.

      Çà, mes enfans, ma femme,
Je n'ai pas dans le fond une si vilaine ame.
Mes enfans sont pourvus ; et, puisque de son bien,
Alors que l'on est mort on ne peut garder rien,
Il faut en dépenser un peu pendant sa vie :
Mais ne mangez pas tout, madame, je vous prie.

Mme DURU.

Ne craignez rien, vivez, possédez, jouissez...

M. DURU.

Dix fois cent mille francs par vous sont-ils placés?

Mme DURU.

En contrats, en effets, de la meilleure sorte.

M. DURU.

En voici donc autant qu'avec moi je rapporte.
(Il veut lui donner son porte-feuille, et le remet dans sa poche.)

Mme DURU.

Rapportez-nous un cœur doux, tendre, généreux;
Voilà les millions qui sont chers à nos vœux.

M. DURU.

Allons donc; je vois bien qu'il faut avec constance
Prendre enfin mon bonheur du moins en patience.

FIN DE LA FEMME QUI A RAISON.

VARIANTE

DE LA FEMME QUI A RAISON.

a Dans les éditions précédentes, on lisait ces vers que l'auteur se proposait de supprimer dans l'édition corrigée qu'il préparait :

    Il fallait cultiver, non forcer la nature ;
    Il est né valeureux, vif, mais plein de droiture :
    J'ai fait, à ses talens habile à me plier,
    D'un mauvais avocat un très bon officier.
    Avantageusement j'ai marié ma fille ;
    La paix et les plaisirs règnent dans ma famille.
    Nous avons des amis ; des seigneurs sans fracas,
    Sans vanité, sans airs, et qui n'empruntent pas,
    Soupent chez nous gaiement et passent la soirée :
    La chère est délicate et toujours modérée ;
    Le jeu n'est pas trop fort ; et jamais nos plaisirs
    Ne nous ont, grace au ciel, causé de repentirs.
    Dans mon premier état...

FIN DE LA VARIANTE DE LA FEMME QUI A RAISON.

ORESTE,

TRAGÉDIE EN CINQ ACTES,

Représentée pour la première fois le 12 janvier 1750.

AVIS DES ÉDITEURS

DE L'ÉDITION EN 41 VOLUMES IN-8º.

Lorsque la tragédie d'*Oreste* fut représentée pour la première fois en 1750, M. de Voltaire était à Paris. Informé qu'une violente cabale tenterait tous les moyens d'en empêcher le succès, il voulut déjouer les intrigues de ses ennemis, qui, en cette occasion, s'étaient réunis aux partisans de Crébillon, et fesaient un crime à l'auteur d'oser traiter le même sujet que lui. Il y réussit par un discours adressé aux spectateurs, et qu'il fit prononcer au théâtre avant la première représentation de sa tragédie; il y avait en vue deux objets : le premier, d'éclairer l'opinion sur cette prétendue *rivalité orgueilleuse* qu'on lui imputait à l'égard de Crébillon; le second, de préparer les esprits à entendre une pièce d'un genre simple et sévère, et plutôt grecque que française. Ce discours, où l'on ne peut méconnaître la main de M. de Voltaire, n'a été encore imprimé dans aucune édition de ses Œuvres; il nous a été conservé par M. de Croix, éditeur du commentaire de La Harpe sur le théâtre de Voltaire, et l'un des éditeurs de l'édition de Kehl. Le voici :

« Messieurs, l'auteur de la tragédie que nous allons
« avoir l'honneur de vous donner n'a point la vanité
« téméraire de vouloir lutter contre la pièce d'*Électre*,
« justement honorée de vos suffrages, encore moins

« contre son confrère qu'il a souvent appelé son maître,
« et qui ne lui a inspiré qu'une noble émulation, ega-
« lement éloignée du découragement et de l'envie; ému-
« lation compatible avec l'amitié, et telle que doivent
« la sentir les gens de lettres. Il a voulu seulement,
« messieurs, hasarder devant vous un tableau de l'an-
« tiquité; quand vous aurez jugé cette faible esquisse
« d'un monument des siècles passés, vous reviendrez
« aux peintures plus brillantes et plus composées des
« célèbres modernes.

« Les Athéniens, qui inventerent ce grand art que
« les Français seuls sur la terre cultivèrent heureuse-
« ment, encouragèrent trois de leurs citoyens à tra-
« vailler sur le même sujet. Vous, messieurs, en qui
« l'on voit aujourd'hui revivre ce peuple aussi célèbre
« par son esprit que par son courage, vous qui avez
« son goût, vous aurez son équité. L'auteur, qui vous
« présente une imitation de l'antique, est bien plus sûr
« de trouver en vous des Athéniens qu'il ne se flatte
« d'avoir rendu Sophocle. Vous savez que la Grèce,
« dans tous ses monumens, dans tous les genres de
« poésie et d'éloquence, voulait que les beautés fussent
« simples : vous trouverez ici cette simplicité, et vous
« devinerez les beautés de l'original, malgré les défauts
« de la copie; vous daignerez vous prêter surtout à
« quelques usages des anciens Grecs; ils sont dans les
« arts vos véritables ancêtres. La France, qui suit leurs
« traces, ne blâmera point leurs coutumes; vous devez
« songer que déja votre goût, surtout dans les ouvrages
« dramatiques, sert de modèle aux autres nations. Il

DE L'EDITION EN 41 VOLUMES. 437

« suffira un jour, pour être approuvé ailleurs, qu'on
« dise : *Tel était le goût des Français; c'est ainsi que
« pensait cette nation illustre.* Nous vous demandons
« votre indulgence pour les mœurs de l'antiquité au
« même titre que l'Europe, dans les siècles à venir,
« rendra justice à vos lumières. »

AVERTISSEMENT
DES ÉDITEURS DE L'ÉDITION DE KEHL.

Cette pièce est une imitation de Sophocle, aussi exacte que la différence des mœurs et les progrès de l'art ont pu le permettre. Elle fut jouée en 1750 avec beaucoup de succès. L'auteur fut seulement obligé de changer le dénoûment. Voici ce qu'il dit de ce changement dans une note qui se trouvait à la fin de plusieurs éditions d'Oreste :

« Quoique cette catastrophe imitée de Sophocle soit, « sans aucune comparaison, plus théâtrale et plus tra- « gique que l'autre manière dont on a joué la fin de « la pièce, cependant j'ai été obligé de préférer sur le « théâtre cette seconde leçon, toute faible qu'elle est, « à la première. Rien n'est plus aisé et plus commun « parmi nous que de jeter du ridicule sur une action « théâtrale à laquelle on n'est pas accoutumé. Les cris « de Clytemnestre, qui fesaient frémir les Athéniens, au- « raient pu, sur un théâtre mal construit et confusément « rempli de jeunes gens, faire rire des Français; et c'est « ce que prétendait une cabale un peu violente. Cette « action théâtrale a fait beaucoup d'effet à Versailles, « parce que la scène, quoique trop étroite, était libre, « et que le fond, plus rapproché, laissait entendre Cly- « temnestre avec plus de terreur, et rendait sa mort « plus présente. Mais je doute que l'exécution eût pu « réussir à Paris. »

AVERTISSEMENT.

Voici donc la manière dont on a gâté la fin de la pièce de Sophocle :

> On dit que dans ce trouble on voit les Euménides,
> Sourdes à la prière et de vengeance avides,
> Ministres des arrêts prononcés par le sort,
> Marcher autour d'Oreste en appelant la mort.
>
> IPHISE.
> Il vient : il est vengé ; je le vois.
>
> ÉLECTRE.
>   Cher Oreste,
> Je peux vous embrasser : dieux ! quel accueil funeste.
> Quels regards effrayans !
>
> ORESTE.
>   O terre ! entr'ouvre-toi :
> Clytemnestre, Tantale, Atrée, attendez-moi ;
> Je vous suis aux enfers, éternelles victimes...

Crébillon était censeur des pièces de théâtre. M. de Voltaire fut donc obligé de lui présenter sa tragédie : « Monsieur, lui dit Crébillon en la lui rendant, j'ai été « content du succès d'*Électre*; je souhaite que le frère « vous fasse autant d'honneur que la sœur m'en a fait. »

A la première représentation, on applaudit avec transport un morceau imité de Sophocle. M. de Voltaire s'élança sur le bord de sa loge : « Courage, Athéniens, « s'écria-t-il, c'est du Sophocle. »

On verra, en lisant les variantes, que l'auteur a retranché d'éloquentes déclamations pour mettre plus de mouvement dans les scènes ; qu'il s'est écarté du génie du théâtre grec pour ne plus suivre que le sien.

AVIS AU LECTEUR.

(EXTRAIT DE L'ÉDITION DE 1750.)

L'auteur de cette tragedie se croit obligé d'avertir les gens de lettres, et tous ceux qui se forment des cabinets de livres, que de toutes les éditions faites jusqu'ici en Hollande et ailleurs de ses prétendues Œuvres, il n'y en a pas une seule qui mérite la moindre attention, et qu'elles sont toutes remplies de pièces supposées ou défigurées.

Il n'y a guère d'années qu'on ne débite sous son nom des ouvrages qu'il n'a jamais vus; et il apprend qu'il n'y a guère de mois où l'on ne lui impute dans les Mercures quelque pièce fugitive qu'il ne connaît pas davantage. Il se flatte que les lecteurs judicieux ne feront pas plus de cas de ces imputations continuelles que des critiques passionnées dont il entend dire qu'on remplit les ouvrages périodiques.

Il ne fera plus qu'une seule réflexion sur ces critiques, c'est que depuis les observations de l'Académie sur *le Cid*, il n'y a pas eu une seule pièce de théâtre qui n'ait été critiquée, et qu'il n'y en a pas une seule qui l'ait bien été. Les observations de l'Académie sont, depuis plus de cent ans, la seule critique raisonnable qui ait paru, et la seule qui puisse passer à la postérité. La raison en est qu'elle fut composée avec beaucoup de temps et de soin par des hommes capables de juger, et qui jugeaient sans partialité.

ÉPITRE

A SON ALTESSE SÉRÉNISSIME

MADAME LA DUCHESSE DU MAINE.

MADAME,

Vous avez vu passer ce siècle admirable, à la gloire duquel vous avez tant contribué par votre goût et par vos exemples; ce siècle qui sert de modèle au nôtre en tant de choses, et peut être de reproche, comme il en servira à tous les âges. C'est dans ces temps illustres que les Condé, vos aïeux, couverts de tant de lauriers, cultivaient et encourageaient les arts; où un Bossuet immortalisait les héros et instruisait les rois; où un Fénelon, le second des hommes dans l'éloquence, et le premier dans l'art de rendre la vertu aimable, enseignait avec tant de charmes la justice et l'humanité; où les Racine, les Despréaux, présidaient aux belles lettres, Lulli à la musique, Le Brun à la peinture. Tous ces arts, madame, furent accueillis surtout dans votre palais. Je me souviendrai toujours que, presque au sortir de l'enfance, j'eus le bonheur d'y entendre quelquefois un homme dans qui l'érudition la plus profonde n'avait point éteint le génie, et qui cultiva l'esprit de monseigneur le duc de Bourgogne, ainsi que le vôtre et celui de M. le duc du Maine; travaux heureux dans lesquels il fut si puissamment secondé par la nature. Il prenait quelquefois devant V. A. S. un Sophocle, un Euripide; il traduisait sur-le-champ en français une de leurs tragédies.

ÉPÎTRE

L'admiration, l'enthousiasme dont il était saisi, lui inspiraient des expressions qui répondaient à la mâle et harmonieuse énergie des vers grecs, autant qu'il est possible d'en approcher dans la prose d'une langue à peine tirée de la barbarie, et qui, polie par tant de grands auteurs, manque encore pourtant de précision, de force et d'abondance. On sait qu'il est impossible de faire passer dans aucune langue moderne la valeur des expressions grecques : elles peignent d'un trait ce qui exige trop de paroles chez tous les autres peuples ; un seul terme y suffit pour représenter ou une montagne toute couverte d'arbres chargés de feuilles, ou un dieu qui lance au loin ses traits, ou les sommets des rochers frappés souvent de la foudre. Non seulement cette langue avait l'avantage de remplir d'un mot l'imagination, mais chaque terme, comme on sait, avait une mélodie marquée, et charmait l'oreille, tandis qu'il étalait à l'esprit de grandes peintures. Voilà pourquoi toute traduction d'un poëte grec est toujours faible, sèche et indigente : c'est du caillou et de la brique avec quoi on veut imiter des palais de porphyre. Cependant M. de Malézieu, par des efforts que produisait un enthousiasme subit, et par un récit véhément, semblait suppléer à la pauvreté de la langue, et mettre dans sa déclamation toute l'ame des grands hommes d'Athènes. Permettez-moi, madame, de rappeler ici ce qu'il pensait de ce peuple inventeur, ingénieux et sensible, qui enseigna tout aux Romains ses vainqueurs, et qui, long-temps après sa ruine et celle de l'empire romain, a servi encore à tirer l'Europe moderne de sa grossière ignorance.

Il connaissait Athènes mieux qu'aujourd'hui quelques voyageurs ne connaissent Rome après l'avoir vue. Ce nombre prodigieux de statues des plus grands maîtres, ces colonnes qui ornaient les marchés publics, ces monumens de génie et de grandeur, ce théâtre superbe et immense, bâti dans une grande place, entre la ville et la citadelle, où les ouvrages des Sophocle et des Euripide étaient écoutés par les Périclès et par les Socrate, et où des jeunes gens n'assistaient pas debout et en tumulte ; en un mot, tout ce que les Athéniens avaient fait pour les arts en tous les genres était présent à son esprit. Il était bien loin de penser comme ces hommes ridiculement austères, et ces faux politiques qui blâment encore les Athéniens d'avoir été trop somptueux dans leurs jeux publics, et qui ne savent pas que cette magnificence même enrichissait Athènes, en attirant dans son sein une foule d'étrangers qui venaient l'admirer, et prendre chez elle des leçons de vertu et d'éloquence.

Vous engageâtes, madame, cet homme d'un esprit presque universel à traduire, avec une fidélité pleine d'élégance et de force, l'*Iphigénie en Tauride* d'Euripide. On la représenta dans une fête qu'il eut l'honneur de donner à V. A. S., fête digne de celle qui la recevait, et de celui qui en fesait les honneurs : vous y représentiez Iphigénie. Je fus témoin de ce spectacle : je n'avais alors nulle habitude de notre théâtre français ; il ne m'entra pas dans la tête qu'on pût mêler de la galanterie dans ce sujet tragique : je me livrai aux mœurs et aux coutumes de la Grèce d'autant plus aisément qu'à peine j'en connaissais d'autres ; j'admirai l'antique dans toute sa noble simplicité. Ce fut là ce qui me donna la première idée de faire la tragédie d'*OEdipe*, sans même avoir lu celle de Corneille. Je commençai par m'essayer, en traduisant la fameuse scène de Sophocle, qui contient la double confidence de Jocaste et d'OEdipe. Je la lus à quelques uns de mes amis qui fréquentaient les spectacles, et à quelques acteurs ; ils m'assurèrent que ce morceau ne pourrait jamais réussir en France ; ils m'exhortèrent à lire Corneille, qui l'avait soigneusement évité ; et me dirent tous que si je ne mettais, à son exemple, une intrigue amoureuse dans *OEdipe*, les comédiens même ne pourraient pas se charger de mon ouvrage. Je lus donc l'*OEdipe* de Corneille, qui, sans être mis au rang de *Cinna* et de *Polyeucte*, avait pourtant alors beaucoup de réputation. J'avoue que je fus révolté d'un bout à l'autre ;

mais il fallut céder à l'exemple et à la mauvaise coutume. J'introduisis au milieu de la terreur de ce chef-d'œuvre de l'antiquité non pas une intrigue d'amour, l'idée m'en paraissait trop choquante, mais au moins le ressouvenir d'une passion éteinte. Je ne répéterai point ce que j'ai dit ailleurs sur ce sujet.

V. A. S. se souvient que j'eus l'honneur de lire *OEdipe* devant elle. La scène de Sophocle ne fut assurément pas condamnée à ce tribunal; mais vous, et M. le cardinal de Polignac, et M. de Malézieu, et tout ce qui composait votre cour, vous me blâmâtes universellement, et avec très grande raison, d'avoir prononcé le mot d'*amour* dans un ouvrage où Sophocle avait si bien réussi sans ce malheureux ornement étranger; et ce qui seul avait fait recevoir ma pièce fut précisément le seul défaut que vous condamnâtes.

Les comédiens jouèrent à regret l'*OEdipe*, dont ils n'espéraient rien. Le public fut entièrement de votre avis : tout ce qui était dans le goût de Sophocle fut applaudi généralement; et ce qui ressentait un peu la passion de l'amour fut condamné de tous les critiques éclairés. En effet, madame, quelle place pour la galanterie que le parricide et l'inceste qui désolent une famille, et la contagion qui ravage un pays! Et quel exemple plus frappant du ridicule de notre théâtre et du pouvoir de l'habitude, que Corneille, d'un côté, qui fait dire à Thésée :

> Quelque ravage affreux qu'étale ici la peste,
> L'absence aux vrais amans est encor plus funeste;

et moi qui, soixante ans après lui, viens faire parler une vieille Jocaste d'un vieil amour, et tout cela pour complaire au goût le plus fade et le plus faux qui ait jamais corrompu la littérature!

Qu'une Phèdre, dont le caractère est le plus théâtral qu'on ait jamais vu, et qui est presque la seule que l'antiquité ait représentée amoureuse; qu'une Phèdre, dis-je, étale les fu-

A MADAME LA DUCHESSE DU MAINE.

reurs de cette passion funeste; qu'une Roxane, dans l'oisiveté du sérail, s'abandonne à l'amour et à la jalousie; qu'Ariane se plaigne au ciel et à la terre d'une infidélité cruelle; qu'Orosmane tue ce qu'il adore : tout cela est vraiment tragique. L'amour furieux, criminel, malheureux, suivi de remords, arrache de nobles larmes. Point de milieu : il faut ou que l'amour domine en tyran, ou qu'il ne paraisse pas; il n'est point fait pour la seconde place. Mais que Néron se cache derrière une tapisserie pour entendre les discours de sa maîtresse et de son rival; mais que le vieux Mithridate se serve d'une ruse comique pour savoir le secret d'une jeune personne aimée par ses deux enfans; mais que Maxime, même dans la pièce de *Cinna*, si remplie de beautés mâles et vraies, ne découvre en lâche une conspiration si importante que parce qu'il est imbécillement amoureux d'une femme dont il devait connaître la passion pour Cinna, et qu'on dise pour raison .

> . . . . L amour rend tout permis ;
> Un véritable amant ne connoît point d'amis ;

mais qu'un vieux Sertorius aime je ne sais quelle Viriate, et qu'il soit assassiné par Perpenna, amoureux de cette Espagnole, tout cela est petit et puéril, il le faut dire hardiment; et ces petitesses nous mettraient prodigieusement au dessous des Athéniens, si nos grands maîtres n'avaient racheté ces défauts, qui sont de notre nation, par les sublimes beautés qui sont uniquement de leur génie.

Une chose à mon sens assez étrange, c'est que les grands poëtes tragiques d'Athènes aient si souvent traité des sujets où la nature étale tout ce qu'elle a de touchant, une Électre, une Iphigénie, une Mérope, un Alcméon, et que nos grands modernes, négligeant de tels sujets, n'aient presque traité que l'amour, qui est souvent plus propre à la comédie qu'à la tragédie. Ils ont cru quelquefois ennoblir cet amour par la politique; mais un amour qui n'est pas furieux est froid, et une politique qui n'est pas une ambition forcenée est plus froide encore. Des raisonnemens politiques sont bons dans Polybe, dans Machiavel; la galanterie est à sa place dans la comédie et dans des contes : mais rien de tout cela n'est digne du pathétique et de la grandeur de la tragédie.

Le goût de la galanterie avait, dans la tragédie, prévalu au point qu'une grande princesse, qui par son esprit et par son rang semblait en quelque sorte excusable de croire que tout le monde devait penser comme elle, imagina qu'un adieu de Titus et de Bérénice était un sujet tragique : elle le donna à traiter aux deux maîtres de la scène. Aucun des deux n'avait jamais fait de pièce dans laquelle l'amour n'eût joué un principal ou un second rôle; mais l'un n'avait jamais parlé au cœur que dans les seules scènes du *Cid*, qu'il avait imitées de l'espagnol; l'autre toujours élégant et tendre, était éloquent dans tous les genres, et savant dans cet art enchanteur de tirer de la plus petite situation les sentimens les plus délicats : aussi le premier fit de Titus et de Bérénice un des plus mauvais ouvrages qu'on connaisse au théâtre; l'autre trouva le secret d'intéresser pendant cinq actes, sans autre fonds que ces paroles : *Je vous aime, et je vous quitte.* C'était, à la vérité, une pastorale entre un empereur, une reine et un roi, et une pastorale cent fois moins tragique que les scènes intéressantes du *Pastor fido*. Ce succès avait persuadé tout le public et tous les auteurs que l'amour seul devait être à jamais l'ame de toutes les tragédies.

Ce ne fut que dans un âge plus mûr que cet homme éloquent comprit qu'il était capable de mieux faire, et qu'il se repentit d'avoir affaibli la scène par tant de déclarations d'amour, par tant de sentimens de jalousie et de coquetterie, plus dignes, comme j'ai déja osé le dire, de Ménandre que de Sophocle et d'Euripide. Il composa son chef-d'œuvre d'*Athalie* : mais quand il se fut ainsi détrompé lui-même, le public ne le fut pas encore. On ne put imaginer qu'une femme, un enfant et un prêtre pussent former une tragédie intéres-

sante : l'ouvrage le plus approchant de la perfection qui soit
jamais sorti de la main des hommes resta long-temps méprisé ; et son illustre auteur mourut avec le chagrin d'avoir
vu son siècle éclairé, mais corrompu, ne pas rendre justice
à son chef-d'œuvre.

Il est certain que si ce grand homme avait vécu, et s'il
avait cultivé un talent qui seul avait fait sa fortune et sa
gloire, et qu'il ne devait pas abandonner, il eût rendu au
théâtre son ancienne pureté ; il n'eût point avili par des
amours de ruelle les grands sujets de l'antiquité. Il avait
commencé l'*Iphigénie en Tauride*, et la galanterie n'entrait
point dans son plan : il n'eût jamais rendu amoureux ni Agamemnon, ni Oreste, ni Électre, ni Téléphonte, ni Ajax ;
mais ayant malheureusement quitté le théâtre avant que de
l'épurer, tous ceux qui le suivirent imitèrent et outrèrent ses
défauts sans atteindre à aucune de ses beautés. La morale
des opéras de Quinault entra dans presque toutes les scenes
tragiques : tantôt c'est un Alcibiade, qui avoue que « dans ses
« tendres momens il a toujours éprouvé qu'un mortel peut
« goûter un bonheur achevé ; » tantôt c'est une Amestris, qui
dit que

. . . . La fille d'un grand roi
 Brûle d'un feu secret, sans honte et sans effroi.

Ici un Agnonide

 De la belle Chrysis en tout lieu suit les pas,
 Adorateur constant de ses divins appas.

Le féroce Arminius, ce défenseur de la Germanie, proteste
« qu'il vient lire son sort dans les yeux d'Isménie ; » et vient
dans le camp de Varus pour voir « si les beaux yeux de cette
« Isménie daignent lui montrer leur tendresse ordinaire. »
Dans *Amasis*, qui n'est autre chose que la *Mérope* chargée
d'épisodes romanesques, une jeune héroïne qui depuis trois
jours a vu un moment dans une maison de campagne un

jeune inconnu dont elle est éprise, s'écrie avec bienséance :

> C'est ce même inconnu : pour mon repos, hélas
> Autant qu'il le devoit il ne se cacha pas;
> Et pour quelques momens qu'il s'offrit à ma vue
> Je le vis, j'en rougis; mon ame en fut émue.

Dans *Athénaïs*, un prince de Perse se déguise pour aller voir sa maîtresse à la cour d'un empereur romain. On croit lire enfin les romans de mademoiselle de Scudéri, qui peignait des bourgeois de Paris sous le nom de héros de l'antiquité.

Pour achever de fortifier la nation dans ce goût détestable, et qui nous rend ridicules aux yeux de tous les étrangers sensés, il arriva par malheur que M. de Longepierre, très zélé pour l'antiquité, mais qui ne connaissait pas assez notre théâtre, et qui ne travaillait pas assez ses vers, fit représenter son *Électre*. Il faut avouer qu'elle était dans le goût antique : une froide et malheureuse intrigue ne défigurait pas ce sujet terrible; la pièce était simple et sans épisode : voilà ce qui lui valait avec raison la faveur déclarée de tant de personnes de la première considération, qui espéraient qu'enfin cette simplicité précieuse, qui avait fait le mérite des grands génies d'Athènes, pourrait être bien reçue à Paris, où elle avait été si négligée.

Vous étiez, madame, aussi bien que feu madame la princesse de Conti, à la tête de ceux qui se flattaient de cette espérance; mais malheureusement les défauts de la pièce française l'emportèrent si fort sur les beautés qu'il avait empruntées de la Grèce, que vous avouâtes, à la représentation, que c'était une statue de Praxitèle défigurée par un moderne. Vous eûtes le courage d'abandonner ce qui en effet n'était pas digne d'être soutenu, sachant très bien que la faveur prodiguée aux mauvais ouvrages est aussi contraire aux progrès de l'esprit que le déchaînement contre les bons. Mais la chute de cette *Électre* fit en même temps grand tort aux partisans de l'antiquité : on se prévalut très mal à propos

A MADAME LA DUCHESSE DU MAINE.

des défauts de la copie contre le mérite de l'original; et pour achever de corrompre le goût de la nation, on se persuada qu'il était impossible de soutenir, sans une intrigue amoureuse et sans des aventures romanesques, ces sujets que les Grecs n'avaient jamais déshonorés par de tels épisodes; on prétendit qu'on pouvait admirer les Grecs dans la lecture, mais qu'il était impossible de les imiter sans être condamné par son siècle : étrange contradiction ! car si en effet la lecture en plaît, comment la représentation en peut-elle déplaire?

Il ne faut pas, je l'avoue, s'attacher à imiter ce que les anciens avaient de défectueux et de faible : il est même très vraisemblable que les défauts où ils tombèrent furent relevés de leur temps. Je suis persuadé, madame, que les bons esprits d'Athènes condamnèrent comme vous quelques répétitions, quelques déclamations dont Sophocle avait chargé son *Électre*; ils durent remarquer qu'il ne fouillait pas assez dans le cœur humain. J'avouerai encore qu'il y a des beautés propres non seulement à la langue grecque, mais aux mœurs, au climat, au temps, qu'il serait ridicule de vouloir transplanter parmi nous. Je n'ai point copié l'*Électre* de Sophocle, il s'en faut beaucoup; j'en ai pris, autant que j'ai pu, tout l'esprit et toute la substance. Les fêtes que célébraient Égisthe et Clytemnestre, et qu'ils appelaient les festins d'Agamemnon, l'arrivée d'Oreste et de Pylade, l'urne dans laquelle on croit que sont renfermées les cendres d'Oreste, l'anneau d'Agamemnon, le caractère d'Électre, celui d'Iphise, qui est précisément la Chrysothémis de Sophocle, et surtout les remords de Clytemnestre, tout est puisé dans la tragédie grecque; car lorsque celui qui fait à Clytemnestre le récit de la prétendue mort d'Oreste, lui dit : « Hé quoi ! madame, cette mort vous « afflige ? » Clytemnestre répond : « Je suis mère, et par là « malheureuse ; une mère, quoique outragée, ne peut haïr « son sang : » elle cherche même à se justifier devant Électre du meurtre d'Agamemnon : elle plaint sa fille; et Euripide a poussé encore plus loin que Sophocle l'attendrissement et les larmes de Clytemnestre. Voilà ce qui fut applaudi chez le peuple le plus judicieux et le plus sensible de la terre : voilà ce que j'ai vu senti par tous les bons juges de notre nation. Rien n'est en effet plus dans la nature qu'une femme criminelle envers son époux, et qui se laisse attendrir par ses enfans, qui reçoit la pitié dans son cœur altier et farouche, qui s'irrite, qui reprend la dureté de son caractère quand on lui fait des reproches trop violens, et qui s'apaise ensuite par les soumissions et par les larmes : le germe de ce personnage était dans Sophocle et dans Euripide, et je l'ai développé. Il n'appartient qu'à l'ignorance, et à la présomption qui en est la suite, de dire qu'il n'y a rien à imiter dans les anciens; il n'y a point de beautés dont on ne trouve chez eux les semences.

Je me suis imposé surtout la loi de ne pas m'écarter de cette simplicité tant recommandée par les Grecs, et si difficile à saisir : c'était là le vrai caractère de l'invention et du génie ; c'était l'essence du théâtre. Un personnage étranger, qui dans l'*OEdipe* ou dans *Électre* ferait un grand rôle, qui détournerait sur lui l'attention, serait un monstre aux yeux de quiconque connaît les anciens et la nature, dont ils ont été les premiers peintres. L'art et le génie consistent à trouver tout dans son sujet, et non pas à chercher hors de son sujet. Mais comment imiter cette pompe et cette magnificence vraiment tragique des vers de Sophocle, cette élégance, cette pureté, ce naturel, sans quoi un ouvrage (bien fait d'ailleurs) serait un mauvais ouvrage?

J'ai donné au moins à ma nation quelque idée d'une tragédie sans amour, sans confidens, sans épisodes : le petit nombre des partisans du bon goût m'en sait gré; les autres ne reviennent qu'à la longue, quand la fureur de parti, l'injustice de la persécution et les ténèbres de l'ignorance sont dissipées. C'est à vous, madame, à conserver les étincelles qui restent encore parmi nous de cette lumière précieuse que les anciens nous ont transmise. Nous leur devons tout ; aucun art n'est né parmi nous, tout y a été transplanté : mais la terre qui porte ces fruits étrangers s'épuise et se lasse ; et l'ancienne barbarie, aidée de la frivolité, percerait encore quelquefois malgré la culture; les disciples d'Athènes et de Rome deviendraient des Goths et des Vandales, amollis par les mœurs des Sybarites, sans cette protection éclairée et attentive des personnes de votre rang. Quand la nature leur a donné ou du génie, ou l'amour du génie, elles encouragent notre nation, qui est plus faite pour imiter que pour inventer, et qui cherche toujours dans le sang de ses maîtres les leçons et les exemples dont elle a besoin. Tout ce que je désire, madame, c'est qu'il se trouve quelque génie qui achève ce que j'ai ébauché, qui tire le théâtre de cette mollesse et de cette afféterie où il est plongé, qui le rende respectable aux esprits les plus austeres, digne du théâtre d'Athènes, digne du très petit nombre de chefs-d'œuvre que nous avons, et enfin du suffrage d'un esprit tel que le vôtre et de ceux qui peuvent vous ressembler.

PERSONNAGES.

ORESTE, fils de Clytemnestre et d'Agamemnon.
ÉLECTRE,
IPHISE,   } sœurs d'Oreste.
CLYTEMNESTRE, épouse d'Égisthe.
ÉGISTHE, tyran d'Argos.
PYLADE, ami d'Oreste.
PAMMÈNE, vieillard attaché à la famille d'Agamemnon.
DIMAS, officier des gardes.
Suite.

Le théâtre doit représenter le rivage de la mer ; un bois, un temple, un palais et un tombeau, d'un côté ; et de l'autre, Argos dans le lointain.

ORESTE,

TRAGÉDIE.

ACTE PREMIER.

SCÈNE I.

IPHISE, PAMMÈNE.

IPHISE.

Est-il vrai, cher Pammène, et ce lieu solitaire,
Ce palais exécrable où languit ma misère,
Me verra-t-il goûter la funeste douceur
De mêler mes regrets aux larmes de ma sœur?
La malheureuse Électre, à mes douleurs si chère,
Vient-elle avec Égisthe au tombeau de mon père?
Égisthe ordonne-t-il qu'en ces solennités
Le sang d'Agamemnon paraisse à ses côtés?
Serons-nous les témoins de la pompe inhumaine
Qui célèbre le crime, et que ce jour amène [a]?

PAMMÈNE.

Ministre malheureux d'un temple abandonné,
Du fond de ces déserts où je suis confiné,
J'adresse au ciel des vœux pour le retour d'Oreste;
Je pleure Agamemnon; j'ignore tout le reste.
O respectable Iphise! ô pur sang de mon roi!
Ce jour vient tous les ans répandre ici l'effroi.

Les desseins d'une cour en horreurs si fertile
Pénètrent rarement dans mon obscur asile.
Mais on dit qu'en effet Égisthe soupçonneux
Doit entraîner Électre à ces funèbres jeux;
Qu'il ne souffrira plus qu'Électre en son absence
Appelle par ses cris Argos à la vengeance.
Il redoute sa plainte; il craint que tous les cœurs
Ne réveillent leur haine au bruit de ses clameurs;
Et, d'un œil vigilant, épiant sa conduite,
Il la traite en esclave, et la traîne à sa suite.

IPHISE.

Ma sœur esclave! ô ciel! ô sang d'Agamemnon!
Un barbare à ce point outrage encor ton nom!
Et Clytemnestre, hélas! cette mère cruelle,
A permis cet affront, qui rejaillit sur elle *b* !

PAMMÈNE.

Peut-être votre sœur avec moins de fierté
Devrait de son tyran braver l'autorité,
Et, n'ayant contre lui que d'impuissantes armes,
Mêler moins de reproche et d'orgueil à ses larmes.
Qu'a produit sa fierté? que servent ses éclats?
Elle irrite un barbare, et ne nous venge pas.

IPHISE.

On m'a laissé du moins, dans ce funeste asile,
Un destin sans opprobre, un malheur plus tranquille.
Mes mains peuvent d'un père honorer le tombeau,
Loin de ses ennemis et loin de son bourreau :
Dans ce séjour de sang, dans ce désert si triste,
Je pleure en liberté, je hais en paix Égisthe.
Je ne suis condamnée à l'horreur de le voir

ACTE I, SCÈNE II.

Que lorsque, rappelant le temps du désespoir,
Le soleil à regret ramène la journée
Où le ciel a permis ce barbare hyménée,
Où ce monstre enivré du sang du roi des rois,
Où Clytemnestre...

SCÈNE II.

ÉLECTRE, IPHISE, PAMMÈNE.

IPHISE.

Hélas! est-ce vous que je vois,
Ma sœur...

ÉLECTRE.

Il est venu ce jour où l'on apprête
Les détestables jeux de leur coupable fête.
Électre leur esclave, Électre votre sœur,
Vous annonce en leur nom leur horrible bonheur.

IPHISE.

Un destin moins affreux permet que je vous voie;
A ma douleur profonde il mêle un peu de joie;
Et vos pleurs et les miens ensemble confondus...

ÉLECTRE.

Des pleurs! ah! ma faiblesse en a trop répandus.
Des pleurs! ombre sacrée, ombre chère et sanglante,
Est-ce là le tribut qu'il faut qu'on te présente?
C'est du sang que je dois, c'est du sang que tu veux :
C'est parmi les apprêts de tes indignes jeux,
Dans ce cruel triomphe où mon tyran m'entraîne,
Que, ranimant ma force, et soulevant ma chaîne,
Mon bras, mon faible bras osera l'égorger

Au tombeau que sa rage ose encore outrager.
Quoi! j'ai vu Clytemnestre, avec lui conjurée,
Lever sur son époux sa main trop assurée!
Et nous sur le tyran nous suspendons des coups
Que ma mère à mes yeux porta sur son époux!
O douleur! ô vengeance! ô vertu qui m'animes!
Pouvez-vous en ces lieux moins que n'ont pu les crimes?
Nous seules désormais devons nous secourir :
Craignez-vous de frapper? craignez-vous de mourir?
Secondez de vos mains ma main désespérée;
Fille de Clytemnestre et rejeton d'Atrée,
Venez.

IPHISE.

Ah! modérez ces transports impuissans;
Commandez, chère Électre, au trouble de vos sens;
Contre nos ennemis nous n'avons que des larmes :
Qui peut nous seconder? comment trouver des armes?
Comment frapper un roi de gardes entouré,
Vigilant, soupçonneux, par le crime éclairé?
Hélas! à nos regrets n'ajoutons point de craintes;
Tremblez que le tyran n'ait écouté vos plaintes.

ÉLECTRE.

Je veux qu'il les écoute; oui, je veux dans son cœur [1]
Empoisonner sa joie, y porter ma douleur;
Que mes cris jusqu'au ciel puissent se faire entendre;
Qu'ils appellent la foudre et la fassent descendre;
Qu'ils réveillent cent rois indignes de ce nom,
Qui n'ont osé venger le sang d'Agamemnon.
Je vous pardonne, hélas! cette douleur captive,
Ces faibles sentimens de votre ame craintive :

ACTE I, SCÈNE II.

Il vous ménage au moins. De son indigne loi
Le joug appesanti n'est tombé que sur moi.
Vous n'êtes point esclave, et d'opprobres nourrie,
Vos yeux ne virent point ce parricide impie,
Ces vêtemens de mort, ces apprêts, ce festin;
Ce festin détestable, où, le fer à la main,
Clytemnestre... ma mère... ah! cette horrible image
Est présente à mes yeux, présente à mon courage.
C'est là, c'est en ces lieux, où vous n'osez pleurer,
Où vos ressentimens n'osent se déclarer,
Que j'ai vu votre père, attiré dans le piége [2],
Se débattre et tomber sous leur main sacrilége.
Pammène, aux derniers cris, aux sanglots de ton roi,
Je crois te voir encore accourir avec moi;
J'arrive. Quel objet! une femme en furie
Recherchait dans son flanc les restes de sa vie.
Tu vis mon cher Oreste enlevé dans mes bras,
Entouré des dangers qu'il ne connaissait pas,
Près du corps tout sanglant de son malheureux père;
A son secours encore il appelait sa mère.
Clytemnestre, appuyant mes soins officieux,
Sur ma tendre pitié daigna fermer les yeux;
Et, s'arrêtant du moins au milieu de son crime,
Nous laissa loin d'Égisthe emporter la victime.
Oreste, dans ton sang consommant sa fureur,
Égisthe a-t-il détruit l'objet de sa terreur?
Es-tu vivant encore? as-tu suivi ton père?
Je pleure Agamemnon; je tremble pour un frère.
Mes mains portent des fers; et mes yeux, pleins de
N'ont vu que des forfaits et des persécuteurs. [pleurs,

ORESTE,

PAMMÈNE.

Filles d'Agamemnon, race divine et chère
Dont j'ai vu la splendeur et l'horrible misère,
Permettez que ma voix puisse encore en vous deux
Réveiller cet espoir qui reste aux malheureux.
Avez-vous donc des dieux oublié les promesses?
Avez-vous oublié que leurs mains vengeresses
Doivent conduire Oreste en cet affreux séjour,
Où sa sœur avec moi lui conserva le jour;
Qu'il doit punir Égisthe au lieu même où vous êtes,
Sur ce même tombeau, dans ces mêmes retraites,
Dans ces jours de triomphe, où son lâche assassin
Insulte encore au roi dont il perça le sein?
La parole des dieux n'est point vaine et trompeuse;
Leurs desseins sont couverts d'une nuit ténébreuse;
La peine suit le crime : elle arrive à pas lents [3].

ÉLECTRE.

Dieux, qui la préparez, que vous tardez long-temps[c] !

IPHISE.

Vous le voyez, Pammène, Égisthe renouvelle
De son hymen sanglant la pompe criminelle.

ÉLECTRE.

Et mon frère, exilé de déserts en déserts,
Semble oublier son père et négliger mes fers.

PAMMÈNE.

Comptez les temps; voyez qu'il touche à peine l'âge
Où la force commence à se joindre au courage :
Espérez son retour, espérez dans les dieux.

ÉLECTRE.

Sage et prudent vieillard, oui, vous m'ouvrez les yeux.

Pardonnez à mon trouble, à mon impatience;
Hélas ! vous me rendez un rayon d'espérance.
Qui pourrait de ces dieux encenser les autels,
S'ils voyaient sans pitié les malheurs des mortels,
Si le crime insolent, dans son heureuse ivresse,
Écrasait à loisir l'innocente faiblesse !
Dieux, vous rendrez Oreste aux larmes de sa sœur;
Votre bras suspendu frappera l'oppresseur.
Oreste ! entends ma voix, celle de ta patrie,
Celle du sang versé qui t'appelle et qui crie :
Viens du fond des déserts, où tu fus élevé,
Où les maux exerçaient ton courage éprouvé.
Aux monstres des forêts ton bras fait-il la guerre?
C'est aux monstres d'Argos, aux tyrans de la terre,
Aux meurtriers des rois que tu dois t'adresser :
Viens, qu'Électre te guide au sein qu'il faut percer.

IPHISE.

Renfermez ces douleurs et cette plainte amère;
Votre mère paraît.

ÉLECTRE.

Ai-je encore une mère?

SCÈNE III.

CLYTEMNESTRE, ÉLECTRE, IPHISE.

CLYTEMNESTRE.

Allez ; que l'on me laisse en ces lieux retirés :
Pammène, éloignez-vous; mes filles, demeurez.

IPHISE.

Hélas! ce nom sacré dissipe mes alarmes.

ÉLECTRE.

Ce nom, jadis si saint, redouble encor mes larmes.

CLYTEMNESTRE.

J'ai voulu sur mon sort et sur vos intérêts
Vous dévoiler enfin mes sentimens secrets.
Je rends grace au destin, dont la rigueur utile
De mon second époux rendit l'hymen stérile,
Et qui n'a pas formé dans ce funeste flanc
Un sang que j'aurais vu l'ennemi de mon sang.
Peut-être que je touche aux bornes de ma vie;
Et les chagrins secrets dont je fus poursuivie,
Dont toujours à vos yeux j'ai dérobé le cours,
Pourront précipiter le terme de mes jours.
Mes filles devant moi ne sont point étrangères;
Même en dépit d'Égisthe elles m'ont été chères.:
Je n'ai point étouffé mes premiers sentimens;
Et, malgré la fureur de ses emportemens,
Électre, dont l'enfance a consolé sa mère
Du sort d'Iphigénie et des rigueurs d'un père,
Électre qui m'outrage, et qui brave mes lois,
Dans le fond de mon cœur n'a point perdu ses droits.

ÉLECTRE.

Qui? vous, madame, ô ciel! vous m'aimeriez encore?
Quoi! vous n'oubliez point ce sang qu'on déshonore?
Ah! si vous conservez des sentimens si chers,
Observez cette tombe, et regardez mes fers.

CLYTEMNESTRE.

Vous me faites frémir; votre esprit inflexible
Se plaît à m'accabler d'un souvenir horrible;

ACTE I, SCÈNE III.

Vous portez le poignard dans ce cœur agité ;
Vous frappez une mère, et je l'ai mérité.

ÉLECTRE.

Eh bien ! vous désarmez une fille éperdue.
La nature en mon cœur est toujours entendue.
Ma mère, s'il le faut, je condamne à vos pieds
Ces reproches sanglans trop long-temps essuyés.
Aux fers de mon tyran par vous-même livrée,
D'Égisthe dans mon cœur je vous ai séparée.
Ce sang que je vous dois ne saurait se trahir :
J'ai pleuré sur ma mère, et n'ai pu vous haïr.
Ah ! si le ciel enfin vous parle et vous éclaire,
S'il vous donne en secret un remords salutaire,
Ne le repoussez pas ; laissez-vous pénétrer
A la secrète voix qui vous daigne inspirer ;
Détachez vos destins des destins d'un perfide ;
Livrez-vous toute entière à ce dieu qui vous guide ;
Appelez votre fils ; qu'il revienne en ces lieux
Reprendre de vos mains le rang de ses aïeux,
Qu'il punisse un tyran, qu'il règne, qu'il vous aime,
Qu'il venge Agamemnon, ses filles, et vous-même ;
Faites venir Oreste.

CLYTEMNESTRE.

Électre, levez-vous ;
Ne parlez point d'Oreste, et craignez mon époux.
J'ai plaint les fers honteux dont vous êtes chargée,
Mais d'un maître absolu la puissance outragée
Ne pouvait épargner qui ne l'épargne pas :
Et vous l'avez forcé d'appesantir son bras.
Moi-même, qui me vois sa première sujette,

Moi qu'offensa toujours votre plainte indiscrète,
Qui tant de fois pour vous ai voulu le fléchir,
Je l'irritais encore au lieu de l'adoucir.
N'imputez qu'à vous seule un affront qui m'outrage;
Pliez à votre état ce superbe courage;
Apprenez d'une sœur comme il faut s'affliger,
Comme on cède au destin, quand on veut le changer.
Je voudrais dans le sein de ma famille entière
Finir un jour en paix ma fatale carrière;
Mais si vous vous hâtez, si vos soins imprudens
Appellent en ces lieux Oreste avant le temps,
Si d'Égisthe jamais il affronte la vue,
Vous hasardez sa vie, et vous êtes perdue;
Et, malgré la pitié dont mes sens sont atteints,
Je dois à mon époux plus qu'au fils que je crains.

ÉLECTRE.

Lui, votre époux? ô ciel! lui, ce monstre? Ah, ma mère!
Est-ce ainsi qu'en effet vous plaignez ma misère?
A quoi vous sert, hélas! ce remords passager?
Ce sentiment si tendre était-il étranger?
Vous menacez Électre, et votre fils lui-même!
  (à Iphise.)
Ma sœur! et c'est ainsi qu'une mère nous aime!
  (à Clytemnestre.)
Vous menacez Oreste!... Hélas! loin d'espérer
Qu'un frère malheureux nous vienne délivrer,
J'ignore si le ciel a conservé sa vie;
J'ignore si ce maître abominable, impie,
Votre époux, puisque ainsi vous l'osez appeler,
Ne s'est pas en secret hâté de l'immoler.

ACTE I, SCÈNE III.

IPHISE.

Madame, croyez-nous; je jure, j'en atteste
Les dieux dont nous sortons, et la mère d'Oreste,
Que, loin de l'appeler dans ce séjour de mort,
Nos yeux, nos tristes yeux sont fermés sur son sort.
Ma mère, ayez pitié de vos filles tremblantes,
De ce fils malheureux, de ses sœurs gémissantes;
N'affligez plus Électre : on peut à ses douleurs
Pardonner le reproche et permettre les pleurs.

ÉLECTRE.

Loin de leur pardonner, on nous défend la plainte;
Quand je parle d'Oreste on redouble ma crainte.
Je connais trop Égisthe et sa férocité;
Et mon frère est perdu puisqu'il est redouté.

CLYTEMNESTRE.

Votre frère est vivant, reprenez l'espérance;
Mais s'il est en danger, c'est par votre imprudence.
Modérez vos fureurs, et sachez aujourd'hui,
Plus humble en vos chagrins, respecter mon ennui.
Vous pensez que je viens, heureuse et triomphante,
Conduire dans la joie une pompe éclatante :
Électre, cette fête est un jour de douleur;
Vous pleurez dans les fers, et moi dans ma grandeur.
Je sais quels vœux forma votre haine insensée.
N'implorez plus les dieux; ils vous ont exaucée.
Laissez-moi respirer.

SCÈNE IV.

CLYTEMNESTRE.

                      L'aspect de mes enfans
Dans mon cœur éperdu redouble mes tourmens.
Hymen! fatal hymen! crime long-temps prospère,
Nœuds sanglans qu'ont formés le meurtre et l'adultère,
Pompe jadis trop chère à mes vœux égarés,
Quel est donc cet effroi dont vous me pénétrez?
Mon bonheur est détruit, l'ivresse est dissipée;
Une lumière horrible en ces lieux m'a frappée.
Qu'Égisthe est aveuglé puisqu'il se croit heureux!
Tranquille, il me conduit à ces funèbres jeux;
Il triomphe, et je sens succomber mon courage.
Pour la première fois je redoute un présage;
Je crains Argos, Électre et ses lugubres cris,
La Grèce, mes sujets, mon fils, mon propre fils.
Ah! quelle destinée et quel affreux supplice
De former de son sang ce qu'il faut qu'on haïsse!
De n'oser prononcer sans des troubles cruels
Les noms les plus sacrés, les plus chers aux mortels!
Je chassai de mon cœur la nature outragée;
Je tremble au nom d'un fils : la nature est vengée.

SCÈNE V.

ÉGISTHE, CLYTEMNESTRE.

CLYTEMNESTRE.

Ah! trop cruel Égisthe, où guidez-vous mes pas?
Pourquoi revoir ces lieux consacrés au trépas?

ÉGISTHE.

Quoi! ces solennités qui vous étaient si chères,
Ces gages renaissans de nos destins prospères,
Deviendraient à vos yeux des objets de terreur!
Ce jour de notre hymen est-il un jour d'horreur?

CLYTEMNESTRE.

Non; mais ce lieu peut-être est pour nous redoutable.
Ma famille y répand une horreur qui m'accable.
A des tourmens nouveaux tous mes sens sont ouverts.
Iphise dans les pleurs, Électre dans les fers,
Du sang versé par nous cette demeure empreinte,
Oreste, Agamemnon, tout me remplit de crainte.

ÉGISTHE.

Laissez gémir Iphise, et vous ressouvenez
Qu'après tous nos affronts, trop long-temps pardonnés,
L'impétueuse Électre a mérité l'outrage
Dont j'humilie enfin cet orgueilleux courage.
Je la traîne enchaînée, et je ne prétends pas
Que, de ses cris plaintifs alarmant mes états,
Dans Argos désormais sa dangereuse audace
Ose des dieux sur nous rappeler la menace,
D'Oreste aux mécontens promettre le retour.

On n'en parle que trop; et, depuis plus d'un jour,
Partout le nom d'Oreste a blessé mon oreille;
Et ma juste colère à ce bruit se réveille.

CLYTEMNESTRE.

Quel nom prononcez-vous? tout mon cœur en frémit.
On prétend qu'en secret un oracle a prédit
Qu'un jour, en ce lieu même où mon destin me guide,
Il porterait sur nous une main parricide.
Pourquoi tenter les dieux? pourquoi vous présenter
Aux coups qu'il vous faut craindre, et qu'on peut éviter?

ÉGISTHE.

Ne craignez rien d'Oreste. Il est vrai qu'il respire;
Mais, loin que dans le piége Oreste nous attire,
Lui-même à ma poursuite il ne peut échapper.
Déja de toutes parts j'ai su l'envelopper.
Errant et poursuivi de rivage en rivage,
Il promène en tremblant son impuissante rage;
Aux forêts d'Épidaure il s'est enfin caché.
D'Épidaure en secret le roi m'est attaché.
Plus que vous ne pensez on prend notre défense.

CLYTEMNESTRE.

Mais quoi! mon fils...

ÉGISTHE.

Je sais quelle est sa violence :
Il est fier, implacable, aigri par son malheur;
Digne du sang d'Atrée, il en a la fureur.

CLYTEMNESTRE.

Ah, seigneur! elle est juste.

ÉGISTHE.

Il faut la rendre vaine.

ACTE I, SCÈNE V.

Vous savez qu'en secret j'ai fait partir Plistène :
Il est dans Épidaure.

CLYTEMNESTRE.

A quel dessein? pourquoi?

ÉGISTHE.

Pour assurer mon trône et calmer votre effroi.
Oui, Plistène, mon fils, adopté par vous-même,
L'héritier de mon nom et de mon diadème,
Est trop intéressé, madame, à détourner
Des périls que toujours vous voulez soupçonner :
Il vous tient lieu de fils, n'en connaissez plus d'autre.
Vous savez, pour unir ma famille et la vôtre,
Qu'Électre eût pu prétendre à l'hymen de mon fils,
Si son cœur à vos lois eût été plus soumis,
Si vos soins avaient pu fléchir son caractère :
Mais je punis la sœur, et je cherche le frère;
Plistène me seconde : en un mot, il vous sert.
Notre ennemi commun sans doute est découvert.
Vous frémissez, madame?

CLYTEMNESTRE.

O nouvelles victimes!
Ne puis-je respirer qu'à force de grands crimes?
Égisthe, vous savez qui j'ai privé du jour...
Le fils que j'ai nourri périrait à son tour!
Ah! de mes jours usés le déplorable reste
Doit-il être acheté par un prix si funeste [d]?

ÉGISTHE.

Songez...

CLYTEMNESTRE.

Souffrez du moins que j'implore une fois

Ce ciel dont si long-temps j'ai méprisé les lois.
ÉGISTHE.
Voulez-vous qu'à mes vœux il mette des obstacles?
Qu'attendez-vous ici du ciel et des oracles?
Au jour de notre hymen furent-ils écoutés?
CLYTEMNESTRE.
Vous rappelez des temps dont ils sont irrités.
De mon cœur étonné vous voyez le tumulte.
L'amour brava les dieux, la crainte les consulte.
N'insultez point, seigneur, à mes sens affaiblis.
Le temps, qui change tout, a changé mes esprits;
Et peut-être des dieux la main appesantie
Se plaît à subjuguer ma fierté démentie.
Je ne sens plus en moi ce courage emporté
Qu'en ce palais sanglant j'avais trop écouté.
Ce n'est pas que pour vous mon amitié s'altère :
Il n'est point d'intérêt que mon cœur vous préfère;
Mais une fille esclave, un fils abandonné,
Un fils mon ennemi, peut-être assassiné,
Et qui, s'il est vivant, me condamne et m'abhorre;
L'idée en est horrible, et je suis mère encore.
ÉGISTHE.
Vous êtes mon épouse, et surtout vous régnez.
Rappelez Clytemnestre à mes yeux indignés.
Écoutez-vous du sang le dangereux murmure
Pour des enfans ingrats qui bravent la nature?
Venez : votre repos doit sur eux l'emporter.
CLYTEMNESTRE.
Du repos dans le crime! ah! qui peut s'en flatter?

FIN DU PREMIER ACTE.

ACTE SECOND.

SCÈNE I.
ORESTE, PYLADE.

ORESTE.

Pylade, où sommes-nous? en quels lieux t'a conduit
Le malheur obstiné du destin qui me suit?
L'infortune d'Oreste environne ta vie.
Tout ce qu'a préparé ton amitié hardie,
Trésors, armes, soldats, a péri dans les mers.
Sans secours avec toi jeté dans ces déserts,
Tu n'as plus qu'un ami dont le destin t'opprime.
Le ciel nous ravit tout, hors l'espoir qui m'anime.
A peine as-tu caché sous ces rocs escarpés
Quelques tristes débris au naufrage échappés.
Connais-tu ce rivage où mon malheur m'arrête?

PYLADE.

J'ignore en quels climats nous jette la tempête;
Mais de notre destin pourquoi désespérer?
Tu vis, il me suffit; tout doit me rassurer.
Un dieu dans Épidaure a conservé ta vie,
Que le barbare Égisthe a toujours poursuivie;
Dans ton premier combat il a conduit tes mains.
Plistène sous tes coups a fini ses destins.
Marchons sous la faveur de ce dieu tutélaire,

Qui t'a livré le fils, qui t'a promis le père *.
ORESTE.
Je n'ai contre un tyran sur le trône affermi,
Dans ces lieux inconnus, qu'Oreste et mon ami.
PYLADE.
C'est assez ; et du ciel je reconnais l'ouvrage.
Il nous a tout ravi par ce cruel naufrage,
Il veut seul accomplir ses augustes desseins;
Pour ce grand sacrifice il ne veut que nos mains.
Tantôt de trente rois il arme la vengeance,
Tantôt trompant la terre, et frappant en silence,
Il veut, en signalant son pouvoir oublié,
N'armer que la nature et la seule amitié.
ORESTE.
Avec un tel secours bannissons nos alarmes;
Je n'aurai pas besoin de plus puissantes armes.
As-tu dans ces rochers qui défendent ces bords,
Où nous avons pris terre après de longs efforts,
As-tu caché du moins ces cendres de Plistène,
Ces dépôts, ces témoins de vengeance et de haine,
Cette urne qui d'Égisthe a dû tromper les yeux?
PYLADE.
Échappée au naufrage elle est près de ces lieux.
Mes mains avec cette urne ont caché cette épée,
Qui dans le sang troyen fut autrefois trempée;
Ce fer d'Agamemnon qui doit venger sa mort,
Ce fer qu'on enleva, quand, par un coup du sort,
Des mains des assassins ton enfance sauvée
Fut, loin des yeux d'Égisthe, en Phocide élevée.
L'anneau qui lui servait est encore en tes mains.

ORESTE.

Comment des dieux vengeurs accomplir les desseins?
Comment porter encore aux mânes de mon père
(en montrant l'épée qu'il porte.)
Ce glaive qui frappa mon indigne adversaire?
Mes pas étaient comptés par les ordres du ciel :
Lui-même a tout détruit; un naufrage cruel
Sur ces bords ignorés nous jette à l'aventure.
Quel chemin peut conduire à cette cour impure,
A ce séjour de crime où j'ai reçu le jour?

PYLADE.

Regarde ce palais, ce temple, cette tour,
Ce tombeau, ces cyprès, ce bois sombre et sauvage;
De deuil et de grandeur tout offre ici l'image.
Mais un mortel s'avance en ces lieux retirés,
Triste, levant au ciel des yeux désespérés;
Il paraît dans cet âge où l'humaine prudence
Sans doute a des malheurs la longue expérience :
Sur ton malheureux sort il pourra s'attendrir.

ORESTE.

Il gémit : tout mortel est donc né pour souffrir !

SCÈNE II.

ORESTE, PYLADE, PAMMÈNE.

PYLADE.

O qui que vous soyez! tournez vers nous la vue.
La terre où je vous parle est pour nous inconnue;
Vous voyez deux amis et deux infortunés,
A la fureur des flots long-temps abandonnés.
Ce lieu nous doit-il être ou funeste ou propice?

PAMMÈNE.

Je sers ici les dieux, j'implore leur justice;
J'exerce en leur présence, en ma simplicité,
Les respectables droits de l'hospitalité.
Daignez, sous l'humble toit qu'habite ma vieillesse,
Mépriser des grands rois la superbe richesse :
Venez; les malheureux me sont toujours sacrés.

ORESTE.

Sage et juste habitant de ces bords ignorés,
Que des dieux par nos mains la puissance immortelle
De votre piété récompense le zèle !
Quel asile est le vôtre, et quelles sont vos lois?
Quel souverain commande aux lieux où je vous vois?

PAMMÈNE.

Égisthe règne ici; je suis sous sa puissance.

ORESTE.

Égisthe? ciel! ô crime! ô terreur! ô vengeance!

PYLADE.

Dans ce péril nouveau gardez de vous trahir.

ORESTE.

Égisthe? justes dieux ! celui qui fit périr...

PAMMÈNE.

Lui-même.

ORESTE.

   Et Clytemnestre après ce coup funeste...

PAMMÈNE.

Elle règne avec lui : l'univers sait le reste.

ORESTE.

Ce palais, ce tombeau...

PAMMÈNE.

    Ce palais redouté

ACTE II, SCENE II.

Est par Égisthe même en ce jour habité.
Mes yeux ont vu jadis élever cet ouvrage
Par une main plus digne et pour un autre usage.
Ce tombeau (pardonnez si je pleure à ce nom)
Est celui de mon roi, du grand Agamemnon.

ORESTE.

Ah! c'en est trop : le ciel épuise mon courage.

PYLADE, *à Oreste.*

Dérobe-lui les pleurs qui baignent ton visage.

PAMMÈNE, *à Oreste qui se détourne.*

Étranger généreux, vous vous attendrissez ;
Vous voulez retenir les pleurs que vous versez :
Hélas! qu'en liberté votre cœur se déploie ;
Plaignez le fils des dieux, et le vainqueur de Troie :
Que des yeux étrangers pleurent au moins son sort,
Tandis que dans ces lieux on insulte à sa mort.

ORESTE.

Si je fus élevé loin de cette contrée,
Je n'en chéris pas moins les descendans d'Atrée.
Un Grec doit s'attendrir sur le sort des héros.
Je dois surtout... Électre est-elle dans Argos?

PAMMÈNE.

Seigneur, elle est ici.

ORESTE.

Je veux, je cours...

PYLADE.

Arrête.

Tu vas braver les dieux, tu hasardes ta tête.
Que je te plains *g* !

(à Pammène.)
　　　　　Daignez, respectable mortel,
Dans le temple voisin nous conduire à l'autel;
C'est le premier devoir : il est temps que j'adore
Le dieu qui nous sauva sur la mer d'Épidaure.

ORESTE.

Menez-nous à ce temple, à ce tombeau sacré
Où repose un héros lâchement massacré :
Je dois à sa grande ombre un secret sacrifice.

PAMMÈNE.

Vous, seigneur? ô destins! ô céleste justice [h] !
Eh quoi! deux étrangers ont un dessein si beau!
Ils viennent de mon maître honorer le tombeau!
Hélas! le citoyen, timidement fidèle,
N'oserait en ces lieux imiter ce saint zèle.
Dès qu'Égisthe paraît, la piété, seigneur,
Tremble de se montrer, et rentre au fond du cœur.
Egisthe apporte ici le frein de l'esclavage.
Trop de danger vous suit.

ORESTE.

　　　　　C'est ce qui m'encourage.

PAMMÈNE.

De tout ce que j'entends que mes sens sont saisis!
Je me tais... Mais, seigneur, mon maître avait un fils,
Qui dans les bras d'Électre... Égisthe ici s'avance :
Clytemnestre le suit... évitez leur présence.

ORESTE.

Quoi! c'est Égisthe?

PYLADE.

　　　　　Il faut vous cacher à ses yeux.

SCÈNE III.

ÉGISTHE, CLYTEMNESTRE, *plus loin ;*
PAMMÈNE ; SUITE.

ÉGISTHE, *à Pammène.*

A qui dans ce moment parliez-vous dans ces lieux ?
L'un de ces deux mortels porte sur son visage
L'empreinte des grandeurs et les traits du courage ;
Sa démarche, son air, son maintien, m'ont frappé :
Dans une douleur sombre il semble enveloppé ;
Quel est-il ? est-il né sous mon obéissance ?

PAMMÈNE.

Je connais son malheur et non pas sa naissance.
Je devais des secours à ces deux étrangers,
Poussés par la tempête à travers ces rochers ;
S'ils ne me trompent point, la Grèce est leur patrie.

ÉGISTHE.

Répondez d'eux, Pammène : il y va de la vie.

CLYTEMNESTRE.

Eh quoi ! deux malheureux en ces lieux abordés
D'un œil si soupçonneux seraient-ils regardés ?

ÉGISTHE.

On murmure, on m'alarme, et tout me fait ombrage.

CLYTEMNESTRE.

Hélas ! depuis quinze ans c'est là notre partage :
Nous craignons les mortels autant que l'on nous craint ;
Et c'est un des poisons dont mon cœur est atteint.

ÉGISTHE, *à Pammène.*

Allez, dis-je, et sachez quel lieu les a vus naître ;

Pourquoi près du palais ils ont osé paraître;
De quel port ils partaient, et surtout quel dessein
Les guida sur ces mers dont je suis souverain.

SCÈNE IV.

ÉGISTHE, CLYTEMNESTRE.

ÉGISTHE.

Clytemnestre, vos dieux ont gardé le silence [i] :
En moi seul désormais mettez votre espérance;
Fiez-vous à mes soins; vivez, régnez en paix,
Et d'un indigne fils ne me parlez jamais.
Quant au destin d'Électre, il est temps que j'y pense.
De nos nouveaux desseins j'ai pesé l'importance [k] :
Sans doute, elle est à craindre; et je sais que son nom
Peut lui donner des droits au rang d'Agamemnon;
Qu'un jour avec mon fils Électre en concurrence
Peut dans les mains du peuple emporter la balance.
Vous voulez qu'aujourd'hui je brise ses liens,
Que j'unisse par vous ses intérêts aux miens?
Vous voulez terminer cette haine fatale,
Ces malheurs attachés aux enfans de Tantale?
Parlez-lui; mais craignons tous deux de partager
La honte d'un refus qu'il nous faudrait venger.
Je me flatte avec vous qu'un si triste esclavage
Doit plier de son cœur la fermeté sauvage;
Que ce passage heureux, et si peu préparé,
Du rang le plus abject à ce premier degré,
Le poids de la raison qu'une mère autorise,

ACTE II, SCÈNE V.

L'ambition surtout la rendra plus soumise.
Gardez qu'elle résiste à sa félicité :
Il reste un châtiment pour sa témérité.
Ici votre indulgence et le nom de son père
Nourrissent son orgueil au sein de la misère ;
Qu'elle craigne, madame, un sort plus rigoureux,
Un exil sans retour, et des fers plus honteux.

SCÈNE V.

CLYTEMNESTRE, ÉLECTRE.

CLYTEMNESTRE.

Ma fille, approchez-vous ; et d'un œil moins austère
Envisagez ces lieux, et surtout une mère.
Je gémis en secret, comme vous soupirez,
De l'avilissement où vos jours sont livrés ;
Quoiqu'il fût dû peut-être à votre injuste haine,
Je m'en afflige en mère, et m'en indigne en reine.
J'obtiens grace pour vous ; vos droits vous sont rendus.

ÉLECTRE.

Ah, madame ! à vos pieds...

CLYTEMNESTRE.

      Je veux faire encor plus.

ÉLECTRE.

Et quoi ?

CLYTEMNESTRE.

  De votre sang soutenir l'origine,
Du grand nom de Pélops réparer la ruine,
Réunir ses enfans trop long-temps divisés.

ÉLECTRE.

Ah! parlez-vous d'Oreste? achevez, disposez.

CLYTEMNESTRE.

Je parle de vous-même, et votre ame obstinée
A son propre intérêt doit être ramenée.
De tant d'abaissement c'est peu de vous tirer :
Électre, au trône un jour il vous faut aspirer.
Vous pouvez, si ce cœur connaît le vrai courage,
De Mycène et d'Argos espérer l'héritage :
C'est à vous de passer des fers que vous portez
A ce suprême rang des rois dont vous sortez.
D'Égisthe contre vous j'ai su fléchir la haine;
Il veut vous voir en fille, il vous donne Plistène.
Plistène est d'Épidaure attendu chaque jour.
Votre hymen est fixé pour son heureux retour.
D'un brillant avenir goûtez déja la gloire;
Le passé n'est plus rien, perdez-en la mémoire.

ÉLECTRE.

A quel oubli, grands dieux! ose-t-on m'inviter?
Quel horrible avenir m'ose-t-on présenter?
O sort! ô derniers coups tombés sur ma famille!
Songez-vous au héros dont Électre est la fille,
Madame? osez-vous bien, par un crime nouveau,
Abandonner Électre au fils de son bourreau?
Le sang d'Agamemnon! qui? moi? la sœur d'Oreste,
Électre au fils d'Égisthe, au neveu de Thyeste!
Ah! rendez-moi mes fers; rendez-moi tout l'affront
Dont la main des tyrans a fait rougir mon front;
Rendez-moi les horreurs de cette servitude
Dont j'ai fait une épreuve et si longue et si rude.

L'opprobre est mon partage ; il convient à mon sort.
J'ai supporté la honte et vu de près la mort.
Votre Égisthe cent fois m'en avait menacée ;
Mais enfin c'est par vous qu'elle m'est annoncée.
Cette mort à mes sens inspire moins d'effroi
Que les horribles vœux qu'on exige de moi.
Allez, de cet affront je vois trop bien la cause,
Je vois quels nouveaux fers un lâche me propose.
Vous n'avez plus de fils ; son assassin cruel
Craint les droits de ses sœurs au trône paternel :
Il veut forcer mes mains à seconder sa rage,
Assurer à Plistène un sanglant héritage,
Joindre un droit légitime aux droits des assassins,
Et m'unir aux forfaits par les nœuds les plus saints.
Ah! si j'ai quelques droits, s'il est vrai qu'il les craigne,
Dans ce sang malheureux que sa main les éteigne ;
Qu'il achève à vos yeux de déchirer mon sein :
Et, si ce n'est assez, prêtez-lui votre main.
Frappez ; joignez Électre à son malheureux frère ;
Frappez, dis-je : à vos coups je connaîtrai ma mère.

CLYTEMNESTRE.

Ingrate, c'en est trop ; et toute ma pitié
Cède enfin dans mon cœur à ton inimitié.
Que n'ai-je point tenté! que pouvais-je plus faire,
Pour fléchir, pour briser ton cruel caractère?
Tendresse, châtimens, retour de mes bontés,
Tes reproches sanglans souvent même écoutés,
Raison, menace, amour, tout, jusqu'à la couronne,
Où tu n'as d'autres droits que ceux que je te donne ;
J'ai prié, j'ai puni, j'ai pardonné sans fruit.

Va, j'abandonne Électre au malheur qui la suit ;
Va, je suis Clytemnestre, et surtout je suis reine.
Le sang d'Agamemnon n'a de droit qu'à ma haine.
C'est trop flatter la tienne, et de ma faible main
Caresser le serpent qui déchire mon sein.
Pleure, tonne, gémis, j'y suis indifférente :
Je ne verrai dans toi qu'une esclave imprudente,
Flottant entre la plainte et la témérité,
Sous la puissante main de son maître irrité.
Je t'aimai malgré toi : l'aveu m'en est bien triste ;
Je ne suis plus pour toi que la femme d'Égisthe ;
Je ne suis plus ta mère ; et toi seule as rompu
Ces nœuds infortunés de ce cœur combattu,
Ces nœuds qu'en frémissant réclamait la nature,
Que ma fille déteste, et qu'il faut que j'abjure.

SCÈNE VI.

ÉLECTRE.

Et c'est ma mère ! O ciel ! fut-il jamais pour moi,
Depuis la mort d'un père, un jour plus plein d'effroi ?
Hélas ! j'en ai trop dit : ce cœur plein d'amertume
Répandait malgré lui le fiel qui le consume.
Je m'emporte, il est vrai ; mais ne m'a-t-elle pas
D'Oreste, en ses discours, annoncé le trépas ?
On offre sa dépouille à sa sœur désolée !
De ces lieux tout sanglans la nature exilée,
Et qui ne laisse ici qu'un nom qui fait horreur,
Se renfermait pour lui toute entière en mon cœur.

ACTE II, SCÈNE VII.

S'il n'est plus, si ma mère à ce point m'a trahie,
A quoi bon ménager ma plus grande ennemie?
Pourquoi? pour obtenir de ses tristes faveurs
De ramper dans la cour de mes persécuteurs;
Pour lever en tremblant aux dieux qui me trahissent
Ces languissantes mains que mes chaînes flétrissent;
Pour voir avec des yeux de larmes obscurcis,
Dans le lit de mon père, et sur son trône assis,
Ce monstre, ce tyran, ce ravisseur funeste,
Qui m'ôte encor ma mère, et me prive d'Oreste?

SCÈNE VII.

ÉLECTRE, IPHISE.

IPHISE.

Chère Électre, apaisez ces cris de la douleur.

ÉLECTRE.

Moi!

IPHISE.

Partagez ma joie.

ÉLECTRE.

Au comble du malheur,
Quelle funeste joie à nos cœurs étrangère!

IPHISE.

Espérons.

ÉLECTRE.

Non, pleurez; si j'en crois une mère,
Oreste est mort, Iphise.

IPHISE.

Ah! si j'en crois mes yeux,
Oreste vit encore, Oreste est en ces lieux.

ÉLECTRE.

Grands dieux! Oreste! lui! serait-il bien possible?
Ah! gardez d'abuser une ame trop sensible.
Oreste, dites-vous?

IPHISE.

Oui.

ÉLECTRE.

D'un songe flatteur
Ne me présentez pas la dangereuse erreur.
Oreste! poursuivez; je succombe à l'atteinte
Des mouvemens confus d'espérance et de crainte.

IPHISE.

Ma sœur, deux inconnus, qu'à travers mille morts
La main d'un dieu sans doute a jetés sur ces bords,
Recueillis par les soins du fidèle Pammène...
L'un des deux...

ÉLECTRE.

Je me meurs, et me soutiens à peine.
L'un des deux...

IPHISE.

Je l'ai vu; quel feu brille en ses yeux!
Il avait l'air, le port, le front des demi-dieux,
Tel qu'on peint le héros qui triompha de Troie;
La même majesté sur son front se déploie.
A mes avides yeux, soigneux de s'arracher,
Chez Pammène, en secret, il semble se cacher.
Interdite, et le cœur tout plein de son image,

J'ai couru vous chercher sur ce triste rivage,
Sous ces sombres cyprès, dans ce temple éloigné,
Enfin vers ce tombeau de nos larmes baigné.
Je l'ai vu ce tombeau, couronné de guirlandes,
De l'eau sainte arrosé, couvert encor d'offrandes ;
Des cheveux, si mes yeux ne se sont pas trompés,
Tels que ceux du héros dont mes sens sont frappés ;
Une épée, et c'est là ma plus ferme espérance ;
C'est le signe éclatant du jour de la vengeance :
Et quel autre qu'un fils, qu'un frère, qu'un héros,
Suscité par les dieux pour le salut d'Argos,
Aurait osé braver ce tyran redoutable ?
C'est Oreste sans doute ; il en est seul capable ;
C'est lui, le ciel l'envoie ; il m'en daigne avertir.
C'est l'éclair qui paraît, la foudre va partir.

ÉLECTRE.

Je vous crois ; j'attends tout ; mais n'est-ce point un piége
Que tend de mon tyran la fourbe sacrilége ?
Allons : de mon bonheur il me faut assurer.
Ces étrangers...Courons ; mon cœur va m'éclairer.

IPHISE.

Pammène m'avertit, Pammène nous conjure
De ne point approcher de sa retraite obscure.
Il y va de ses jours.

ÉLECTRE.

    Ah ! que m'avez-vous dit ?
Non ; vous êtes trompée, et le ciel nous trahit.
Mon frère, après seize ans, rendu dans sa patrie,
Eût volé dans les bras qui sauvèrent sa vie ;
Il eût porté la joie à ce cœur désolé ;

Loin de vous fuir, Iphise, il vous aurait parlé.
Ce fer vous rassurait, et j'en suis alarmée.
Une mère cruelle est trop bien informée.
J'ai cru voir, et j'ai vu dans ses yeux interdits
Le barbare plaisir d'avoir perdu son fils.
N'importe, je conserve un reste d'espérance :
Ne m'abandonnez pas, ô dieux de la vengeance !
Pammène à mes transports pourra-t-il résister ?
Il faut qu'il parle : allons, rien ne peut m'arrêter.

IPHISE.

Vous vous perdez; songez qu'un maître impitoyable
Nous obsède, nous suit d'un œil inévitable.
Si mon frère est venu, nous l'allons découvrir ;
Ma sœur, en lui parlant, nous le fesons périr :
Et si ce n'est pas lui, notre recherche vaine
Irrite nos tyrans, met en danger Pammène [1].
Je revole au tombeau que je puis honorer :
Clytemnestre du moins m'a permis d'y pleurer.
Cet étranger, ma sœur, y peut paraître encore ;
C'est un asile sûr ; et ce ciel que j'implore,
Ce ciel, dont votre audace accuse les rigueurs,
Pourra le rendre encore à vos cris, à mes pleurs.
Venez.

ÉLECTRE.

De quel espoir ma douleur est suivie !
Ah ! si vous me trompez, vous m'arrachez la vie.

FIN DU SECOND ACTE.

ACTE TROISIÈME

SCÈNE Ire.

ORESTE, PYLADE.

(Un esclave porte une urne, et un autre une épée.)

PYLADE.

Quoi! verrai-je toujours ta grande ame égarée
Souffrir tous les tourmens des descendans d'Atrée?
De l'attendrissement passer à la fureur?

ORESTE.

C'est le destin d'Oreste; il est né pour l'horreur.
J'étais dans ce tombeau, lorsque ton œil fidèle
Veillait sur ces dépôts confiés à ton zèle;
J'appelais en secret ces mânes indignés;
Je leur offrais mes dons, de mes larmes baignés.
Une femme, vers moi courant désespérée,
Avec des cris affreux dans la tombe est entrée,
Comme si, dans ces lieux qu'habite la terreur,
Elle eût fui sous les coups de quelque dieu vengeur.
Elle a jeté sur moi sa vue épouvantée :
Elle a voulu parler; sa voix s'est arrêtée.
J'ai vu soudain, j'ai vu les filles de l'enfer
Sortir, entre elle et moi, de l'abîme entr'ouvert.
Leurs serpens, leurs flambeaux, leur voix sombre et ter- [rible,
M'inspiraient un transport inconcevable, horrible,

Une fureur atroce; et je sentais ma main
Se lever, malgré moi, prête à percer son sein :
Ma raison s'enfuyait de mon ame éperdue.
Cette femme, en tremblant, s'est soustraite à ma vue,
Sans s'adresser aux dieux, et sans les honorer;
Elle semblait les craindre, et non les adorer.
Plus loin, versant des pleurs, une fille timide,
Sur la tombe et sur moi fixant un œil avide,
D'Oreste, en gémissant, a prononcé le nom.

SCÈNE II.

ORESTE, PYLADE, PAMMÈNE.

ORESTE, *à Pammène.*

O vous, qui secourez le sang d'Agamemnon,
Vous, vers qui nos malheurs et nos dieux sont mes
Parlez; révélez-moi les destins des Atrides. [guides,
Qui sont ces deux objets dont l'un m'a fait horreur,
Et l'autre a dans mes sens fait passer la douleur?
Ces deux femmes...

PAMMÈNE.
Seigneur, l'une était votre mère...
ORESTE.
Clytemnestre! elle insulte aux mânes de mon père?
PAMMÈNE.
Elle venait aux dieux, vengeurs des attentats,
Demander un pardon qu'elle n'obtiendra pas.
L'autre était votre sœur, la tendre et simple Iphise,
A qui de ce tombeau l'entrée était permise.

ACTE III, SCÈNE II.

ORESTE.

Hélas! que fait Électre?

PAMMÈNE.

Elle croit votre mort;
Elle pleure.

ORESTE.

Ah! grands dieux qui conduisez mon sort,
Quoi! vous ne voulez pas que ma bouche affligée
Console de mes sœurs la tendresse outragée!
Quoi! toute ma famille, en ces lieux abhorrés,
Est un sujet de trouble à mes sens déchirés!

PAMMÈNE.

Obéissons aux dieux.

ORESTE.

Que cet ordre est sévère!

PAMMÈNE.

Ne vous en plaignez point; cet ordre est salutaire :
La vengeance est pour eux. Ils ne prétendent pas
Qu'on touche à leur ouvrage, et qu'on aide leur bras :
Électre vous nuirait, loin de vous être utile;
Son caractère ardent, son courage indocile,
Incapable de feindre et de rien ménager,
Servirait à vous perdre, au lieu de vous venger.

ORESTE.

Mais quoi! les abuser par cette feinte horrible?

PAMMÈNE.

N'oubliez point ces dieux, dont le secours sensible
Vous a rendu la vie au milieu du trépas.
Contre leurs volontés si vous faites un pas,
Ce moment vous dévoue à leur haine fatale :

Tremblez, malheureux fils d'Atrée et de Tantale,
Tremblez de voir sur vous, en ces lieux détestés,
Tomber tous les fléaux du sang dont vous sortez.

ORESTE.

Pourquoi nous imposer, par des lois inhumaines,
Et des devoirs nouveaux, et de nouvelles peines?
Les mortels malheureux n'en ont-ils pas assez?
Sous des fardeaux sans nombre ils vivent terrassés.
A quel prix, dieux puissans, avons-nous reçu l'être?
N'importe, est-ce à l'esclave à condamner son maître?
Obéissons, Pammène.

PAMMÈNE.

Il le faut, et je cours
Éblouir le barbare armé contre vos jours.
Je dirai qu'aujourd'hui le meurtrier d'Oreste
Doit remettre en ses mains cette cendre funeste.

ORESTE.

Allez donc. Je rougis même de le tromper.

PAMMÈNE.

Aveuglons la victime, afin de la frapper.

SCÈNE III.

ORESTE, PYLADE.

PYLADE.

Apaise de tes sens le trouble involontaire,
Renferme dans ton cœur un secret nécessaire;
Cher Oreste, crois-moi, des femmes et des pleurs
Du sang d'Agamemnon sont de faibles vengeurs.

ACTE III, SCÈNE IV.

ORESTE.

Trompons surtout Égisthe et ma coupable mère.
Qu'ils goûtent de ma mort la douceur passagère;
Si pourtant une mère a pu porter jamais
Sur la cendre d'un fils des regards satisfaits!

PYLADE.

Attendons-les ici tous deux à leur passage.

SCÈNE IV.

ÉLECTRE, IPHISE, *d'un côté;* ORESTE, PYLADE, *de l'autre, avec les esclaves qui portent l'urne et l'épée.*

ÉLECTRE.

L'espérance trompée accable et décourage [n].
Un seul mot de Pammène a fait évanouir
Ces songes imposteurs dont vous osiez jouir.
Ce jour faible et tremblant, qui consolait ma vue,
Laisse une horrible nuit sur mes yeux répandue.
Ah! la vie est pour nous un cercle de douleur!

ORESTE, *à Pylade.*

Tu vois ces deux objets; ils m'arrachent le cœur.

PYLADE.

Sous les lois des tyrans tout gémit, tout s'attriste.

ORESTE.

La plainte doit régner dans l'empire d'Égisthe.

IPHISE, *à Électre.*

Voilà ces étrangers.

ÉLECTRE.

Présages douloureux!

Le nom d'Égisthe, ô ciel! est prononcé par eux.

IPHISE.

L'un d'eux est ce héros dont les traits m'ont frappée.

ÉLECTRE.

Hélas! ainsi que vous j'aurais été trompée.
(à Oreste.)
Eh! qui donc êtes-vous, étrangers malheureux?
Que venez-vous chercher sur ce rivage affreux?

ORESTE.

Nous attendons ici les ordres, la présence
Du roi qui tient Argos sous son obéissance.

ÉLECTRE.

Qui? du roi! quoi! des Grecs osent donner ce nom
Au tyran qui versa le sang d'Agamemnon!

PYLADE.

Il règne, c'est assez, et le ciel nous ordonne
Que, sans peser ses droits, nous respections son trône.

ÉLECTRE.

Maxime horrible et lâche! Eh! que demandez-vous
Au monstre ensanglanté qui règne ici sur nous?

PYLADE.

Nous venons lui porter des nouvelles heureuses.

ÉLECTRE.

Elles sont donc pour nous inhumaines, affreuses?

IPHISE, *en voyant l'urne.*

Quelle est cette urne, hélas! ô surprise! ô douleurs!

PYLADE.

Oreste...

ÉLECTRE.

Oreste! ah, dieux! il est mort; je me meurs

ACTE III, SCÈNE IV.

ORESTE, *à Pylade.*

Qu'avons-nous fait, ami ? peut-on les méconnaître
A l'excès des douleurs que nous voyons paraître ?
Tout mon sang se soulève. Ah, princesse ! ah ! vivez.

ÉLECTRE.

Moi, vivre ! Oreste est mort. Barbares, achevez.

IPHISE.

Hélas ! d'Agamemnon vous voyez ce qui reste,
Ses deux filles, les sœurs du malheureux Oreste.

ORESTE.

Électre ! Iphise ! où suis-je ? impitoyables dieux !
(*à celui qui porte l'urne.*)
Otez ces monumens ; éloignez de leurs yeux
Cette urne dont l'aspect...

ÉLECTRE, *revenant à elle, et courant vers l'urne.*

Cruel, qu'osez-vous dire ?
Ah ! ne m'en privez pas ; et devant que j'expire,
Laissez, laissez toucher à mes tremblantes mains
Ces restes échappés à des dieux inhumains.
Donnez.
(*Elle prend l'urne et l'embrasse.*)

ORESTE.

Que faites-vous ? cessez.

PYLADE.

Le seul Égisthe
Dut recevoir de nous ce monument si triste.

ELECTRE.

Qu'entends-je ? ô nouveau crime ! ô désastres plus [grands !
Les cendres de mon frère aux mains de mes tyrans !
Des meurtriers d'Oreste, ô ciel ! suis-je entourée ?

ORESTE.

De ce reproche affreux mon ame déchirée
Ne peut plus...

ÉLECTRE.

Et c'est vous qui partagez mes pleurs?
Au nom du fils des rois, au nom des dieux vengeurs,
S'il n'est pas mort par vous, si vos mains généreuses
Ont daigné recueillir ses cendres malheureuses...

ORESTE.

Ah, dieux...

ÉLECTRE.

Si vous plaignez son trépas et ma mort,
Répondez-moi ; comment avez-vous su son sort?
Étiez-vous son ami? dites-moi qui vous êtes,
Vous surtout dont les traits... Vos bouches sont muettes ;
Quand vous m'assassinez, vous êtes attendris !

ORESTE.

C'en est trop, et les dieux sont trop bien obéis.

ÉLECTRE.

Que dites-vous ?

ORESTE.

Laissez ces dépouilles horribles.

ÉLECTRE.

Tous les cœurs aujourd'hui seront-ils inflexibles?
Non, fatal étranger, je ne rendrai jamais
Ces présens douloureux que ta pitié m'a faits ;
C'est Oreste, c'est lui... Vois sa sœur expirante
L'embrasser en mourant de sa main défaillante.

ORESTE.

Je n'y résiste plus. Dieux inhumains, tonnez.
Électre...

ÉLECTRE.

Eh bien?

ORESTE.

Je dois...

PYLADE.

Ciel!

ÉLECTRE.

Poursuis.

ORESTE.

Apprenez...

SCÈNE V.

ÉGISTHE, CLYTEMNESTRE, ORESTE,
PYLADE, ÉLECTRE, IPHISE, PAMMÈNE;
GARDES.

ÉGISTHE.

Quel spectacle! ô fortune à mes lois asservie!
Pammène, est-il donc vrai? mon rival est sans vie?
Vous ne me trompiez point, sa douleur m'en instruit.

ÉLECTRE.

O rage! ô dernier jour!

ORESTE.

Où me vois-je réduit?

ÉGISTHE.

Qu'on ôte de ses mains ces dépouilles d'Oreste.

(On prend l'urne des mains d'Électre.)

ÉLECTRE.

Barbare, arrache-moi le seul bien qui me reste :
Tigre, avec cette cendre arrache-moi le cœur,
Joins le père aux enfans, joins le frère à la sœur.
Monstre heureux, à tes pieds vois toutes tes victimes,
Jouis de ton bonheur, jouis de tous tes crimes.
Contemplez avec lui des spectacles si doux,
Mère trop inhumaine; ils sont dignes de vous.

(Iphise l'emmène.)

SCÈNE VI.

ÉGISTHE, CLYTEMNESTRE, ORESTE, PYLADE; GARDES.

CLYTEMNESTRE.

Que me faut-il entendre!

ÉGISTHE.

Elle en sera punie.
Qu'elle se plaigne au ciel, ce ciel me justifie;
Sans me charger du meurtre, il l'a du moins permis :
Nos jours sont assurés, nos trônes affermis.
Voilà donc ces deux Grecs échappés du naufrage,
De qui je dois payer le zèle et le courage.

ORESTE.

C'est nous-mêmes : j'ai dû vous offrir ces présens,
D'un important trépas gages intéressans,
Ce glaive, cet anneau : vous devez les connaître°;
Agamemnon les eut quand il fut votre maître;
Oreste les portait.

ACTE III, SCÈNE VI.

CLYTEMNESTRE.
Quoi ! c'est vous que mon fils...

ÉGISTHE.
Si vous l'avez vaincu, je vous en dois le prix.
De quel sang êtes-vous ? qui vois-je en vous paraître ?

ORESTE.
Mon nom n'est point connu... Seigneur, il pourra l'être.
Mon père aux champs troyens a signalé son bras
Aux yeux de tous ces rois vengeurs de Ménélas.
Il périt dans ces temps de malheurs et de gloire
Qui des Grecs triomphans ont suivi la victoire.
Ma mère m'abandonne, et je suis sans secours ;
Des ennemis cruels ont poursuivi mes jours.
Cet ami me tient lieu de fortune et de père.
J'ai recherché l'honneur et bravé la misère.
Seigneur, tel est mon sort.

ÉGISTHE.
Dites-moi dans quels lieux
Votre bras m'a vengé de ce prince odieux.

ORESTE.
Dans les champs d'Hermione, au tombeau d'Achémore,
Dans un bois qui conduit au temple d'Épidaure.

ÉGISTHE.
Mais le roi d'Épidaure avait proscrit ses jours ;
D'où vient qu'à ses bienfaits vous n'avez point recours ?

ORESTE.
Je chéris la vengeance, et je hais l'infamie.
Ma main d'un ennemi n'a point vendu la vie.
Des intérêts secrets, seigneur, m'avaient conduit :
Cet ami les connut ; il en fut seul instruit.

Sans implorer des rois, je venge ma querelle.
Je suis loin de vanter ma victoire et mon zèle;
Pardonnez. Je frissonne à tout ce que je voi;
Seigneur... d'Agamemnon la veuve est devant moi...
Peut-être je la sers, peut-être je l'offense :
Il ne m'appartient pas de braver sa présence*P*.
Je sors...

ÉGISTHE.

Non, demeurez.

CLYTEMNESTRE.

Qu'il s'écarte, seigneur;
Son aspect me remplit d'épouvante et d'horreur.
C'est lui que j'ai trouvé dans la demeure sombre
Où d'un roi malheureux repose la grande ombre.
Les déités du Styx marchaient à ses côtés.

ÉGISTHE.

Qui! vous? qu'osiez-vous faire en ces lieux écartés?

ORESTE.

J'allais, comme la reine, implorer la clémence
De ces mânes sanglans qui demandent vengeance.
Le sang qu'on a versé doit s'expier, seigneur.

CLYTEMNESTRE.

Chaque mot est un trait enfoncé dans mon cœur.
Éloignez de mes yeux cet assassin d'Oreste.

ORESTE.

Cet Oreste, dit-on, dut vous être funeste :
On disait que proscrit, errant et malheureux,
De haïr une mère il eut le droit affreux.

CLYTEMNESTRE.

Il naquit pour verser le sang qui le fit naître.

ACTE III, SCÈNE VI.

Tel fut le sort d'Oreste, et son dessein peut-être.
De sa mort cependant mes sens sont pénétrés.
Vous me faites frémir, vous qui m'en délivrez.

ORESTE.

Qui? lui, madame? un fils armé contre sa mère[4]!
Ah! qui peut effacer ce sacré caractère?
Il respectait son sang... peut-être il eût voulu...

CLYTEMNESTRE.

Ah, ciel!

ÉGISTHE.

Que dites-vous? où l'aviez-vous connu?

PYLADE.

Il se perd... Aisément les malheureux s'unissent;
Trop promptement liés, promptement ils s'aigrissent;
Nous le vîmes dans Delphe.

ORESTE.

Oui... j'y sus son dessein.

ÉGISTHE.

Eh bien! quel était-il?

ORESTE.

De vous percer le sein.

ÉGISTHE.

Je connaissais sa rage, et je l'ai méprisée;
Mais de ce nom d'Oreste Électre autorisée
Semblait tenir encor tout l'état partagé;
C'est d'Électre surtout que vous m'avez vengé.
Elle a mis aujourd'hui le comble à ses offenses:
Comptez-la désormais parmi vos récompenses.
Oui, ce superbe objet contre moi conjuré,
Ce cœur enflé d'orgueil, et de haine enivré,

Qui même de mon fils dédaigna l'alliance,
Digne sœur d'un barbare avide de vengeance,
Je la mets dans vos fers; elle va vous servir :
C'est m'acquitter vers vous bien moins que la punir.
Si de Priam jadis la race malheureuse
Traîna chez ses vainqueurs une chaîne honteuse,
Le sang d'Agamemnon peut servir à son tour.

CLYTEMNESTRE.

Qui? moi, je souffrirais...

ÉGISTHE.

Eh! madame, en ce jour,
Défendez-vous encor ce sang qui vous déteste?
N'épargnez point Électre, ayant proscrit Oreste.
(à Oreste.)
Vous... laissez cette cendre à mon juste courroux.

ORESTE.

J'accepte vos présens; cette cendre est à vous.

CLYTEMNESTRE.

Non, c'est pousser trop loin la haine et la vengeance;
Qu'il parte, qu'il emporte une autre récompense.
Vous-même, croyez-moi, quittons ces tristes bords,
Qui n'offrent à mes yeux que les cendres des morts.
Osons-nous préparer ce festin sanguinaire
Entre l'urne du fils et la tombe du père?
Osons-nous appeler à nos solennités
Les dieux de ma famille à qui vous insultez.
Et livrer, dans les jeux d'une pompe funeste,
Le sang de Clytemnestre au meurtrier d'Oreste?
Non : trop d'horreur ici s'obstine à me troubler;
Quand je connais la crainte, Égisthe peut trembler.

ACTE III, SCÈNE VII.

Ce meurtrier m'accable; et je sens que sa vue
A porté dans mon cœur un poison qui me tue.
Je cède, et je voudrais, dans ce mortel effroi,
Me cacher à la terre, et, s'il se peut, à moi.

(Elle sort.)

EGISTHE, *a Oreste*.

Demeurez. Attendez que le temps la désarme.
La nature un moment jette un cri qui l'alarme;
Mais bientôt dans un cœur à la raison rendu,
L'intérêt parle en maître, et seul est entendu.
En ces lieux avec nous célébrez la journée
De son couronnement et de mon hyménée.

(à sa suite.)

Et vous... dans Épidaure allez chercher mon fils;
Qu'il vienne confirmer tout ce qu'ils m'ont appris.

SCÈNE VII.

ORESTE, PYLADE.

ORESTE.

Va, tu verras Oreste à tes pompes cruelles;
Va, j'ensanglanterai la fête où tu m'appelles.

PYLADE.

Dans tous ces entretiens que je tremble pour vous!
Je crains votre tendresse, et plus votre courroux;
Dans ses émotions je vois votre ame altière,
A l'aspect du tyran, s'élançant tout entière;
Tout prêt à l'insulter, tout prêt à vous trahir;
Au nom d'Agamemnon vous m'avez fait frémir.

ORESTE.

Ah! Clytemnestre encor trouble plus mon courage.

Dans mon cœur déchiré quel douloureux partage !
As-tu vu dans ses yeux, sur son front interdit,
Les combats qu'en son ame excitait mon récit ?
Je les éprouvais tous ; ma voix était tremblante.
Ma mère en me voyant s'effraie et m'épouvante.
Le meurtre de mon père, et mes sœurs à venger,
Un barbare à punir, la reine à ménager,
Électre, son tyran ; mon sang qui se soulève ;
Que de tourmens secrets ! ô dieu terrible, achève !
Précipite un moment trop lent pour ma fureur,
Ce moment de vengeance, et que prévient mon cœur !
Quand pourrai-je servir ma tendresse et ma haine,
Mêler le sang d'Égisthe aux cendres de Plistène,
Immoler ce tyran, le montrer à ma sœur
Expirant sous mes coups, pour la tirer d'erreur ?

SCÈNE VIII.

ORESTE, PYLADE, PAMMÈNE.

ORESTE.

Qu'as-tu fait, cher Pammène ? as-tu quelque espérance ?

PAMMÈNE.

Seigneur, depuis ce jour fatal à votre enfance,
Où j'ai vu dans ces lieux votre père égorgé,
Jamais plus de périls ne vous ont assiégé.

ORESTE.

Comment ?

PYLADE.

Quoi ! pour Oreste aurai-je à craindre encore ?

ACTE III, SCÈNE VIII.

PAMMÈNE.

Il arrive à l'instant un courrier d'Épidaure;
Il est avec Égisthe; il glace mes esprits :
Égisthe est informé de la mort de son fils.

PYLADE.

Ciel!

ORESTE.

Sait-il que ce fils, élevé dans le crime,
Du fils d'Agamemnon est tombé la victime?

PAMMÈNE.

On parle de sa mort, on ne dit rien de plus;
Mais de nouveaux avis sont encore attendus.
On se tait à la cour, on cache à la contrée
Que d'un de ses tyrans la Grèce est délivrée.
Égisthe avec la reine en secret renfermé
Écoute ce récit, qui n'est pas confirmé ;
Et c'est ce que j'apprends d'un serviteur fidèle.
Qui, pour le sang des rois comme moi plein de zèle,
Gémissant et caché, traîne encor ses vieux ans
Dans un service ingrat à la cour des tyrans.

ORESTE.

De la vengeance au moins j'ai goûté les prémices ;
Mes mains ont commencé mes justes sacrifices :
Les dieux permettront-ils que je n'achève pas?
Cher Pylade, est-ce en vain qu'ils ont armé mon bras?
Par des bienfaits trompeurs exerçant leur colère,
M'ont-ils donné le fils pour me livrer au père?
Marchons; notre péril doit nous déterminer:
Qui ne craint point la mort est sûr de la donner.
Avant qu'un jour plus grand puisse éclairer sa rage,

Je veux de ce moment saisir tout l'avantage.
PAMMÈNE.
Eh bien, il faut paraître, il faut vous découvrir
A ceux qui pour leur roi sauront du moins mourir :
Il en est, j'en réponds, cachés dans ces asiles ;
Plus ils sont inconnus, plus ils seront utiles.
PYLADE.
Allons ; et si les noms d'Oreste et de sa sœur,
Si l'indignation contre l'usurpateur,
Le tombeau de ton père, et l'aspect de sa cendre,
Les dieux qui t'ont conduit, ne peuvent te défendre,
S'il faut qu'Oreste meure en ces lieux abhorrés,
Je t'ai voué mes jours, ils te sont consacrés.
Nous périrons unis ; c'est l'espoir qui me reste ;
Pylade à tes côtés mourra digne d'Oreste.
ORESTE.
Ciel ! ne frappe que moi ; mais daigne en ta pitié
Protéger son courage et servir l'amitié.

FIN DU TROISIEME ACTE

ACTE QUATRIÈME.

SCÈNE I.

ORESTE, PYLADE.

ORESTE.

De Pammène, il est vrai, la sage vigilance
D'Égisthe pour un temps trompe la défiance ;
On lui dit que les dieux, de Tantale ennemis,
Frappaient en même temps les derniers de ses fils.
Peut-être que le ciel, qui pour nous se déclare,
Répand l'aveuglement sur les yeux du barbare.
Mais tu vois ce tombeau si cher à ma douleur ;
Ma main l'avait chargé de mon glaive vengeur ;
Ce fer est enlevé par des mains sacriléges.
L'asile de la mort n'a plus de priviléges,
Et je crains que ce glaive, à mon tyran porté,
Ne lui donne sur nous quelque affreuse clarté.
Précipitons l'instant où je veux le surprendre.

PYLADE.

Pammène veille à tout, sans doute il faut l'attendre.
Dès que nous aurons vu, dans ces bois écartés,
Le peu de vos sujets à vous suivre excités,
Par trois divers chemins retrouvons-nous ensemble,
Non loin de cette tombe, au lieu qui nous rassemble.

ORESTE.

Allons... Pylade, ah ciel ! ah, trop barbare loi !

Ma rigueur assassine un cœur qui vit pour moi !
Quoi ! j'abandonne Électre à sa douleur mortelle !
PYLADE.
Tu l'as juré, poursuis, et ne redoute qu'elle.
Électre peut te perdre, et ne peut te servir ;
Les yeux de tes tyrans sont tout près de s'ouvrir :
Renferme cette amour et si sainte et si pure.
Doit-on craindre en ces lieux de dompter la nature ?
Ah ! de quels sentimens te laisses-tu troubler !
Il faut venger Électre, et non la consoler.
ORESTE.
Pylade, elle s'avance, et me cherche peut-être.
PYLADE.
Ses pas sont épiés ; garde-toi de paraître.
Va, j'observerai tout avec empressement :
Les yeux de l'amitié se trompent rarement.

SCÈNE II.

ÉLECTRE, IPHISE, PYLADE.

ÉLECTRE.
Le perfide... il échappe à ma vue indignée.
En proie à ma fureur, et de larmes baignée,
Je reste sans vengeance ainsi que sans espoir.
(à Pylade.)
Toi qui sembles frémir, et qui n'oses me voir,
Toi, compagnon du crime, apprends-moi donc, bar-
Où va cet assassin, de mon sang trop avare ; [bare,
Ce maître à qui je suis, qu'un tyran m'a donné.

ACTE IV, SCENE III.

PYLADE.

Il remplit un devoir par le ciel ordonné ;
Il obéit aux dieux : imitez-le, madame.
Les arrêts du destin trompent souvent notre ame ;
Il conduit les mortels, il dirige leurs pas
Par des chemins secrets qu'ils ne connaissent pas ;
Il plonge dans l'abyme, et bientôt en retire ;
Il accable de fers, il élève à l'empire ;
Il fait trouver la vie au milieu des tombeaux.
Gardez de succomber à vos tourmens nouveaux :
Soumettez-vous ; c'est tout ce que je puis vous dire.

SCÈNE III.

ÉLECTRE, IPHISE.

ÉLECTRE.

Ses discours ont accru la fureur qui m'inspire.
Que veut-il ? prétend-il que je doive souffrir
L'abominable affront dont on m'ose couvrir ?
La mort d'Agamemnon, l'assassinat d'un frère,
N'avaient donc pu combler ma profonde misère !
Après quinze ans de maux et d'opprobres soufferts,
De l'assassin d'Oreste il faut porter les fers,
Et, pressée en tout temps d'une main meurtrière,
Servir tous les bourreaux de ma famille entière !
Glaive affreux, fer sanglant, qu'un outrage nouveau
Exposait en triomphe à ce sacré tombeau,
Fer teint du sang d'Oreste, exécrable trophée,
Qui trompas un moment ma douleur étouffée !

Toi qui n'es qu'un outrage à la cendre des morts,
Sers un projet plus digne, et mes justes efforts.
Égisthe, m'a-t-on dit, s'enferme avec la reine;
De quelque nouveau crime il prépare la scène;
Pour fuir la main d'Électre, il prend de nouveaux [soins;
A l'assassin d'Oreste on peut aller du moins.
Je ne puis me baigner dans le sang des deux traîtres:
Allons, je vais du moins punir un de mes maîtres *.

IPHISE.

Est-il bien vrai qu'Oreste ait péri de sa main?
J'avais cru voir en lui le cœur le plus humain;
Il partageait ici notre douleur amère;
Je l'ai vu révérer la cendre de mon père.

ÉLECTRE.

Ma mère en fait autant : les coupables mortels
Se baignent dans le sang et tremblent aux autels;
Ils passent sans rougir du crime au sacrifice.
Est-ce ainsi que des dieux on trompe la justice?
Il ne trompera pas mon courage irrité.
Quoi! de ce meurtre affreux ne s'est-il pas vanté?
Égisthe au meurtrier ne m'a-t-il pas donnée?
Ne suis-je pas enfin la preuve infortunée,
La victime, le prix de ces noirs attentats,
Dont vous osez douter quand je meurs dans vos bras,
Quand Oreste au tombeau m'appelle avec son père?
Ma sœur, ah! si jamais Électre vous fut chère,
Ayez du moins pitié de mon dernier moment :
Il faut qu'il soit terrible, il faut qu'il soit sanglant.
Allez; informez-vous de ce que fait Pammène,
Et si le meurtrier n'est point avec la reine.

ACTE IV, SCÈNE IV.

La cruelle a, dit-on, flatté mes ennemis;
Tranquille, elle a reçu l'assassin de son fils;
On l'a vu partager (et ce crime est croyable)
De son indigne époux la joie impitoyable.
Une mère! ah, grands dieux!... ah! je veux de ma main,
A ses yeux, dans ses bras, immoler l'assassin;
Je le veux.

IPHISE.

Vos douleurs lui font trop d'injustice;
L'aspect du meurtrier est pour elle un supplice.
Ma sœur, au nom des dieux, ne précipitez rien.
Je vais avec Pammène avoir un entretien.
Électre, ou je m'abuse, ou l'on s'obstine à taire,
A cacher à nos yeux un important mystère.
Peut-être on craint en vous ces éclats douloureux,
Imprudence excusable au cœur des malheureux :
On se cache de vous; Pammène vous évite,
J'ignore comme vous quel projet il médite :
Laissez-moi lui parler, laissez-moi vous servir.
Ne vous préparez pas un nouveau repentir.

SCÈNE IV.

ÉLECTRE.

Un repentir! qui? moi! mes mains désespérées
Dans ce grand abandon seront plus assurées.
Euménides, venez, soyez ici mes dieux;
Vous connaissez trop bien ces détestables lieux,
Ce palais, plus rempli de malheurs et de crimes

Que vos gouffres profonds regorgeant de victimes :
Filles de la vengeance, armez-vous, armez-moi ;
Venez avec la mort, qui marche avec l'effroi ;
Que vos fers, vos flambeaux, vos glaives étincellent ;
Oreste, Agamemnon, Électre, vous appellent :
Les voici, je les vois, et les vois sans terreur ;
L'aspect de mes tyrans m'inspirait plus d'horreur.
Ah! le barbare approche ; il vient ; ses pas impies
Sont à mes yeux vengeurs entourés des furies.
L'enfer me le désigne et le livre à mon bras.

SCÈNE V.

ÉLECTRE, *dans le fond;* ORESTE, *d'un autre côté.*

ORESTE.

Où suis-je? C'est ici qu'on adressa mes pas.
O ma patrie! ô terre à tous les miens fatale!
Redoutable berceau des enfans de Tantale,
Famille des héros et des grands criminels,
Les malheurs de ton sang seront-ils éternels?
L'horreur qui règne ici m'environne et m'accable.
De quoi suis-je puni? de quoi suis-je coupable?
Au sort de mes aïeux ne pourrai-je échapper?

ÉLECTRE, *avançant un peu du fond du théâtre.*
Qui m'arrête? et d'où vient que je crains de frapper?
Avançons.

ORESTE.

Quelle voix ici s'est fait entendre?
Père, époux malheureux, chère et terrible cendre,

ACTE IV, SCÈNE V.

Est-ce toi qui gémis, ombre d'Agamemnon?

ÉLECTRE.

Juste ciel! est-ce à lui de prononcer ce nom *u* ?

ORESTE.

O malheureuse Électre!

ÉLECTRE.

Il me nomme, il soupire!
Les remords en ces lieux ont-ils donc quelque empire?
Qu'importe des remords à mon juste courroux?

(Elle s'avance vers Oreste.)

Frappons... Meurs, malheureux!

ORESTE, *lui saisissant le bras.*

Justes dieux! est-ce vous,
Chère Électre...

ÉLECTRE.

Qu'entends-je?

ORESTE.

Hélas! qu'alliez-vous faire?

ÉLECTRE.

J'allais verser ton sang; j'allais venger mon frère.

ORESTE, *la regardant avec attendrissement.*

Le venger! et sur qui?

ÉLECTRE.

Son aspect, ses accens,
Ont fait trembler mon bras, ont fait frémir mes sens.
Quoi! c'est vous dont je suis l'esclave malheureuse!

ORESTE.

C'est moi qui suis à vous.

ÉLECTRE.

O vengeance trompeuse!

D'où vient qu'en vous parlant tout mon cœur est changé?
ORESTE.
Sœur d'Oreste...
ÉLECTRE.
Achevez.
ORESTE.
Où me suis-je engagé?
ÉLECTRE.
Ah! ne me trompez plus, parlez; il faut m'apprendre
L'excès du crime affreux que j'allais entreprendre.
Par pitié, répondez, éclairez-moi, parlez.
ORESTE.
Je ne puis... fuyez-moi.
ÉLECTRE.
Qui? moi vous fuir!
ORESTE.
Tremblez.
ÉLECTRE.
Pourquoi?
ORESTE.
Je suis... Cessez. Gardez qu'on ne vous voie.
ÉLECTRE.
Ah! vous me remplissez de terreur et de joie!
ORESTE.
Si vous aimez un frère..
ÉLECTRE.
Oui, je l'aime; oui, je crois
Voir les traits de mon père, entendre encor sa voix;
La nature nous parle et perce ce mystère;
Ne lui résistez pas : oui, vous êtes mon frère,

Vous l'êtes, je vous vois, je vous embrasse; hélas !
Cher Oreste, et ta sœur a voulu ton trépas !

ORESTE, *en l'embrassant.*

Le ciel menace en vain, la nature l'emporte;
Un dieu me retenait; mais Électre est plus forte.

ÉLECTRE.

Il t'a rendu ta sœur, et tu crains son courroux !

ORESTE.

Ses ordres menaçans me dérobaient à vous.
Est-il barbare assez pour punir ma faiblesse ?

ÉLECTRE.

Ta faiblesse est vertu ; partage mon ivresse.
A quoi m'exposais-tu, cruel ? à t'immoler.

ORESTE.

J'ai trahi mon serment.

ÉLECTRE.

        Tu l'as dû violer.

ORESTE.

C'est le secret des dieux.

ÉLECTRE.

        C'est moi qui te l'arrache.
Moi, qu'un serment plus saint à leur vengeance attache;
Que crains-tu ?

ORESTE.

        Les horreurs où je suis destiné.
Les oracles, ces lieux, ce sang dont je suis né.

ÉLECTRE.

Ce sang va s'épurer : viens punir le coupable;
Les oracles, les dieux, tout nous est favorable;
Ils ont paré mes coups, ils vont guider les tiens.

SCÈNE VI.

ÉLECTRE, ORESTE, PYLADE, PAMMÈNE.

ÉLECTRE.

Ah! venez et joignez tous vos transports aux miens,
Unissez-vous à moi, chers amis de mon frère.

PYLADE, *à Oreste.*

Quoi! vous avez trahi ce dangereux mystère!
Pouvez-vous...

ORESTE.

Si le ciel veut se faire obéir,
Qu'il me donne des lois que je puisse accomplir.

ÉLECTRE, *à Pylade.*

Quoi! vous lui reprochez de finir ma misère?
Cruel! par quelle loi, par quel ordre sévère,
De mes persécuteurs prenant les sentimens,
Dérobiez-vous Oreste à mes embrassemens?
A quoi m'exposiez-vous? Quelle rigueur étrange...

PYLADE.

Je voulais le sauver : qu'il vive et qu'il vous venge.

PAMMÈNE.

Princesse, on vous observe en ces lieux détestés ;
On entend vos soupirs, et vos pas sont comptés.
Mes amis inconnus, et dont l'humble fortune
Trompe de nos tyrans la recherche importune,
Ont adoré leur maître : il était secondé ;
Tout était prêt, madame, et tout est hasardé.

ÉLECTRE.

Mais Égisthe en effet ne m'a-t-il pas livrée

ACTE IV, SCÈNE VII.

A la main qu'il croyait de mon sang altérée ?
(à Oreste.)
Mon sort à vos destins n'est-il pas asservi ?
Oui, vous êtes mon maître : Égisthe est obéi.
Du barbare une fois la volonté m'est chère.
Tout est ici pour nous.

PAMMÈNE.

Tout vous devient contraire.
Égisthe est alarmé, redoutez son transport :
Ses soupçons, croyez-moi, sont un arrêt de mort.
Séparons-nous.

PYLADE, à Pammène.

Va, cours, ami fidèle et sage,
Rassemble tes amis, achève ton ouvrage.
Les momens nous sont chers ; il est temps d'éclater.

SCÈNE VII.

ÉGISTHE, CLYTEMNESTRE, ÉLECTRE, ORESTE, PYLADE; GARDES.

ÉGISTHE.

Ministres de mes lois, hâtez-vous d'arrêter,
Dans l'horreur des cachots de plonger ces deux traîtres.

ORESTE.

Autrefois dans Argos il régnait d'autres maîtres,
Qui connaissaient les droits de l'hospitalité.

PYLADE.

Égisthe, contre toi qu'avons-nous attenté ?
De ce héros au moins respecte la jeunesse.

ORESTE,

ÉGISTHE.

Allez, et secondez ma fureur vengeresse.
Quoi donc ! à son aspect vous semblez tous frémir ?
Allez, dis-je, et gardez de me désobéir :
Qu'on les traîne.

ÉLECTRE.

Arrêtez ! Osez-vous bien, barbare...
Arrêtez ! le ciel même est de leur sang avare ;
Ils sont tous deux sacrés... On les entraîne... Ah, dieux !

ÉGISTHE.

Électre, frémissez pour vous comme pour eux ;
Perfide, en m'éclairant redoutez ma colère.

SCÈNE VIII.

ÉLECTRE, CLYTEMNESTRE.

ÉLECTRE.

Ah ! daignez m'écouter ; et si vous êtes mère,
Si j'ose rappeler vos premiers sentimens,
Pardonnez pour jamais mes vains emportemens,
D'une douleur sans borne effet inévitable ;
Hélas ! dans les tourmens la plainte est excusable.
Pour ces deux étrangers laissez-vous attendrir :
Peut-être que dans eux le ciel vous daigne offrir
La seule occasion d'expier des offenses
Dont vous avez tant craint les terribles vengeances ;
Peut-être en les sauvant tout peut se réparer.

CLYTEMNESTRE.

Quel intérêt pour eux vous peut donc inspirer ?

ACTE IV, SCÈNE VIII.

ÉLECTRE.

Vous voyez que les dieux ont respecté leur vie ;
Ils les ont arrachés à la mer en furie ;
Le ciel vous les confie, et vous répondez d'eux.
L'un d'eux...si vous saviez...tous deux sont malheureux.
Sommes-nous dans Argos, ou bien dans la Tauride,
Où de meurtres sacrés une prêtresse avide,
Du sang des étrangers fait fumer son autel ?
Eh bien ! pour les ravir tous deux au coup mortel,
Que faut-il ? Ordonnez, j'épouserai Plistène ;
Parlez, j'embrasserai cette effroyable chaîne :
Ma mort suivra l'hymen ; mais je veux l'achever :
J'obéis, j'y consens.

CLYTEMNESTRE.

Voulez-vous me braver ?
Ou bien ignorez-vous qu'une main ennemie
Du malheureux Plistène a terminé la vie ?

ÉLECTRE.

Quoi donc ! le ciel est juste ! Égisthe perd un fils ?

CLYTEMNESTRE.

De joie à ce discours je vois vos sens saisis !

ÉLECTRE.

Ah ! dans le désespoir où mon ame se noie,
Mon cœur ne peut goûter une funeste joie ;
Non, je n'insulte point au sort d'un malheureux,
Et le sang innocent n'est pas ce que je veux.
Sauvez ces étrangers ; mon ame intimidée
Ne voit point d'autre objet, et n'a point d'autre idée.

CLYTEMNESTRE.

Va, je t'entends trop bien ; tu m'as trop confirmé

Les soupçons dont Égisthe était tant alarmé.
Ta bouche est de mon sort l'interprète funeste ;
Tu n'en as que trop dit, l'un des deux est Oreste.

ÉLECTRE.

Eh bien ! s'il était vrai, si le ciel l'eût permis...
Si dans vos mains, madame, il mettait votre fils...

CLYTEMNESTRE.

O moment redouté ! que faut-il que je fasse ?

ÉLECTRE.

Quoi ! vous hésiteriez à demander sa grace !
Lui ! votre fils ! ô ciel !... quoi ! ses périls passés...
Il est mort ; c'en est fait, puisque vous balancez.

CLYTEMNESTRE.

Je ne balance point : va, ta fureur nouvelle
Ne peut même affaiblir ma bonté maternelle ;
Je le prends sous ma garde : il pourra m'en punir...
Son nom seul me prépare un cruel avenir...
N'importe... Je suis mère, il suffit ; inhumaine,
J'aime encor mes enfans... tu peux garder ta haine.

ÉLECTRE.

Non, madame, à jamais je suis à vos genoux.
Ciel, enfin tes faveurs égalent ton courroux :
Tu veux changer les cœurs, tu veux sauver mon frère
Et, pour comble de biens, tu m'as rendu ma mère.

FIN DU QUATRIÈME ACTE

ACTE CINQUIÈME.

SCÈNE I.

ÉLECTRE.

On m'interdit l'accès de cette affreuse enceinte :
Je cours, je viens, j'attends, je me meurs dans la crainte :
En vain je tends aux dieux ces bras chargés de fers;
Iphise ne vient point; les chemins sont ouverts :
La voici; je frémis.

SCÈNE II.

ÉLECTRE, IPHISE.

ÉLECTRE.
Que faut-il que j'espère?,
Qu'a-t-on fait? Clytemnestre ose-t-elle être mère?
Ah! si... Mais un tyran l'asservit aux forfaits.
Peut-elle réparer les malheurs qu'elle a faits?
En a-t-elle la force? en a-t-elle l'idée?
Parlez. Désespérez mon ame intimidée;
Achevez mon trépas.
IPHISE.
J'espère, mais je crains.
Égisthe a des avis, mais ils sont incertains;

Il s'égare; il ne sait, dans son trouble funeste,
S'il tient entre ses mains le malheureux Oreste;
Il n'a que des soupçons, qu'il n'a point éclaircis;
Et Clytemnestre au moins n'a point nommé son fils.
Elle le voit, l'entend; ce moment la rappelle
Aux premiers sentimens d'une ame maternelle;
Ce sang prêt à couler parle à ses sens surpris,
Épouvantés d'horreur, et d'amour attendris.
J'observais sur son front tout l'effort d'une mère
Qui tremble de parler et qui craint de se taire.
Elle défend les jours de ces infortunés,
Destinés au trépas sitôt que soupçonnés;
Aux fureurs d'un époux à peine elle résiste;
Elle retient le bras de l'implacable Égisthe.
Croyez-moi, si son fils avait été nommé,
Le crime, le malheur eût été consommé,
Oreste n'était plus.

ÉLECTRE.

O comble de misère!
Je le trahis peut-être en implorant ma mère;
Son trouble irritera ce monstre furieux.
La nature en tout temps est funeste en ces lieux.
Je crains également sa voix et son silence.
Mais le péril croissait; j'étais sans espérance.
Que fait Pammène?

IPHISE.

Il a, dans nos dangers pressans,
Ranimé la lenteur de ses débiles ans;
L'infortune lui donne une force nouvelle;
Il parle à nos amis, il excite leur zèle;

Ceux mêmes dnot Égisthe est toujours entouré
A ce grand nom d'Oreste ont déja murmuré.
J'ai vu de vieux soldats, qui servaient sous le père,
S'attendrir sur le fils et frémir de colère :
Tant aux cœurs des humains la justice et les lois
Même aux plus endurcis font entendre leur voix !

ÉLECTRE.

Grands dieux ! si j'avais pu dans ces ames tremblantes
Enflammer leurs vertus à peine renaissantes,
Jeter dans leurs esprits, trop faiblement touchés,
Tous ces emportemens qu'on m'a tant reprochés !
Si mon frère, abordé sur cette terre impie,
M'eût confié plus tôt le secret de sa vie !
Si du moins jusqu'au bout Pammène avait tenté...

SCÈNE III.

ÉGISTHE, CLYTEMNESTRE, ÉLECTRE, IPHISE ;
GARDES.

ÉGISTHE.

Qu'on saisisse Pammène, et qu'il soit confronté
Avec ces étrangers destinés au supplice ;
Il est leur confident, leur ami, leur complice.
Dans quel piége effroyable ils allaient me jeter !
L'un des deux est Oreste, en pouvez-vous douter ?

(à Clytemnestre.)

Cessez de vous tromper, cessez de le défendre.
Je vois tout, et trop bien. Cette urne, cette cendre,
C'est celle de mon fils; un père gémissant
Tient de son assassin cet horrible présent.

CLYTEMNESTRE.

Croyez-vous...

ÉGISTHE.

Oui, j'en crois cette haine jurée
Entre tous les enfans de Thyeste et d'Atrée;
J'en crois le temps, les lieux marqués par cette mort,
Et ma soif de venger son déplorable sort,
Et les fureurs d'Électre, et les larmes d'Iphise,
Et l'indigne pitié dont votre ame est surprise.
Oreste vit encore, et j'ai perdu mon fils!
Le détestable Oreste en mes mains est remis;
Et, quel qu'il soit des deux, juste dans ma colère,
Je l'immole à mon fils, je l'immole à sa mère.

CLYTEMNESTRE.

Eh bien, ce sacrifice est horrible à mes yeux.

ÉGISTHE.

A vous?

CLYTEMNESTRE.

Assez de sang a coulé dans ces lieux.
Je prétends mettre un terme au cours des homicides,
A la fatalité du sang des Pélopides.
Si mon fils, après tout, n'est pas entre vos mains,
Pourquoi verser du sang sur des bruits incertains?
Pourquoi vouloir sans fruit la mort de l'innocence?
Seigneur, si c'est mon fils, j'embrasse sa défense.
Oui, j'obtiendrai sa grace, en dussé-je périr.

ÉGISTHE.

Je dois la refuser, afin de vous servir.
Redoutez la pitié qu'en votre ame on excite.
Tout ce qui vous fléchit me révolte et m'irrite.

ACTE V, SCÈNE III.

L'un des deux est Oreste, et tous deux vont périr.
Je ne puis balancer, je n'ai point à choisir.
A moi, soldats.

IPHISE.

Seigneur, quoi ! sa famille entière
Perdra-t-elle à vos pieds ses cris et sa prière?
(elle se jette à ses pieds.)
Avec moi, chère Électre, embrassez ses genoux :
Votre audace vous perd.

ÉLECTRE.

Où me réduisez-vous?
Quel affront pour Oreste, et quel excès de honte !
Elle me fait horreur... Eh bien, je la surmonte !
Eh bien, j'ai donc connu la bassesse et l'effroi !
Je fais ce que jamais je n'aurais fait pour moi.
(sans se mettre à genoux.)
Cruel ! si ton courroux peut épargner mon frère,
(Je ne puis oublier le meurtre de mon père,
Mais je pourrais du moins, muette à ton aspect,
Me forcer au silence, et peut-être au respect.)
Que je demeure esclave, et que mon frère vive !

ÉGISTHE.

Je vais frapper ton frère, et tu vivras captive :
Ma vengeance est entière ; au bord de son cercueil,
Je te vois, sans effet, abaisser ton orgueil.

CLYTEMNESTRE.

Égisthe, c'en est trop ; c'est trop braver peut-être
Et la veuve et le sang du roi qui fut ton maître.
Je défendrai mon fils, et, malgré tes fureurs,
Tu trouveras sa mère encor plus que ses sœurs.

Que veux-tu? ta grandeur, que rien ne peut détruire,
Oreste en ta puissance, et qui ne peut te nuire,
Électre enfin soumise, et prête à te servir,
Iphise à tes genoux, rien ne peut te fléchir!
Va, de tes cruautés je fus assez complice;
Je t'ai fait en ces lieux un trop grand sacrifice.
Faut-il, pour t'affermir dans ce funeste rang,
T'abandonner encor le plus pur de mon sang?
N'aurai-je donc jamais qu'un époux parricide?
L'un massacre ma fille aux campagnes d'Aulide;
L'autre m'arrache un fils, et l'égorge à mes yeux,
Sur la cendre du père, à l'aspect de ses dieux.
Tombe avec moi plutôt ce fatal diadême,
Odieux à la Grèce, et pesant à moi-même!
Je t'aimai, tu le sais, c'est un de mes forfaits;
Et le crime subsiste ainsi que mes bienfaits.
Mais enfin de mon sang mes mains seront avares :
Je l'ai trop prodigué pour des époux barbares;
J'arrêterai ton bras levé pour le verser.
Tremble, tu me connais... tremble de m'offenser.
Nos nœuds me sont sacrés, et ta grandeur m'est chère;
Mais Oreste est mon fils; arrête, et crains sa mère.

ÉLECTRE.

Vous passez mon espoir. Non, madame, jamais
Le fond de votre cœur n'a conçu les forfaits.
Continuez, vengez vos enfans et mon père.

ÉGISTHE.

Vous comblez la mesure, esclave téméraire.
Quoi donc, d'Agamemnon la veuve et les enfans
Arrêteraient mes coups par des cris menaçans!

ACTE V, SCENE IV.

Quel démon vous aveugle, ô reine malheureuse?
Et de qui prenez-vous la défense odieuse?
Contre qui? juste ciel... Obéissez, courez :
Que tous deux dans l'instant à la mort soient livrés.

SCÈNE IV.

ÉGISTHE, CLYTEMNESTRE, ÉLECTRE, IPHISE, DIMAS.

DIMAS.

Seigneur.

ÉGISTHE.

Parlez. Quel est ce désordre funeste ?
Vous vous troublez !

DIMAS.

On vient de reconnaître Oreste.

IPHISE.

Qui, lui ?

CLYTEMNESTRE.

Mon fils ?

ÉLECTRE.

Mon frère?

ÉGISTHE.

Eh bien ! est-il puni *?

DIMAS.

Il ne l'est pas encor.

ÉGISTHE.

Je suis désobéi !

DIMAS.

Oreste s'est nommé dès qu'il a vu Pammène.

Pylade, cet ami qui partage sa chaîne,
Montre aux soldats émus le fils d'Agamemnon ;
Et je crains la pitié pour cet auguste nom.

ÉGISTHE.

Allons, je vais paraître, et presser leur supplice.
Qui n'ose me venger sentira ma justice.
Vous, retenez ses sœurs ; et vous, suivez mes pas.
Le sang d'Agamemnon ne m'épouvante pas.
Quels mortels et quels dieux pourraient sauver Oreste
Du père de Plistène et du fils de Thyeste ?

SCÈNE V.

CLYTEMNESTRE, ÉLECTRE, IPHISE.

IPHISE.

Suivez-le, montrez-vous, ne craignez rien, parlez,
Portez les derniers coups dans les cœurs ébranlés.

ÉLECTRE.

Au nom de la nature, achevez votre ouvrage ;
De Clytemnestre enfin déployez le courage.
Volez, conduisez-nous.

CLYTEMNESTRE.

                Mes filles, ces soldats
Me respectent à peine, et retiennent vos pas.
Demeurez ; c'est à moi, dans ce moment si triste,
De répondre des jours et d'Oreste et d'Égisthe :
Je suis épouse et mère ; et je veux à la fois,
Si j'en puis être digne, en remplir tous les droits.

                          (Elle sort.)

SCÈNE VI.

ÉLECTRE, IPHISE.

IPHISE.
Ah ! le dieu qui nous perd en sa rigueur persiste ;
En défendant Oreste, elle ménage Égisthe.
Les cris de la pitié, du sang et des remords,
Seront contre un tyran d'inutiles efforts.
Égisthe furieux, et brûlant de vengeance,
Consomme ses forfaits pour sa propre défense ;
Il condamne, il est maître ; il frappe, il faut périr.

ÉLECTRE.
Et j'ai pu le prier avant que de mourir !
Je descends dans la tombe avec cette infamie,
Avec le désespoir de m'être démentie !
J'ai supplié ce monstre, et j'ai hâté ses coups.
Tout ce qui dut servir s'est tourné contre nous.
Que font tous ces amis dont se vantait Pammène ;
Ces peuples dont Égisthe a soulevé la haine ;
Ces dieux qui de mon frère armaient le bras vengeur,
Et qui lui défendaient de consoler sa sœur ;
Ces filles de la nuit, dont les mains infernales
Secouaient leurs flambeaux sous ces voûtes fatales ?
Quoi ! la nature entière, en ce jour de terreur,
Paraissait à ma voix s'armer en ma faveur ;
Et tout est pour Égisthe, et mon frère est sans vie ;
Et les dieux, les mortels et l'enfer m'ont trahie !

SCÈNE VII.

ÉLECTRE, PYLADE, IPHISE; soldats.

ÉLECTRE.

En est-ce fait, Pylade?

PYLADE.

Oui, tout est accompli,
Tout change; Électre est libre, et le ciel obéi.

ÉLECTRE.

Comment?

PYLADE.

Oreste règne, et c'est lui qui m'envoie.

IPHISE.

Justes dieux!

ÉLECTRE.

Je succombe à l'excès de ma joie.
Oreste! est-il possible?

PYLADE.

Oreste tout puissant
Va venger sa famille et le sang innocent.

ÉLECTRE.

Quel miracle a produit un destin si prospère?

PYLADE.

Son courage, son nom, le nom de votre père,
Le vôtre, vos vertus, l'excès de vos malheurs,
La pitié, la justice, un dieu qui parle aux cœurs.
Par les ordres d'Égisthe on amenait à peine,

Pour mourir avec nous, le fidèle Pammène ;
Tout un peuple suivait, morne, glacé d'horreur :
J'entrevoyais sa rage à travers sa terreur ;
La garde retenait leurs fureurs interdites.
Oreste se tournant vers ses fiers satellites :
« Immolez, a-t-il dit, le dernier de vos rois ;
« L'osez-vous ? » A ces mots, au son de cette voix,
A ce front où brillait la majesté suprême,
Nous avons tous cru voir Agamemnon lui-même,
Qui, perçant du tombeau les gouffres éternels,
Revenait en ces lieux commander aux mortels.
Je parle : tout s'émeut ; l'amitié persuade :
On respecte les nœuds d'Oreste et de Pylade :
Des soldats avançaient pour nous envelopper,
Ils ont levé le bras, et n'ont osé frapper :
Nous sommes entourés d'une foule attendrie ;
Le zèle s'enhardit, l'amour devient furie.
Dans les bras de ce peuple Oreste était porté.
Égisthe avec les siens, d'un pas précipité,
Vole, croit le punir, arrive et voit son maître.
J'ai vu tout son orgueil à l'instant disparaître,
Ses esclaves le fuir, ses amis le quitter,
Dans sa confusion ses soldats l'insulter.
O jour d'un grand exemple ! ô justice suprême !
Des fers que nous portions il est chargé lui-même.
La seule Clytemnestre accompagne ses pas,
Le protége, l'arrache aux fureurs des soldats,
Se jette au milieu d'eux, et d'un front intrépide
A la fureur commune enlève le perfide,
Le tient entre ses bras, s'expose à tous les coups,

Et conjure son fils d'épargner son époux.
Oreste parle au peuple ; il respecte sa mère ;
Il remplit les devoirs et de fils et de frère.
A peine délivré du fer de l'ennemi,
C'est un roi triomphant sur son trône affermi.

IPHISE.

Courons, venez orner ce triomphe d'un frère ;
Voyons Oreste heureux, et consolons ma mère.

ÉLECTRE.

Quel bonheur inouï par les dieux envoyé !
Protecteur de mon sang, héros de l'amitié,
Venez.

PYLADE, *à sa suite.*

Brisez, amis, ces chaînes si cruelles ;
Fers tombez de ses mains ; le sceptre est fait pour elles

(On lui ôte ses chaînes.)

SCÈNE VIII.

ÉLECTRE, IPHISE, PYLADE, PAMMÈNE.

ÉLECTRE.

Ah, Pammène ! où trouver mon frère, mon vengeur ?
Pourquoi ne vient-il pas ?

PAMMÈNE.

Ce moment de terreur
Est destiné, madame, à ce grand sacrifice
Que la cendre d'un père attend de sa justice :
Tel est l'ordre qu'il suit. Cette tombe est l'autel
Où sa main doit verser le sang du criminel.

ACTE V, SCÈNE VIII.

Daignez l'attendre ici, tandis qu'il venge un père.
Ce devoir redoutable est juste et nécessaire ;
Mais ce spectacle horrible aurait souillé vos yeux.
Vous connaissez les lois qu'Argos tient de ses dieux :
Elles ne souffrent point que vos mains innocentes
Avant le temps prescrit pressent ses mains sanglantes.

IPHISE.

Mais que fait Clytemnestre en ces momens d'horreur ?
Voyons-la.

PAMMÈNE.

Clytemnestre, en proie à sa fureur,
De son indigne époux défend encor la vie ;
Elle oppose à son fils une main trop hardie.

ÉLECTRE.

Elle défend Égisthe... elle de qui le bras
A sur Agamemnon... Dieux, ne le souffrez pas !

PAMMÈNE.

On dit que dans ce trouble on voit les Euménides
Sourdes à la prière, et de meurtres avides,
Ministres des arrêts prononcés par le sort,
Marcher autour d'Oreste en appelant la mort.

IPHISE.

Jour terrible et sanglant, soyez un jour de grace ;
Terminez les malheurs attachés à ma race.
Ah, ma sœur ! ah, Pylade ! entendez-vous ces cris ?

ÉLECTRE.

C'est ma mère !

PAMMÈNE.

Elle-même.

ORESTE,

CLYTEMNESTRE, *derrière la scène.*
Arrête !

IPHISE.
Ciel!

CLYTEMNESTRE, *derrière la scène.*
Mon fils !

ÉLECTRE.
Il frappe Égisthe. Achève, et sois inexorable;
Venge-nous, venge-la; tranche un nœud si coupable;
Immole entre ses bras cet infame assassin ;
Frappe, dis-je.

CLYTEMNESTRE.
Mon fils... j'expire de ta main.

PYLADE.
O destinée!

IPHISE.
O crime!

ÉLECTRE.
Ah, trop malheureux frère!
Quel forfait a puni les forfaits de ma mère!
Jour à jamais affreux!

SCÈNE IX.

LES PRÉCÉDENS, ORESTE.

ORESTE.
O terre, entr'ouvre-toi!
Clytemnestre, Tantale, Atrée, attendez-moi!

ACTE V, SCÈNE IX.

Je vous suis aux enfers, éternelles victimes;
Je dispute avec vous de tourmens et de crimes.

ÉLECTRE.

Qu'avez-vous fait, cruel?

ORESTE.

Elle a voulu sauver...
Et les frappant tous deux... Je ne puis achever.

ÉLECTRE.

Quoi! de la main d'un fils? quoi! par ce coup funeste,
Vous...

ORESTE.

Non, ce n'est pas moi; non, ce n'est point Oreste;
Un pouvoir effroyable a seul conduit mes coups.
Exécrable instrument d'un éternel courroux,
Banni de mon pays par le meurtre d'un père,
Banni du monde entier par celui de ma mère,
Patrie, états, parens, que je remplis d'effroi,
Innocence, amitié, tout est perdu pour moi!
Soleil, qu'épouvanta cette affreuse contrée,
Soleil, qui reculas pour le festin d'Atrée,
Tu luis encor pour moi! tu luis pour ces climats!
Dans l'éternelle nuit tu ne nous plonges pas!
Dieux, tyrans éternels, puissance impitoyable,
Dieux qui me punissez, qui m'avez fait coupable!
Eh bien, quel est l'exil que vous me destinez?
Quel est le nouveau crime où vous me condamnez?
Parlez... Vous prononcez le nom de la Tauride:
J'y cours, j'y vais trouver la prêtresse homicide
Qui n'offre que du sang à des dieux en courroux,
A des dieux moins cruels, moins barbares que vous.

ÉLECTRE.

Demeurez : conjurez leur justice et leur haine.

PYLADE.

Je te suivrai partout où leur fureur t'entraîne.
Que l'amitié triomphe, en ce jour odieux,
Des malheurs des mortels et du courroux des dieux !

FIN D'ORESTE.

VARIANTES

DE LA TRAGÉDIE D'ORESTE.

ÉDITION DE 1750.

a   PAMMÈNE.
O respectable Iphise ! ô fille de mon roi !
Relégué comme vous dans ce séjour d'effroi,
Les secrets d'une cour en horreurs si fertile
Pénètrent rarement dans mon obscur asile, etc.

b Iphise continue :

. . . . Peut-être que ma sœur...

et parle seule jusqu'à la fin de la scène.

c   IPHISE.
Dieux qui la préparez, que vous tardez long-temps !
Auprès de ce tombeau je languis désolée ;
Ma sœur plus malheureuse, à la cour exilée,
Ma sœur est dans les fers ; et l'oppresseur en paix,
Indignement heureux, jouit de ses forfaits.
             ÉLECTRE.
Vous le voyez, Pammène ; Égisthe renouvelle
De son hymen sanglant la pompe criminelle,
Et mon frère exilé de déserts en déserts, etc.

d   ÉGISTHE.
Songez...
             CLYTEMNESTRE.
         Non, laissez-moi, dans ce trouble mortel,
Consultez de ces lieux l'oracle solennel.
             ÉGISTHE.
Madame, à mes desseins mettra-t-il des obstacles...
. . . .

e Qui t'a livré le fils, qui t'a promis le père,
Qui veille sur le juste et venge les forfaits.

ORESTE.

Ce dieu dans sa colère a repris ses bienfaits;
Sa faveur est trompeuse, et dans toi je contemple
Des changemens du sort un déplorable exemple.
As-tu dans ces rochers qui défendent ces bords,
Où nous avons pris terre après de longs efforts,
As-tu caché cette urne et ces marques funèbres,
Qu'en des lieux détestés, par le crime célèbres,
Dans ce champ de Mycène où régnaient mes aïeux,
Nous devions apporter par les ordres des dieux,
Cette urne qui contient les cendres de Plistène,
Ces dépôts, ces témoins de vengeance et de haine,
Qui devaient d'un tyran tromper les yeux cruels?

PYLADE.

Oui, j'ai rempli ces soins.

ORESTE.

O décrets éternels!
Quel fruit tirerons-nous de notre obéissance?
Ami, qu'est devenu le jour de la vengeance?
Reverrai-je jamais ce palais, ce séjour,
Ce lieu cher et terrible où j'ai reçu le jour?
Où marcher, où trouver cette sœur généreuse
Dont la Grèce a vanté la vertu courageuse,
Que l'on admire, hélas! qu'on n'ose secourir,
Qui conserva ma vie, et m'apprit à souffrir;
Qui, digne en tous les temps d'un père magnanime,
N'a jamais succombé sous la main qui l'opprime?
Quoi donc! tant de héros, tant de rois, tant d'états,
Ont combattu dix ans pour venger Ménélas:
Agamemnon périt, et la Grèce est tranquille!
Dans l'univers entier son fils n'a point d'asile;
Et j'eusse été sans toi, sans ta tendre amitié,
Aux plus vils des mortels un objet de pitié:
Mais le ciel me soutient quand il me persécute;
Il m'a donné Pylade; il ne veut point ma chute:
Il m'a fait vaincre au moins un indigne ennemi,
Et la mort de mon père est vengée à demi.
Mais que nous servira cette cendre funeste
Que nous devions offrir pour la cendre d'Oreste?
Quel chemin peut conduire à cette affreuse cour?

D'ORESTE.

PYLADE.

Regarde ce palais, etc.

f Il gémit : tout mortel est-il né pour souffrir !

g Que je le plains !

h **PAMMÈNE.**

Vous, seigneur ! ô destins ! ô céleste justice !
Vous, lui sacrifier ! Parmi ses ennemis,
Je me tais... Mais, seigneur, mon maître avait un fils.

i **ÉGISTHE.**

Vous l'avez donc voulu ; votre crainte inquiète
A des dieux vainement consulté l'interprète ;
Leur silence ne sert qu'à vous désespérer :
Mais Égisthe vous parle et doit vous rassurer.
A vous-même opposée, et par vos vœux trahie,
Craignant la mort d'un fils et redoutant sa vie,
Votre esprit ébranlé ne peut se raffermir.
Ah ! ne consultez point, sur un sombre avenir,
Des confidens des dieux l'incertaine réponse.
Ma main fait nos destins, et ma voix les annonce.
Fiez-vous à mes soins, etc.

k De vos nouveaux desseins, etc.

l Venez à ce tombeau, vous pouvez l'honorer ;
Et l'on ne vous a pas défendu d'y pleurer.
Cet étranger, etc.

m ## SCÈNE PREMIÈRE

de l'édition de 1750, qui répond aux trois premières scènes
de cette édition.

ORESTE, PYLADE, PAMMÈNE.

(Un esclave dans l'enfoncement porte une urne et une épée.)

PAMMÈNE.

Que béni soit le jour si long-temps attendu,
Où le fils de mon maître, à nos larmes rendu,
Vient, digne de sa race et de sa destinée,
Venger d'Agamemnon la cendre profanée !

Je crains que le tyran, par son trouble averti,
Ne détourne un destin déja trop pressenti.
Il n'a fait qu'entrevoir et son juge et son maître,
Et sa rage a déja semblé le reconnaître.
Il s'informe, il s'agite, il veut surtout vous voir :
Vous-même vous mêlez la crainte à mon espoir.
De vos ordres secrets exécuteur fidèle,
Je sonde les esprits, j'encourage leur zèle;
Des sujets gémissans consolant la douleur,
Je leur montre de loin leur maître et leur vainqueur.
La race des vrais rois tôt ou tard est chérie;
Le cœur s'ouvre aux grands noms d'Oreste et de patrie.
Tout semble autour de moi sortir d'un long sommeil;
La vengeance assoupie est au jour du réveil,
Et le peu d'habitans de ces tristes retraites
Lève les mains au ciel, et demande où vous êtes.
Mais je frémis de voir Oreste en ce désert,
Sans armes, sans soldats, près d'être découvert.
D'un barbare ennemi l'active vigilance
Peut prévenir d'un coup votre juste vengeance;
Et contre ce tyran, sur le trône affermi,
Vous n'amenez, hélas! qu'Oreste et son ami.

PYLADE.

C'est assez, et du ciel je reconnais l'ouvrage :
Il nous a tout ravi par ce cruel naufrage;
Il veut seul accomplir ses augustes desseins;
Pour ce grand sacrifice il ne veut que nos mains.
Tantôt de trente rois il arme la vengeance,
Tantôt trompant la terre et frappant en silence,
Il veut, en signalant son pouvoir oublié,
N'armer que la nature et la seule amitié.

ORESTE.

Avec un tel secours, Oreste est sans alarmes.
Je n'aurai pas besoin de plus puissantes armes *.

PYLADE.

Prends garde, cher Oreste, à ne pas t'égarer
Au sentier qu'un dieu même a daigné te montrer.
Prends garde à tes sermens, à cet ordre suprême
De cacher ton retour à cette sœur qui t'aime;

* Ces vers ont été placés dans la première scene du second acte.

Ton repos, ton bonheur, ton règne est à ce prix.
Commande à tes transports, dissimule, obéis;
Il la faut abuser encore plus que sa mère.
PAMMÈNE.
Remerciez les dieux de cet ordre sévère.
A peine j'ai trompé ses transports indiscrets :
Déja portant partout ses pleurs et ses regrets,
Appelant à grands cris son vengeur et son frère,
Accourant sur vos pas dans ce lieu solitaire,
Elle m'interrogeait et me fesait trembler.
La nature en secret semblait lui révéler,
Par un pressentiment trop tendre et trop funeste,
Que le ciel en ses bras remet son cher Oreste.
Son cœur trop plein de vous ne peut se contenir.
ORESTE.
Quelle contrainte, ô dieux! puis-je la soutenir?
PYLADE.
Vous balancez! songez aux menaces terribles
Que vous fesaient ces dieux dont les secours sensibles
* Vous ont rendu la vie au milieu du trépas.
* Contre leurs volontés si vous faites un pas,
* Ce moment vous dévoue à leur haine fatale.
* Tremblez, malheureux fils d'Atrée et de Tantale,
* Tremblez de voir sur vous, dans ces lieux détestés,
* Tomber tous ces fléaux du sang dont vous sortez.
ORESTE.
Quel est donc, cher ami, le destin qui nous guide?
Quel pouvoir invincible à tous nos pas préside?
Moi sacrilége! moi, si-j'écoute un instant
La voix du sang qui parle à ce cœur gémissant!
O justice éternelle, abyme impénétrable,
Ne distinguez-vous point le faible du coupable,
Le mortel qui s'égare ou qui brave vos lois,
Qui trahit la nature, ou qui cède à sa voix?
N'importe : est-ce à l'esclave à condamner son maître * ?
Le ciel ne nous doit rien quand il nous donne l'être.
J'obéis, je me tais. Nous avons apporté
Cette urne, cet anneau, ce fer ensanglanté :
Il suffit; offrons-les loin d'Électre affligée.
Allons, je la verrai quand je l'aurai vengée.

* Ces vers se retrouvent dans la seconde scène du troisième acte.

(à Pammène.)
Va préparer les cœurs au grand événement
Que je dois consommer, et que la Grèce attend.
Trompe surtout Égisthe et ma coupable mère :
* Qu'ils goûtent de ma mort la douceur passagère ;
* Si pourtant une mère a pu porter jamais
* Sur la cendre d'un fils des regards satisfaits.
Va, nous les attendrons tous deux à leur passage.

SCÈNE II,

qui répond à la scène IV.

ÉLECTRE, *à Iphise.*
* L'espérance trompée accable et décourage.
* Un seul mot de Pammène a fait évanouir
* Ces songes imposteurs dont vous osiez jouir.
* Ce jour faible et tremblant, qui consolait ma vue,
* Laisse une horrible nuit sur mes yeux répandue.
* Ah ! la vie est pour nous un cercle de douleurs.

ORESTE, *à Pylade.*
Quelle est cette princesse et cette esclave en pleurs ?

IPHISE, *à Électre.*
D'une erreur trop flatteuse, ô suite trop cruelle !

ÉLECTRE.
Oreste, cher Oreste ! en vain je vous rappelle,
En vain pour vous revoir j'ai prolongé mes jours.

ORESTE.
Quels accens ! Elle appelle Oreste à son secours.

IPHISE, *à Électre.*
Voilà ces étrangers.

ÉLECTRE, *à Iphise.*
Que ses traits m'ont frappée !
Hélas ! ainsi que vous j'aurais été trompée.
(à Oreste.)
Eh ! qui donc êtes-vous, étrangers malheureux ;
Et qu'osez-vous chercher sur ce rivage affreux ?

PYLADE.
Nous attendons ici les ordres, la présence
Du roi qui tient Argos sous son obéissance.

ÉLECTRE.
Qui ? du roi ? quoi ! des Grecs osent donner ce nom

D'ORESTE.

Au tyran qui versa le sang d'Agamemnon !

ORESTE.

Cher Pylade, à ces mots, aux douleurs qui la pressent,
Aux pleurs qu'elle répand tous mes troubles renaissent.
Ah ! c'est Électre.

ÉLECTRE.

Hélas ! vous voyez qui je suis :
On reconnaît Électre à ses affreux ennuis.

IPHISE.

Du vainqueur d'Ilion voilà le triste reste,
Ses deux filles, les sœurs du malheureux Oreste.

ORESTE.

Ciel ! soutiens mon courage.

ÉLECTRE.

Eh ! que demandez-vous
Au tyran dont le bras s'est déployé sur nous ?

PYLADE.

Je lui viens annoncer un destin trop propice.

ORESTE.

Que ne puis-je du vôtre adoucir l'injustice !
Je vous plains toutes deux : je déteste un devoir
Qui me force à combler votre long désespoir.

IPHISE.

Serait-il donc pour nous encor quelque infortune ?

ÉLECTRE.

Parlez, délivrez-moi d'une vie importune.

PYLADE.

Oreste...

ÉLECTRE.

Eh bien, Oreste...

ORESTE.

Où suis-je ?

IPHISE, *en voyant l'urne.*

Dieux vengeurs...

ÉLECTRE.

Cette cendre... on se tait... mon frère... Je me meurs.

IPHISE.

Il n'est donc plus ! faut-il voir encor la lumière !

ORESTE, *à Pylade.*

Elle semble toucher à son heure dernière.
Ah ! pourquoi l'ai-je vue, impitoyables dieux !

VARIANTES

(à celui qui porte l'urne.)
Otez ce monument, gardez pour d'autres yeux, etc.

o ORESTE.

. . . .
. . . .

Ce glaive, cet anneau... vous devez le connaître :
Agamemnon l'avait quand il fut votre maître.

CLYTEMNESTRE.

Quoi! ce serait par vous qu'au tombeau descendu...

ÉGISTHE.

Si vous m'avez servi, le prix vous en est dû.
De quel sang êtes-vous?

p ORESTE.

Souffrez...

ÉGISTHE.

Non, demeurez.

CLYTEMNESTRE.

Qu'il s'écarte, seigneur;
Cette urne, ce récit, me remplissent d'horreur.
Le ciel veille sur vous, il soutient votre empire;
Rendez grace, et souffrez qu'une mère soupire.

ORESTE.

Madame... j'avais cru que, proscrit dans ces lieux,
Le fils d'Agamemnon vous était odieux.

CLYTEMNESTRE.

Je ne vous cache point qu'il me fut redoutable.

ORESTE.

A vous?

CLYTEMNESTRE.

Il était né pour devenir coupable.

ORESTE.

Envers qui?

CLYTEMNESTRE.

Vous savez qu'errant et malheureux,
De haïr une mère il eut le droit affreux;
Né pour souiller sa main du sang qui l'a fait naître,

. . . .

q De Pammène, il est vrai, l'adroite vigilance.

r Où ma main frémissante offrit ce fer vengeur.

D'ORESTE.

s Allons, je vais du moins punir un de mes maîtres.
IPHISE.
Je suis loin de blâmer des douleurs que je sens;
Mais souffrez mes raisons dans vos emportemens.
Tout parle ici d'Oreste : on prétend qu'il respire;
Et le trouble du roi semble encor nous le dire.
Vous avez vu Pammène avec cet étranger,
Lui parler en secret, l'attendre, le chercher.
Pammène, de nos maux consolateur utile,
Au milieu des regrets vieilli dans cet asile,
Jusqu'à tant de bassesse a-t-il pu s'oublier?
Est-il d'intelligence avec le meurtrier?
ÉLECTRE.
Que m'importe un vieillard qu'on aura pu séduire?
Tout nous trahit, ma sœur, tout sert à m'en instruire.
Ce cruel étranger lui-même avec éclat
Ne s'est-il pas vanté de son assassinat?
Égisthe au meurtrier ne m'a-t-il pas donnée? etc.

t ### ÉLECTRE, *seule.*
Mes tyrans de Pammène ont vaincu la faiblesse;
Le courage s'épuise et manque à la vieillesse.
Que peut contre la force un vain reste de foi?
Pour moi, pour ma vengeance, il ne reste que moi.
Eh bien, c'en est assez; mes mains désespérées
Dans ce grand abandon seront plus assurées.
Euménides, venez : soyez ici mes dieux;
Accourez de l'enfer en ces horribles lieux;
En ces lieux plus cruels et plus remplis de crimes
Que vos gouffres profonds regorgeant de victimes!

u ### ÉLECTRE.
Juste ciel! est-ce à lui de prononcer ce nom?
D'où vient qu'il s'attendrit? Je l'entends qui soupire;
Les remords en ces lieux ont-ils donc quelque empire?
Qu'importent des remords à l'horreur où je suis?
(*elle avance vers Oreste.*)
Le voilà seul... frappons. Meurs, traître... je ne puis...
ORESTE.
Ciel! Électre, est-ce vous, furieuse, tremblante?
ÉLECTRE.
Ah! je crois voir en vous un dieu qui m'épouvante.

Assassin de mon frère, oui, j'ai voulu ta mort;
J'ai fait pour te frapper un impuissant effort.
Ce fer m'est échappé, tu braves ma colère,
Je cède à ton génie, et je trahis mon frère.
ORESTE.
Ah! loin de le trahir... Où me suis-je engagé?
ÉLECTRE.
Sitôt que je vous vois tout mon cœur est changé.
Quoi! c'est vous qui tantôt me remplissiez d'alarmes?
ORESTE.
C'est moi qui de mon sang voudrais payer vos larmes.
ÉLECTRE.
Le nom d'Agamemnon vient de vous échapper :
Juste ciel! à ce point ai-je pu me tromper?
Ah! ne me trompez plus, parlez, il faut m'apprendre
L'excès du crime affreux que j'allais entreprendre.
Par pitié, répondez, éclairez-moi, parlez.
ORESTE.
O sœur du tendre Oreste, évitez-moi, tremblez!
ÉLECTRE.
Pourquoi?
ORESTE.
Cessez... Je suis... Gardez qu'on ne vous voie.

x
ÉGISTHE.
Eh bien! est-il puni?
DIMAS.
Paraissez; c'est à vous, seigneur, d'être obéi.
Oreste s'est nommé dès qu'il a vu Pammène.

y
PAMMÈNE.
Elle oppose à son fils une main trop hardie.
Pour ce grand criminel qui touche à son trépas
Elle demande grace, et ne l'obtiendra pas.
On dit que dans ce trouble on voit les Euménides,
Sourdes à la prière et de meurtres avides,
Ministres des arrêts prononcés par le sort,
Marcher autour d'Oreste en appelant la mort.
IPHISE.
Jour terrible et sanglant!... etc.

D'ORESTE.

L'exemplaire de la Comédie-Française contient quelques corrections ou plutôt quelques changemens dont voici le principal :

SCÈNE DERNIÈRE.

Au lieu des neuf vers

    Patrie, états, parens...

Enfer que je mérite, ouvrez-vous sous mes pas.
        ÉLECTRE, *lui tendant les mains.*
Mon frère !
       PYLADE.
    Mon ami !
       ORESTE.
          Cessez, n'approchez pas,
N'étendez point vos mains aux mains de ce coupable ;
Ne souillez point vos yeux de ma vue effroyable...
Je n'ai plus de parens, ni d'amis, ni de dieux.
Tout est perdu pour moi. Je ne vois en ces lieux
Que des monstres d'enfer et ma mère sanglante,
Celle qui m'a nourri sous mes mains expirante !
La voyez-vous ? tremblez : j'entends ses derniers cris.
       ÉLECTRE.
Hélas ! d'Agamemnon je ne vois que le fils.
Je t'aimerai toujours, cher et coupable Oreste.
       ORESTE.
Dieux qui m'avez sauvé le jour que je déteste,
Quel est l'exil nouveau que vous me prescrivez ?
Quel est le nouveau crime... etc.

FIN DES VARIANTES D'ORESTE.

NOTES

DE LA TRAGÉDIE D'ORESTE.

¹ Ah ! plutôt dans les maux où mon cœur est en proie,
Puisent mes cris troubler leur odieuse joie !
Électre de LONGEPIERRE.

² . . . . C'est ici qu'arrêté dans le piége,
Mon père succomba sous un fer sacrilége.
Ibid.

³ Le temps auprès des dieux ne prescrit point le crime :
Leur bras sait tôt ou tard atteindre sa victime ;
Ce bras sur le coupable est toujours étendu *,
Et va frapper un coup si long-temps attendu.
Ibid.

⁴ Un fils peut-il si loin étendre ses fureurs ?
Une mère à ses yeux, madame, est toujours mère,
La nature aisément désarme sa colère.
Ibid.

* Vers d'*Athalie*.

FIN DES NOTES D'ORESTE.

DISSERTATION

SUR

LES PRINCIPALES TRAGÉDIES

ANCIENNES ET MODERNES,

QUI ONT PARU SUR LE SUJET D'ÉLECTRE,
ET EN PARTICULIER SUR CELLE DE SOPHOCLE [1];

PAR M. DUMOLARD,
MEMBRE DE PLUSIEURS ACADÉMIES.

> « Un bon critique suit toujours les règles de l'équité,
> « et reprend en tout temps et en tout lieu ceux qui
> « commettent des fautes. »
> *Traduction de deux vers d'Euripide.*

Le sujet d'*Électre*, un des plus beaux de l'antiquité, a été traité par les plus grands maîtres et chez toutes les nations qui ont eu du goût pour les spectacles. Eschyle, Sophocle, Euripide, l'ont embelli à l'envi chez les Grecs. Les Latins ont eu plusieurs tragédies sur ce sujet. Virgile le témoigne par ce vers :

Aut Agamemnonius scenis agitatus Orestes.

Ce qui donne à entendre que cette pièce était souvent représentée à Rome. Cicéron, dans le livre *de Finibus*, cite un fragment d'une tragédie d'*Oreste* fort applaudie de son temps.

---

[1] Cette dissertation de M. Dumolard, dit M. de La Harpe dans son *Commentaire*, « est d'un amateur aveugle de l'antiquité, qui trouve tout « beau dans Sophocle, et rien dans M. de Crébillon. Il manque de goût « et d'équité. » — Il est probable qu'avant de la faire imprimer avec sa tragédie d'*Oreste*, M. de Voltaire en a revu le style ; on croit y reconnaître en quelques passages son esprit et sa plume, et particulièrement dans la troisième partie. (*Note des éditeurs de l'édition en 41 volumes.*)

Suétone dit que Néron chanta le rôle d'Oreste parricide; et Juvénal parle d'un *Oreste* qui était d'une longueur rebutante, et auquel l'auteur n'avait pas encore mis la dernière main :

> . . . . Summi plena jam margine libri
> Scriptus, et in tergo, necdum finitus Orestes.

Baïf est le premier qui ait traité ce sujet en notre langue. Son ouvrage n'est qu'une traduction de l'*Électre* de Sophocle : il a eu le sort de toutes les pièces de théâtre de son siècle. L'*Électre* de M. de Longepierre, faite en 1700, ne fut jouée, je crois, qu'en 1718. Pendant cet intervalle, M. de Crébillon donna sa tragédie d'*Électre*. Je ne connais que le titre de l'*Électre* du baron de Walef, qui a paru dans les Bays-Bas. Enfin M. de Voltaire vient de nous donner une tragédie d'*Oreste*. Erasmo di Valvasone a traduit en italien l'*Électre* de Sophocle, et Ruccellai a fait une tragédie d'*Oreste*, qui se trouve dans le premier volume du Théâtre italien, donné par M. le marquis de Maffei, à Vérone, en 1723.

Je diviserai cette dissertation en trois parties. Je rechercherai dans la première quels sont les fondemens de la préférence que tous les siècles ont donnée à la tragédie d'*Électre* de Sophocle sur celle d'Euripide, et sur *les Choéphores* d'Eschyle.

Dans la seconde, j'examinerai sans prévention ce qu'on doit penser de l'entreprise de l'auteur de la tragédie d'*Oreste*, de traiter ce sujet sans ce que nous appelons épisodes, et avec la simplicité des anciens, et de la manière dont il a exécuté cette entreprise.

Dans la troisième et dernière partie, je ferai voir combien il est difficile de s'écarter de la route que les anciens nous ont frayée en traitant ce sujet, sans détruire le bon goût, et sans tomber dans des défauts qui passent même des pensées aux expressions.

Je soumets tout ce que je dirai dans cet écrit au jugement de ceux qui aiment sincèrement les belles lettres, qui ont fait

de bonnes études, qui connaissent en même temps le génie
de la langue grecque et celui de la nôtre, qui, sans être les
adorateurs serviles et aveugles des anciens, connaissent leurs
beautés, les sentent et leur rendent justice, et qui joignent
l'érudition à la saine critique; je récuse tous les autres juges
comme incompétens.

Je ne cherche qu'à être utile : je ne veux faire ni d'éloge ni
de satire. Le théâtre, que je regarde comme l'école de la jeunesse, mérite qu'on en parle d'une manière plus sérieuse et
plus approfondie qu'on ne fait d'ordinaire dans tout ce qui
s'écrit pour et contre les pièces nouvelles [1]. Le public est las
de tous ces écrits, qui sont plutôt des libelles que des instructions, et de tous ces jugemens dictés par un esprit de cabale
et d'ignorance. Quiconque ose porter un jugement doit le
motiver, sans quoi il se déclare lui-même indigne d'avoir un
avis : je n'ai formé le mien qu'après avoir consulté les gens
de lettres les plus éclairés. C'est ce qui m'enhardit à me nommer, afin de n'être pas confondu avec les auteurs de tant
d'écrits ténébreux, dont le moins qu'on puisse dire est qu'ils
sont inutiles.

PREMIÈRE PARTIE.

DE L'ÉLECTRE DE SOPHOCLE.

On a toujours regardé l'*Électre* de Sophocle comme un
chef-d'œuvre, soit par rapport au temps auquel elle a été
composée, soit par rapport au peuple pour lequel elle a été
faite. Ce temps touchait à celui de l'invention de la tragédie.
Trois illustres rivaux, les chefs et les modèles de tous ceux
qui ont excellé depuis dans le genre dramatique, se dispu-

[1] Le père Rapin, dans ses *Réflexions sur la Poétique*, dit, après Aristote,
que la tragédie est une leçon publique, plus instructive, sans comparaison, que la philosophie, parce qu'elle instruit l'esprit par les sens, et
qu'elle rectifie les passions par les passions mêmes, en calmant par leur
émotion le trouble qu'elles excitent dans le cœur.

tèrent la victoire. Les pièces des deux antagonistes de Sophocle furent louées, furent même récompensées; la sienne fut couronnée et préférée. Toute la nation grecque et toute la postérité n'ont jamais varié sur ce jugement. Elle tira des gémissemens et des larmes; elle excita même des cris qu'arrachaient la terreur et la pitié portées à leur comble : on ne peut la lire dans l'original sans répandre des pleurs. Tel est l'effet que produisit et que produit encore de nos jours la scène de l'urne, que toute l'antiquité a regardée comme un chef-d'œuvre de l'art dramatique. Aulu-Gelle rapporte que de son temps, sous l'empire d'Adrien, un acteur, nommé Paulus, qui fesait le rôle d'Électre, fit tirer du tombeau l'urne qui contenait les cendres de son fils bien-aimé; et comme si c'eût été l'urne d'Oreste, il remplit toute l'assemblée, non pas d'une simple émotion de douleur bien imitée, mais de cris et de pleurs véritables. Effectivement cette scène est un modèle achevé du pathétique : en la lisant, on se représente un grand peuple pénétré qui ne peut retenir ses larmes; on croit entendre les soupirs et les sanglots interrompus de temps en temps par les cris les plus douloureux : mais bientôt un silence morne, signe de la consternation générale, succède à ce bruit; tout le peuple semble tomber avec Électre dans le désespoir à la vue de ce grand objet de terreur et de compassion.

Si tous les Grecs et les Romains, si les deux nations les plus célèbres du monde, et qui ont le plus cultivé et chéri la littérature et la poésie, si deux peuples entiers aussi spirituels et aussi délicats, si tous ceux qui depuis eux, dans d'autres pays et avec des mœurs différentes, ont aimé les lettres grecques, et ont été en état de sentir les beautés de cette pièce, se sont tous unanimement accordés à penser de même de l'*Électre* de Sophocle, il faut absolument que ces beautés soient de tous les temps et de tous les lieux.

En effet, tout ce qui peut concourir à rendre une pièce excellente se trouve dans celle-ci : fable bien constituée; exposition claire, noble, entière; observation parfaite des règles de l'art; unité de lieu, d'action et de temps (l'action ne dure précisément que le temps de la représentation); conduite sage; mœurs ou caractères vrais et toujours également soutenus. Électre y respire continuellement la douleur et la vengeance, sans aucun mélange de passions étrangères. Oreste n'a d'autre idée que d'exécuter une entreprise aussi grande, aussi hardie, aussi difficile qu'intéressante; son cœur est fermé à tout autre sentiment, à tout autre objet. La douleur de Chrysothémis, plus sage, plus modérée que celle de sa sœur, fait un contraste adroit et continuel avec les emportemens d'Électre. Les sentimens y sont partout convenables. La scène d'Électre et de Chrysethémis fait sortir le caractère de la première par la douceur de celui de sa sœur. Ismène, dans la tragédie d'*Antigone* de Sophocle, montre la même douceur par le même art, et pour faire contraster le caractère des deux sœurs. Ismène et Chrysothémis ont la même compassion et la même tendresse pour Antigone et pour Électre, pour Oreste et pour Polynice : la différence est qu'Antigone ayant un peu moins de dureté qu'Électre, Ismène de son côté a un peu plus de fermeté que Chrysothémis.

L'exposition produisait d'abord un spectacle frappant et un très grand intérêt. L'immensité du théâtre, la magnificence artificieuse des décorations, qui suppose nécessairement une grande connaissance de la perspective, donnent lieu au gouverneur d'Oreste de lui faire observer deux villes, une forêt, des temples, des places publiques et des palais. Un Français peu versé dans l'histoire et dans la littérature grecque peut traiter les villes d'Argos et de Mycène, le bois de la fille d'Inachus, célèbre par les fables d'Io et d'Argus, le palais d'Agamemnon, les temples les plus renommés; il peut, dis-je, les traiter d'objets peu intéressans; mais que ces objets étaient frappans pour toute la Grèce! que notre théâtre est éloigné d'en offrir de pareils! Le reste du discours du gouverneur met le spectateur au fait, en très peu de mots, de l'histoire d'Oreste et de son projet, que la réponse du héros achève d'expliquer.

L'oracle lui défend d'avoir des troupes, et d'employer d'autres armes que la ruse et le secret.

Δόλοισι κλέψαι χειρὸς ἐνδίκους σφαγάς.

En conséquence il envoie son gouverneur annoncer à Égisthe et à Clytemnestre qu'Oreste a été tué aux jeux pythiens. « Qu'importe, dit-il, qu'on dise que je suis mort, pourvu « que je vive et que je me couvre de gloire? Quand un faux « bruit nous procure un grand avantage, je ne puis le regar- « der comme un mal;» ce qui fait allusion à l'idée que les anciens avaient que ces bruits de mort étaient d'un mauvais augure.

Τί γάρ με λυπει τουθ', ὅταν λόγῳ θανὼν,
Ἔργοισι σωθῶ, κἀξενέγκωμαι κλέος;
Δοκῶ μὲν οὐδὲν ῥῆμα σὺν κέρδει κακον.

Il sort ensuite pour aller faire des libations sur le tombeau de son père, ainsi qu'Apollon l'a ordonné. Sa conduite ne se dément point. Les caractères ne se démentent pas davantage. Même inflexibilité, même fureur dans Électre, même douceur dans Chrysothémis, même sagesse dans Oreste et dans le gouverneur, même fierté dans Clytemnestre. Traiter cette fierté de défaut, c'est insulter à toute l'antiquité, c'est ignorer ce que c'est que les mœurs dans un pareil sujet, c'est méconnaître la belle nature.

Je ne disconviendrai pas qu'avec toutes ces perfections on ne puisse faire quelques objections contre Sophocle. On dira que l'intrigue est très simple; je l'avoue, et je crois même que c'est la plus grande beauté de la pièce. Cette simplicité irait au détriment de l'intrigue, si cette intrigue elle-même était autre chose qu'un tableau continu. Sophocle, ajoutera-t-on, manque de certains traits délicats et fins que la tragédie a pu acquérir avec le temps. Les pensées n'y sont peut-être pas assez approfondies ni assez variées. Mais les Grecs, et Sophocle en particulier, connaissaient peu ces faibles ornemens. Son pinceau hardi peignait tout à grands traits; il ne s'embarrassait que d'arriver au but.

On apporte les cendres d'Oreste, qu'on dit avoir été tué aux jeux pythiens, dont on fait une très longue description, qui appartient plus à l'épopée qu'à la tragédie. Ce récit ne forme pas d'ailleurs de nœud assez intrigué, il ne met point le héros auquel on s'intéresse en un danger réel; il ne produit ni pitié ni terreur, du moins chez un peuple débarrassé du préjugé aveugle où vivaient les anciens, que ces bruits de mort étaient du plus sinistre présage. Mais ce même préjugé fesait que les Grecs n'en craignaient que plus pour Oreste; et cette crainte était si forte qu'elle suspendait tous les mouvemens précédens de terreur et de compassion. Quoique ce bruit de mort mette ce héros dans le plus grand danger de perdre la vie, Oreste foule aux pieds cette crainte, parce que le but de la tragédie est d'empêcher de craindre, avec trop de faiblesse, des disgraces communes. Sophocle ménage la crainte des spectateurs, en fesant mépriser par Oreste ce mauvais présage : la crainte du héros se porte tout entière sur l'obéissance aveugle qu'on doit aux oracles.

D'ailleurs on a toujours excusé cette description épisodique par le goût décidé, par la passion furieuse que toute la nation grecque avait pour ces jeux : en effet, c'était un des endroits de la pièce les plus applaudis. On passait à Sophocle l'anachronisme formel en faveur de la beauté de ce morceau, et de l'intérêt qu'on prenait à cette magnifique description.

On dira peut-être encore que le gouverneur d'Oreste était bien hardi de débiter à une grande reine une fable dont elle pouvait d'un moment à l'autre reconnaître la fausseté. Toute la Grèce accourait aux jeux pythiens. N'y avait-il aucun habitant de Mycène ou d'Argos qui y eût assisté? cela n'est pas probable. Personne n'en était-il encore revenu, quand le gouverneur fesait ce récit, ou quelqu'un ne pouvait-il pas en arriver dans le moment même? La reine pouvait en un instant découvrir l'imposture.

Cette objection tombe d'elle-même, pour peu que l'on fasse réflexion que l'action, qui ne dure que quatre heures, ou le temps de la représentation, est si pressée, que Clytemnestre et Égisthe sont tués avant qu'ils aient le temps d'être détrompés; et encore un coup, le plaisir que ce morceau fesait à toute la nation, la beauté, la sublimité du style dans lequel il est écrit, l'emportèrent sur toutes les critiques.

Je ne saurais disconvenir que Sophocle ainsi qu'Euripide ne devaient pas faire de Pylade un personnage muet; ils se sont privés par là de grandes beautés.

N'est-ce pas encore un défaut qu'Égisthe ne paraisse qu'à la dernière scène, et pour y recevoir la mort ? Quel personnage que celui d'un roi qui ne vient que pour mourir! Cependant il ne semble pas absolument nécessaire qu'Égisthe paraisse plus tôt. Le poëte inspire tant de terreur dans tout le cours de la pièce, qu'il n'a pas besoin d'introduire plus tôt un personnage qui ne produirait que de l'horreur, qui nuirait à son plan, ou qui du moins serait inutile.

Quant à l'atrocité de la catastrophe, elle paraît horrible dans nos mœurs; elle n'était que terrible dans celles des Grecs. C'était un fait avoué de tout le monde qu'Oreste avait tué sa mère de propos délibéré pour venger le meurtre de son père. Il n'était pas permis de déguiser ni de changer une fable universellement reçue [1]; c'était même ce qui fesait tout le grand tragique, tout le terrible de cette action [2] : aussi voit-on qu'Eschyle et Euripide ont exactement suivi, comme Sophocle,

---

[1] Il faut que Clytemnestre soit tuée par Oreste. ARISTOTE, *de Poet.*, cap. xv.

[2] Un des principaux objets du poëme dramatique est d'apprendre aux hommes à ménager leur compassion pour des sujets qui le méritent; car il y a de l'injustice d'être trop touché des malheurs de ceux qui méritent d'être misérables. On doit voir sans pitié, dit le père Rapin, Clytemnestre tuée par son fils Oreste, dans Eschyle, parce qu'elle avait tué son époux; et l'on ne peut voir sans compassion mourir Hippolyte, parce qu'il ne meurt que pour avoir été sage et vertueux. (Voyez *Réflexions sur la Poétique*.)

l'histoire consacrée. Il me semble même que la mort de Clytemnestre tuée par son fils est en un sens moins atroce, et sans contredit beaucoup plus théâtrale et plus tragique, que le meurtre de Camille exécuté par Horace.

Elle me paraît moins atroce, en ce que Camille est innocente, et Clytemnestre est coupable du plus grand des crimes; crime dont elle se glorifie quelquefois, et dont elle n'a qu'un léger repentir : en cela, elle mérite infiniment plus d'être punie que Camille qui regrette son amant, et dont tout le crime ne consiste qu'en des paroles trop dures que lui arrache l'excès de sa douleur.

Elle est plus théâtrale, en ce qu'elle fait le vrai sujet de la pièce; car cette mort est préparée et attendue; et celle de Camille dans *les Horaces* n'est qu'un événement imprévu, qui pouvait ne pas arriver, qui ne fait qu'une double action vicieuse, et un cinquième acte inutile, qui devient lui-même une triple action dans la pièce. Il n'y a qu'une seule action au contraire dans Sophocle, la punition des deux époux étant le seul sujet de la pièce. C'est cette unité qui contribuait tant au pathétique de la catastrophe. Quoi de plus pathétique en effet que ces cris de Clytemnestre : « O mon fils! mon fils! ayez « pitié de celle qui vous a mis au monde? »

.... ὦ τέκνον, τέκνον,
Οἴκτειρε τὴν τεκοῦσαν.

On frémissait à cette terrible quoique juste réponse d'Électre : « Mais, vous-même, avez-vous eu pitié de son père « et de lui? »

'Ἀλλ' οὐκ ἐκ σέθεν
Ὤκτείρεθ' οὗτος, οὔθ' ὁ γεννήσας πατήρ.

On tremblait à cette effrayante exclamation d'Électre à son frère : « Frappe, redouble si tu le peux. »

.... παῖσον, εἰ σθένεις, διπλῆν.

Après quoi Clytemnestre expirante s'écrie : « Encore une
« fois, hélas! »

Ὤ' μοι μάλ' αὖθις.

« Qu'Égisthe, poursuit Électre, ne reçoit-il le même trai-
« tement! »

εἰ γὰρ Αἰγίσθῳ θ' ὁμοῦ!

Égisthe, qui arrive dans ces terribles circonstances, croyant
voir le corps d'Oreste massacré, et découvrant celui de sa
femme; la mort ignominieuse de cet assassin, qui n'a pas
même la consolation de mourir volontairement et en homme
libre, et à qui l'on annonce qu'il sera privé de la sépulture;
tout cela forme le coup de théâtre le plus frappant et le plus
terrible, je ne dis pas pour notre nation, mais pour toute
celle des Grecs, qui n'était point amollie par des idées d'une
tendresse lâche et efféminée; pour un peuple qui, d'ailleurs
humain, éclairé, poli autant qu'aucun peuple de la terre, ne
cherchait point au théâtre ces sentimens fades et doucereux
auxquels nous donnons le nom de galans, et qui par conséquent était plus disposé à recevoir les impressions d'un
tragique atroce.

Combien ce peuple ne s'intéressait-il pas à la gloire d'Agamemnon, à son malheur et à sa vengeance! il entrait dans
ces sentimens autant qu'Oreste lui-même. Les Grecs n'igno-
raient pas que ce prince était coupable de tuer sa mère;
mais il fallait absolument représenter ce crime. La mort de
Clytemnestre était juste, et son fils n'était coupable que par
l'ordre formel des dieux qui le conduisaient pas à pas dans
ce crime, par celui des destinées, dont les arrêts étaient irré-
vocables, qui fesaient des malheureux mortels ce qu'il leur
plaisait : *Qui nos homines quasi pilas habent.* Ainsi, en con-
damnant Oreste autant qu'ils le devaient, les Grecs ne con-
damnaient point Sophocle, et ils le comblaient au contraire

de louanges. D'ailleurs tous les poëtes tragiques tiennent le langage de la philosophie stoïcienne.

Il me semble avoir montré les sources de l'admiration que tous les anciens ont eue pour l'*Électre* de Sophocle. Le parallèle de cette pièce avec celles d'Euripide et d'Eschyle sur ce sujet, qui sont à la vérité pleines de beautés, ne servira pas peu à démontrer entièrement combien elle leur est supérieure. On verra combien la conduite et l'intrigue de la pièce de Sophocle sont plus belles et plus raisonnables que celles des deux autres.

Plusieurs critiques ont douté que la tragédie d'*Électre*, que nous avons sous le nom d'Euripide, fût de ce grand maître ; on y trouve moins de chaleur et moins de liaison ; et l'on pourrait soupçonner qu'elle est l'ouvrage d'un poëte fort postérieur. On sait que les savans de la célèbre école d'Alexandrie ont non seulement rectifié et corrigé, mais aussi altéré et supposé plusieurs poëmes anciens. *Électre* était peut-être mutilée ou perdue de leur temps ; ils en auront lié tous les fragmens pour en faire une pièce suivie. Quoi qu'il en soit, on y retrouve les fameux vers cités par Plutarque (dans la vie de Lysandre), qui préservèrent Athènes d'une destruction totale, lorsque Lysandre s'en rendit le maître. En effet, comme les vainqueurs délibéraient le soir dans un festin s'ils raseraient seulement les murailles de la ville, ou s'ils la renverseraient de fond en comble, un Phocéen chanta ce beau chœur ; et tous les convives en furent si émus qu'ils ne purent se résoudre à détruire une ville qui avait produit d'aussi beaux esprits et d'aussi grands personnages.

Dans Euripide, Électre a été mariée par Égisthe à un homme sans bien et sans dignité, qui demeure hors de la ville dans une maison conforme à sa fortune. La scène est devant cette maison ; ce qui ne produit pas une décoration bien magnifique. Cet époux d'Électre, qui, à la vérité, par respect, n'a eu aucun commerce avec elle, ouvre la scène, en fait l'exposition dans un long monologue qu'on peut regarder comme un prologue. Ce défaut, qui se trouve dans presque toutes les premières scènes d'Euripide, rend ses expositions la plupart froides et peu liées avec la pièce.

Oreste est reconnu par un vieillard en présence de sa sœur, par une cicatrice qu'il s'est faite au dessus du sourcil, en courant, lorsqu'il était enfant, après un chevreuil.

Des critiques ont trouvé cette reconnaissance trop brusque, et celle de Sophocle trop traînante. Il semble qu'ils n'aient fait aucune attention aux mœurs de la nation grecque, et qu'ils n'aient connu ni le génie ni les graces des deux tragiques.

Oreste va ensuite avec son ami Pylade assassiner Égisthe par derrière, pendant qu'il est penché pour considérer les entrailles d'une victime : ils le tuent au milieu d'un sacrifice et d'une cérémonie religieuse, parce que tous les droits divins et humains avaient été violés dans l'assassinat d'Agamemnon, commis dans son propre palais par une ruse abominable, et lorsqu'il allait se mettre à table et faire des libations aux dieux. Ainsi ce récit de la mort d'Égisthe contient la description d'un sacrifice. Les Grecs étaient fort curieux de ces descriptions de sacrifices, de fêtes, de jeux, etc., ainsi que des marques, cicatrices, anneaux, bijoux, cassettes, et autres choses qui amènent les reconnaissances.

Le récit qu'Électre et son frère font de la manière dont ils ont assassiné leur mère, qui ne vient sur la scène que pour y être tuée, me paraît beaucoup plus atroce que la scène de Sophocle, que j'ai rapportée ci-dessus. Oreste est livré aux furies pour avoir exécuté l'ordre des dieux, pendant qu'Électre, qui se vante d'avoir vu cet horrible spectacle, d'avoir encouragé son frère, d'avoir conduit sa main, parce qu'Oreste s'était couvert le visage de son manteau ; Électre, dis-je, est épargnée. Sophocle certainement l'emporte ici sur Euripide; mais les Dioscures, Castor et Pollux, frères de Clytemnestre, surviennent, et loin de prendre la défense de leur sœur, ils rejettent le crime de ses enfans sur Apollon, envoient Oreste à Athènes pour y être expié, lui prédisent qu'il courra risque d'être condamné à mort, mais qu'Apollon le sauvera en se chargeant lui-même de ce parricide. Ils lui annoncent ensuite un sort heureux après qu'Électre aura épousé Pylade; époux digne en effet d'une aussi grande princesse, puisqu'il était fils d'une sœur d'Agamemnon, et qu'il descendait d'Éaque, fils de Jupiter et d'Égine. C'est ce qui justifie le reproche d'un critique à M. Racine, d'avoir fait de Pylade un confident trop subalterne dans *Andromaque*, et d'avoir déshonoré par là une amitié respectable entre deux princes dont la naissance était égale.

Quant à la pièce d'Eschyle, des filles étrangères, esclaves de Clytemnestre, mais attachées à Électre, portent des présens sur le tombeau d'Agamemnon : c'est ce qui a fait donner à la pièce le nom de *Choéphores*, ou porteuses de libations ou de présens, du mot grec χοή, qui signifie des libations qu'on fesait sur les tombeaux.

Oreste est reconnu par sa sœur dès le commencement de la pièce, par trois marques assez équivoques, les cheveux, la trace des pas, et la robe ὕφασμα qu'elle a tissue elle-même, il y avait sans doute long-temps.

Les anciens eux-mêmes se sont moqués de cette reconnaissance; et M. Dacier la blâme, parce qu'elle est trop éloignée de la péripétie ou changement d'état. Celle de Sophocle est plus simple. Oreste dit à sa sœur : « Regardez cet anneau, « c'est celui de mon père. »

   Τήνδε προσβλέψασ' ἐμοῦ
   Σφραγίδα πατρός.

Il déclare ensuite que l'oracle d'Apollon lui a ordonné de tuer les meurtriers de son père, sous peine d'éprouver les plus cruels tourmens, d'être livré aux furies, etc.

Le P. Brumoy remarque judicieusement à ce sujet qu'Oreste est criminel en obéissant et en n'obéissant pas. Cependant il ne peut se déterminer à tuer sa mère. Électre lève ses scrupules et l'aigrit contre elle. Le chœur lui raconte le songe de la reine, qui a cru voir sortir de son sein un serpent qui lui a tiré du sang au lieu de lait. Oreste jure qu'il accomplira ce songe. Le chœur suivant est un récit des amours funestes qui ont été ensanglantées.

Oreste s'introduit dans le palais d'Égisthe sous le nom d'un marchand de la Phocide, qui vient annoncer la mort du fils d'Agamemnon. Égisthe entre dans son palais pour s'assurer de ce bruit. Oreste l'y tue, et reparaît pour assassiner sa mère sur le théâtre.

En vain elle lui demande grace par les mamelles qui l'ont allaité. Pylade dit à son ami, qui craint encore de commettre ce parricide, qu'il doit obéir aux dieux et accomplir ses sermens : « Préférez-vous, ajoute-t-il, vos ennemis aux dieux « mêmes? » Oreste déterminé dit à sa mère : « C'est à vous-« même, et non pas à moi, que vous devez attribuer votre « mort. »

Σύ τοι σεαυτὴν, οὐκ ἐγὼ, κατακτενεῖς.

Quoi de plus réfléchi, de plus dur et de plus cruel? Il n'y a point d'oracle, de destinée, qui pût diminuer sur notre théâtre l'atrocité de cette action et de ce spectacle : aussi Oreste a beau se disculper, faire son apologie, et rejeter le crime sur l'oracle et sur la menace d'Apollon, *les chiens irrités de sa mère* l'environnent et le déchirent.

Électre n'est point amoureuse chez les trois tragiques grecs : en voici les raisons. Les caractères étaient constatés et comme consacrés dans les tragédies d'Eschyle, de Sophocle et d'Euripide, parce que les caractères étaient constatés chez les anciens. Ils ne s'écartaient jamais de l'opinion reçue : *Sit Medea ferox invictaque, etc.* Électre ne pouvait pas plus être amoureuse que Polyxène et Iphigénie ne pouvaient être coquettes, Médée douce et compatissante, Antigone faible et timide. Les sentimens étaient toujours conformes aux personnages et aux situations. Un mot de tendresse dans la bouche d'Électre aurait fait tomber la plus belle pièce du monde, parce que ce mot aurait été contre le caractère distinctif et la situation terrible de la fille d'Agamemnon, qui ne doit respirer que la vengeance.

Que dirait-on parmi nous d'un poëte qui ferait agir et parler Louis XII comme un tyran, Henri IV comme un lâche, Charlemagne comme un imbécille, saint Louis comme un impie? Quelque belle que la pièce fût d'ailleurs, je doute que le parterre eût la patience d'écouter jusqu'au bout. Pourquoi Électre amoureuse aurait-elle eu un meilleur succès à Athènes?

Les sentimens doucereux, les intrigues amoureuses, les transports de jalousie, les sermens indiscrets de s'aimer toute la vie malgré les dieux et les hommes, tout ce verbiage langoureux, qui déshonore souvent notre théâtre, était inconnu des Grecs. La correction des mœurs était le but principal de leur théâtre. Pour y réussir, ils voulurent monter à la source de toutes les passions et de tous les sentimens. Loin de rencontrer l'amour sur leur route, ils y trouvèrent la terreur et la compassion. Ces deux sentimens leur parurent les plus vifs de tous ceux dont le cœur humain est susceptible. Mais la terreur et l'attendrissement portés à l'excès précipitent indubitablement les hommes dans les plus grands crimes et dans les plus grands malheurs. Les Grecs entreprirent de corriger l'un et l'autre, et de les corriger l'un par l'autre.

La crainte non corrigée, non épurée, pour me servir du terme d'Aristote, nous fait regarder comme des maux insupportables les événemens fâcheux de la vie, les disgraces imprévues, la douleur, l'exil, la perte des biens, des amis, des parens, des couronnes, de la liberté et de la vie. La crainte bien épurée nous fait supporter toutes ces choses; elle nous fait même courir au devant avec joie, lorsqu'il s'agit des intérêts de la patrie, de l'honneur, de la vertu, et de l'observation des lois éternelles établies par les dieux. Les Grecs enseignaient sur leur théâtre à ne rien craindre alors, à ne jamais balancer entre la vie et le devoir, et à supporter sans se troubler toutes les disgraces, en les voyant si fréquentes et si extrêmes dans les personnages les plus considérables et les plus vertueux ; à ménager la crainte et à la tempérer par les exemples les plus illustres. Les peuples apprenaient au théâtre qu'il y a de la pusillanimité et du crime à craindre ce qui n'est plus un mal, par le motif qui le fait surmonter, et par la cause qui le produit ; puisque ce mal, si c'en est un, n'est rien en comparaison de maux inévitables et bien plus à craindre, tels que l'infamie, le crime, la colère et la vengeance éternelle des dieux : la terreur de ces maux bien plus redoutables fait disparaître entièrement celle des premiers. L'Oreste de Sophocle s'embarrasse peu qu'on fasse courir le bruit de sa mort, pourvu qu'il obéisse ponctuellement aux oracles. Électre méprise l'esclavage et les rigueurs de sa mère et d'Égisthe, pourvu que la mort d'Agamemnon soit vengée : il faut n'avoir jamais lu ni le texte ni la traduction de Sophocle, pour oser dire qu'elle songe plus à venger ses propres injures que la mort de son père. Antigone rend les honneurs funèbres à son frère, et ne craint point d'être enterrée vive parce que l'ordre sacrilége de Créon est formellement contraire à celui des dieux, et qu'on ne peut ni ne doit jamais balancer entre les dieux et les hommes, entre la mort et la colère des immortels. Oreste, dans Sophocle, n'a rien à craindre des Euménides, parce qu'il suit fidèlement les ordres d'Apollon.

La pitié non épurée nous fait plaindre tous les malheureux qui gémissent dans l'exil, dans la misère et dans les supplices. La pitié épurée apprenait aux Grecs à ne plaindre que ceux qui n'ont point mérité ces maux, et qui souffrent injustement, à ménager leur compassion, à ne point gémir sur les malheurs qui accablent ceux qui désobéissent aux dieux et aux lois, qui trahissent la patrie, qui se sont souillés par des crimes.

Clytemnestre n'est point à plaindre de périr par la main d'Oreste, parce qu'elle a elle-même assassiné son époux, parce qu'elle a goûté le barbare plaisir de rechercher dans son flanc les restes de sa vie, parce qu'elle lui avait manqué de foi par un inceste, parce qu'elle a voulu faire périr son

SUR L'ÉLECTRE DE SOPHOCLE.

propre fils, de peur qu'il ne vengeât la mort de son père. C'est une injustice de plaindre ceux qui méritent d'être misérables, de s'attendrir sur les malheurs qui arrivent aux tyrans, aux traîtres, aux parricides, aux sacriléges, à ceux, en un mot, qui ont transgressé toutes les règles de la justice : on ne doit les plaindre que d'avoir commis les crimes qui leur ont attiré la punition et les tourmens qu'ils subissent. Mais cette pitié même ne fait que guérir l'ame de cette vile compassion qui peut l'amollir, et de ces vaines terreurs qui la troublent.

C'est ainsi que le théâtre grec tendait à la correction des mœurs par la terreur et par la compassion, sans le secours de la galanterie. C'était de ces deux sentimens que naissaient les pensées sublimes, et les expressions énergiques que nous admirons dans leurs tragédies, et auxquelles nous ne substituons que trop souvent des fadeurs, de jolis riens et des épigrammes.

Je demande à tout homme raisonnable, dans un sujet aussi terrible que celui de la vengeance de la mort d'Agamemnon, que peut produire l'amour d'Électre et d'Oreste qui ne soit infiniment au dessous de l'art de Sophocle? Il est bien question ici de déclarations d'amour, d'intrigues de ruelle, de combats entre l'amour et la vengeance : loin d'élever l'ame, ces faibles ressources ne feraient que l'avilir. Il en est de même de presque tous les grands sujets traités par les Grecs. L'auteur d'*OEdipe* convient lui-même, et cet aveu lui fait infiniment d'honneur, que l'amour de Jocaste et de Philoctète, qu'il n'a introduit que malgré lui, déroge à la grandeur de son sujet. La nouvelle tragédie de *Philoctète* n'eût valu que mieux si l'auteur avait évité l'amour de Pyrrhus pour la fille de Philoctète. Le goût du siècle l'a entraîné. Ses talens auraient surmonté la prétendue difficulté de traiter ces sujets sans amour, comme Sophocle.

Mettez de l'amour dans *Athalie* et dans *Mérope*, ces deux pièces ne seront plus des chefs-d'œuvre, parce que l'amour le mieux traité n'a jamais le sérieux, la gravité, le sublime, le terrible, qu'exigent ces sujets. Électre amoureuse n'inspire plus cette terreur et cette pitié active des anciens. Inutilement veut-on y suppléer par des épisodes romanesques, par des descriptions déplacées, par des reconnaissances accumulées les unes sur les autres, par des conversations galantes, par des lieux communs de toute espèce, et par des idées gigantesques : on ne fait que défigurer l'art de Sophocle et la beauté du sujet. C'est faire un mauvais roman d'une excellente tragédie ; et comme le style est d'ordinaire analogue aux idées, il devient lâche, boursouflé, barbare. Qu'on dise après cela que, si on avait quelque chose à imiter de Sophocle, ce ne serait certainement pas son *Électre ;* qu'on appelle ce prince de la tragédie, Grec babillard : il résulte de ces invectives que l'art de Sophocle est inconnu à celui qui tient ce discours, ou qu'il n'a pas daigné travailler assez son sujet pour y parvenir, ou enfin que tous ses efforts ont été inutiles, et qu'il n'a pu y atteindre. Il semble que le désespoir lui ait suggéré de condamner d'un mot Sophocle et toute la Grèce. Mais Électre, amoureuse du fils d'Égisthe, assassin de son père, séducteur de sa mère, persécuteur d'Oreste, auteur de tous ses malheurs; Oreste, amoureux de la fille de ce même Égisthe, bourreau de toute sa famille, ravisseur de sa couronne, et qui ne cherche qu'à lui ôter la vie, auraient l'un et l'autre échoué sur le théâtre d'Athènes : ce double amour aurait eu nécessairement le plus mauvais succès. Vainement on aurait dit, en faveur du poëte, que plus Électre est malheureuse, plus elle est aisée à attendrir; le peuple d'Athènes aurait répondu que plus Oreste et Électre sont malheureux, moins ils sont susceptibles d'un amour puéril et insensé; qu'ils sont trop occupés de leurs infortunes et de leur vengeance, pour s'amuser à lier une partie carrée avec les deux enfans du bourreau d'Agamemnon, et de leur plus implacable ennemi. Ces amans transis auraient fait horreur à toute la Grèce, et le peuple aurait prononcé sur-le-champ contre une fable aussi absurde et aussi déshonorante pour le destructeur de Troie et pour toute la nation.

Cette courte analyse des deux pièces rivales de l'*Electre* de Sophocle suffit pour faire connaître combien celle-ci est préférable aux deux autres, par rapport à la fable (μῦθος), et par rapport aux mœurs (ἤθη).

Mais le principal mérite de Sophocle, celui qui lui a acquis l'estime et les éloges de ses contemporains et des siècles suivans jusqu'au nôtre, celui qui les lui procurera tant que les lettres grecques subsisteront, c'est la noblesse et l'harmonie de sa diction (λέξις). Quoique Euripide l'emporte quelquefois sur lui par la beauté des pensées (διάνοιαι), Sophocle est au dessus de lui par la grandeur, par la majesté, par la pureté du style et par l'harmonie. C'est ce que le savant et judicieux abbé Dubos appelle la poésie de style. C'est elle qui a fait donner à Sophocle le surnom d'abeille, c'est elle qui lui a fait remporter vingt-trois victoires sur tous les poëtes de son temps. Le dernier de ses triomphes lui coûta la vie par la surprise et par la joie imprévue qu'il en eut; de sorte qu'on peut dire de lui qu'il est mort dans le sein de la victoire.

Les termes pittoresques et cette imagination dans l'expression, sans laquelle le vers tombe en langueur, soutiendront Homère et Sophocle dans tous les temps, et charmeront toujours les amateurs de la langue dans laquelle ces grands hommes ont écrit [1]. Ce mérite si rare de la beauté de l'élocution est, selon Quintilien, comme une musique harmonieuse qui charme les oreilles délicates. Un poëme aurait beau être parfait d'ailleurs et conduit selon toutes les règles de l'art, il ne sera lu de personne s'il manque de ce mérite et s'il pèche par l'élocution : cela est si vrai qu'il n'y a jamais eu dans aucune langue et chez aucun peuple de poëme mal écrit qui jouisse de la moindre estime permanente et durable. C'est

---

[1] Graiis ingenium, Graiis dedit ore rotundo
Musa loqui.
     Hor., *de Arte poet.*

ce qui a fait entièrement oublier l'*Électre* de Longepierre, et celles dont j'ai parlé ci-dessus : c'est ce qui a fait universellement rejeter parmi nous *la Pucelle* de Chapelain, et le poëme de *Clovis* de Desmarets.

« Ce sont deux poëmes épiques, ajoute M. l'abbé Dubos,
« dont la constitution et les mœurs valent mieux sans compa-
« raison que celles des deux tragédies (du *Cid* et de *Pompée*).
« D'ailleurs leurs incidens, qui font la plus belle partie de
« notre histoire, doivent plus attacher la nation française que
« des événemens arrivés depuis long-temps dans l'Espagne et
« dans l'Égypte. Chacun sait le succès de ces poëmes, qu'on
« ne saurait imputer qu'au défaut de la poésie de style. On
« n'y trouve presque point de sentimens naturels capables
« d'intéresser : ce défaut leur est commun. Quant aux images,
« Desmarets ne crayonne que des chimères, et Chapelain,
« dans son style tudesque, ne dessine rien que d'imparfait et
« d'estropié; toutes ses peintures sont des tableaux gothiques.
« De là vient le seul défaut de *la Pucelle*, mais dont il faut,
« selon M. Despréaux, que ses défenseurs conviennent, le
« défaut qu'on ne la saurait lire. »

> Sans la langue, en un mot, l'auteur le plus divin
> Est toujours, quoi qu'il fasse, un méchant écrivain.
>
> BOILEAU (*Art poétique*).

SECONDE PARTIE.

DE LA TRAGÉDIE D'ORESTE.

Il n'est pas indifférent de remarquer d'abord que, dans tous les sujets que les anciens ont traités, on n'a jamais réussi qu'en imitant leurs beautés. La différence des temps et des lieux ne fait que de très légers changemens; car le vrai et le beau sont de tous les temps et de toutes les nations. La vérité est une; et les anciens l'ont saisie, parce qu'ils ne recherchaient que la nature, dont la tragédie est une imitation.

Phèdre et *Iphigénie* en sont des preuves convaincantes. On sait le mauvais succès de ceux qui, en traitant les mêmes sujets, ont voulu s'écarter de ces grands modèles. Ils se sont écartés en effet de la nature, et il n'y a de beau que ce qui est naturel. Le décri dans lequel l'*OEdipe* de Corneille est tombé est une bonne preuve de cette vérité. Corneille voulut s'écarter de Sophocle, et il fit un mauvais ouvrage.

Il se présente une autre réflexion non moins utile, c'est que parmi nous les vrais imitateurs des anciens se sont toujours remplis de leur esprit, au point de se rendre propres leur harmonie et leur élégance continue. La raison en est, à mon gré, qu'ayant sans cesse devant les yeux ces modèles du bon goût et du style soutenu, ils se formaient peu à peu l'habitude d'écrire comme eux, tandis que les autres, sans modèles, sans règles, s'abandonnaient aux écarts d'une imagination déréglée, ou restaient dans leur stérilité.

Ces deux principes posés, je crois ne rien dire que de raisonnable, en avançant que l'auteur de la tragédie d'*Oreste* a imité Sophocle autant que nos mœurs le lui permettaient ; et, quelque estime que j'aie pour la pièce grecque, je ne crois pas qu'on dût porter l'imitation plus loin.

Il a représenté Électre et son frère toujours occupés de leur douleur et de la vengeance de leur père, et n'étant susceptibles d'aucun autre sentiment. C'est précisément le caractère que Sophocle, Eschyle et Euripide leur donnent ; il n'en a retranché que des expressions trop dures selon nos mœurs. Même résolution dans les deux *Électre* de poignarder le tyran ; même douleur en apprenant la fausse nouvelle de la mort d'Oreste ; mêmes menaces, mêmes emportemens dans l'une et dans l'autre ; mêmes désirs de vengeance.

Mais il n'a pas voulu représenter Électre étendant sa vengeance sur sa propre mère, se chargeant d'abord du soin de se défaire de Clytemnestre, ensuite excitant son frère à cette action détestable, et conduisant sa main dans le sein maternel. Il les a rendus plus respectueux pour celle qui leur a donné la naissance, et il a même semé dans le rôle d'Électre, tantôt des sentimens de tendresse et de respect, et tantôt des emportemens, selon qu'elle a plus ou moins d'espérance.

Les rôles de Pylade et de Pammène me paraissent avoir été faits pour suppléer aux chœurs de Sophocle. On sait les effets prodigieux que fesaient ces chœurs, accompagnés de musique et de danse : à en juger par ces effets, la musique devait merveilleusement seconder et augmenter le terrible et le pathétique des vers. La danse des anciens était peut-être supérieure à leur musique ; elle exprimait, elle peignait les pensées les plus sublimes et les passions les plus violentes ; elle parlait aux cœurs comme aux yeux. Le chœur des Euménides d'Eschyle coûta la vie à plusieurs des spectateurs. Quant aux paroles des chœurs, elles n'étaient qu'un tissu de pensées sublimes, de principes d'équité, de vertus, et de la morale la plus épurée. Le nouvel auteur a tâché de suppléer par les rôles de Pylade et de Pammène à ces beautés qui manquent à notre théâtre. Quelle sagesse dans l'un et dans l'autre personnage ! et quels sentimens l'auteur donne au premier ! Je n'en veux rapporter que deux exemples. Le premier est tiré de la scène où Pylade dit à Oreste :

> C'est assez, et du ciel je reconnais l'ouvrage.
> Il nous a tout ravi par ce cruel naufrage ;
> Il veut seul accomplir ses augustes desseins ;
> Pour ce grand sacrifice il ne veut que nos mains.
> Tantôt de trente rois il arme la vengeance ;
> Tantôt trompant la terre, et frappant en silence,
> Il veut, en signalant son pouvoir oublié,
> N'armer que la nature et la seule amitié.

L'autre est tiré de la scène où Pylade dit à Électre qu'Oreste obéit aux dieux.

> Les arrêts du destin trompent souvent notre ame :
> Il conduit les mortels ; il dirige leurs pas
> Par des chemins secrets qu'ils ne connaissent pas ;
> Il plonge dans l'abyme, et bientôt en retire ;

Il accable de fers; il élève à l'empire;
Il fait trouver la vie au milieu des tombeaux...

Le fond du rôle de Clytemnestre est tiré aussi de Sophocle, quoique tempéré par la Clytemnestre d'Euripide. On voit évidemment, dans les deux poëtes grecs, que Clytemnestre est souvent prête à s'attendrir. Elle se justifie devant Électre, elle entend ses reproches; et il est certain que si Électre lui répondait avec plus de circonspection et de douceur, il serait impossible qu'alors Clytemnestre ne fût pas émue, et ne sentît pas des remords. Ainsi, puisque l'auteur d'*Oreste*, pour se conformer plus à nos mœurs, et pour nous toucher davantage, rend Électre moins féroce avec sa mère, il fallait bien qu'il rendît Clytemnestre moins farouche avec sa fille. L'un est la suite de l'autre. Électre est touchée quand sa mère lui dit :

> Mes filles devant moi ne sont point étrangères;
> Même en dépit d'Égisthe elles m'ont été chères:
> Je n'ai point étouffé mes premiers sentimens;
> Et, malgré la fureur de ses emportemens,
> Électre, dont l'enfance a consolé sa mère
> Du sort d'Iphigénie et des rigueurs d'un père,
> Électre qui m'outrage et qui brave mes lois,
> Dans le fond de mon cœur n'a point perdu ses droits.

Clytemnestre à son tour est émue quand sa fille lui demande pardon de ses emportemens. Pouvait-elle résister à ces paroles tendres :

> Eh bien! vous désarmez une fille éperdue.
> La nature en mon cœur est toujours entendue.
> Ma mère, s'il le faut, je condamne à vos pieds
> Ces reproches sanglans trop long-temps essuyés.
> Aux fers de mon tyran par vous-même livrée,
> D'Égisthe dans mon cœur je vous ai séparée.
> Ce sang que je vous dois ne saurait se trahir:
> J'ai pleuré sur ma mère, et n'ai pu vous haïr.

Mais ensuite, quand cette même Électre, croyant sa mère complice de la mort d'Oreste, lui fait des reproches sanglans, et qu'elle lui dit :

> Vous n'avez plus de fils ; son assassin cruel
> Craint les droits de ses sœurs au trône paternel...
> Ah ! si j'ai quelques droits, s'il est vrai qu'il les craigne,
> Dans ce sang malheureux que sa main les éteigne ;
> Qu'il achève à vos yeux de déchirer mon sein :
> Et, si ce n'est assez, prêtez-lui votre main ;
> Frappez ; joignez Électre à son malheureux frère ;
> Frappez, dis-je ; à vos coups je connaîtrai ma mère,

y a-t-il rien de plus naturel que de voir Clytemnestre irritée reprendre alors toute sa dureté, et dire à sa fille :

> Va, j'abandonne Électre au malheur qui la suit ;
> Va, je suis Clytemnestre, et surtout je suis reine.
> Le sang d'Agamemnon n'a de droits qu'à ma haine.
> C'est trop flatter la tienne, et de ma faible main
> Caresser le serpent qui déchire mon sein.
> Pleure, tonne, gémis, j'y suis indifférente :
> Je ne verrai dans toi qu'une esclave imprudente,
> Flottant entre la plainte et la témérité,
> Sous la puissante main de son maître irrité.
> Je t'aimai malgré toi : l'aveu m'en est bien triste ;
> Je ne suis plus pour toi que la femme d'Égisthe ;
> Je ne suis plus ta mère, et toi seule as rompu
> Ces nœuds infortunés de ce cœur combattu,
> Ces nœuds qu'en frémissant réclamait la nature,
> Que ma fille déteste, et qu'il faut que j'abjure !

Ces passages de la pitié à la colère, ce jeu des passions, ne sont-ils pas véritablement tragiques? et le plaisir qu'ils ont constamment fait à toutes les représentations n'est-il pas un témoignage certain que l'auteur, en puisant également dans l'antiquité et dans la nature, a saisi tout ce que l'une et l'autre pouvaient fournir?

Mais quand Électre parle au tyran, son caractère inflexible

est tellement soutenu, qu'elle ne se dément pas même en demandant la grace de son frère :

> Cruel, si vous pouvez pardonner à mon frère,
> (Je ne peux oublier le meurtre de mon père;
> Mais je pourrais du moins, muette à votre aspect,
> Me forcer au silence, et peut-être au respect), etc.

Je demande si, dans l'intrigue d'*Oreste*, la plus simple sans contredit qu'il y ait sur notre théâtre, il n'y a pas un heureux artifice à faire aborder Oreste dans sa propre patrie par une tempête, le jour même que le tyran insulte aux mânes de son père; si la rencontre du vieillard Pammène, et la scène qu'Oreste et Pylade ont avec lui, n'est pas dans le goût le plus pur de l'antiquité, sans en être une copie; et si on peut la voir sans en être attendri. La dernière scène du second acte entre Iphise et Électre, qui est une très belle imitation de Sophocle, produit tout l'effet qu'on en peut attendre.

L'exposition de la pièce d'*Oreste* me paraît aussi pleine qu'on puisse la souhaiter. Le récit de la mort d'Agamemnon, dès la seconde scène, et que l'auteur a imité d'Eschyle, mettrait seul au fait, avec ce qui le précède, le spectateur le moins instruit. Électre peut-elle, après ce récit, exprimer son état d'une manière plus précise et plus entière qu'elle ne le fait dans ces trois vers :

> Je pleure Agamemnon, je tremble pour un frère;
> Mes mains portent des fers, et mes yeux pleins de pleurs
> N'ont vu que des forfaits et des persécuteurs.

Le dessein de tromper Électre pour la venger, et d'apporter les cendres prétendues d'Oreste, est entièrement de Sophocle. L'oracle avait expressément ordonné qu'on vengeât la mort d'Agamemnon par la ruse, δόλοισι, parce que ce meurtre avait été commis de même, et que la vengeance n'aurait pas été complète si les assassins avaient été punis par un autre que le fils d'Agamemnon, et d'une autre manière que celle qu'ils avaient employée en commettant le crime. Dans Euripide, Égisthe est assassiné par derrière, tandis qu'il est penché sur une victime, parce qu'il avait frappé Agamemnon lorsqu'il changeait de robe pour se mettre à table : cette robe était cousue ou fermée par le haut, de sorte que le roi ne put se dégager ni se défendre ; c'est ce que le nouvel auteur a désigné par ces mots de *vétemens de mort*, et de *piége*.

L'auteur français n'a fait qu'ajouter à cet ordre des dieux une menace terrible, en cas qu'Oreste désobéît et qu'il se découvrît à sa sœur. Cette sage défense était d'ailleurs nécessaire pour la réussite de son projet. La joie d'Électre aurait assurément éclaté, et aurait découvert son frère. D'ailleurs, que pouvait en sa faveur une princesse malheureuse et chargée de fers ? Pylade a raison de dire à son ami que sa sœur peut le perdre et ne saurait le servir ; et dans un autre endroit :

> Renferme cette amour et si tendre et si pure.
> Doit-on craindre en ces lieux de dompter la nature ?
> Ah ! de quels sentimens te laisses-tu troubler ?
> Il faut venger Électre, et non la consoler.

C'est cette menace des dieux qui produit le nœud et le dénouement ; c'est elle qui retient d'abord Oreste, quand Électre s'abandonne au désespoir à la vue de l'urne qu'elle croit contenir les cendres de son frère ; c'est elle qui est cause de la résolution furieuse que prend Électre de tuer son propre frère, qu'elle croit l'assassin d'Oreste ; c'est cette menace des dieux qui est accomplie quand ce frère trop tendre a désobéi ; c'est elle enfin qui donne au malheureux Oreste l'aveuglement et le transport dans lesquels il tue sa mère ; de sorte qu'il est puni lui-même en la punissant.

C'était une maxime reçue chez tous les anciens que les dieux punissaient la moindre désobéissance à leurs ordres comme les plus grands crimes ; et c'est ce qui rend encore plus beaux ces vers que l'auteur met dans la bouche d'Oreste, au troisième acte :

> O justice éternelle, abyme impénétrable!
> Ne distinguez-vous point le faible et le coupable,
> Le mortel qui s'égare, ou qui brave vos lois,
> Qui trahit la nature, ou qui cède à sa voix [1] ?

Ce ne sont pas là de ces vaines sentences détachées ; ces vers sont en sentiment aussi bien qu'en maxime : ils appartiennent à cette philosophie naturelle qui est dans le cœur, et qui fait un des caractères distinctifs des ouvrages de l'auteur.

Quel art n'y a-t-il pas encore à faire paraître les Euménides avant le crime d'Oreste, comme les divinités vengeresses du meurtre d'Agamemnon, et comme les avant-courrières du crime que son fils va commettre? Cela me paraît très conforme aux idées de l'antiquité, quoique très neuf ; c'est inventer comme les anciens l'auraient fait, s'ils avaient été obligés d'adoucir le crime d'Oreste : au lieu que, dans Euripide et dans Eschyle, Oreste est livré aux furies, parce qu'il a tué sa mère ; ici Oreste ne tue sa mère que parce qu'il est livré aux furies ; et il leur est livré, parce qu'il a désobéi aux dieux, en se découvrant à sa sœur.

Dans quels vers ces Euménides sont évoquées!

> Euménides, venez, soyez ici mes dieux ;
> Accourez de l'enfer en ces horribles lieux,
> Dans ces lieux plus cruels et plus remplis de crimes *
> Que vos gouffres profonds regorgeant de victimes.
> Filles de la vengeance, armez-vous, armez-moi...
> Les voici ; je les vois, et les vois sans terreur :
> L'aspect de mes tyrans m'inspirait plus d'horreur, etc.

---

[1] La scène de la tragédie d'*Oreste*, où se trouvaient ces vers, a été supprimée et remplacée par les trois premières scènes de cette édition. On la trouve avec les variantes.

* Ce vers et le suivant ont été changés par l'auteur

L'auteur de la tragédie d'*Oreste* a sans doute eu tort de tronquer la scène de l'urne. Il est vrai qu'un excès de délicatesse empêche quelquefois de goûter et de sentir des morceaux d'une aussi grande force, et des traits aussi mâles et aussi sublimes. Près de cinquante vers de lamentations auraient peut-être paru des longueurs à une nation impatiente, et qui n'est pas accoutumée aux longues tirades des scènes grecques. Cependant l'auteur a perdu le plus beau et l'endroit le plus pathétique de la pièce. A la vérité, il a tâché d'y suppléer par une beauté neuve. L'urne contient, selon lui, les cendres de Plistène, fils d'Égisthe; ce n'est point une urne vide et postiche. La mort d'Agamemnon est déjà à moitié vengée. Le tyran va tenir cet horrible présent de la main de son plus cruel ennemi; présent qui inspire et la terreur dans le cœur du spectateur qui est au fait, et la douleur dans celui d'Électre qui n'y est pas. Il faut avouer aussi que la coutume des anciens de recueillir les cendres des morts, et principalement de ceux qu'ils aimaient le plus tendrement, rendait cette scène infiniment plus touchante pour eux que pour nous. Il a fallu suppléer au pathétique qu'ils y trouvaient par la terreur que doit inspirer la vue des cendres de Plistène, première victime de la vengeance d'Oreste. D'ailleurs la situation de l'urne dans les mains d'Électre produit un coup de théâtre à l'arrivée d'Égisthe et de Clytemnestre. La douleur même et les fureurs d'Électre persuadent le tyran de la vérité de ce que Pammène vient de lui annoncer.

Le nouvel auteur s'est bien gardé de faire un long récit de la mort d'Oreste en présence d'Égisthe; ce récit aurait eu dans notre langue, et suivant nos mœurs, tous les défauts que les détracteurs de l'antiquité osent reprocher à celui de Sophocle. Le nouvel auteur suppose qu'Oreste et l'étranger se sont vus à Delphes. «Aisément, dit Pylade, les malheureux « s'unissent; trop promptement liés, promptement ils s'ai- « grissent.» Oreste a dit plus haut à Égisthe qu'il s'est vengé sans implorer le secours des rois. Cette supposition est simple et tout-à-fait vraisemblable; et je crois qu'Égisthe, intéressé autant qu'il l'était à cette mort, pouvait s'en contenter, sans entrer dans un examen plus approfondi : on croit très aisément ce que l'on souhaite avec une passion violente. D'ailleurs Clytemnestre interrompt cette conversation qui l'accable; et l'action est ensuite si précipitée, ainsi que dans Sophocle, qu'il n'est pas possible à Égisthe d'en demander ni d'en apprendre davantage. Cependant, comme le caractère d'un tyran est toujours rempli de défiance, il ordonne qu'on aille chercher son fils pour confirmer le récit des deux étrangers.

La reconnaissance d'Électre et d'Oreste, fondée sur la force de la nature et sur le cri du sang, en même temps que sur les soupçons d'Iphise, sur quelques paroles équivoques d'Oreste, et sur son attendrissement, me paraît d'autant plus pathétique, qu'Oreste, en se découvrant, éprouve des combats qui ajoutent beaucoup à l'attendrissement qui naît de la situation. Les reconnaissances sont toujours touchantes, à moins qu'elles ne soient très maladroitement traitées; mais les plus belles sont peut-être celles qui produisent un effet qu'on n'attendait pas, qui servent à faire un nouveau nœud, à le resserrer, et qui replongent le héros dans un nouveau péril. On s'intéresse toujours à deux personnes malheureuses qui se reconnaissent après une longue absence et de grandes infortunes; mais si ce bonheur passager les rend encore plus misérables, c'est alors que le cœur est déchiré, ce qui est le vrai but de la tragédie.

A l'égard de cette partie de la catastrophe que l'auteur d'*Oreste* a imitée de Sophocle, et qu'il n'a pas, dit-il, osé faire représenter, je suis d'un avis contraire au sien; je crois que si ce morceau était joué avec terreur, il en produirait beaucoup.

Qu'on se figure Électre, Iphise et Pylade, saisis d'effroi, et marquant chacun leur surprise aux cris de Clytemnestre; ce tableau devrait faire, ce me semble, un aussi grand effet à Paris qu'il en fit à Athènes, et cela avec d'autant plus de raison que Clytemnestre inspire beaucoup plus de pitié dans la pièce française que dans la pièce grecque. Peut-être qu'à la première représentation, des gens malintentionnés purent profiter de la difficulté de représenter cette action sur un théâtre étroit et embarrassé par la foule des spectateurs, pour y jeter quelque ridicule. Mais comme il est très certain que la chose est bonne en soi, il faudrait nécessairement qu'elle parût bonne à la longue, malgré tous les discours et toutes les critiques. Il ne serait pas même impossible de disposer le théâtre et les décorations d'une manière qui favorisât ce grand tableau. Enfin il me paraît que celui qui a heureusement osé faire paraître une ombre d'après Eschyle et d'après Euripide, pourrait fort bien faire entendre les cris de Clytemnestre d'après Sophocle. Je maintiens que ces coups bien ménagés sont la véritable tragédie, qui ne consiste pas dans les sentimens galans, ni dans les raisonnemens, mais dans une action pathétique, terrible, théâtrale, telle que celle-ci.

Électre ne participe point, dans *Oreste*, au meurtre de sa mère, comme dans l'*Électre* de Sophocle, et encore plus dans celle d'Euripide et d'Eschyle. Ce qu'elle crie à son frère dans le moment de la catastrophe la justifie :

. . . . Achève, et sois inexorable ;
Venge-nous, venge-la ; tranche un nœud si coupable ;
Immole entre ses bras cet infame assassin.

Je ne comprends pas comment la même nation, qui voit tous les jours sans horreur le dénouement de *Rodogune*, et qui a souffert celui de *Thyeste et d'Atrée*, pourrait désapprouver le tableau que formerait cette catastrophe : rien de moins conséquent. L'atrocité du spectacle d'un père qui voit sur le théâtre même le sang de son propre fils innocent et massacré par un frère barbare, doit causer infiniment plus d'horreur que le meurtre involontaire et forcé d'une femme coupable, meurtre ordonné d'ailleurs expressément par les dieux.

Oreste est certainement plus à plaindre dans l'auteur français que dans l'athénien, et la divinité y est plus ménagée; elle y punit un crime par un crime; mais elle punit avec raison Oreste qui a désobéi. C'est cette désobéissance qui forme précisément ce qu'il y a de plus touchant dans la pièce. Il n'est parricide que pour avoir trop écouté avec sa sœur la voix de la nature; il n'est malheureux que pour avoir été tendre : il inspire ainsi la compassion et la terreur; mais il les inspire épurées et dignes de toute la majesté du poëme dramatique : ce n'est point ici une crainte ridicule qui diminue la fermeté de l'ame ; ce n'est point une compassion mal entendue, fondée sur l'amour le plus étrange et le plus déplacé, qui serait aussi absurde qu'injuste.

Quant au dernier récit que fait Pylade, je ne sais ce qu'on y pourrait trouver à redire. Les applaudissemens redoublés qu'il a reçus le mettent pleinement au dessus de la critique. Les Grecs ont été charmés de celui d'Euripide, où le meurtre d'Égisthe est raconté fort au long. Comment notre nation pourrait-elle improuver celui-ci, qui contient d'ailleurs une révolution imprévue, mais fondée, dont tous les spectateurs sont d'autant plus satisfaits, qu'elle n'est en aucune façon annoncée, qu'elle est à la fois étonnante et vraisemblable, et qu'elle conduit naturellement à la catastrophe?

Ce n'est pas un de ces dénouemens vulgaires dont parle M. de La Bruyère, et dans lequel les mutins n'entendent point raison. On voit assez quel art il y a d'avoir amené de loin cette révolution, en fesant dire à Pammène, dès le troisième acte :

La race des vrais rois tôt ou tard est chérie [1].

Je demande après cela si la république des lettres n'a pas obligation à un auteur qui ressuscite l'antiquité dans toute sa noblesse, dans toute sa grandeur et dans toute sa force, et qui y joint les plus grands efforts de la nature, sans aucun

---

[1] On trouvera ce vers dans les variantes.

mélange des petites faiblesses et des misérables intrigues amoureuses qui dé honorent le théâtre parmi nous.

L'impression de la pièce met en liberté de juger du mérite de la diction, des pensées et des sentimens dont elle est remplie. On verra si l'auteur a imité les grands modèles, et de quelle manière il l'a fait. On y trouvera un grand nombre de pensées tirées de Sophocle : cela était inévitable, et d'ailleurs on ne pouvait mieux faire. J'en ai reconnu plusieurs tirées ou imitées d'Euripide, qui ne me paraissent pas moins belles dans l'auteur français que dans le grec même; telles sont ces pensées de Clytemnestre :

> Vous pleurez dans les fers, et moi dans ma grandeur.
> Vous frappez une mère, et je l'ai mérité.

> . . . . οὐχ οὕτως ἄγαν
> Χαίρω τι, τέχνον, τοῖς δεδραμένοις ἐμοι...

Et celle-ci d'Électre, qui a été si applaudie :

> Qui pourrait de ces dieux encenser les autels,
> S'ils voyaient sans pitié les malheurs des mortels,
> Si le crime, insolent dans son heureuse ivresse,
> Écrasait à loisir l'innocente faiblesse?

> Πέποιθα δ'ἢ χρὴ μεκηθ' ἡγεῖσθαι θεοὺς,
> Εἶτα δικ' ἔσται τῆς δίκης ὑπέρτερα.

Les anciens avaient pour maxime de ne faire des acteurs subalternes, même de ceux qui contribuaient à la catastrophe, que des personnages muets; ce qui valait infiniment mieux que les dialogues insipides qu'on met de nos jours dans la bouche de deux ou trois confidens dans la même pièce. On ne trouve point dans la tragédie d'*Oreste* de ces personnages oisifs qui ne font qu'écouter des confidences; et plût au ciel que le goût en passât! Sophocle et Euripide ont mieux aimé ne point faire parler Pylade que de lui faire dire des choses inutiles. Dans la nouvelle pièce, tous les rôles sont intéressans et nécessaires.

TROISIÈME PARTIE.

DES DÉFAUTS OU TOMBENT CEUX QUI S'ÉCARTENT DES ANCIENS
DANS LES SUJETS QU'ILS ONT TRAITÉS.

Plus mon zèle pour l'antiquité, et mon estime sincère pour ceux qui en ont fait revivre les beautés, viennent d'éclater, plus la bienséance me prescrit de modération et de retenue en parlant de ceux qui s'en sont écartés. Bien éloigné de vouloir faire de cet écrit une satire, ni même une critique, je n'aurais jamais parlé de l'*Électre* de M. de Crébillon, si je ne m'y trouvais entraîné par mon sujet ; mais les termes injurieux qu'il a mis dans la préface de cette pièce contre les anciens en général, et en particulier contre Sophocle, ne permettent pas à un homme de lettres de garder le silence. En effet, puisque M. de Crébillon traite de préjugé l'estime qu'on a pour Sophocle depuis près de trois mille ans ; puisqu'il dit en termes formels qu'il croit avoir mieux réussi que les trois tragiques grecs à rendre Électre tout-à-fait à plaindre ; puisqu'il ose avancer que l'Électre de Sophocle a plus de férocité que de véritable grandeur, et qu'elle a autant de défauts que la sienne, n'est-il pas même du devoir d'un homme de lettres de prévenir contre cette invective ceux qui pourraient s'y laisser surprendre, et de déposer en quelque façon à la postérité, qu'à la gloire de notre siècle il n'y a aucun homme de bon goût, aucun véritable savant, qui n'ait été révolté de ces expressions ? Mon dessein n'est que de faire voir, par l'exemple même de cet auteur moderne, aux détracteurs de l'antiquité, qu'on ne peut, comme je l'ai déja dit, s'écarter des anciens dans les sujets qu'ils ont traités, sans s'éloigner en même temps de la nature, soit dans la fable, soit dans les caractères, soit dans l'élocution. Le cœur ne pense point par art ; et ces anciens, l'objet de leur mépris, ne consultaient que la nature ; ils puisaient dans cette source de la vérité la noblesse, l'enthousiasme, l'abondance et la pureté. Leurs adversaires, en suivant une route opposée, et en s'abandonnant aux écarts de leur imagination déréglée, ne rencontrent que bassesse, que froideur, que stérilité, et que barbarie.

Je me bornerai ici à quelques questions auxquelles tout homme de bon sens peut aisément faire la réponse.

Comment Électre peut-elle être, chez M. de Crébillon, plus à plaindre et plus touchante que dans Sophocle, quand elle est occupée d'un amour froid auquel personne ne s'intéresse, qui ne sert en rien à la catastrophe, qui dément son caractère, qui, de l'aveu même de l'auteur, ne produit rien, qui jette enfin une espèce de ridicule sur le personnage le plus terrible et le plus inflexible de l'antiquité, le moins susceptible d'amour, et qui n'a jamais eu d'autres passions que la douleur et la vengeance? N'est-ce pas comme si on mettait sur le théâtre Cornélie amoureuse d'un jeune homme après la mort de Pompée? Qu'aurait pensé toute l'antiquité, si Sophocle avait rendu Chrysothémis amoureuse d'Oreste, pour l'avoir vu une fois combattre sur des murailles, et si Oreste avait dit à cette Chrysothémis :

> Ah! si, pour se flatter de plaire *à vos beaux yeux*,
> Il suffisait d'un bras toujours victorieux,
> Peut-être à ce bonheur aurais-je pu prétendre :
> Avec quelque valeur et le cœur le plus tendre,
> Quels efforts, quels travaux, quels illustres projets,
> N'eût point tentés ce cœur *charmé de vos attraits!*

Qu'aurait-on dit dans Athènes, si, au lieu de cette belle exposition admirée de tous les siècles, Sophocle avait introduit Électre fesant confidence de son amour à la nuit?

Qu'aurait-on dit, si, la première fois qu'Électre parle à Oreste, cet Oreste lui eût fait confidence de son amour pour une fille d'Égisthe, et si Électre l'avait payé par une autre confidence de son amour pour le fils de ce tyran?

SUR L'ÉLECTRE DE SOPHOCLE.

Qu'aurait-on dit, si on avait entendu une fille d'Égisthe s'écrier :

> Fesons tout pour l'amour, s'il ne fait rien pour moi ?

Qu'aurait-on dit d'une Électre surannée, qui, voyant venir le fils d'Égisthe, se serait adoucie jusqu'à dire :

> . . . Hélas ! c'est lui. Que mon ame éperdue
> S'attendrit et s'ément à cette chère vue !

Qu'aurait-on dit, si on avait vu le παιδαγωγός, ou gouverneur d'Oreste, devenir le principal personnage de la pièce, attirer sur soi toute l'attention, effacer entièrement et avilir celui qui doit faire le principal rôle ; de sorte que la pièce devrait être intitulée *Palamède* plutôt qu'*Électre ?*

Qu'aurait-on dit, si on avait vu Oreste (sans son ami Pylade) devenir général des armées d'Égisthe, gagner des batailles, chasser deux rois, sans que ce gouverneur en fût instruit ?

> Ficta voluptatis causa sint proxima veris.

Qu'aurait-on dit du roman étranger à la pièce, que deux actes entiers ne suffisent pas pour débrouiller ?

Qu'aurait-on dit enfin, si Sophocle avait chargé sa pièce de deux reconnaissances brusquées l'une et l'autre, et très mal ménagées ? Électre, qui sait ce que Tydée a fait pour Égisthe, qui n'ignore pas qu'il est amoureux de la fille de ce tyran, peut-elle soupçonner un moment, sans aucun indice, que ce même Tydée est son frère ? De plus, comment est-il possible qu'Oreste ait été si peu instruit de son sort et de son nom ?

Horace et tous les Romains, après les Grecs, à la vue de tant d'absurdités, se seraient écriés tout d'une voix :

> Quodcumque ostendis mihi sic incredulus odi :

et j'ose assurer qu'ils auraient trouvé l'*Électre* de Sophocle, si elle avait été composée et écrite comme la française, tout-à-fait déraisonnable dans le caractère, sans justesse dans la conduite, sans véritable noblesse dans les sentimens, et sans pureté dans l'expression.

Ne voit-on pas évidemment que le mépris des anciens modèles, la négligence à les étudier, et l'indocilité à s'y conformer, mènent nécessairement à l'erreur et au mauvais goût? et n'est-il pas aussi nécessaire de faire remarquer aux jeunes gens qui veulent faire de bonnes études, les fautes où sont tombés les détracteurs de l'antiquité, que de leur faire observer les beautés anciennes qu'ils doivent tâcher d'imiter? Je ne sais par quelle fatalité il arrive que les poëtes qui ont écrit contre les anciens, sans entendre leur langue, ont presque toujours très mal parlé la leur, et que ceux qui n'ont pu être touchés de l'harmonie d'Homère et de Sophocle ont toujours péché contre l'harmonie, qui est une partie essentielle de la poésie.

On n'aurait pas hasardé impunément devant les juges et sur le théâtre d'Athènes un vers dur, ni des termes impropres. Par quelle étrange corruption se pourrait-il faire qu'on souffrît parmi nous ce nombre prodigieux de vers dans lesquels la syntaxe, la propriété des mots, la justesse des figures, le rhythme, sont éternellement violés?

Il faut avouer qu'il y a peu de pages dans l'*Électre* de M. de Crébillon où les fautes dont je parle ne se présentent en foule. La même négligence qui empêche les auteurs modernes de lire les bons auteurs de l'antiquité les empêche de travailler avec soin leurs propres ouvrages. Ils redoutent la critique d'un ami sage, sévère, éclairé, comme ils redoutent la lecture d'Homère, de Sophocle, de Virgile et de Cicéron. Par exemple, lorsque l'auteur d'*Électre* fait parler ainsi Itys à Électre :

> Enfin, pour vous forcer à vous donner à moi,
> Vous savez si jamais j'exigeai rien du roi;
> Il prétend qu'avec vous un nœud sacré m'unisse;

> Ne m'en imputez point la cruelle injustice.
> Au prix de tout mon sang je voudrais être à vous,
> Si c'était votre aveu qui me fît votre époux.
> Ah! par pitié pour vous, princesse infortunée,
> Payez l'amour d'Itys par un tendre hyménée.
> Puisqu'il faut l'achever ou descendre au tombeau,
> Laissez-en à mes feux allumer le flambeau.
> Régnez donc avec moi ; c'est trop vous en défendre...

Je suppose que l'auteur eût consulté feu M. Despréaux sur ces vers, je ne dis pas sur le fond (car ce grand critique n'aurait pas pu supporter une déclaration d'amour à Électre), je dis uniquement sur la langue et sur la versification ; alors M. Despréaux lui aurait dit sans doute : « Il n'y a pas un seul de tous ces vers qui ne soit à réformer. »

> Enfin, pour vous forcer à vous donner à moi,
> Vous savez si jamais j'exigeai *rien* du roi.

« Ce *rien* n'est pas français, et sert à rendre la phrase plus barbare ; il fallait dire : Vous savez si jamais j'exigeai du « roi qu'il vous forçât à m'épouser. »

> Il prétend qu'avec vous un *nœud sacré* m'unisse ;
> Ne *m'en* imputez point la cruelle injustice.

« Cet *en* n'est pas français, et la *cruelle injustice* n'est pas « raisonnable dans la bouche d'Itys : il ne doit point regarder « comme cruel et injuste un mariage qu'il ne veut faire que « pour rendre Électre heureuse. »

> Au prix de tout mon sang je voudrais être à vous,
> Si c'était votre aveu qui me fît votre époux.

« *Au prix de tout mon sang*, veut dire au prix de ma vie; « et il n'y a pas d'apparence qu'on se marie quand on est « mort. *Si c'était votre aveu qui me fît*, est prosaïque, plat « et dur, même dans la prose la plus simple. »

> Ah ! par pitié pour vous, princesse infortunée,
> Payez l'amour d'Itys par un tendre hyménée.

« Ces termes lâches et oiseux de *princesse infortunée* et de « *tendre hyménée* affaibliraient la meilleure tirade; il faut éviter « soigneusement ces expressions fades. *Par pitié pour vous*, « n'est pas placé; il fallait dire : Tout est à craindre si vous « n'obéissez pas au roi; faites par pitié pour vous ce que « vous ne faites pas par amour, par bienveillance, par con- « descendance pour moi. »

> Puisqu'il faut l'achever ou descendre au tombeau,
> Laissez-*en* à mes feux allumer le flambeau.
> Régnez *donc* avec moi; c'est trop vous en défendre.

« Vous devez sentir vous-même, aurait continué M. Des- « préaux, combien ces mots, *puisqu'il faut... laissez-en à mes* « *feux; régnez donc avec moi*, ont à la fois de dureté et de « faiblesse, combien tout cela manque de pureté, de noblesse « et de chaleur : reprenez cent fois le rabot et la lime. »

Si M. Despréaux continuait à lire, souffrirait-il les vers suivans :

> Qu'il *fasse que ces fers*, dont il *s'est tant* promis,
> Soient moins honteux pour moi que l'hymen de son fils...
> Ta vertu ne te sert qu'à redoubler ma haine.
> Égisthe *ne* prétend *te* faire mon époux...
> Bravez-*le*, mais du moins du sort qui vous accable,
> N'accusez *donc* que vous, *princesse inexorable*...
> Je voulais, par l'hymen d'Itys et de ma fille,
> *Voir rentrer* quelque jour le sceptre en sa famille ;
> Mais *l'ingrate ne* veut que nous immoler tous...
> Madame, quel malheur, troublant votre sommeil,
> Vous a fait *de si loin* devancer le soleil ?

Ce même Despréaux aurait-il pu s'empêcher de rire lorsque Électre dit à Égisthe :

> Pour cet heureux hymen ma main est toute prête ;

Je n'en veux disposer qu'en faveur de ton sang,
Et je la donne à qui te percera le flanc.

Cette équivoque et cette pointe lui aurait paru précisément de la même espèce que celle de Théophile, qu'il relève si bien dans une de ses judicieuses préfaces :

Ah ! voilà ce poignard qui du sang de son maître
S'est souillé lâchement ; il en rougit, le traître.

Les vers de l'auteur d'*Électre* ne sont pas moins ridicules : *en faveur de ton sang* signifie, *en faveur de ton fils,* et non pas *en faveur de ton sang versé*. Cette pointe *de ton sang*, et de celui qui répandra ton sang, vaut bien la pointe de Théophile.

Il est certain qu'un auteur éclairé par de telles critiques aurait retravaillé entièrement son ouvrage, et qu'il aurait surtout mis du naturel à la place du boursoufflé. Il n'aurait point fait de ces fautes énormes contre le bon sens et contre la langue ; son censeur lui aurait crié :

Mon esprit n'admet point un pompeux barbarisme,
Ni d'un vers ampoulé l'orgueilleux solécisme.

On n'aurait point vu un héros «voguer au gré de ses désirs plus qu'au gré des vents ; la foudre ouvrir le ciel et l'onde à sillons redoublés, et bouillonner en source de feu ; de pâles éclairs s'armer de toutes parts ; » un héros «méditer son retour à grands pas ; la suprême sagesse des dieux qui brave la crédule faiblesse des mortels ; un grand cœur qui ne manque à son devoir que pour s'en instruire mieux ; » un interlocuteur qui dit : « Ne pénétrez-vous pas un si triste silence? des remords d'un cœur né vertueux, qui pour punir ce cœur vont plus loin que les dieux ; » une Électre qui dit : « Percez le cœur d'Itys, mais respectez le mien. »

Il n'est que trop vrai, et il faut l'avouer à la honte de notre littérature, que dans la plupart de nos auteurs tragiques on trouve rarement six vers de suite qui n'aient de pareils défauts; et cela parce qu'ils ont la présomption de ne consulter personne[1], ou l'indocilité de ne profiter d'aucun avis. Le peu de connaissance qu'ils ont eux-mêmes des langues savantes, de la noble simplicité des anciens, de l'harmonie de la tragédie grecque, les leur fait mépriser. La précipitation et la paresse sont encore des défauts qui les perdent sans ressource [2]. Xénophon leur crie en vain que le travail est la nourriture du sage, οἱ πόνοι ὄψον τοῖς ἀγαθοῖς. Enivrés d'un succès passager, ils se croient au dessus des plus grands maîtres, et des anciens, qu'ils ne connaissent presque que de nom. Une bonne tragédie, ainsi qu'un bon poëme, est l'ouvrage d'un esprit sublime, *Magnæ mentis opus*, dit Juvénal. Ce n'est pas un faible effort et un travail médiocre qui font y réussir.

L'illustre Racine joignait à un travail infini une grande connaissance de la tragédie grecque, une étude continuelle de ses beautés et de celles de leur langue et de la nôtre : il consultait de plus les juges les plus sévères, les plus éclairés, et qui lui étaient sincèrement attachés; il les écoutait avec docilité : enfin, il se fesait gloire, ainsi que Despréaux, d'être revêtu des dépouilles des anciens; il avait formé son style sur le leur; c'est par là qu'il s'est fait un nom immortel. Ceux qui suivent une autre route n'y parviendront jamais. On peut réussir peut-être mieux que lui dans les catastrophes; on peut produire plus de terreur, approfondir davantage les sentimens, mettre de plus grands mouvemens dans les intrigues; mais quiconque ne se formera pas comme lui sur les anciens, quiconque surtout n'imitera pas la pureté de leur style et du sien, n'aura jamais de réputation dans la postérité.

[1] . . . . . In Metii descendat judicis aures.
   HORAT.

[2] . . . . . Carmen reprehendite, quod non
   Multa dies, et multa litura coercuit, atque
   Præsectum decies non castigavit ad unguem.
   HORAT.

SUR L'ÉLECTRE DE SOPHOCLE.

On joue pendant quelques années des romans barbares, qu'on nomme tragédies ; mais enfin les yeux s'ouvrent : on a eu beau louer, protéger ces pièces, elles finissent par être, aux yeux de tous les hommes instruits, des monumens de mauvais goût.

> . . . . Vos exemplaria græca
> Nocturna versate manu, versate diurna.
> HORAT.

FIN DU QUATRIÈME VOLUME.

TABLE DES MATIÈRES

CONTENUES DANS CE QUATRIÈME VOLUME.

Le Temple de la Gloire, opéra. Page	1
Préface.	3
Variante du *Temple de la Gloire*.	42
La Prude, comédie.	49
Avertissement de l'auteur.	51
Premier prologue.	53
Second prologue.	58
Sémiramis, tragédie.	175
Avertissement.	176
Dissertation sur la tragédie ancienne et moderne.	177
Variantes de la tragédie de *Sémiramis*.	280
Notes de la tragédie de *Sémiramis*.	281
Nanine, ou le Préjugé vaincu, comédie.	283
Préface.	285
Extrait d'une Lettre du roi de Prusse à Voltaire.	293
La Femme qui a raison, comédie.	373
Variante de *la Femme qui a raison*.	431
Oreste, tragédie.	433
Avis des éditeurs de l'édition en 41 volumes in-8°.	435
Avertissement des éditeurs de l'édition de Kehl.	438
Avis au lecteur.	440
Épitre à son altesse sérénissime madame la duchesse du Maine.	441
Variantes de la tragédie d'*Oreste*.	533
Notes de la tragédie d'*Oreste*.	544
Dissertation sur les principales tragédies anciennes et modernes.	545

FIN DE LA TABLE.

IMPRIMERIE DE RIGNOUX,
rue des Francs-Bourgeois-S.-Michel, n° 8.

www.ingramcontent.com/pod-product-compliance
Lightning Source LLC
Chambersburg PA
CBHW070400230426
43665CB00012B/1192